法律职业伦
原理、案例与教学

Professional Legal Ethics
in Theory and Case Studies

法律职业伦理
原理、案例与教学

〔波兰〕玛格丽特·克尔 主编

许身健 译

北京大学出版社
PEKING UNIVERSITY PRESS

著作权合同登记号 图字：01-2020-1877

图书在版编目(CIP)数据

法律职业伦理：原理、案例与教学／（波）玛格丽特·克尔主编；许身健译. —北京：北京大学出版社，2021.4

ISBN 978-7-301-32019-8

Ⅰ.①法… Ⅱ.①玛… ②许… Ⅲ.①法伦理学 Ⅳ.①D90-053

中国版本图书馆 CIP 数据核字（2021）第 034245 号

书　　　名	法律职业伦理：原理、案例与教学
	FALÜ ZHIYE LUNLI: YUANLI、ANLI YU JIAOXUE
著作责任者	〔波兰〕玛格丽特·克尔　主编　许身健　译
责 任 编 辑	杨玉洁　王欣彤
标 准 书 号	ISBN 978-7-301-32019-8
出 版 发 行	北京大学出版社
地　　　址	北京市海淀区成府路 205 号　100871
网　　　址	http://www.pup.cn　http://www.yandayuanzhao.com
电 子 信 箱	yandayuanzhao@163.com
新 浪 微 博	@北京大学出版社　@北大出版社燕大元照法律图书
电　　　话	邮购部 010-62752015　发行部 010-62750672　编辑部 010-62117788
印 刷 者	大厂回族自治县彩虹印刷有限公司
经 销 者	新华书店
	650 毫米×980 毫米　16 开本　26.75 印张　416 千字
	2021 年 4 月第 1 版　2021 年 4 月第 1 次印刷
定　　　价	98.00 元

未经许可，不得以任何方式复制或抄袭本书之部分或全部内容。

版权所有，侵权必究

举报电话：010-62752024　电子信箱：fd@pup.pku.edu.cn

图书如有印装质量问题，请与出版部联系，电话：010-62756370

标题索引缩写表

1. 规范性法律

AAS——《律师服务法案》

ALAd——1982年7月6日生效的《法律顾问法案》

ACAO——《行政法院组织法案》

ACCO——《普通法院组织法案》

ANCJ——2011年5月12日生效的《全国法定协会法案》

APNot——1991年2月14日生效的《公证员法案》

APros——1985年6月20日生效的《检察官法案》

CC——《波兰刑法典》

CCBE——《欧洲法律职业核心原则章程》和《欧洲律师行为准则》

CCivP——《民事诉讼法典》

CCP——《刑事诉讼法典》

CCPC——《商业合伙和公司法案》

CEA——《律师职业伦理与职业尊严法》

CELA——《法律顾问伦理规范》

CEPP——《检察官伦理原则规范》

CHR——1950年11月4日生效的《人权和基本自由公约》

CPCJ——《法官职业伦理规范》

CPEN——《公证员职业伦理规范》

CPEP——《检察官职业伦理规范》

CPO——《轻罪法典》

ECC——《执行刑法典》

Polish Constitution——《波兰共和国宪法》

2.官方机构

ECHR——位于斯特拉斯堡的欧洲人权法院

ECJ——欧洲法院

FUPP——法律诊所基金会

KRRP——法律顾问全国委员会

KRS——国家司法委员会

NRA——辩护律师最高委员会

NSA——最高行政法院

ORA——地区律师协会

SA——上诉法院

SN——最高法院

SLC——学生法律诊所

TK——(波兰)宪法法院

ULC——大学/学院法律诊所

WSA——省(县)行政法院

3.期刊(波兰语,未翻译)

4.其他缩写

Art.——条

Etc.——等等

e.g.——例如

No.——第几号

op. cit.——在引文中列举

ed.——已编辑

p.——页码

i.e.——也就是说

cf.——比较(对照)

为了讲好法律人的思想品德课(代序)

2017年5月,习近平总书记在中国政法大学考察时发表重要讲话,强调法学教育要坚持立德树人、德法兼修,抓好法治人才培养。为落实习总书记讲话精神,教育部就法治人才的德育工作,出台了系列举措。第一,将"法律职业伦理"课程列为法学专业核心必修课程。2018年年初,教育部发布实施《普通高等学校法学类本科专业教学质量国家标准》,明确法学专业核心课程体系,将"法律职业伦理"课程列入十门法学专业核心必修课程之一,要求所有开设法学专业的高校必须面向法学专业学生开设。第二,启动实施卓越法治人才教育培养计划2.0版。为贯彻落实习近平总书记重要指示要求,2018年10月,教育部会同中央政法委联合印发《关于坚持德法兼修 实施卓越法治人才教育培养计划2.0的意见》,提出8项改革任务,首要任务即为"厚德育,铸就法治人才之魂",强调要注重培养学生的思想道德素养,大力推进中国特色社会主义法治理论进教材进课堂进头脑,将社会主义核心价值观教育贯穿法治人才培养全过程各环节;要结合社会实践,积极开展理想信念教育、社会公益教育、中华优秀传统法律文化教育;要加大学生法律职业伦理培养力度,面向全体法学专业学生开设"法律职业伦理"必修课,实现法律职业伦理教育贯穿法治人才培养全过程。第三,全面推进高校法学专业课程思政建设。全面推行课程思政是新时代高校思想政治工作的重要举措。课程思政将立德树人这一根本任务贯穿于教育教学全过程,从全员育人的高度构建思政课程和专业课程相结合的教学体系。2019年3月18日,习近平总书记主持召开学校思想政治理论课教师座谈会,强调"要坚持显性教育和隐性教育相统一,挖掘其他课程和教学方式中蕴含的思想政治教育资源,实现全员全程全方位育人"。只有不断地挖掘专业课程体系所蕴含的思政教育元素,实现思想政治教育与知识体系教育的有机统一,才能不断地提升高校思想政治工作质量。在专业课程的教学和实践中,要将知识和技能传授与理想信念教育有机结合起来。只有不断将思政元素有机融入专业教学中,才能让学生在专业学习中提升政治认知和道德素养,真正实现以文化人、以德育人。那么,就法律职业伦理这门必修课而言,如何上好这门法律人的思想品德课呢?

职业伦理课堂讲授有助于学生职业伦理意识的养成。诚然,单凭这门课不足以将学生培养成职业伦理意识强、有法律信仰的法律人,但可以让他们区分能接受或不可接受的职业行为,思考法律职业伦理重大问题。美国法学院协会主席罗德说:"伦理教育的重要性既不该过分夸张,也不该低估。上百个评估职业伦理课程的研究发现,设计良好的课程可大为提升职业伦理能力。大多数曾上过法律伦理课者认为,此类课程有助于解决实务上遇到的伦理问题。总之,有力证据显示,职业伦理教育的价值比大部分法律课程要高。"

应当指出,课堂讲授是个难点,首先,有些教师将法律职业伦理视为"正义"等抽象观念,意识不到它涉及具体行为规则,旨在教会学生在面临职业伦理困境时如何选择。其次,有些教师以课堂灌输为主,教学手段单一,提不起学生兴趣,重复了思想品德课重说教的老路。所以,应在教学方法上予以改进,强化案例教学,采用研讨式学习,摆脱单声道灌输教学。另外,将法律诊所及模拟课程等体验式教学方法纳入教学,让学生不再仅仅是被动接受,而是主动学习。

体验式教学方式就是法学实践教学,它是法律人才培养的重要途径。实践教学不仅有利于学生加深对职业伦理知识的理解,还有利于在实践中思考职业伦理与社会责任,将其转化为内在价值准则。实践教学包括法律诊所课程以及谈判、调解、模拟法庭等模拟类课程。法律诊所包括校内法律诊所和校外法律诊所。校内法律诊所是法律院校设立在学校内的法律诊所教育。校外法律诊所则是指与司法机关、政府部门或者非营利性法人组织之间达成协议,由这些机关、部门和组织辅助法律院校进行法律诊所教育,也就是通常所说的实习,当然,这种实习与走过场的实习不一样,它是有效实习。场景模拟课程是指学生扮演法律职业角色,在模拟职业场景下,学生承担相应的法律任务,这一过程有教师的指导、反馈及学生反思。

法学院中设立法律诊所,学生在有法律实务经验的教师指导下办理真实的案件,在办理案件过程中,学生不仅可以学习职业技能,而且可以学习职业价值，法律诊所教育之所以重要，是因为在法律诊所中，年轻的法律人会发现他们身边存在着不公正、贫穷和不幸的现象，他们以律师身份接触到这些现象，虽然并非经常，但有时还是需要独立解决这些问题。年轻人在法律诊所中的经历告诉他们不要忘记普通大众的需求，不要忘记律师有责任向那些无力确保自身获得法律援助的人们提供法律帮助，而这些是他们今后即使成为受人尊敬的大型律师事务所合伙人时也应该永志不忘的。法律诊所教育要为学生创造机会，使其思考自己的社会价值，鼓励学生考虑职业选择。尤其是当遇到有挑战性的职业伦理问题时，法律诊所教师应当指导学生树立正确的职业伦理观，因为高超的法律职业技能如果掌握在居心不良的法律人手中，就会变成危害社会的工具。因此，法律诊所教育对学生职业伦理培养的作用不容忽视。校外法律诊所对法科生的职业伦理意识的养成效果与校内法律诊所并无二致。

模拟谈判、模拟调解、模拟法庭等模拟类课程中也可以设计有关职业伦理的教学内容，让学生思考相关问题。比如，谈判中是否可以说谎？辩护律师是否可以盘问明显是说真话的被害人，以质疑其证言效力？模拟课程的职业伦理教学可以让学生应用其在法律职业伦理理论课上接触到的相关理论知识。

一方面，应当改进教学方法，增加案例教学及探讨课的比重以克服灌输式教学的弊端；另一方面，将法律诊所及模拟课程等实践教学方式纳入教学中，鼓励学生在教师指导下从事公益法律服务，践行法律职业公共主义的使命。总之，从多方面、多渠道，理论教学加之法律实践课程，多管齐下，上好法律人的这门思想品德课。

本书翻译出版的初衷就是为法律职业伦理这门必修课的教学提供参考资料。高校教师在翻译上花费时间一般是出于兴趣，译著在高校的学术评价中究竟占据什么地位，在这里我就不想吐槽了，在一个学术评价"唯论文"的背景下，翻译教学资料在学术评价上的分量几乎为零。法律职业伦理成为必修课后，法律院校不仅缺乏法律职业伦理师资，也缺乏优质的教材及教辅材料。我这样做，也是为了尽一个教师的本分。回顾以往，我为法律职业伦理倾注了大量心血，也获得了一些荣誉。我相信这门课从绿叶成为红花后会发展得越来越好。从2007年，我开始担任中国政法大学法律伦理教研室主任，该教研室是国内高校中唯一一所专门研究法律职业伦理的教学科研机构，经过十几年发展，具有业界公认的影响力。近年来,我编写教材、翻译出版国外法律职业伦理名著、多次召开法律职业伦理国际研讨会、向法律实务人员提供培训、举办专门学术论坛。参与律师法修订工作,并受中华全国律师协会委托编写了律师职业伦理培训教材,主编了国家统一法律职业资格考试指定辅导用书"司法制度与法律职业道德"部分。2013年及2014年先后主持召开了国内首届及第二届法律职业伦理国际会议,这两次具有开拓意义的会议内容充实丰富、主题鲜明、研讨深入,是国内规模最大、层次最高的法律职业伦理会议,为推动我国法律职业伦理的教学与科研奠定了基础,提供了重要契机。2013年,我创办了国内第一套法律职业伦理连续出版物《法律职业伦理论丛》。2014年,主编了法律职业伦理教材《法律职业伦理》;2015年,出版了国内第一本法律职业伦理案例教材《法律职业伦理案例教程》。2015年翻译出版了美国公益律师斯特恩撰写的《正义永不决堤》,该书被评为法律出版社2015年十大好书之一。2018年,受中华全国律师协会委托主编了全国第一本律师职业伦理图书《律师职业伦理》。2018年主持了法律职业伦理骨干教师培训班,来自全国的百余位教师参加了培训。2019年,受全国法律硕士教指委委托,编写了法律职业伦理核心课程指南。2018年及2019年,为中国政法大学应用型法学博士生开设了法律职业伦理课,这是国内首次为博士研究生开设该课程。最近几年,我主持的法律职业伦理项目列入中国政法大学优秀中青年教师培养支持计划以及新兴学科支持计划,经过几年努力,主要取得了以下成绩:(1)使法律职业伦理成为一门适应中国法律职业建设和法律职业改革而出现的新兴独立学科;(2)法律职业伦理成为中国政法大学具有鲜明特色的学科,法律职业伦理的教学和研究处于无可争议的全国领先地位,成为全国最有影响力的法律职业伦理教学科研基地;(3)通过研讨会、培训会,提升法律职业人员遵守职业伦理的自觉性,助力司法改革;(4)扩大了中国政法大学在这一领域的国际影响力;(5)我参与申报的教学成果获国家级教学二等奖,北京市教学一等奖及二等奖各一次。回顾以往,我希望自己能努力做到既有"功成不必在我"的精神境界,也有"功成必定有我"的历史担当。

本书最终得以出版,首先应当感谢波兰法律诊所基金会负责人 Filip Czernicki 先生的帮助,他热心帮我联系版权转让事宜,联系到每位参与本书撰写的教师,让每个人都提供了授权书。北京大学出版社副总编辑蒋浩先生对于本书出版提供了许多帮助,责任编辑杨玉洁、王欣彤女士辛勤而又专业的编辑工作保证了出版质量,书稿校对中,我的研究生陈涛帮我校订了书稿,在此一并表示感谢。2020年春节期间,新型冠状病毒引发的疫情改变了国人的生活、学习以及工作,经过几个月的战斗,疫情得以控制。国内抗疫战斗迎来胜利曙光的时候,本书译稿得以杀青,可喜可贺,我愿将本书献给这个时间重启的新时代,每个人都是历史的过客,时光流逝,为一个伟大事业做过的所有努力,点滴在心头,无怨无悔。我愿以清代龚自珍《己亥杂诗》言志:"河汾房杜有人疑,名位千秋处士卑。一事平生无龃龉,但开风气不为师。"

许身健

2021年1月16日

英文版序言

本书在 2011 年由 C. H. Beck 出版社以 *Etyka zawodów prawniczych：Metoda case study* 为书名第一次发行波兰语版本。一年后，在庆祝波兰法律诊所建立十周年的国际会议上，经过与位于华盛顿的美国天主教大学哥伦布法学院的 Catherine Klein 教授和 Leah Wortham 教授多次讨论和会谈，我受启发开始编辑这本书的英文版。那些讨论使我相信有必要让这本书进入国际市场发行，因为职业伦理问题具有普遍性，无关特殊的规则。这就催生了我编写这本书的英文版的想法。

目前，这本书的英文版已经发行，尽管是基于波兰的职业伦理行为准则，但在我们看来这本书应该用来阐释法律职业中出现的伦理问题。我们也希望这本书将会抛砖引玉，激发解决类似问题的方案的灵感。同时我们也期望这本书对于解决实践中的问题有针对性并行之有效。

如果没有波兰罗兹大学提供的经济援助，特别是罗兹大学法律管理学院的资金支持，本书不可能成功发行面世。鉴于此，本书的作者希望向罗兹大学的校长 Włodzimierz Nykiel 教授、副校长 Antoni Rózalski 教授和法律管理学院的院长 Agnieszka Liszewska 教授致以最诚挚的谢意。

Małgorzata Król

目 录

导言 ………………………………………………………………… 001

第一部分　法律职业伦理概述

第一章　引　言 ………………………………………………… 009
　一、伦理和道德的概念 ………………………………………… 009
　二、哲学学科上的伦理学 ……………………………………… 010
　三、道德话语中基本概念的含义之争 ………………………… 011
　四、价值论客观主义和主观主义 ……………………………… 013
　五、伦理学中的绝对主义和相对主义 ………………………… 013
　六、责任伦理学与义务伦理学 ………………………………… 015
　七、道德评价标准之争 ………………………………………… 016

第二章　伦理学历史——表格回顾 …………………………… 019

第三章　职业伦理：规范体系 ………………………………… 051
　一、职业、行业、独立职业、公职 ……………………………… 051
　二、职业伦理：一种社会角色 ………………………………… 054
　三、职业伦理准则的地位 ……………………………………… 059
　四、律师和法律顾问的伦理准则 ……………………………… 067
　五、法官职业伦理准则 ………………………………………… 092
　六、检察官职业伦理准则 ……………………………………… 104
　七、公证员职业伦理准则 ……………………………………… 110

第四章　法律诊所中的职业伦理 ……………………………… 119
一、法律诊所 ………………………………………………… 119
二、法律诊所实践的伦理要求 ……………………………… 122
三、法律诊所的伦理行为示范准则课题 …………………… 125

第二部分　法律职业伦理的教学方法

第一章　引　言 ……………………………………………… 133
第二章　教学方法 …………………………………………… 142
一、头脑风暴 ………………………………………………… 142
二、观点地毯 ………………………………………………… 144
三、论点——你的和我的 …………………………………… 147
四、广开言路 ………………………………………………… 150
五、优先级金字塔 …………………………………………… 151
六、问题解决 ………………………………………………… 153
七、支持与反对论点 ………………………………………… 158
八、案例研究 ………………………………………………… 162
九、决策树 …………………………………………………… 165
十、六顶思考帽 ……………………………………………… 167
十一、小组讨论 ……………………………………………… 173
十二、观点市场 ……………………………………………… 177
十三、洋　葱 ………………………………………………… 179
十四、思维图 ………………………………………………… 181
十五、辩　论 ………………………………………………… 183
十六、抽取扑克牌 …………………………………………… 186
十七、鱼　缸 ………………………………………………… 189
十八、鱼　骨 ………………………………………………… 191
十九、团队支持的辩论 ……………………………………… 194

二十、讨论 66 ··· 198
二十一、雪　球 ·· 200
二十二、"我可以发言吗" ·· 202

第三部分　法律职业人员的行为准则

第一章　引　言
一、一般问题 ··· 209
二、方法论问题 ·· 211

第二章　法官职业伦理规范
一、总　则 ·· 214
二、公务准则 ··· 227
三、离职法官行为准则 ··· 240

第三章　检察官职业伦理规范
一、总　则 ·· 251
二、伦理行为请求 ··· 251
三、职业素养原则 ··· 252
四、官方关系原则 ··· 259
五、指导检察官和调查机构之间关系的原则 ··············· 262
六、出庭原则 ··· 264
七、与当事方的关系 ·· 267
八、媒体露面的原则 ·· 269
九、行业协会准则 ··· 272

第四章　律师职业伦理与职业尊严法（律师伦理法）
一、总　则 ·· 274
二、职业表现 ··· 290
三、律师与法院及其他官方机构的关系 ····················· 310
四、与同事的关系 ··· 316

五、与委托人的关系 ………………………………………………… 321
六、自治机构内的行动：对律师权力机构的态度 ………………… 329
七、最新规定 ………………………………………………………… 331

第五章　法律顾问职业伦理 ……………………………………… 332
前　言 ………………………………………………………………… 332
一、总　则 …………………………………………………………… 332
二、法律顾问职业的基本价值观 …………………………………… 336
三、法律顾问的专业表现原则 ……………………………………… 338
四、与客户的关系 …………………………………………………… 354
五、与法院及其他权力机关的关系 ………………………………… 360
六、法律顾问之间的关系 …………………………………………… 363
七、法律顾问与自我管理机构的关系 ……………………………… 373
八、法律责任 ………………………………………………………… 380

第六章　惩戒办公室对公证员作出惩戒示例 …………………… 381

第七章　法律诊所服务标准 ……………………………………… 389

第八章　修订任务 ………………………………………………… 403
一、所谓的"快速射击"——考虑问题需要5分钟 ………………… 403
二、较长的书面作业——根据组织者提供的材料进行准备，
　　研究所需时间大约为30分钟 ………………………………… 405
三、以书面形式详细阐述的一项任务 ……………………………… 410

导　言

一

　　本书的写作源于年轻有为的法律人学习法律伦理的需求,以及所有认识到职业伦理困境与法律职业密切相关之人的需求。本书的写作也部分来自于"法律伦理应当以一种通俗易懂、有趣和避免过多说教的方式呈现"这一认知。本书是写给对与法律职业相关的伦理话题感兴趣的读者的,包括在不同的教学环境中从事教授相关学科的高校教师和法律从业人员。本书的作者为自己创设了一个宏伟的任务,那就是写作一本关于法律伦理的书籍,以解决法律职业生涯发展的各个阶段(包括在法学院的学习阶段、在法律实践初期阶段、在职业生涯中所有继续职业教育的阶段)中涌现的问题,无论该问题是自身的问题(一名律师在自身从业过程中遭遇的职业伦理困境),还是与他人相关的问题(一名律师在从业过程中遇到其他人的不当职业行为)。本书也可能会对接触法律、律师和与伦理相关困境的法律外行人有所裨益,例如行政管理人员、各种公共服务的专业人员以及普通民众。因此本书被设计为随身参考手册的形式,这样既可以告知读者信息,也可以引导读者,为他们提供各种法律职业的义务伦理范畴内的必要信息。

　　近些年来,持续增长的法律教师和学生人数以及法律服务市场上(且服务提供者经常不是专业的机构)激烈的竞争,共同体现了提高伦理相关意识和辨识律师方正确伦理观念的能力的必要性。本书的作者希望将来职业伦理的课程会被纳入波兰法学院的必修课程之中,并且在研究生课程的法律训练(法律实习)中也能有与伦理相关的项目。在法律学习中,针对学术型法律咨询的活动,例如法律诊所的训练,看起来能够为相关讨论提供最自然的环境。在法律诊所中,学生第一次有机会直面真实的法律诊所当事人的法律问题,能够学习到如何提供法律援助。也即在此,他们可能会遇到与法律伦理相关的问题。同时,法律诊所的实践能够让学生直面法律、体验现实实践中的法律环境,这其中经常包含实践教学法。针对不同群体的学生以不同的教学形式教授法律伦理,并为类似这种教学法的使用提供一个优良的环境,本书的作者也意图在本书中通过论证此观点来鼓励这种教学法的使用。本书阐述了许多种实践教学法,这些教学法可以在许多不同的学术课程中使用,无论这些课程的主要话题是什么。教学法的描述包含许多相关活动的现成场景,且辅以系列法律案例,这些都可以用来创造无数种不同类型的实践活动。

  本书也提供了丰富的法律案例。书中法律案例的集合主要是《最高法院的判决——惩戒法庭》系列中发布的 2002 年至 2009 年期间的司法判决。该系列发布的是在律师惩戒程序中达成的司法判决,可能涉及法官、检察官、辩护律师*、法律顾问和公证员,并且最高法院正是因此扮演着上诉法院的角色。这一连续性出版刊物有助于实施和贯彻惩戒程序中的透明原则,同时正如本书中所体现的,这些期刊也在教育和信息传播方面扮演着重要角色。它进一步呈现了法律实践中重要的职业伦理困境和在法庭上解决这些困境的方法。本书引用了期刊中发布的一些最有趣的案例、相关的判决以及最常见也最臭名昭著的违纪行为。本书中收集的丰富材料得益于与罗兹上诉法院和罗兹地区法律顾问室的宝贵合作。正是这些机构中律师的乐善好施才促成了本书的成功创作。在此,向罗兹上诉法院的副院长 Zdisław Klasztorny 法官、罗兹上诉法院的法官团、罗兹地区法律顾问室的院长办公室当局(包括院长 Czesława Kołuda、副院长 Grzegorz Wyszogrodzki 和该地区法律顾问室内部协助的法律顾问们)表示感谢。同时,我们想向罗兹地区律师委员会的主任 Zbigniew Wodo 对本项目的热心支持致以最诚挚的感谢。本书中收集的法律案例和语境也包括法律诊所案件。我们也想向罗兹法律诊所的 Aleksandra Kuszewska-Kłąb 和克拉科夫法律诊所的 Marlena Pecyna 表达感谢,因为他们向我们分享了他们丰富的法律诊所实践经

---

  * 本书中波兰语"adwokat"字面翻译为 advocate(也就是辩护律师),用于界定波兰语中"radca prawny"和"adwokat"的区别。"radca prawny"翻译为"法律顾问",以遵循欧盟委员会采用的命名法,且为避免与英语中的术语[例如 solicitor(诉讼律师)、attorney(辩护律师)或者 barrister(大律师),这些英语术语与不同的法律文化中律师的不同权限相对应]产生混淆。——译者注

验和关于他们对学生在法律诊所实践中所遇到的许多关于职业伦理困境的看法,并为我们准备了许多相关案件材料。

本书的第一部分是对与伦理道德议题相关的基本问题的介绍,包括对伦理理论历史发展的概述、伦理学领域基本议题的讨论、职业伦理的现行规范、典型法律职业(包括辩护律师和事务律师、法律顾问、法官、律师和公证员)的伦理相关原则的讨论。该部分也呈现了在法律诊所中遇到的一系列伦理问题。

本书的第二部分提供了关于应用各类方法的实用指导。这些方法适宜在不同的课程中运用,包括法律伦理的课程,同时也适宜在自主学习的环境中稍作修改进行运用,在这种环境中面对私人的职业伦理问题的个人为了解决这些伦理问题,必须参与自我"争论",进行"讨论"或进入头脑风暴环节,确定优先性和描述正反方论点。参照某一特定类型的不当行为,基于对实际案件事实的复杂讲解的描述,本书提出了不同的解决方法。本项目的目的在于呈现关于某一特定伦理问题分析的多种方法论和教学的可能性,以表明特定实践教学法之间的差别。

本书的第三部分致力于通过与多种法律职业[包括保护主体(法官)、控制主体(检察官)和法律服务主体(诉讼律师,也就是在波兰法律语境下的辩护律师和法律顾问)]相关的个案研究来阐述职业行为准则。本书也呈现了一系列与公证员相关的在惩戒法庭发布的判决背景下的典型场景,以及法律诊所内部的伦理行为准则。我们进一步以合理的试卷题目、调查表样本、研讨会问题等形式提供了补充性材料。律师职业行为准则以一种新奇的界定方式,不是采用向特定原则提供传统评论的方法,这些准则通过描述不当职业行为的特定案例的方法,并辅以相关的实际或建议性的惩戒决定丰富地呈现出来。另外,关于每一个单独讨论的准则,本书提供了现成完整的典型场景以备课程需求,包括本书第二部分中介绍和讨论的交互性教学法,以及与所讨论的程序性原则相关的指导。因此,认真阅读全书的读者可能恰好感觉到某一方法论议题在书中被反复提及。但是,这一现象是由于作者致力于为读者提供一个有用的工具,这样可以保证读者在阅读每个单独的主题单元时不用参照其他章节都能有所启发。

二

实践教学法在学术教学过程中,或者说在通常的教学环境下,是一个有趣的可供选择的教学方法。实际上,这些教学方法可能并非一个替代品,而是一种必需品。在各种各样的图书馆、互联网以及其中收集的所有知识广泛可用的时代,根据学生的需要获取信息并不困难。当前,知识(和信息)不再受控制和按需分配,它们是可以广泛获取的。现在,教学过程正变得越来越专注于在个体学习中提供帮助,也就是说,在可获取知识的学习中,致力于在教学实践中帮助学生培养明确的技能和重申普遍可获取知识的某些方法。

法学教育的传统模型是将讲课作为最主要的教学方法。这种模型不考虑课程的形式,也就是说,无论是在实践性课程中还是在研讨会课程中,无论是在学术课程还是在研究生法律技能训练中,均采用讲课的方式。那么这种教学法是否行之有效呢?在方法论语境的基础上判断,答案是否定的。为了更直观地阐述这个问题,有必要引用美国国家训练实验室提出的著名且经常被引用的学习金字塔模型(Berhel, Maine, USA)。根据该金字塔的显示,在各种各样的教学方法中,从记忆所教授内容的程度来看,讲课的效率最低。并且通俗来说,记忆仅仅是"明白"和"已经学会"的状态的开端。

图1 学习金字塔图

表1 记忆获取率对比表

我们记住了什么？					
我们阅读的10%	我们听到的20%	我们看到的30%	我们听到和看到的50%	我们自己讲述的70%	我们自己做的90%

教学是一个相当复杂的过程,并且这是老师和学生两个主体直接参与的过程。教学旨在创设一种情境,使学生能够获取他们可以积极运用的知识。经常出现的情形是,老师忽略了教学过程中的主要教学目标,实际上授课并不是那么重要。相反,重要的是学生获取知识的程度。学习过程中最不可缺少的是知识和信息的积累,并在此之上建立一种可从所有可获取来源中挑选信息的理论数据库。回想起来,在学术生活中,正是杰出的讲课者提供了唯一可供保证的来源,没有他们,某一特定学术领域内部的专有知识可能就无法获取。讲课者的责任恰恰也是将这种具有权威性的知识传授给学生。在这种模型内部,教学基本上是向学生展示和"揭示"目前最新的知识。目前,信息传播技术领域中的科技发展和革命性变革,以及在社会需求和期望方面的变化,对学术型教师提出了进一步的要求。现代的高等教育首先预先假定要教授多种多样的技能:分析、评估、批判性地比较和使事实互相关联的技能;归纳结论的技能,总体来看就是批判性思考、形成相关论点、讨论和组建个人观点、合适地表达自己的情绪和控制情绪、团队合作的技能。所有这些技能常常与培养在人际交往中需要的能力、交流技巧和表达感同身受的感觉的能力之必要性相伴而生。有些时候,单纯的技术性和组织性技能非常重要,基于被动教学法的教学并不能保障这些技巧和能力的获取。

因此,有必要使用实践教学方法,即预先设定学习者的参与方案,以便学习者对所教授知识更好地习得和记忆。实践教学法对于老师有进一步的积极和激励性的影响,他们在这个过程中担任的是新的积极的旁观者和实验者的角色。

互动性方法使教学过程的参与者参与到不同的领域中:智力、认知、心理,包括情感、社交甚至是运动领域(例如角色扮演)。正是这种多方面、跨学科的活动,在教学过程中带来了出色的教学效果。实践教学法有助于形成一种更良性、更有效的学习过程。根据想达到的教学目的设计的教学法,成功地保证了学生能够培养上述提及的所有技能,从而使他们能够创造性地应用这些习得的知识。实践教学法促进了学习过程的顺利进行,加速了学习进程,使学生能够实践所习得的技能,并且能使学生积累经验。这在教授法律伦理时尤其重要,并且这种重要性不仅仅只限于这一个学科。

三

在出版市场上,很容易找到致力于研究诉讼律师、辩护律师和法律顾问伦理规范的书籍。但是,如果一个预期读者旨在学习与法律伦理有关的实践性应用类议题,关注法官、检察官和公证员等法律职业从业者的伦理行为,或者是关于在法律诊所中遇到的伦理困境,该读者将会发现市面上缺乏这类书籍,尤其是那种涵盖与法律职业伦理相关的所有问题的书籍。现在我们向读者介绍第一本这种类型的书籍。另外,本书涵盖了运用案例分析法和其他交互性方法而进行的讨论,并呈现了多种多样的法律职业领域中的基本伦理准则。本书指出了这些不同法律职业之间的相同点和不同点,能够使律师所扮演的社会角色得到更好的理解。本书同时使读者能够简单且透明地接触到在惩戒程序中所必需的惩戒决定,且提供了面对在法律实践中遭遇的难以解决的职业伦理困境可以采用的具有指导性且独立的解决问题的方法。

Małgorzata Król
罗兹大学教授
罗兹大学法律管理学院法律诊所和儿童权利诊所主任

第一部分

法律职业伦理概述

第一章 引 言

一、伦理和道德的概念

　　一般来说,"伦理"(ethics)和"道德"(morality)是一对同义词。因此,由二者衍生而来的形容词,"伦理的"和"道德的"也被看作一对同义词。但值得注意的是,二者并非对任何人和任一语境都表意相同。"伦理"一词可追根溯源至希腊语中的 *ethicos*,更早可追溯至 *ethos*,拼写中带 ε(希腊字母表第 5 个字母)表示一种风俗、一种习惯,或者一种特性。值得关注的是,希腊词汇中有另外一个相关的单词 *ethos*,拼写中带 η(希腊字母表第 7 个字母)。它的字面意思是指猪圈、马厩或牲口棚,也表示栖息地或者一种生活方式。虽然这两个希腊词汇"*ethos*"之间是不是一词多义的关系尚不能确定,但这两种含义显然都不同程度地体现在当今所使用的现代语言的词汇中,即与"*ethos*"(例如,波兰语中 ethos 和 etos 都在使用)词义相近的有"ethics"(与波兰语中的"etyka"相比较)。

　　相应的,"道德"一词在语源上与拉丁语 *mos*(复数形式:*mores*)有关,表示一种特性、一种风俗,或者是某种必需和必要的东西。"道德"一词还和形容词 *moralis* 有关,后者可被翻译为"恰当的""得体的"或"惯常的"。

　　举例来说,在波兰语和很多当代语言中,"道德"是一个人判断孰是孰非的个人信条。它的含义可能包括被公认为内在承诺源头的体系化行为准则。它也可能涉及评判他人行为的一套标准,以及被个人视为模范的行为模式。"道德"一词也可能成为一群特定的人判断孰是孰非的信条。从这层意义上说,我们称之为某一个特定职业团体的道德、政客的道德、中产阶级的道德、农民的道德等。

　　在日常语言中,如果非要说伦理和道德之间有什么区别的话,那就是组成道德的是非信条往往是出自本能和直觉,而伦理被理解为是经过系统化思考后的一套信条。因此,伦理被认为是某种系统化反应的结果。

对伦理信条的预期往往以有序性和连贯性为前提,而道德信条则不需要达到这样的要求。一般来说,有时伦理作为个人或一个群体指导行为的一系列规范以及道德评价的标准,与道德这种被个人或一个群体遵循的现实行为规范是不同的。

在这个意义上,伦理和道德是并列的,或者更精确地说,伦理可能是评价个人道德的标准。从这些意义上来看伦理和道德,我们可以提出一个可信而不矛盾的观点:从伦理角度出发,人类的个人道德还具有很大的改进必要性。

最后,必须指出的是,伦理在哲学论中是研究"如何去生活",属于实践哲学的研究范畴。在这个意义上,道德就是伦理研究中的一个研究对象。因此,在这种语境下,伦理和道德的关系就相当于科学(或者一个研究学科)和它的研究对象之间的关系。

二、哲学学科上的伦理学

伦理学作为一个研究学科可以再被细分为三个领域:规范伦理学、描述(实用)伦理学(也被认为是道德哲学)和元伦理学。规范伦理学试图定义何为善,何为恶。这一研究领域的研究方法和正统地位长期以来一直饱受争议。一些理论学家认为,规范伦理学有着自己的研究方法,能够作出科学的判断,是一个有血有肉的学科。另一些人则不认为它是一个严肃的科学研究领域,只是一个学科的边缘区域,因为不仅仅是科学家,像道德家、传教士这样各式各样的道德权威之士都可以涉足。持这种观点的人认为,这种道德判断的形式特征注定了它不可能作出科学的判断。

就描述伦理学来说,情况就不同了。① 它没有试图解决"什么是善,什么是恶?"的问题,而是将研究重心放在"人们认为什么是善?什么是恶?"的问题上。这就使得描述伦理学运用了很多由社会科学(主要是心理学和社会学)改编而来的研究方法。描述伦理学有时被称为道德科学,因而它也被认为是心理学和社会学的一个分支。

伦理学上的第三个领域是元伦理学,它也被称为一般伦理学(与特殊

---

① "nauka o moralności"(英译为"science of/about morality")的说法由波兰社会学家Maria Ossowska 于 1957 年在华沙出版的她的著作《道德科学基础》(*Podstawy nauki o moralności*)中提出。

伦理学相对）。它不研究人类行为和行为的道德素质，而是研究伦理学话语中语言表达的意义。元伦理学对伦理学的基本伦理概念尤其感兴趣，如"善""恶""正义""非正义"。元伦理学对道德判断状态也很有兴趣，不论是在准则的表述方式还是道德评价的语句方面。核心问题是，这些判断指的是否就是客观可知的现实，它们是否具有认知性以及非错即对的逻辑值。元伦理学还对道德素质的对象感兴趣，也就是人类行为本性的定义和道德义务。尤其是：谁应当承担这些义务？它是由什么决定的？它是怎样开启和关闭的？人类（或者说一个社会）应当对谁（或者说对什么）负有道德义务？

在伦理议题的介绍中，我们将会着重介绍元伦理学中最重要的争论。

三、道德话语中基本概念的含义之争

道德话语中基本概念的含义之争，与是否给予道德判断一个正统地位的问题密切相关。因此，我们不妨沿着元伦理学研究的两个主流方法的方向来看。

对"善"的意义的解答可以分为三个流派。第一个流派收集的方法以"善"的概念能够被系统地阐述为前提。这些方法使得"善"的意义的基本要素能够像属性标签一样在现实生活中被人理解。在这种立场下，这些方法包括：将道德意义上的"善"等同于享乐（享乐主义）、各种自然法则的典型以及各种功利主义的伦理观念。这些方法构建了一套庞大的伦理观，从20世纪初期开始就成为道德哲学界的主导思想。

这些方法深受剑桥大学哲学家、伦理学理论学家乔治·爱德华·摩尔（G.E.Moore）的批判。在他的著作《伦理学原理》（*Principia Ethica*）中，他将这些方法归类为"自然主义"。摩尔认为，自然主义的方法终将成为一种特定的认知谬误，他将之称为"自然主义谬误"。摩尔这样解释谬误的本质：他指出，当为一个复杂的概念下定义时，人们把它分解成一个个组成部分，也就是说，由这样一个个有意义的组成部分构成了一个概念的完整定义。简单（不复杂）概念是不能被定义的，它们的意义只能通过明示的方式显示出来。任何人为简单概念（比如，"黄色"的意思）下定义的行为终将是徒劳的。在摩尔看来，道德话语中的基本概念就是简单概念，因此它们是不可被定义的。但是，摩尔并不认为"善"的不可定义性就意味着作出道德判断是不可能的。因为人类拥有其特有的认知能力,即直觉,作出道德判断也是有可能的。因此,摩尔显然是一位直觉主义的拥护者。

各种自然主义和直觉主义的拥护者都认为道德判断具有认知性,因此道德判断具有真实与谬误的逻辑值。所以,自然主义和直觉主义都站在了认知主义的立场上。这一个立场受到了反认知主义(也被称为非认知主义)的批判,它们认为道德判断不具有任何道德性和逻辑值。20世纪30年代,英国出现了一个新学派——情感主义,它的拥护者被认为是第一批反认知主义者。但是,这个哲学流派的主要思想可以追溯至18世纪的苏格兰哲学家大卫·休谟(David Hume)。

情感主义者认为,道德判断不是作出判断的人的外部事实陈述,相反,它仅仅是个人经历的情感表述。表面上看,道德判断似乎是一个描述性语句(例如,滥杀无辜是恶)。事实上,这些语句表达的不是人类特定的某些行为(滥杀无辜、堕胎、安乐死、活体解剖、欺骗),而是叙述者经历的负面情绪。

在情感主义者看来,道德话语完全不是用于指出道德判断是真是假(如果这个道德判断的逻辑值被质疑),而是为了引起讨论者的情感态度变化。从这样的角度来看,判断伦理话语中道德论点价值的唯一标准是它的效力。

情感主义者采用了摩尔的"自然主义谬误",但对其含义作了大幅度改动。现代反认知主义者认为一切都是从"实然"推至"应然",换句话说,从描述性语句推至准则的尝试都是"自然主义谬误"。至此,自然主义谬误便成为一种逻辑错误。

下面的表格说明了自然主义、直觉主义和情感主义观点的关系。

表2 三种理论观点的关系:自然主义、直觉主义、情感主义

	自然主义	直觉主义	情感主义
道德语句中基本术语能否被定义	可能被定义	不可能被定义	没有官方说法
道德判断的正式地位	道德判断具有可认知性,有逻辑上的对错之分(认知主义)	道德判断具有可认知性,有逻辑上的对错之分(认知主义)	道德判断本质上不具有可认知性,没有逻辑上的对错之分(反认知主义)

（续表）

	自然主义	直觉主义	情感主义
道德话语的特征	道德话语的目的在于证明道德判断的真实性	道德话语的目的在于证明道德判断的真实性	道德话语的目的在于引起参与者的情感态度变化

四、价值论客观主义和主观主义

关于道德价值的性质,价值论客观主义者和价值论主观主义者一直争执不休。赞同价值论客观主义的人认为,道德价值(或者善)独立于人类对它们的认知、人的意志和欲望而客观存在。价值存在于世界的本质、万物的本质与人类的本质之中。他们还认为道德和伦理价值存在于社会意识中,伦理观念也以价值论客观主义为特征。相反,价值论主观主义的拥护者认为道德价值仅仅是人类信念和喜好的表达,简而言之,道德价值存在于心灵领域之内。

五、伦理学中的绝对主义和相对主义

客观主义的立场通常与绝对主义观点密切相关,而主观主义则与伦理(道德)相对主义紧紧相连。

伦理相对主义的概念十分模糊。① 作为一个伦理学(准确来说是元伦理学)的观点,它采取了价值论相对主义的形式,认为道德判断只能是相对正确或相对错误的,因此所有道德判断都具有同样的价值。温和的相对主义观点和极端的相对主义观点之间存在一定的差异,前者认为只有某些经过选择的道德观点是相对正确的。这些观点是关于有限的道德意义的问题,关于常规事项的规定的问题,或者是关于解决那些显然无法通过完全令人满意的方式解决困境的问题。极端相对主义者的观点以所有道德观点都只能是相对的为前提,因此事实上它们都是同样正确的。与相对主义的观念相反,另一种被称为伦理绝对主义的观点认为道德判

---

① 这里所说的伦理相对主义的特点是基于 I. Lazari-Pawłowska 的论文"Relatywizm etyczny"["Ethical relativism"] [In:] *Etyka. Pisma wybrane* [*Ethics: Selected Papers*], Wrocław-Warsaw-Cracow 1992, pp. 109-120。

断有客观正确与错误之分,遵循某种方法可以让人作出合适的(正确的)道德判断。

相反,方法论意义上的相对主义认为所有道德规范的正当性不可避免地具有相对性,因为它的正当性正是以展示这些道德规范如何与属于某个伦理系统的最普遍的评价前提相关联为基础,但是这些前提本身是没有经过评价的。

许多理论观点都站在了方法论意义上的相对主义的对立面。它们之间的共同点在于它们都承认道德判断可能通过一种正确客观的方式被证明,这意味着道德判断可能通过一种普遍正确的方式被证明。这一观点被各种伦理自然主义者(如上所述)所公认。

第三种相对主义是所谓的情境相对主义(也被称作伦理情境主义)。在这一伦理下,道德规范的拘束力都是相对的。这一观点源于对某些规范之间相互矛盾的特性的承认。问题在于,事实上在某些语境下,我们不可能同时遵守比如说两个规范,因为遵守其中某一个规范意味着违反另一个规范。我们可以举个例子来解释这个矛盾,我们应该实事求是,我们也应该忠于有恩于我们的人,但是这两者之间可能彼此矛盾。如果不搁置这其中之一,我们就不可能解决规范之间的矛盾(有时也被称作职业伦理困境)。赞成极端相对主义的人认为,所有道德规范的拘束力都是相对的。因此,他们认为,把道德解释为一套命令禁例是没有意义的,更不用说把它看作一个复杂而有序的道德准则。赞同温和相对主义的人则认为,某些经过选择的(极少数的)道德规范具有普遍的拘束力。这种普遍的拘束力通常是最普遍的道德原则,比如对人格尊严的尊重,以及极少数的几个特别的一般规则(最常被拿来举例的是禁止酷刑)。①

与情景相对主义相反的观点被称为原则主义。原则主义认为道德规范具有普遍约束力。在原则主义者看来,证明解释道德准则的必要性是很容易的,这种道德准则应当竭力规制所有与道德相关的事宜,同时可以体现道德价值和道德规范的客观层级结构。在这种结构中,某一价值或规范在层级结构中的位置只能取决于它的普遍性程度。

莱谢克·柯拉柯夫斯基(Leszek Kołakowski)将伦理准则与保守的世

---

① I. Lazari-Pawłowska 探讨了两种文化相对主义,但都不在我们的研究范围内,参见上页脚注。

界观相联系。保守的世界观认为,道德抉择不容半点冒险,因为伦理准则"将价值观世界变成一张十分清晰的蓝图,所有价值观都获得了一个毋庸置疑的准确定位"①。对伦理准则的批判来自于伦理相对主义的观点。道德规范拘束力的相对性不仅是对分析这种准则的意义的质疑,也是对我们制定各种禁令和指令的意义的质疑,后者目前还未被人提及。

六、责任伦理学与义务伦理学

道德哲学和伦理学的理论学家们注意到了遵守道德规范和实现道德理想之间的差别。几个世纪以来,伦理不再被认为只是人们应当普遍遵循的指导人们行为的一系列行为规范,其也是少数人才能做到的理想模范。超义务维度是古代伦理学的典型特征,它专注于追求美好的生活和卓越以及人类力量的充分实现。② 在被遗忘了很长时间后,伦理学的这种超义务范畴在20世纪被美国法哲学家L.L.富勒(L.L.Fuller)重新发现。为了解释清楚法律和道德的关系,富勒引入了两个理论概念:义务性道德和愿望性道德。③ 义务性道德规定了基本行为规则,假如没有这些基本行为规则,我们不可能有一个秩序井然的社会,或者说义务性道德就不能实现它的目的。义务性道德对我们禁止做的事以及小部分我们必须做的事作出了绝对命令。其目的在于指导人们的行为以使人们达到社会生活的基本要求,任何违反义务性道德规范的人都会受到处罚。相应的,愿望性道德的目的在于说明人类怎样才能充分实现自身价值。它为人类的自我实现提供一些忠告、指示以及建议,而非命令。愿望性道德对那些没能实现这一理想的人并不蔑视,相反,这些人常常被认为是值得同情的。富勒认为,这两种道德并非是对立的,相反,它们是一对互补(甚至部分相融合)的概念,它们从属于同一维度。义务性道德存在于这个维度的最底端,而愿望性道德则处于顶端。道德理论学家,尤其是他们中那些对社

---

① L. Kołakowski, "Etyka bezkodeksu" ["Ethics without a code"] [In:] Kultura i fetysze [Culture and Fetishes], Warszawa 2009, p.153[all translations from Polish within this book, unless indicated otherwise: I.W-P].

② On supererogatory ethics cf.: A.K. Kaniowski, Supererogacja. Zagubiony wymiar etyki, [Supererogation: The lost dimension of ethics] Warszawa 1999.

③ See L.L. Fuller, The Morality of Law; Polish translation: Moralnośćprawa, translated by S. Amsterdamski, Warsaw 2004, pp.2-10.

会领域的道德感兴趣的人,专注于找出这两个领域之间的差异。对立法机关来说,这一点尤为重要。因为立法机关必须决定,在特定群体中有哪些社会规范应当被赋予普遍的拘束力。尽管对于立法者来说,法律道德素质也应当是他们立法灵感的来源,但愿望性道德中的要求和期望不应该以法律的面目示人。义务性道德和愿望性道德之间的关系也引起了一些疑问:是不是对愿望性道德目标的追求可以让我们不拘于对义务性道德规范的遵守?在这种意义上,是不是说明愿望性道德是一种精英伦理?

七、道德评价标准之争

几个世纪以来,对行为道德评价的可靠标准一直是一个争议的焦点问题。目的论(或者又称意向派)的拥护者认为,对一个行为道德评价的关键标准在于行为实施者的目的。换句话说,行为实施者想要达到的预期目标(古希腊语为 telos)在行为的道德评价中至关重要。因此,如果说这个目标被评价为"善的",那么为达到该目标而采取的行为也是"善的"。在这一方法中,行为的主观方面在道德评价中被赋予优先地位,而所有的外部(客观)环境都被忽略了。但是这一观点存在诸多漏洞。最为致命的一点是,目的论并没有为行为主体想要达到的预期目标的道德评价提供一个标准。因此,这一观点不允许形成在本质上与此无关的道德判断。此外,这一观点也显得过于简单,因为在它看来,一个行为只是为了一个目的。在这一前提下,行为是善是恶变得简单而琐碎,尤其是我们事先已经知道(预设)哪些目的是善哪些目的是恶。如果我们考虑到一个行为主体的行为也许受到不止一个预期目的的控制,而这些目的中又有善有恶,情况就变得复杂多了。最终,"只问目的不问手段"的原则受到强烈反对,因为它可能会带来负面影响。难道说所有为了实现正义目的而实施的手段在行为的道德评价中都是真正中立的?

结果论的观点流行开来。与目的论不同的是,在对行为进行道德评价时,相比行为想要实现的预期目标,结果论更看重行为导致的结果。结果论观点的典型就是由杰里米·边沁(J.Bentham)、约翰·斯图尔特·密尔(J.S.Mill)和亨利·西季威克(H.Sidgwick)所创建的功利主义。功利主义认为,一个行为之所以能被评价为"善",原因在于它为受它影响的更多的人带来了更多的幸福,或者说是它为最多的人最大程度地减轻了痛苦。因此,结果论自然而然成为许多其他伦理理论的基础——它们认为某些后果是道德上的"善"。尽管结果论有着不可否认的优点,但它也存在重大缺陷。它和目的论犯了一个同样的错误,结果论本身并没有为行为结果的道德评价提供一个标准。功利主义认为,行为结果的"善"——即最小化痛苦或最大化幸福的实现是基于准则而非那些结果论所特有的东西。此外,结果主义也面临其本身"固有的"问题。不同种类的幸福和痛苦是没有可比性的,这就导致了当我们认定某种行为比另一种好时,基于的是一种主观的臆测。约翰·斯图尔特·密尔虽试着进行功利主义层面的考量,但也没能解决这一问题。在现代功利主义的模型中,有人试图用金钱这一基本经济工具作为道德价值的万能标准。但是我们不能确定,最大多数人的利益(收益)最大化是否应当被视作道德价值的通用标准。凭直觉,我们觉得存在这样一种情形:某种行为可以满足最大多数人的利益最大化,但这种行为在道德上依旧是不能被人接受的。最终,结果论(包括功利主义)也没能对这个问题作出回答:怎样从道德上评价一个既会给一部分人带来幸福,也会给另一部分人带来痛苦的行为?从道德评价的角度来看,是不是一个人身体的痛苦或死亡能够被其他许多人的幸福所抵消呢?另外,关于预见一个行为的某些后果的可能性也存在问题。我们是不是只需要考虑所讨论的行为发生后立即产生的后果,还是说我们应该考虑该行为产生的长远后果?如果说我们应当更多地考虑长远后果,那我们应该接受多长的时间跨度?为了让行为的所有后果显现出来,我们又需要等待多久?这些问题并没有推翻结果主义的论证。事实上,我们甚至很难想象一个当代的行为道德分析会完全无视这些方面。

当结果论(先前提到的目的论也是)碰见道义论时,后者认为义务(希腊语为 deon)观念具有重大意义。这里,人类的行为在道德上既不取决于行为主体的目的,也不取决于行为导致的结果。根据这一理论,道德评价的唯一基础是履行客观存在的、来源于普遍的和一般原则的道德义务。因此,在道义论方法中,行为的内在特性决定了它的道德评价。偷窃和谋杀在道德上是错的,不是因为犯罪者怀有错的目的,而是因为偷窃和谋杀在本质上就是恶的。在伦理思想的历史长河中,许多模式迥异的道义论被提出。譬如,托马斯·阿奎那(Thomas Aquinas)的理论和伊曼努尔·

康德(Immanuel Kant)的绝对命令思想等。

  道义论必须面对许多质疑:首先,它没有为道德规范之间相互矛盾的问题提出一个解决方法。其次,所有理论都让人类行为脱离了社会环境的语境。最后,对"行为的内在特性"的认识是基于模糊不清的标准,并且经常是十分随意的。尽管有这么多的保留意见,道义论似乎还是构建职业伦理包括法律伦理的最有用的理论。

第二章 伦理学历史——表格回顾

假设读者们已经完成了有关伦理学的课程,不论是直接作为伦理学本身的课程还是更一般的哲学课程中的一部分,同时大家都认识到,市场上有大量关于伦理学的手册、专著等文献。因此,本章只提供伦理学研究发展史的一个概要。我们将运用一个高效且美观的教学工具——表格来完成这一概要。在概要中,我们首先将关注对一般伦理学(包括元伦理学)有着特殊重要意义的思想家,这其中不包括那些对一般哲学、政治哲学,或者法律和政治理论更为重要的思想家。接着,我们将关注与作者研究的伦理学问题因素(普遍认可的)相关的信息,而与伦理学关联较少的那些信息,不论它们对一般哲学、政治哲学或者法律和政治理论有多么重要的意义,都不在我们的讨论范围内。表格的标题中包含着关键词指引,尤其是对特定作者重要作品的选择。但必须要承认的是,本章内容的选择由于篇幅限制等因素,不可避免地具有任务导向性和主观性。

表3 荷马,古希腊,公元前7世纪,《伊利亚特》《奥德赛》

	视角	详情
来源:宗教/现世	宗教	
多元/一元价值观	多元价值观	
强调的价值观	伦理的人格模范、英雄伦理	力量、慷慨
参考思想家/历史背景	希腊神话	
提议		重视荣誉,尊重先人、教师、宾客
对其他思想家和运动的影响	亚里士多德、柏拉图、骑士精神、尼采	

表4 苏格拉底,古希腊,公元前470—公元前399年,苏格拉底哲学被称为西方哲学的第二起源(柏拉图、色诺芬、亚里士多德、阿里斯托芬)

	视角	详情
本体论观点/现实的描述性观点/哲学实践方法	价值观、道德主义、内在主义的普遍性哲学人类学	知识和美德的统一:美德即知识,知识即美德 无人知善恶而有意作恶 人的灵魂(对善恶的内在认识)是永生的,生前的道德决定了死后灵魂的归宿 人是哲学研究的主题
认识论观点		思想包含了真实而普遍的知识;认识自己是通向认识特定价值的本质之路;人们认识自我本性的能力各不相同;认识能力越低,意味着道德发展水平越低;通过以下三个方法能获得真理:辩证法(对话)、反驳法(通过证明结论的谬误反驳一个观点)和产婆术(通过谈话中的一系列相关问题发现真理)
来源:宗教/现世	现世	尽管苏格拉底提到他受到天神的指引,但他很可能指的是一种神性的内心的声音
多元/一元价值观	一元论	只有一种美德
强调的价值观	理性伦理学	美德和知识;美德是人应不顾一切追寻的首要之善;只有美德能带来幸福
批判的对象	智者	
出发点:行为/行为结果/行为主体	行为和行为主体	美德符合人的最大利益;只有善的事物才是有用的
提议		完成与内心的对话;了解并净化灵魂;关注人的精神;恶是灵魂的疾病,行恶将危害自己;人应当知行一致
对其他思想家和运动的影响	基督教,汉娜·阿伦特	
伦理观念的政治内涵		知识分子精英治国;选举制度不是选举政府的最佳方式(批判民主制);通过城邦和法律,公民能够寻求内在完美

表 5　柏拉图,古希腊,公元前 427—公元前 347 年,《苏格拉底的申辩》《斐多篇》《理想国》《法律篇》

	视角	详情
本体论观点/现实的描述性观点/哲学实践方法	价值论客观主义、价值论绝对主义、理想主义、唯心主义	两个世界:处于生灭变化中并存在不断进化的物质世界,拥有永恒美好思想的理性世界;价值独立于感性体验而存在;价值是一种存在(思想、形式),因此它是普遍的、不变的;物质身边还有精神的存在(虽然是非物质的,但真实存在)
认识论观点	理性主义、回忆说(记忆)、先验论	非物质的、不朽的、独立于肉体而存在的、已经拥有先存知识的灵魂是我们认识世界的工具;我们不能通过感官感知思想;只有外表能被感知;对思想的完整认识是一个哲学任务
来源:宗教/现世	宗教	创世神在创造世界时赋予了它完美的思想(形式),因此是最完美的;在这之后,不完美的因素开始出现
和自然主义谬误的关系	这一立场下,自然主义谬误不可能被认可	
多元/一元价值观	一元论	善——最高思想(形式),是其他所有思想的先决条件;是支配创世纪的首要原则和目标
强调的价值观		最好的美德是善、外部美和内部正义;灵魂四美德理论:正义(统一了灵魂的各部分)、智慧(灵魂的理性部分美德)、勇气(灵魂中的精神部分美德)、爱(灵魂中为实现和葆有善的斗争)
参考思想家/历史背景	赫拉克利特、毕达哥拉斯、苏格拉底	赫拉克利特——永恒性归于观念(思想)而非实体;对苏格拉底的批判
提议		非正义,不节制,懦弱,无知是灵魂的恶
社会和私人领域的关系	紧密相连	城邦的任务是致力于善,个人应当为城邦效力
对其他思想家和运动的影响	对许多哲学家都有着巨大影响	人们常说,后世所有的哲学只不过是柏拉图哲学的一系列注脚
伦理观念的政治内涵	乌托邦	依照善和正义的理念建立的城邦构建理论;城邦是一个统一的有机体;基于知识,存在阶级、阶层、苦行僧

表6 亚里士多德,古希腊,公元前384—公元前322年,
《欧德莫斯伦理学》《尼各马可伦理学》《政治学》

	视角	详情
本体论观点		存在具有特殊性质; 只有实物才能是独立的存在
认识论观点	理性主义与遗传经验主义相连	知识具有一般性; 传播知识的方法:从一般到特殊; 学习知识的方法:从特殊到一般; 大脑是一个空白的写字板,充满了通过感官感知而来的思想; 认知具有被动性; 相信理性和感官
对待理论/体系的态度	十分消极	经验伦理学——规范源自人类本性; 判决的正确性和合理性以一个善良、正直的楷模为标准
多元/一元价值观	多元论	美德的数量和人类活动的数量一致; 美德——保持"中庸"的能力,也就是在两个极端之间保持适度和平衡
强调的价值观/道德	幸福论	幸福——个人的卓越性——就是至善; 灵魂中的欲望从属于能动的理性; 幸福通常被译为"快乐"; 幸福需要灵魂的再调整、运气和社交
参考思想家/历史背景		柏拉图的信徒后期违背了柏拉图的教义
批判的对象	柏拉图	
出发点:行为/行为结果/行为主体	美德伦理学	美德——孕育了行为的倾向
社会和私人领域的关系	紧密相连	伦理从属于政治; 社会和私人领域紧密结合——人是天生的政治动物; 幸福和其他价值可能只能在社会生活中实现

（续表）

	视角	详情
提议	目的论 至善论； "中庸之道"的伦理准则	人的生活必须与伦理美德相一致，才能在美德中获得幸福； 对于幸福来说，重要的不是享受愉悦，而是能有尊严地活着，也就是活在理性和美德的指引下； 例如，人应当学会找到过多的恐惧（懦弱）和过少的恐惧（自负）间的平衡点——那就是勇气，学会找到吝啬和奢侈间的平衡点——那就是慷慨，诸如此类； 人应当追求卓越；射箭术的比喻以及"拉伸的弓弦原理"意为困难越大潜能越大
对其他思想家的影响	对许多哲学家都有着巨大影响	从圣托马斯·阿奎那到玛莎·努斯鲍姆

表7 斯多葛学派，古希腊、古罗马，公元前300年—公元2世纪，基提翁的芝诺、塞涅卡、埃皮克提图、马可·奥勒留，马可·奥勒留的《沉思录》

	视角	详情
本体论观点/现实的描述性观点/哲学实践方法	宿命论	万物归一，世界是统一的，物质的，有生命的，神圣的； 现实充斥着理性（逻各斯）的神圣气息； 人的思维也是逻各斯的一部分，自然秩序是先定的
来源；宗教/现世	宗教、泛神论	上帝和自然是一体的；自然界的一切已由神圣立法者合理安排好
与自然法的关系	相信自然法的存在	人应当遵守自然法
强调的价值观	至善论，严谨，独立	美德，完美； 如果必要的话，为了自由可以付出生命； 毅力，平静
参考思想家/历史背景	赫拉克利特	赫拉克利特可以被认为是早期的斯多葛学派
社会和私人领域的关系	紧密相连	人理所应当要生活在社会中

(续表)

	视角	详情
提议	淡漠、世界主义、兄弟情谊	人的命运由自然决定,但人作为自然的一部分,会对自然产生影响——人的性格不是天生的,而是在知识和行为中养成的; 人应当与自然和谐相处,因为自然中的理性、高尚可以让人通往幸福之路; 理性意味着能控制自己的情感与情绪; 顺从、拒绝和冷静; 人应当毫无怨言地接受那些不能被改变的; 智者尊重法律,具有世界公民的意识,信奉兄弟情谊,有责任心
对其他思想家的影响	基督教、斯宾诺莎	
伦理观念的政治内涵		奴隶只有身体属于他的主人,而不是灵魂——真正的问题不在于奴隶制度,而是精神奴化; 在理想的城邦中,智者遵循正义治理城邦,世界不再有国界,人人平等,世界是和平的,没有家族,没有法庭,没有学校,没有金钱

表8 圣托马斯·阿奎那,意大利,1225—1274年,《哲学大全》《神学大全》

	视角	详情
本体论观点/现实的描述性观点/哲学实践方法	存在的本质构成部分;人的统一性与同一性(形质论)	存在者是存在之物; 人是肉体与灵魂的统一体
认识论观点	客观主义、温和的现实主义、经验主义、理智主义	为实现"善"的选择,理智必须先于意志,但是意志能够刺激感知与认知; 神学(信仰的奥秘)——在于启示; 哲学(对有形世界的思考)——在于理性; 自然法由理性而得
来源:宗教/现世	宗教	上帝是世间第一个必要的起源和存在
与自然法的关系	相信自然法的存在	自然法是上帝印在人类脑海中的理性之法;它是上帝之法、永恒之法的反映
强调的价值观	真理、善、自由	真理是认知的对象;善是意志的对象;自由被理解为免于谬误与焦虑

(续表)

	视角	详情
参考思想家/历史背景	基督教亚里士多德主义	将亚里士多德哲学融入基督教
批判的对象		(某种程度上)柏拉图、圣奥古斯丁、新柏拉图主义
出发点:行为/行为结果/行为主体	行为/行为主体:唯意志论	受理智指引的人类行为非善即恶——这是道德、自由意志、意识的标准; 只有有德之人的行为是完全至善的(因为符合他的本性); 理性——把握了自然法的原则,能将意志导向正义
社会和私人领域的关系	紧密相连	人是社会的动物,一个人必须活在政治和法律组织中
提议	节制与理性的伦理学; 美德伦理学	行善事的义务; 凭良心做事; 行为与救赎和上帝的最终目的和谐一致; 顺从; 理智德性(理解、科学、智慧)和道德德性(正义、勇气、节制)通过实用智慧(谨慎)连接起来
对其他思想家的影响		阿奎那教义被认为是天主教堂的官方教义;新托马斯主义
伦理观念的政治内涵		一定程度上根植于自然法的人定的法律构成真实的法律

表9 托马斯·霍布斯,英国,1588—1679年,《论公民》《论物质》《论人》《利维坦》

	视角	详情
本体论观点/现实的描述性观点/哲学实践方法	唯物主义、自然主义	人既是肉体,也是自然的组成部分;社会是人的集合体;人与自然同样受到力学原理的指引和作用;人受情感与理智的双重指引,有利己性和侵略性;自然状态下,人类陷入"一切人反对一切人的战争"的思想情绪中,暴力死亡的恐惧无处不在

(续表)

	视角	详情
认识论观点	英国经验主义或欧陆理性主义,方法的理性主义,心理感性主义	对人性的观察是知识的来源
来源:宗教/现世	现世	反对宗教和经院哲学
与自然法的关系	相信自然法的存在	人受到存在于自身内心中的基本自然准则的道德约束; 自然法的原则应当有利于生存
强调的价值观	生存	个体经历愉悦(好的)和痛苦(坏的);令其感到愉悦的,对他本人来说即为"善",只有法律才是分辨善恶的客观标准
参考思想家/历史背景	斯多葛学派和享乐主义者,笛卡尔	自然主义源自斯多葛学派和享乐主义者,理性主义来自笛卡尔
提议		为了克服利己主义带来的风险,个体必须听从自身的理智,放弃一部分的自由,把它们交给国家(社会契约); 任何人不可违反契约;应当心怀感激,应当信守和平
提议		人不该寻求报复; 人不该使他人受辱; 不得傲慢自负; 人应当有礼貌,不偏不倚; 总之:己所不欲,勿施于人
对其他思想家的影响	实证主义,包括法律实证主义和伦理社会主义	与奥斯汀的模型相似,法律是主权者的命令; 哈特认为,成文法中自然法的最低限度在于有助于生存
伦理观念的政治内涵	支持君主专制	权威政府有着至高无上、不可剥夺的权力,不受任何控制,包括司法的控制; 但是政府应当理性执政,法律应当保护公民利益; 当政府不能增进安全时,公民可以运用自己的权利进行自卫

表10　约翰·洛克,英国,1632—1704年,
《人类理解论》《政府论》《论宽容》

	视角	详情
本体论观点/现实的描述性观点/哲学实践方法		从本性上说,人通常行为正直,偶尔恶劣;趋利避害是人的天性
认识论观点	经验主义,但不是感觉主义	感性知觉是物质客体在人的感官上留下印记的结果; 第一眼我们只能看到事物的表象,而不能理解它的内涵; 知识的反思或推理,作为内在事实的直接经验,是经验(内在经验)的独立来源; 尽管道德思想来自于感性知觉,但这些思想之间的相互关系是这样的:道德能够以论证数学公式一样的方式被论证; 道德判断基于对道德概念的理性分析
与自然法的关系	相信自然法的存在	自然法来源于道德法则,道德法则能被人的理性所把握;每个有意识的人都了解自然法; 自然法——基本道德法则——包括保护生命、健康、自由的规则; 财产权是最重要的自然法
对自然主义谬误的看法	可以说它存在自然主义谬误	在自然法面前,任何政府都是不合理的,任何政府都是短暂的、暂时的,但是自然法的效力是绝对的、无条件的
强调的价值观	自由和个人发展	伦理法则应当是鲜明、精确的,它应当基于冲动的心理和个人意志;道德的生活应当是自由的,它应当基于自身的理性而非他人的权威; 人不能放弃自由的权利; 善即是增进愉悦、消减痛苦; 道德的善意味着我们的行为应当与法律(上帝的律法、民法、基于契约的法律)保持一致,法律的效力包括奖励愉悦、惩罚痛苦
参考思想家/历史背景	罗伯特·波义耳的原子论	

(续表)

	视角	详情
批判的对象	天赋观念	人的心灵是一张充满经验的白纸(tabula rasa)
社会和私人领域的关系		个人高于社会
对其他思想家的影响	大卫·哈特莱,约瑟夫·普里斯特利(联想心理学),沙夫茨伯里伯爵(自由主义)	洛克是自由主义的先驱
伦理观念的政治内涵	社会契约论、默示同意原则、宽容原则	权威政府源于人与人之间自愿的社会契约,服务于自然法; 当政府不能保护人的自然权利时,它即失去权威性和合法性; 社会契约可撤销; 只有被大多数选民接受的法律才具有拘束力; 绝对权力妨碍个人自由

表11　安东尼·阿什利·库柏,第三代沙夫茨伯里伯爵,英国,1671—1713年,《人、风俗、意见与时代之特征》

	视角	详情
认识论观点		冥思是认识世界的方法; 认识道德独立于认识外部世界; 道德观念并非源自理性,而是源自人的道德是非感; 道德哲学是一个独立的研究领域; 善因其本身而为善(自我证成的)
强调的价值观	美德(优点)、和谐、热情	美德——善的具现化,只有当人处于理性状态时才能获得;它基于和谐,即以一个恰当的态度看待自然欲望,在个人权利和社会权利之间找到一个平衡点; 道德类似于美,善的本质在于和谐(伦理学与美学紧密相连); 自然欲望是好的,除非它超过了适当的限度; 热情和灵魂的生动动力将灵魂与世界相连
参考思想家/历史背景	柏拉图、普罗提诺、约翰·洛克	沙夫茨伯里跟随洛克学习

(续表)

	视角	详情
批判的对象	理性主义、经验主义	世界不仅仅是一个无生命的机制，单单理性或者经验的反思都不能涵盖它的本质
提议		自然欲望包括关注自身和他人的利益；非自然的欲望是恶的，因为它不针对任何人的利益或者它的目的在于损害他人
对其他思想家的影响	自律伦理学、弗兰西斯·哈奇森、巴特勒	

表12　弗兰西斯·哈奇森，爱尔兰、苏格兰，1694—1746年，《论美与德性观念的根源》《道德哲学体系》

	视角	详情
本体论观点/现实的描述性观点/哲学实践方法	人类学乐观主义	人本性上富有同情心，慷慨，仁慈
认识论观点		在我们的道德生活中，除了通常所熟知的五官，有三种意识(独立于意志)也扮演了重要的角色，分别为：一是公共意识，由此我们能够感受到对他人幸福的满足和对他人悲痛的不平；二是道德意识，由此我们能在自己和他人身上感受到美德和堕落，我们能体验到快乐和痛苦的感觉；三是荣誉意识，由此我们能把他人对自身行为的认可和感激转化为快乐的源泉
强调的价值观	仁爱、美	通常，善意味着个人的快乐，但道德意义上的善也应该造福他人；道德上的善行是出于仁慈和为他人幸福作出贡献的渴望；伦理学和美学是紧密相连的
参考思想家/历史背景	约翰·洛克	洛克的观念联想学说在此得到应用(在洛克的系统中，一切脑中之物皆为观念)，不经意间的联想可能会导致道德判断的歪曲

(续表)

	视角	详情
批判的对象	托马斯·霍布斯的心理利己主义;克拉克和沃拉斯顿的理性主义	尽管美德往往与快乐相联系,但这并不能让人接受心理利己主义理论; 美德带来快乐,而非快乐带来美德;霍布斯的方法可能是危险的,因为它阻碍了人们培养对他人的好意;理性在道德生活中有一定的作用,它只是为达到先前情感的目标提供帮助,就理性本身而言,它既不推动也不负责道德判断
出发点:行为/行为结果/行为主体	主体	被认可的不仅是行为本身,也包括依托性格特征所表现出的行为; 美德的全部含义是人想要行善事的愿望
提议		人应当在不同情感间保持一个恰到好处的关系; 人需要控制自己的感情,不能过于热情以免妨碍其他重要情感; 自私的感情不该超过普世的仁爱;在行动和反思中,人能够实现真正的自由和自我控制
对其他思想家的影响	休谟,功利主义者	休谟在这一点上同意哈奇森的观点,即道德素质实际上是存在于人的思想中的情感,尽管他们在其他方面的观点十分不同;哈奇森最先提出"最大多数人的最大幸福"
本体论观点/现实的描述性观点/哲学实践方法		人的思想感受包括:印象、观念、热情、情感和意志行为; 道德规范是由情感而非理性产生的; 理性对情感的作用体现在,它能通过将客观的一般标准应用在情感反应中来调整情感
认识论观点	经验主义、怀疑主义	人只能依赖于经验来判断真相; 纯粹经验只能让人获悉事实中一成不变的顺序,而不是事实间的因果关系; 因果关系是不存在的,物质和精神之间的联系也是不存在的——关于它们的判断来源于本能

表13　大卫·休谟,苏格兰,1711—1776年,《人性论》《人类理解研究》《道德原理研究》

	视角	详情
本体论观点/现实的描述性观点/哲学实践方法		心灵经历印象和想法、激情、情感和意志行为; 道德规范不是由理性产生的,而是由激情产生的; 在情绪反应的背景下,理性通过运用无私的和普遍的标准来调节激情,从而帮助激情
认识论观点	经验主义、怀疑主义	在提出关于事实的断言时,人们只能参考经验; 纯经验只能告知事实的永久顺序,而不能告知事实之间的因果关系; 没有理由去接受因果关系的存在,也没有理由接受物质和精神实质之间的联系,对它们的判断是出于本能。
与自然主义谬误的关系	这一概念的创始人	从非规范性表述推导出规范性表述是不可能的
强调的价值观	同情心	同情心是合作共同反应(团结)的基本的、自然的、生理的现象
批判的对象	保守主义、理智主义、自我中心主义	法律与道德是历史发展的自然产物; 道德在本质上是社会的; 利己主义是消极的
提议		美德应当被提倡,邪恶和不道德的行为应当被根除; 克里安提斯——美德的典范,一个高尚的人,充满了人道主义情感,待人公正友善,才华出众,谦虚有礼,温厚稳重,面对恶意依然慷慨大度; 迷信思想传播的是恶习,因为例如"僧侣美德"中的赎罪、谦卑、孤独,都会让人变得心狠、脾气坏
对其他思想家的影响	实证主义,亚当·斯密、伊曼努尔·康德	亚当·斯密发展了同情原则,康德批判性地继承了这一原则

表 14　伊曼努尔·康德,东普鲁士,1724—1804 年,《纯粹理性批判》《实践理性批判》《判断力批判》《道德形而上学原理》《永久和平论》

	视角	详情
本体论观点/现实的描述性观点/哲学实践方法		本体[即可理解的(物本身)]与现象[即可感的(表象世界)]之间存在区别
认识论观点	批判主义、现象主义、知识论上的先验论	事物本身是不可被认识的,能被认识的只是事物的表象; 不是人类的认知符合经验的对象,而是对象反映了我们的认知(康德的哥白尼革命); 两种认知:感性和理性——两者缺一不可,因为思想不是与经验并列的概念,而是经验的一部分
来源:宗教/现世	现世	道德行为是人的自主和自由意志的结果; 上帝是不可知的; 上帝是由纯粹理性假定的; 上帝不存在于表象世界中
与自然法的关系	承认自然法的存在	自然状态下,人受到自然法的约束;成文法的原则应当以自然法为基础; 先天的道德法则是普遍必然的
强调的价值观	善意、自由、人类(同类中心主义)	善意——人的欲望受理性的指引; 自由——只有在保证自由的情形下,绝对命令才有意义; 没有人的世界将是一个沙漠,是毫无意义的构造
参考思想家/历史背景	经验主义(约翰·洛克、大卫·休谟),理性主义(笛卡尔、戈特弗里德·威廉·莱布尼茨、沃尔弗)	认知受到经验的限制; 先天认知的可能性
批判的对象	传统形而上学	对事物本身的认识是不可能的; 通过意志和行为的假定,形而上学的真理可以运用到实践理性中
出发点:行为/行为结果/行为主体	行为至善论、严格主义	一个有价值的道德行为只能是出于对某种义务的理性认可(而不是出于个人偏好和个人利益); 义务的本质是要符合普遍的法则(绝对命令)

(续表)

	视角	详情
社会和私人领域的关系		法律是能使个人自由和他人自由相协调的条款的总和； 理性作为自由的守护者，需要法律的支持
提议	形式主义、普遍主义	绝对命令：不论做什么，总应该做到使你的意志所遵循的准则同时能够永远成为一条普遍的立法原理； 要把你人格中的人性和其他人人格中的人性，在任何时候都同样看作目的，这样，你的行动就永远不能只看作手段； 由此，你的个人自由意志可以与其他所有人的自由意志并存
对其他思想家的影响	康德主义、新康德主义、现象学、实证主义、存在主义	
伦理观念的政治内涵	和平学、战争学、哲学和法律自由主义	战争不仅阻碍科技的进步和贸易的发展，还妨碍了人类的进化； 永久和平与目的王国的观念； 共和制是最好的国家制度；民主——多数人的专制； 自由只有在相关法律下才能得以实现，而法律只有在国家范围内才能施行； 受约束行为的范畴应当被最大限度地缩小； 对最高立法权的抵抗是不合法的

表15　杰里米·边沁，英国，1748—1832年，《道德与立法原理导论》

	视角	详情
认识论观点	经验主义、感觉主义、利己心理享乐主义、心理联想主义	
理论/系统态度	积极的	创造了"快乐理论"、快乐和痛苦的分类、"幸福（快乐）计算"
来源：宗教/现世	现世	
与自然法的关系	反对	自然法毫无意义

(续表)

	视角	详情
与自然主义谬误的关系	杰里米·边沁被认为是犯了自然主义谬误	从心理享乐主义转换为伦理享乐主义
多元/一元价值观	一元论	没有超过快乐的善,也没有超过痛苦的恶
强调的价值观	享乐的功利主义,非利己的伦理享乐主义	快乐——简单而可分级别的经验; 不同种的快乐只在量上有区别,在性质上没有区别; 人都是向往快乐而恐惧痛苦的
参考思想家/历史背景	大卫·哈特莱	
出发点:行为/行为结果/行为主体	结果主义	效用原则——人赞同或反对一个行为取决于它能增加还是消减幸福
社会和私人领域的关系	个人和社会享乐主义	社会全体的幸福是由社会中所有个人幸福的总和组成的; 在某个方面,伦理学和政治、法律是等同的(政治规范政府行为,而道德规范个人行为)
提议		人应当理性地计算自己的行为所带来的快乐; 更强烈的快乐应当优先于不那么强烈的快乐,更持久的快乐应当优先于不那么持久的快乐,更确定的快乐应当优先于不那么确定的快乐;那些不会带来痛苦的快乐应当优先于那些可能会引起痛苦的快乐
对其他思想家的影响	密尔、亚当·斯密,法律实证主义	
伦理观念的政治内涵	功利主义、乐观自由主义	立法者和政治家应当: ——尽力实现最大多数人的最大幸福; ——通过快乐(奖励)和痛苦(惩罚)的指引来影响人的行为; ——为了公民的安全而限制自己
		私有财产的快乐是人类幸福中重要的组成部分; 国家干预将削弱公民活力

表16　索伦·阿拜·克尔凯郭尔,丹麦,1813—1855年,《非此即彼》《恐惧与颤栗》《致死的疾病》《重复》《哲学片段》《时光》

	视角（明确的/有争议的）	详情
本体论观点/现实的描述性观点/哲学实践方法	人道主义、多元主义、存在主义	个人是中心； 人生有许多种形态,但人面临着一个必须作出选择的问题(非此即彼)； 哲学应当伴随着伦理和宗教问题渗透到特定的个体中去； 人类的生命是短暂的、有限的、现世的,但每一个个体的生命是永恒的； 人类的存在意味着生成； 人类的矛盾是痛苦的源头：有限和无限,暂时和永恒,必然和自由
认识论观点	主观主义,但不是相对主义	他在寻找自己的真理； 根据克尔凯郭尔的观点,客观真理是没有价值的,除非它对某人的生活有重大意义； 对个人来说,上帝是不可想象的； 人类的认知总是不确定的； 人不能发现客观真理； 真正的认知必须根植于一个真实的、特定的生活中,一个人生活得越深,真理就越多
理论/系统态度	消极的	人的生活是不确定的,这就是为什么哲学难成系统的原因
来源:宗教/现世	宗教	对个人与上帝的关系感兴趣； 上帝的神性是永恒不变的； 宗教对个人来说是不可或缺的,但它也给人带来痛苦,因为每一次接近上帝都让人感到羞辱,并告诉自己：你是多么无助(恐惧和颤栗)
批判的对象	黑格尔,基督教(制度化的教会)	有各种各样的宗教存在； 宗教A——认为永恒是人类生存的背景延续,个体相对容易到达； 宗教B——基督教作为制度化教会,激化了矛盾和绝望情绪
出发点:行为/行为结果/行为主体	主体	从个体的二重性来看——个体在永恒和有限之间的分离——让人生形态更加多种多样,更增添价值或更减少价值

(续表)

	视角(明确的/有争议的)	详情
提议		美学的生活模式:在一种积极快乐的生活中,人并不是一成不变的,而是不断寻找新的可能,不断尝试; 伦理哲学的生活模式:个体在寻找真理的过程中,认真负责,一旦他找到了一个合适的经验,他会坚持,他专注于精神生活——对克尔凯郭尔来说,这就是最好的人生,它使个体成为一个真正的人; 公开致力于宗教是一个艰难而不容妥协的决定,但是宗教带来了张力和精神上的深化; 选择有限(美学的生活模式)是选择了虚无,选择永恒(伦理哲学的人生模式)是选择了绝望
对其他思想家的影响	存在主义	马丁·海德格尔、卡尔·西奥多·雅斯贝尔斯、让-保罗·萨特

表17 约翰·斯图尔特·密尔,英国,1806—1873年,《功利主义》《论自由》《政治经济学原理》

	视角	详情
认识论观点	经验主义、感觉主义、心理幸福论、(心理)联想主义	关于外部世界的一切真理都是基于观察和经验; 每个人都想追求自己的幸福; 曾经体验过精神快乐的人都会将它们置于肉体快乐之上
来源:宗教/现世	现世	
与自然法的关系	反对	
与自然主义谬误的关系	密尔被认为犯了自然主义谬误	从心理享乐主义转换为伦理享乐主义
多元/一元价值观	一元论	
强调的价值观	幸福功利主义	快乐有更好的(人性的、精神的)和更坏的(肉体的、世俗的)之分; 能增加快乐的行为即为善,反之为恶; 幸福——充满快乐而没有痛苦; 不幸福——充满痛苦而没有快乐

（续表）

	视角	详情
参考思想家/历史背景	杰里米·边沁、詹姆斯·密尔、大卫·休谟、哈特莱	
批判的对象	杰里米·边沁	针对边沁：宁可做一个不满足的人，也不做一只满足的猪（这个理论对猪有益）；同时，他的理论也是边沁的延续
出发点：行为/行为结果/行为主体	结果主义	善行即为能带来快乐的行为；附：功利原则只能在后果可评估的情形下应用
社会和私人领域的关系	社会功利主义	功利原则并不针对某个人的幸福最大化，而是追求社会整体的幸福最大化；人可以为了他人的利益牺牲自己的利益
提议		幸福计算——人应当选择能为更多的人带来更多幸福的行为；精神快乐应该被置于肉体快乐之上
对其他思想家的影响	影响规则功利主义	建立在密尔的理论之上，即普遍幸福只能由一个维持公正的司法制度来实现，而允许一般规则之外的特例将会削弱它的权威性并产生破坏性结果
伦理观念的政治内涵	怀疑自由主义	立法机关和社会组织应当致力于将个人利益和社会利益调整到最佳状态；正义要求平等，除非不平等的待遇在功利的角度上看是正当的
		只有一种情形下，限制他人自由行为是正当的，那就是出于正当防卫或者是为保护他人免受侵害，但是自由原则仅适用于高度文明的社会；良知、思想、判断自由

表 18　亨利·西季威克,英国,1838—1900 年,《伦理学方法》《伦理学史纲》

	视角	详情
认识论观点		我们有可能能为实现个人和整体的最大幸福的选择和行为提供一个令人信服的正当理由; 但是在整体幸福和个人幸福相冲突的情况下,没有什么合理的解决方案
来源:宗教/现世	有神论	
与自然法的关系	不太相信	"应当"或者"正当"是自然主义上不可再分的概念; 反对经验主义、心理利己主义、联想主义
强调的价值观	功利享乐主义、内在论	幸福(快乐的体验)是所有理性人唯一和最终的目标; 快乐不是独立于意志之外的,它是品质可测量的一种感觉;快乐是一种感受,当人体验过这种感受后便会心向往之;整体幸福可以与个体幸福区分开来;"正当性"是一个终极且不可分割的概念;"正当"意味着"理性的"和"客观的";理性的决定伴随着某种做正确的事的冲动;对终极善的判断不一定遵循明确的行事规则,甚至不一定涉及所讨论的善是在当时的情况下所能达到的最大的善的假设
参考思想家/历史背景	亚里士多德、苏格拉底	致力于从内在的角度推导出一般意义上的道德,然后通过对不同伦理思维的谨慎批判,构建一套连贯的形式概念
批判的对象	伊曼努尔·康德	自由意志的概念对伦理学理论无足轻重; 反对批判哲学方法论; 只有已经在标准逻辑预设中的才能归因于理性
出发点:行为/行为结果/行为主体		在任何特定情形下,都有一些东西是正当的,或者说是应该做的
提议		相比实际结论,西季威克对用于伦理推理的方法更感兴趣

表19　弗里德里希·尼采,德国,1844—1900年,《人性的,太人性的》《快乐的科学》《查拉图斯特拉如是说》《善恶的彼岸》《论道德的谱系》《敌基督者》

	视角	详情
本体论观点/现实的描述性观点/哲学实践方法	相对主义、形而上学的活力	没有客观且具有普遍效力的道德; 对每个人来说,都有一种最适合他生活目标和情感的道德; 弱者的道德(奴隶道德)和强者的道德(主人道德)是不一样的; 生活——意志以及追求生存,自发的、无法的、不受控制的成长和分化; 人类生活在一个不断变化着的世界中; 没有一种天性是所有人共有的; 人决定自己生活的能力是有限的; 道德规范的义务和遵守已经潜移默化灌输在人的头脑中,人们被教导要谦逊,要有纪律,要害怕惩罚,结果是走向对自由和勇敢的仇视
认识论观点	(公开的)自然主义	人应当保持公正、科学、生物性、客观性,对道德保持一个纯粹的描述性的态度
来源:宗教/现世	现世	"上帝已死"——宗教失去了它的社会权威; 生活不能基于信仰的基础;
强调的价值观	主人道德	生活(第一的和唯一普遍的价值); 强势者的自由; 冷漠——人的价值取决于他的力量和生活; 尊严,高贵,坚强的意志,勇气,准确的自我价值感,高效执行计划
参考思想家/历史背景	亚瑟·叔本华	尼采克服了叔本华的悲观主义,但保留了他的非理性主义和唯意志论
批判的对象	苏格拉底、柏拉图,犹太基督教道德,黑格尔和康德	压抑的天主教与将伪善和投机取巧伪装成美德的资产阶级社会骇人听闻; 人应当反对基于过错和惩罚、罪行和赎罪、公正、平等、利他主义,精神价值至上、实用性、多数人的意志、教育和同情的含义的道德观念; 黑格尔和康德——"哲学工作者"

(续表)

	视角	详情
出发点:行为/行为结果/行为主体	主体	那些可靠的、值得尊敬的人具有勇敢、自发、有创造力的自由精神,他们宣告了"超人"的到来; 那些软弱、不独立、卑微、内向、顺从的人体现了人类不好的一面; 酒神精神应当高于日神精神
提议	个人主义	占据了道德主导地位的嫉妒、不信任、偏见、不好的法律以及习俗应当被反对; 尼采认为,如果道德是以这样的形式存在(即看重同情、善良之心、爱、无私或者相对性),那还不如做个没有道德的人; 逃向理想是不好的,诉诸苦行和自我限制是不好的; 人不应活在后悔中,应肯定生活,具有自发性和创造力; 人对权利的欲望应当体现在快乐和创造性的活动中
对其他思想家的影响		安德烈·纪德、邓楠遮、普日贝谢夫斯基、纳粹(受歪曲的尼采思想的影响)
伦理观念的政治内涵		民主是坏的

表 20　弗朗兹·布伦塔诺,德国、奥地利,1838—1917 年,《从经验立场出发的心理学》

	视角	详情
本体论观点/现实的描述性观点/哲学实践方法	现实主义、意向性	意识是一系列心理活动; 意向性,即受到某种特定事物的指引,是所有心理活动的共同特征; 意向性是心理活动和物理现象之间区别的标志; 因此,物理现象是对意识的超越; 心理现象分为三类:陈述、判断和情感(爱和恨); 评价和判断是平行概念——就像我们将作出的正确判断称为真理,将产生的正义的快乐称为"善"

(续表)

	视角	详情
认识论观点	（非本体论）方法论心理主义	明见判断和由它们逻辑上推理出的判断是正确的——证据是真理唯一的可用标准； 知识必须以经验为基础； 知识可能是基于内部经验的回顾，因为在所有的事实判断中，只有对内部经验的判断是明见的，外部经验的判断不可能是明见的，而是或然的，因为我们总会犯错； 心理学是科学，包括哲学的正确方法论； 从心理活动分析的角度来评价善和真实性并不意味着它们依赖于心理活动而存在； 在评价过程中，强烈的正确感和证据是平行的，这种感觉是一种正确性的标准，是伦理和行为范畴内所有知识的基础·美学、逻辑学、伦理学与规范而非事实有关； 它们具有规范性
多元/一元价值观	伦理多元主义	善有许多种； 所有的善都是有限的，它们的价值在一定程度上是定量的； 当我们将一种善置于另一种善之上时，我们会认为自己是绝对正确的，例如当我们将一个复杂的善置于组成它的某个善之上时。当我们试图判断不同量的善时，我们不可能感到绝对正确；没人能断言知识比友谊更好，反之亦然
强调的价值观		美是完美的呈现（美学）； 真理是完美的判断（逻辑）； 善是正确的爱憎观念（伦理学）
参考思想家/历史背景	亚里士多德	
批判的对象	康德，主观理想主义	因为只有涉及意向性的行为是心理的，而行为的对象不是，这些对象不能被感知，不属于意识，不能是心理的
提议		善，不论是自己的，还是别人的，是现在的，还是未来的，都应当是多样的；只有绝对命令才有益于世界上善的发展，其他都是依赖于此的
对其他思想家的影响	胡塞尔、塔多斯基	

表 21　乔治·爱德华·摩尔,英国,1873—1958 年,《伦理学原理》《伦理学》

	视角	详情
认识论观点	直观论	人对什么是善有一种直觉,一种先验的理解——基本伦理真理的正误是不能被证明是对的还是错的; 但是道德判断不是人的情感的报告,否则就不会存在道德判断相冲突的人之间的矛盾; 什么是更高级的善(对"某些事"的善)需要经过经验的检验; 因为善本身是不能被检验的,伦理应当首先关心什么是善; 伦理涉及所有的善,而非仅仅道德的善
与自然主义谬误的关系	他主张他自己提出的自然主义谬误	善是一个基本的概念,它简单(没有组成部分)、非自然、不可分解、难以被定义,因此所有用其他自然特性(例如,快乐)来描述善的尝试都是不准确的
强调的价值观	人际交往的快乐和对美好事物的享受	
参考思想家/历史背景	约翰·洛克	
批判的对象	密尔、斯宾塞	
出发点:行为/行为结果/行为主体	结果主义	只有当一个行为通向一个善的结果时,该行为才是有价值的; 考虑到行为引起的后果,对行为的判断只能是事后的——事前作出的判断只能是盖然的;但是,善的意图是值得赞美的,恶的意图是理应受责备的
提议		人应当在标准的社会规范中寻求正确行为的一般指引,比起不遵循这些规范,这更有助于增加这个世界的善
对其他思想家的影响	情感主义,史蒂文森	

表22 尼古拉·哈特曼,德国,1882—1950年,《伦理学》

	视角	详情
本体论观点/现实的描述性观点/哲学实践方法	价值论客观主义、本体论多元主义、现实主义	存在两种本体论:现实的和理想的; 价值是绝对的、不变的; 价值,像数学对象一样,取决于理想的(非时间的)存在的范畴; 现实依赖于理想而存在,理想存在在先,但这并不意味着它更"高级"; 价值构成了灵性存在的基础,即个体(个人精神——感觉和思想存在)和来自价值的集体形式(客观精神——知识和艺术、习惯和法律、信仰和语言); 被个体认为是价值的东西实际上是理想存在的具象化; 人只能应用那些已经为人所知的价值和那些依赖于传播者、评价主体、情境语境的价值,这些价值已经得到实现; 在人类经验的背景下,相互矛盾是价值的特性,但是在客观形态下,它们终归于统一; 理想价值构成了一套由经验获得的价值的综合体
认识论观点	现象伦理学、先验论	关于理性和非理性因素——理性因素是可以被认识的; 现实存在不需要被证明,它属于证据的范畴; 理想存在具有先验性; 客观地通向价值有一定难度,但也不是不可能; 以日常的视角认识价值是片面的,有心理限制的——人类的特殊方法和价值间的复杂关系使价值也变得错综复杂; 由于某种对现实世界的态度,使得人们可以接触价值,这种态度连接了价值直觉和作出适当情绪反应的能力; 价值直觉——把握出现在现实世界的价值的能力; 不是所有的价值都能被感知,但是没有一个积极的价值会被认为是消极价值,反之亦然

(续表)

	视角	详情
与自然主义谬误的关系	不属于自然主义谬误	
多元/一元价值观	多元的	价值是多样的； 理想情形下，它们处于一个稳定清晰的层级结构； 从价值意识角度来看，价值并不是处于客观分等级的井然有序的状态； 价值可能有积极的或消极的，高级的或低级的，强大的或软弱的，普遍的或特殊的
强调的价值观		高级的价值令人赞美，但缺乏高级的价值也不会令人轻视（如英雄主义）； 强大的价值不会带来任何特别的反应（它们似乎是自然的），但是缺少强大的价值将招致鄙视（如可靠性）； 较低级而强大的价值构成了较软弱的价值的基础（如可靠性构成了友谊的基础）； 普遍价值是对人格特质的描述（如高贵），特殊价值与美德有关（如忠诚）
参考思想家/历史背景	亚里士多德、舍勒	
批判的对象	主观主义、心理主义	不同时代看重不同的价值，但这并不意味着价值是相对的； 评价的变化不在于价值内部的变化，而在于人们对价值的领悟发生了变化； 评价的变化（即价值视野的变化），是社会变化的结果，是精神的内在运动（从缺乏价值到了解某些价值，再到对这些价值冷漠以待）的结果，是价值专制的（不同价值间的矛盾冲突预示着在现实生活领域，每个价值都有着支配其他价值、处于整个人类精神中至高无上地位的趋势）结果
出发点:行为/行为结果/行为主体		价值通过行为得以实现，因此体现了额外的道德之善（如人的安全和健康）的行为结果揭示了对道德价值的态度
提议		有两种主要的道德类型：一种追求强大的价值的实现，另一种则专注于更高级的价值； 这两个方向应当是一致的

表 23　罗曼·英伽登,波兰,1893—1970 年,
《论义务及其本体基础》《伦理学演讲》

	视角	详情
本体论观点/现实的描述性观点/哲学实践方法	现象学、现实主义	研究的中心——有意识的人类行为都是为了实现某种积极或消极的价值——即义务; 伦理价值属于现实的范畴,它们来自于个体有意识的创造性活动,包括对现实的改变以及为它赋予全新的意义; 价值属于人类主体的内部范畴,它们不属于任何对象,也不依赖于个体而存在; 价值是真实的;人们为它们而战,为它们奋斗,甚至为它们付出生命
认识论观点		良知能够让我们具有辨别行为之道德价值的能力; 根据良知,我们能够认清自己的恶行和义务; 伦理学应当在以行为主体为导向的过程考虑行为意图的出现、意志的实现、决策的形成以及与行为相关的价值(行为的价值结果)间的平衡中等因素; 对于一个正确的道德行为,行为主体必须对行为有充分的认识,有责任心,并能自由地作出决定,自由选择行为方式
多元/一元价值观		伦理价值具有特殊性——它们不能变成功利性价值、生命的价值,也不能变成享乐价值或社会风俗导向的价值
强调的价值观		正义、勇敢、诚信、忠诚、仁慈、仁爱、无私、高贵、责任感
参考思想家/历史背景	胡塞尔、哈特曼	英伽登既是胡塞尔的学生,也是他的批判者
出发点:行为/行为结果/行为主体	行为	价值是人类行为、意志行为和承诺行为的结果; 行为主体应当接受关于行为的某个过程的承诺,这个行为主体对他自己的行为要么是赞同的,要么是不赞同的,这对价值的出现至关重要
提议		日常生活中,我们必须考虑到我们的行为可能带来的价值后果,并选择价值平衡积极的行为(负责的行为); 在良知领域,我们的过错和责任是以弥补损害和提供赔偿的需求形式存在的; 我们对他人的态度的道德品性通过补偿行为,认可和奖励"善"的行为得以彻底显示

表 24　查尔斯·莱斯利·史蒂文森,美国,1908—1979 年,
《伦理的情感意义》《伦理学与语言》《劝导性定义》《事实与价值》

	视角	详情
本体论观点/现实的描述性观点/哲学实践方法	温和的情感主义	"这是善的" = "我赞同它,我也这样做"; 例如:"正义"(公平、正当)——一个劝导性定义,即一个具有描述性意义的表达,在更深层的意义上与情感含义有关
认识论观点	反认知主义	在描述性术语中,给善或其他价值术语下一个精确的定义是不可能的; 价值术语的主要功能是影响他人的倾向(其功能是动态的); 一个词的情感意义与它在长期使用过程中形成的偏好是一致的,其功能是使人产生情感反应
理论/系统态度		哲学伦理学是一种道德中立的活动;在道德问题上不优柔寡断是优秀的哲学伦理理论的要求
与自然主义谬误的关系	没有犯自然主义谬误	道德判断在任何时候都不能与由它本身得出的结论存在逻辑关系; 它们只能作为一种心理支持

表 25　查理·默文·黑尔,英国,
1919—2002 年,《道德语言》《自由和理性》

	视角	详情
本体论观点/现实的描述性观点/哲学实践方法	规约论、内在论	评价性的道德表达和原则传达了基本道德选择:我们说 X 是善的,意味着我们应当选择 X 这样的行为,X 就是我们理想的对象; 一个真诚的道义性语句发出的结果往往是:在特定情况下,发布者事实上都会遵守这个语句中的命令
认识论观点		道德论证是从一个道德大前提和一个事实小前提得出一个结论,这个结论本质上是一个道德判断——事实上,这个大前提本身可以是另一个三段论中的结论,但是这并不意味着基本原理的正当性问题总会通向绝对自由; 多亏了普遍性,我们可以纠正这种逻辑:如果有人想论证某个不被接受的道德原则是正当的,只需要问他本人是否愿意处于这种原则的对待之下——只有执迷于这种原则的狂热分子才会同意

(续表)

	视角	详情
与自然主义谬误的关系	不能说他犯了自然主义谬误	在规范性话语中,结论可能来自于不违反逻辑规则的前提; 每个规范性结论都来自含有一个评价和规范性的前提

表26 若望·保禄二世,波兰,1920—2005年,《爱与责任》《行动者》《生命的福音》《真理的光辉》

	视角	详情
本体论观点/现实的描述性观点/哲学实践方法	人本主义	研究的中心:人类——道德行为和规范性道德原则的行动者; 人就像上帝; 人是理性的存在,人的行动是有目的的、有意识的、自由的,人是有道德心的; 人是有限的、不完美的存在,但是人可以自我完善、自我创造; 人的行为可以超越他本身; 道德规范体现了价值现实的本质——道德规范记录并保护了价值现实; 道德规范反映了理想的和一般的义务——道德规范将这些义务变成了产生于人的道德心中的现实的和特殊的义务
认识论观点	认知主义	人有能力理解自然法; 多亏了这种能力,一般来说我们的道德心能够获得关于善和恶的真理; 道德心,即一种规范性真理的声音,它是人的组成部分,也是人的使命
理论/系统态度		道德伦理不能被纳入善和价值的一般理论范畴之内,因为它是基于特殊(道德)经验而存在的
来源:宗教/现世	宗教	上帝是客观完整的"善"
与自然法的关系	相信自然法的存在	自然法是上帝律法的功能之一,是上帝对人的爱
多元/一元价值观	多元的	道德价值和客观价值:道德价值使人更完美;客观价值使人在某一方面更完美,例如美学或生命; 物质价值和精神价值:精神价值包含道德和智力价值

(续表)

	视角	详情
强调的价值观	尊严、爱、自由、真理	人与上帝的相似以人格尊严为基础,这种相似性在人的个性中展露出来; 尊严是不可剥夺的神圣价值; 对待尊严的态度决定了一个行为的价值; 人不能成为手段,而是手段服务的对象; 爱是道德(道德的善)的基础,它构建了最高的价值,是一个独立的价值,也是义务的基础; 爱是出现在人与人之间的一种普遍性的人格规范; 爱是一种福音的规则,是人类的一种自然维度; 爱是自我实现的最完美形式; 自由是通过行为成为好人或坏人的根源; 一个自由而理智的人能够控制自己的行为,并对自己的行为负责; 由于真理,自由和责任可以达到统一; 要达到善的目标,自由必须与正确的认知为伍
参考思想家/历史背景	托马斯、现象学、舍勒	
批判的对象	个人主义、极权主义	个人主义将个人的善看作至高无上的、根本的善,而忽略了人的社会维度,这将导致主观主义和情境主义,认为他人是限制和威胁的来源; 极权主义中社会思想是扭曲的,因为社会是以一个客观、外部的方式构建的
出发点:行为/行为结果/行为主体	行为主体、行为和行为结果之间相互联系	道德是人类行为和人类本身的一个方面,人通过自己的行为成为善的或恶的; 当考虑到道德经验时,应当站在一个全面、超验的角度,考虑人的结构、组成人的价值和规范以及行为对行为者和其他人的影响
社会和私人领域的关系		人的尊严和对个人维度的尊重是每一个真实社会的基础; 尽管"我和你"的关系是最基本、最主要的,但是"我们"即一个专注于识别和实现公益的社会是人类本性的全面表现形式; 个体参与社会意味着他在共同体内部与人合作; 人类社区(邻居)是所有共同体的核心
提议		道德善行构成了对人的肯定,包括特定个人、一般人性以及上帝三个方面

表27　莱谢克·柯拉柯夫斯基,波兰,1927—2009年,《无准则的伦理》

	视角	详情
本体论观点/现实的描述性观点/哲学实践方法		如果整个世界被人接受生活的实际行为所承认,它就成了一个责任的对象; 作出一个道德决定要求人处在一个"中间"的背景下,至少要有一种力量是道德性的,而不是功利的;道德义务和需求是不对等的——并不是一个人的道德义务总能与另一个人的需求相对应; 义务和价值是不对等的——道德评价为善的事物,也是义务的对象,这种假设是错误的,反之亦然; 因为世界上的或关于整体的其他元素的存在,道德事件变得有"意义"; 作为一个整体,世界本身是没有意义的; 价值的经验是非任意性的(尽管它们由人创造并具有历史性)
认识论观点		人们知道什么是有价值的,什么是没价值的; 个体在特定情况下的决定并不能完全涉及第三方在这种情况下能预想到的价值; 个人接受的行为可能无法转化为一般规则,同一个特定情形,就客观性和被所有可能的观察者以同一种方式评价而言,是不可能的
理论/系统态度	情景伦理学	争取一个源于对道德完美的安全的渴望的完整法律,这种渴望与某种意识现象相对立,这种意识现象将导致反社会以及道德的沦丧; 向完美的法律寻求始终如一的支持,使我们的认知对情境的现实和道德层面不再敏感; 法典化的道德意识伴随着并鼓励对某些价值的轻视
来源:宗教/现世	现世	
多元/一元价值观	多元价值观,但不是相对主义	价值是不同质的,因为它们不允许一个与"流派"或"宇宙"相关的观点; 价值是不能比较的; 价值常常不能被同时执行; 在两个互相矛盾的价值间进行选择时,我们行了某些善也做了某些恶; 小恶不能因为它小而被称为"善",在道德上,我们有义务终结它

(续表)

	视角	详情
批判的对象	虚无主义（年轻人的）、保守主义（老年人的），海德格尔	虚无主义默认完全邪恶且无法修复的世界中的生活是值得过活的——因此每个决定的善恶程度是一样的； 保守主义——对自身和世界的认知因循守旧（对世界以及其缺陷的认识是僵化的，任何可能存在的善已经被具象化，邪恶不能被消灭）； 这两者都是怯懦借以逃避生活责任的面具； 它们是人在必须作出一个道德决定的情形下的自卫机制； 将自己限制在责任的概念中本身就是一种不负责的行为，除非这种形式价值与物质文明相联系，这样才能限制或彻底消除自由的实现
社会和私人领域的关系		世界是由完整统一的主体构建的，在某种程度上说，它是社会的；从某种程度上看，它是主观的
提议		忠诚、顺从、荣誉以及参与、责任是纯粹的形式美德，这种美德与某种特定关系的持续时间有关，这种关系将个体与个体或个体与超自然现实联系起来； 哲学家的社会责任要求，当他在某个语境下竭力维护某些生活化的独立价值时，这些价值不能在一个完全相反的语境下也能说得通； 我们不该相信那些伪善的教条所鼓吹的自由不会带来恶，而要记住每一个选择总会有阴影的一面； 教育应该让人们意识到价值世界和义务世界是不一致的，意识到道德生活从根本上说具有矛盾属性，并让人开始思考哪些矛盾是可以通过改革得以缓解的，而哪些是不可避免的
准则		教育要致力于发展对世界的创造性态度； 非生产性的平静和自我满足感将面临被取代； 应当鼓励对神圣性和圣人的怀疑

第三章 职业伦理：规范体系

一、职业、行业、独立职业、公职

人们通常把"行业"或"工作"理解为能够带来经济收益、重复某种特定行为模式且要求掌握特殊知识和技能的持续性活动。因此，由于这种通过掌握特定技能而获得的重复性，一个行业不同于其他任何旨在获取收益的活动。这些特定的技能可以通过正规教育或日常实践、仿效这个领域的代表人物或是其他从事相同职业的人员来获得。值得注意的是，所谓"行业"的叫法仅用来指被社会规范（例如，法律、道德、社会文化）承认的活动。不满足此标准的活动只能被称为负面职业（例如，杀人犯或诈骗犯）。从抽象意义上来说，通常通过正规教育获取技能的职业与通过实践获取技能的职业有所不同。一个人可能会接触到很多领域的知识并且会踏上不同的职业道路，有时是一个，有时是几个同时进行。个人的实际行业决定了社会地位，因为职业生涯与一个人扮演的社会角色有直接的关系。

在此背景下，"职业"和"职业性"是具有特殊意义的当下概念。"职业"通常是指需经过专业化的教育培训，其角色受社会规范制约且具有特殊社会意义的行业。职业要求具备特定的资历，资历的获得并不具有广泛性和普遍性，因为这需要长期的学习研究和实践，且都需要掌握其中细微复杂的事务。再者，职业性意味着行业（职业）的充分表现，遵守为相关活动制定的规定（不一定是法律规定，也包括具有行为属性的规定），通过其特殊的社会角色，满足重要的社会需求。人们希望看到的是，在职业表现中，从业人员可以控制情感，把客户的利益置于私利之上。专业人士享有较高的社会声望以及优越的经济条件。另外，当涉及专业领域，包括在勤勉的专业表现和道德德行方面，人们通常会对专业人士有更高的期待。

经过特殊的社会过程，即职业化进程，行业可变为职业。这个过程由几个特色鲜明的阶段组成。第一阶段,行业活动成为主要的也是唯一的收入来源。在相关市场上,只有完全致力于相关活动并且不涉及其他有偿活动的人才会赢得尊重。第二阶段指的是职业从业受限阶段。只有具备相关学历背景的人才会正式参与到活动当中。教育执业资格(说到底是相关领域的硕士学位),是须完成足够的实习经历以及通过职业资格考试才会掌握的实践技能(波兰语称为"运用")。在这一阶段,代表特定行业的人员常与职业组织相联系。在大多数情况下,首先要自愿加入这一组织,但这也不是取得执业许可的决定性因素。然而,随着时间的推移,成为此类协会的成员变为一项必要条件。这类组织有权掌管这一领域内新员工入职、安排专业实践、为未来的专业人员提供职业规划、监管成员所提供服务的质量。下一步是推行官方发布的职业实践许可。最终,法人团体实施义务守则可能被视为职业化进程[1]的最后阶段。撇开"职业"和"职业性"这两个术语的模糊性及其不利于量化评估不说,很明显,随着第二次世界大战后的科技发展日新月异,在西欧和北美的发达国家中,职业人员的角色经历了全面的发展,这不仅体现在经济领域,还表现在社会生活的诸多方面。1950年就业人员中职业人士的比率为8%,1960年为12%,1966年达到13%。[2] 在21世纪的最初10年,这一比率已经超过了20%,不仅仅是因为技术的加速进步,也因为发达国家将生产转移到亚洲国家的普遍趋势。人们更希望看到的是,专业人士在经济和社会生活领域当中扮演的角色会随着技术进步而不断发展,而这可能会引发在社会、人口、国家以及政治层面的紧张局面。这种现象使得人们以一种全新的眼光看待与履行职业职责相关的社会角色。

"独立职业"为固定搭配。在很多国家,大家普遍认为这是指那些自由从事职业活动的人们,即独立且经验丰富的职业人士,是那些设立专业管理机构并具有他们自己的职业伦理的群体。在众多的法律体系中,此类独立的或自由职业人士获得了某些特权,例如:纳税或者在多种职业表现的法定形式中作出选择。然而,"独立的"和"有经验的专业人士"之间的界限却总是非常模糊的。奇怪的是,这些特性得以在多次提供相关法律定义的尝试中存活下来,即便是在相同的法律体系之下,

---

[1] 职业化过程的描述,参见 R. Sarkowicz, in *Amerykańska etyka prawnicza* [*The American legal ethics*], Cracow 2004, pp.29-30。

[2] See J. Kultgen, *Ethics and Professionalism*, Philadelphia 1988, p. 8.

不同领域中对概念的界定也时常会出现相互对立的状况。在没有提供完整定义或界定最终范围的情况下,这种对立仍然可能表现出职业人员独立执行的某些特征。这类基本特征当然涵盖了工作人员相对于雇主或者管理人员的独立性。但是这种工作人员也没有义务去遵循其客户(即服务的对象)的需求。这些特性可以用来区分经验丰富的专业人员进行的独立工作和全职或官方下属机构的工作人员或者是进行独立经营的私营业主的表现。需要补充的是,独立行为要求一种特殊的创造性参与,在此背景下,职业行为应该是个人表现,由个人负责。在波兰税务系统当中,独立工作是指由医生、牙医、兽医、牙科技术人员、护理人员、护士、助产士、建筑师、翻译和以时长提供授课服务的教师等个人的工作。根据1998年11月20日实施的关于向取得特定收入的自然人收取统一收入所得税的法案,允许从事这些行业的自由职业者以自然人的身份缴纳统一的收入所得税。《波兰商业合伙和公司法案》(波兰语:Kodeks Spółek Handlowych,CCPC)指出:为合伙人从事独立职业活动而设定的组织法律形式是职业合伙企业(第86条第1款)。CCPC第88条详细列举了所有独立性职业。此目录比上述议会税收法案的目录还长。同法案列举的职业一样,CCPC也列举了法定职业,包括律师[①]、法律顾问、公证员、税收顾问,并且认可了其他一些专业领域的人员,例如,药剂师、职业审计、保险经纪人、专利代理人。

我们暂且不谈独立职业的范围,但需要提到的一点是:独立职业重要且公认的特点之一是人们对从事相关专业领域的人员有特殊的伦理要求。这种伦理要求与职业伦理相关。

由于存在某些不为人所知的原因,1997年《波兰共和国宪法》(以下简称《波兰宪法》)的起草者拒绝使用"独立职业"这一概念并用"公职"代替(《波兰宪法》第17条第1款)。然而,《波兰宪法》及《波兰议会法案》都没有对其作出一个合法定义。《波兰宪法》第17条第1款指出:应设立职业内部管理机构以代表公职人员利益,同时监督并确保其在职权范围内履行职责来保护公共利益。2008年2月,波兰土木工程商会委托Pentor国际研究公司进行了关于独立公职的特质调查,此次民意调查强

[①] 与波兰法律文化相联系,"律师"一词以波兰词汇"adwokat"的对应词用于本书中,以此来避免在不同法律文化中命名法律职业时出现的混淆,例如,"法律事务代理人""出庭律师""事务律师"之间的联系。

调:专业人士的道德伦理立场毫无问题(占受访者的89%);遵守成文法和职业伦理准则(占受访者的87%);提供专业服务的质量高(占受访者的88%);保守行业机密以及在客户和公职人员之间维持特殊的信任关系(占受访者的87%)。除此之外,该项调查还反复表明,公职从业人员职业实践应对社会生活有着特殊的重要性(86%),并且此类从业人员应具备高级资质,他们都应通过相关考试并取得高等学历(76%)。

因此我们能够得出这样的结论:"公职"与"职业"的意义密切相关,也与"独立职业(经验性职业)"密切相关。有些人认为,"公职"隶属于"职业",因为每一个公职都属于职业。但在众多的职业类型当中,一些职业并不满足公职要求。反过来讲,"公职"涵盖的范围与"独立职业"有重合之处,因为公职(例如,法官、检察官、政府官员)并不一定是独立职业,独立职业(例如,画家、与经纪公司签订短期合同的自由演员)也不一定是公职。大多数的职业群体(例如,律师、具有独立行医资格的内科医生、公证员、法律顾问)既是公职又是独立职业。在设立职业内部管理机构时,有关法律对"公职"范围作出界定,其结果是:在波兰,目前有16种职业设有强制性成员体制的内部管理机构。2001年6月8日关于职业及心理医生职业内部管理的法案提到了为心理医生设立的第17个内部管理机构。[①] 在所有合法职业(从广义上讲)中,以下职业存在内部管理机构:法律顾问、公证员、税务顾问、法庭执行官、参与缓刑的官员。根据《波兰宪法》第17条,这种职业毫无疑问是公职从业人员。它还包括其他两个典型的合法职业,即法官和检察官,因为从严格意义上讲,这两种职业固有的特性与设立职业内部管理机构无关。还有一种没有内部管理机构的公职是包括土地登记员在内的法庭书记员(波兰语:referendarz sądowy)。

二、职业伦理:一种社会角色

尽管社会角色的概念有其社会学根源,但对伦理哲学来说也至关重要,因为它一直是争议不断的一个领域,争议点在于,社会角色是否涉及伦理观,如果涉及,那么它们如何显示出伦理角色的法律和责任。一些人

[①] Dz. U. [(Polish) Journal of Laws], No.73, item 763.

认为社会角色是伦理义务的特定来源,有些人认为它们本身是对公共伦理观念的实现,还有一些人认为源于社会角色的行为模式与公共伦理相对立。

为了便于我们分析,社会角色可以理解为社会结构中可辨识且可被定义的社会位置。在社会结构中处于这种位置的个人基于群体中他人的期望,展现出某种态度和行为方式,甚至是某种思维和感觉方式。[1] 若从这方面考虑,社会角色就成为自愿接受(例如,教师、妻子、丈夫或山区导游的社会角色)或非自愿接受(例如,祖父、儿子或女儿的角色)的事物。一个人可以扮演(现实确实如此)多种社会角色,彼此之间可共存、互补或者存在冲突。

公共伦理和社会角色伦理之间的关系构成了伦理哲学里一个饱受争议的问题。现存的争议主要来源于以下两个方面:第一,对社会角色的伦理方面应当以何种方式解释及证明的疑虑;第二,对于在两者发生冲突的情形下,源于公共伦理的责任是否高于那些源自与社会角色相关的伦理责任的疑虑,反之亦然。

要使社会角色中的伦理纽带具有正当性,最简单的方法就是要表明接受这个纽带就可能预测群体成员未来的行为。可预测性构成行为的基础,也构成各种交流形式的基础。应用的规律性是成功利用任何形式迹象的前提条件。从这一方面来讲,可预测性是一种积极的现象。然而,一定程度上的不可预测性也具有某种积极性,因为它可以引发人们思考或者带给人们愉悦的惊喜。在某些情况下,行为的可预测性并不都是符合伦理要求的。举例来说,人们认为这种源于社会角色实体的可预测性可被伦理谴责,例如,传播绯闻者、寻衅滋事者、说谎者或醉鬼。因此,关于人类行为可预测性的积极价值的理论应当被一种警告所修正:只有当这种可预测性不是源于恶意或有辱人格的社会角色实体时,该理论才有效。

进一步说,我们可能注意到在一些特定情况下,其他人不仅仅从我们的角度预想特定的行为模式,他们也确实期望这一点。我们通常把这种

---

[1] See Cf J. André, "Role morality as a complex instance of ordinary morality", *American Philosophical Quarterly* 28:1; Polish edition: J. Andre, "Moralnośćról jako zło żony przypadekzwyczajnej moralności", translated by M. Strąkow, [In:] *Moralności profesjonalizm. Spór o pozycję etyk zawodowych* [Morality and Professionalism: Adispute over the status ofprofessional ethics], edited by W. Galewicz, Cracow 2010, pp. 207-208.

情况看作一方对另一方的期望。在这种情况下,行为若达不到期望就会招致痛苦。毫无疑问,这一方面是从特定的伦理角度出发。伦理纽带的程度和力量对与社会角色相关的责任提出要求,个人是否自愿接受社会角色或者在特定情况下个人被安排扮演的社会角色并不是无足轻重的。①

毫无疑问,承诺是伦理义务的来源。责任的正当性以及扮演特定角色形成的伦理纽带都涉及作出的相关承诺,这是极为普遍的。在职业实践正式开始时(例如,医生、教师或法官),人们通常认为行为与作出默许的承诺或是接受特定伦理义务的约定紧密相关。以医生为例,有时开始一段职业生涯通常要作出明确承诺(指被当成模本的希波克拉底誓言)。合同的概念也是使一个社会角色接受伦理方面的承诺具有正当性的另一种普遍方法。据此,接受特定社会角色的人(例如,以公共信托专业人士的身份开始职业)同时也与社会其他成员达成了默契。正是由于这种合同,个人享有特定的优待,可能包括不必受强加于社会其他成员身上的特定义务的制约或者享受他人没有的权利等。另外,出于合同的原因,扮演特殊社会角色的个人承诺满足更高的行为标准。

最后,源于社会角色的伦理义务在这种情况下具有正当性(或是能被解释):他们没有作出明确的承诺,却在本质上与承诺类似的情形下找到义务来源。例如,个人自愿接受源于群体努力的利益,那么就应当为这种利益做出贡献;根据公平原则,这种要求是该社会角色伦理义务的来源。在对态度的要求上也会有相似的观点。滴水之恩,当涌泉相报。由此产生的伦理义务没有任何承诺,甚至受益者都没有表示同意。约翰·安德烈(J.Andre)指出:合同或既定承诺都不能证明源于社会角色的伦理义务具有正当性。实际上,社会角色并没有施加与公共伦理相分离的义务,它是公共伦理的一部分。社会角色受其存在性制约,然而,它们的力量不是无条件的,也不具有普遍性。一方面,社会角色自身可能变更;另一方面,扮演社会角色的个人可能怀着批判的态度接纳这种角色,并且可能在其

---

① See Cf.J. Andre, "Role morality as a complex instance of ordinary morality", *American Philosophical Quarterly* 28:1; Polish edition:J. Andre, "Moralnośćról jako zło żony przypadekzwyczajnej moralności", translated by M. Strąkow, [In: *Moralnośći profesjonalizm. Spór o pozycję etyk zawodowych* [Morality and Professionalism:Adispute over the status ofprofessional ethics], edited by W. Galewicz, Cracow 2010, pp.212-215.

职业行为中会特别注意其中蕴含的细微伦理差别。①

也有一部分人认为社会职业角色与"关闭"一般性伦理标准的权利相关。社会角色可能会提供"充足的理由实施或者不实施某种在其他情形中不符合伦理标准的行为"②。基于下列事实,可对上述立场作出变更:职业伦理的本质在于受职业伦理保护的价值对相关专业人士的约束程度明显高于不从事此类行业的人员。换句话说,在价值级别中,职业伦理的特殊价值高于公共伦理的价值。③

职业伦理并不总是将自身原则和价值置于公共伦理的规范和价值之上。艾伦·戈德曼(Alan Goldman)认定只有当基于社会角色的职业伦理具有极强区分性时,这种情况才会发生。戈德曼声称:从这个意义上讲,大部分职业没有很强的区分度。但可以肯定的是,带有强区分度社会角色的职业是医生和律师这一类。

根据道德(或伦理)规范,人们试图解决公共伦理规范和具有职业社会角色功能的行为标准之间的冲突。重要的是,在本文中公共伦理与职业伦理规范的对立性通常涵盖了法律或医学伦理。

为了解决这一问题,人们试图使用约翰·罗尔斯(J.Rawls)的伦理上的二级正当性概念。④ 约翰·罗尔斯对既定社会实践的正当性和不属于社会实践的真实行为的正当性作了区分。他认为:当涉及特定情况下作出的决定时,从逻辑上讲,行为的一般性规范位居第二。这一点对于实用主义原则下形成的行为规定尤为准确。只有被当作有利于在特定情况下使决策具备正当性的途径时,参照或在实用主义原则框架下制定行为规范才是合理的。在此,规范是对先前决策的总结,所以这种

---

① See Cf.J. Andre, "Role morality as a complex instance of ordinary morality", *American Philosophical Quarterly* 28:1; Polish edition: J. Andre,"Moralnośćról jako zło żony przypadekzwyczajnej moralności",translated by M. Stąkow,[In:]*Moralności profesjonalizm. Spór o pozycję etyk zawodowych* [Morality and Professionalism: Adispute over the status ofprofessional ethics],edited by W. Galewicz, Cracow 2010, pp.217-222.

② *Ibidem*, p. 208.

③ See B. Freedman, "A Meta-Ethics for Professional Morality", *Ethics* 89 (1978), pp. 1-19; Polish edition: "Metaetyka moralności zawodowej",translated by W. Galewicz,[In:] *Moralności profesjonalizm...* [Morality and Professionalism ···],*op. cit.*, p. 168.

④ 约翰·罗尔斯在他的早期作品中提出这一观点:"Two Concepts of Rules", The Philosophical Review 64 (1955), pp. 3-32; Polish version, translated by. L. Wroński,[In:]*Moralności profesjonalizm*···[Morality and Professionalism···],*op. cit.*, pp. 125-156。

理解方法被称为"总结性规范"。以制定这种规范为基础,现在存在这样一种假设:受普遍性实用主义原则的指导,处在相同情况下不同种类的人会作出同样的决定。行为规范仅仅是这种规律性的一种表达形式。①

规范的另一种概念是把规范当作实践创建过程的组成部分。"实践"的范畴涵盖了呈现出不同程度形式化的社会机构。对于婚姻、社会群体作出承诺或施加惩罚,这些机构的态度迥然不同(例如,两者可理解为:父母对子女的惩罚以及国家机构向罪犯施加的惩罚)。在此理解的基础上,对实践本质的理解以及对这种实践的入门都是在获取构成实践的规范过程中完成的,而这种构成实践的规范是为众人所知的,遵守规范会形成一致的行为方式。从逻辑上来讲,对于涉及规范的实践本身而言②,规范是实践的首要特征。这一区别使得约翰·罗尔斯可以证明:在特定情况下决策的正当性与为这种特定决策提供框架所作出的实践的正当性之间存在差异。

受约翰·安德烈伦理正当性双重模式的启发,大卫·卢本(D.Luban)提出了源于社会角色的义务正当性的理解。这一概念包含四个层级:第一层包括机构伦理的正当性;第二层包括通过引用与其相关的组织结构来论证社会角色的正当性;第三层包括源于社会角色的义务的正当性;第四层涉及相关行为的正当性,并且能够证明该行为履行了为实现社会角色而产生的义务。在这个复杂的结构中,每一层含义都会涉及上一层的表述范围。只有第一层概念是一个例外,因为此处正当性已直接确定。③该架构可以通过家庭成员之间义务的正当性来成功说明(例如,父母对子女的义务)。大卫·卢本指出:这种合理性始于对家庭伦理的阐述,进一步重塑父母在家庭结构中的社会地位,并且证明父母的角色在家庭组织结构中的重要性。最后,通过说明这一社会角色应当遵从的社会规范,涉

---

① 约翰·罗尔斯在他的早期作品中提出这一观点:"Two Concepts of Rules", The Philosophical Review 64 (1955), pp. 3-32; Polish version, translated by. L. Wroński, [In:]*Moralnośći profesjonalizm*… [Morality and Professionalism …], *op. cit.*, p. 142。

② *Ibidem*, pp. 147-149.

③ After J. A. Andre, "Role morality as a complex instance of ordinary morality", *American Philosophical Quarterly* 28:1 (1991), pp. 73-79, Polish version:"Moralność ról jako złożony przypadekzwyczajnej moralnośći",[In:]*Moralnośći profesjonalizm*…[Morality and Professionalism…], *op. cit.*, p. 211.

及父母的伦理要求就可具有正当性。通过这种方法可以证明,社会角色伦理并不等同于公共伦理,前者源于后者。①

对于从事特定职业实践的人来说,与社会角色相关的职业伦理居于从属地位。此类社会角色受诸多因素影响,这些因素可划分为不同的组别。第一组包括多种多样的人类需求,为满足这些需求需作出善意行为或掌握利用善意行为的技能。第二组是被社会普遍接受并规定作用于社会的基本价值结构的行为标准和伦理规范。第三组是技术手段,是社会可以接受的并且可以用于满足相关的社会需求的。第四组是法律,它可以影响与职业素养有关的社会角色的形成。一些原则规定了某些职业实践的可行性以及在某一领域内必须要满足的职业标准。通过对这些原则进行规范,法律影响社会角色的形成。法律也对用来满足这些标准的组织和程序作出了界定和构建。

作为影响社会角色形成的核心因素,法律在每个社会职业的形成过程中都扮演着不同的角色。众多的职业伦理中,法律只是影响职业伦理形成的众多因素之一。这可以在医生的医学伦理以及与医疗职业相关的其他职业伦理中很清晰地看到。然而,从几种经筛选的职业义务上来讲,法律对社会角色的界定是具有主导性的。例如,法律职业就是这种情况。相关法律规范规定了原告、被告或者法官的程序角色。在执行法律规范时,它同样也规定了检察官和律师的社会角色。从字面意义上来讲,法庭执行官和公证员的设立是由法律规定的。如果立法机构没有对上述情况以法律规范的形式作出规定,这些职业很可能不存在或者形式完全不同,因此,法律与职业伦理关系最重要的一点是法律塑造了能够产生伦理系统的社会角色。

三、职业伦理准则的地位

职业伦理(也称职业义务或者直接说成是义务)的产生和形成历史悠

---

① See D. Luban, "Professional Ethics", [In:] *A Companion to Applied Ethics*, edited by R. G. Frey, *Ch. H. Wellman*, Blackwell Companions to Philosophy 2003, pp.583-596, Polish edition: "Etyka zawodowa", [In:] *Moralności profesjonalizm*… [Morality and Professionalism …], *op. cit.*, pp. 232-235; cf. also: D. Luban, *Lawyers and Justice: An Ethical Study*, Princeton University Press, Princeton N.J., 1988, pp. 129-139.

久。在古代，人们就认为公职人员应当遵守更为严格的伦理要求，这主要与掌握病人生命的医生有关。从这方面考虑，职业伦理的道德要求目前以极为普遍和简明的方式表现出来，例如，希波克拉底誓言。在中世纪，行会成为职业伦理的监管者。如果想要从事某项工作，例如手工业或贸易，则必须成为行会的成员。其结果是会带来相应的惩罚措施，例如免除其行会成员的资格，而这通常是作为违反行会内约束性规定的惩罚措施，这就意味着在没有谋生手段的前提下个人需离开工作岗位。

在近代，越来越多的职业被纳入公职范围，除其他行业外，包含大部分法律职业。19世纪出现了一种趋势，即相关合作制机构的管理人员起草一整套的义务性规范。在很长一段时间内，该义务性规范被人们称为守则，这与将特定部门法法典化的一般性意见相一致，而法典化是将法律合理化的标志。这一现象与许多行业的职业化进程相关，人们认为这是一个将统一的教育体系引入同类行业使从业人员职业化的过程。这一过程通常伴随着一些标准的逐步正规化，人们根据这些标准接受新的职业者，或者设立新的具有正规化结构的职业内部管理机构。某种意义上，伦理规范的采用被视为职业化的最后一个阶段。[①] 步入20世纪，许多国家的立法机构越来越多地将创立职业内部管理机构作为法定义务来解决问题，所有从事上述实践的公职人员都要成为此类机构的成员。同时，立法机构会授权同级内部管理委员会来决定：当职业内部管理机构成员的职业素养遭到质疑时，无论该质疑是否与约束性法律或义务原则相关，立法机构会授权同级同部管理委员会来决定。该程序基于这样一种信念：学术界以外的任何人都不可能比公共信任的同行专家更适合判断此类问题，他们认为，为了解决此类冲突，作出裁判的人必须了解与从事职业相关的特定环境和条件。

首个职业伦理规范出现在19世纪末20世纪初的美国。鉴于美国法律系统（普通法法系）的特点，该规范毫无疑问地成为法律的一部分。通常情况下，职业群体以一个协会的名义起草和通过一项规范，但并不会赋予这些规范具有约束性质的正式法律地位。然而，衡平法院（通常是州最高法院）或者是国家立法机构作出的裁定，才会赋予此类规范正式法律地

[①] 这个话题的有趣数据表明美国众多职业的职业化进程，参见 R. Sarkowicz, *Amerykańska etyka prawnicza* [*American Legal Ethics*], Cracow 2004, p. 30。

位。那些有权制定伦理规范的机构也能够对其作出变更同时在规范中包含某种训诫。这就是为何许多职业伦理规范只在某些州有约束力。此外,两个州实行的版本也呈现显著差异。众所周知的《职业行为道德规范》,是关于法律伦理规范的例子。此外,除了伦理规范,公职人员的义务还受到一整套州与联邦法案的制约。在这种情况下,职业伦理规范就成为规范某种职业素养原则的法律的一小部分,其中一种便是《律师执业法》——用法律来管理司法实践。

在大陆法系国家中,职业伦理规范的正式地位并不像美国那样明确。其地位在更多情况下取决于规范的制定者以及对约束性法律所具有的局限性的理解。如果法律体系在定义方面比较开放,不管文本编纂的法律主体为何人,伦理规范通常会被当成法律的一部分。然而,法律规定都有特定的来源,其将法律系统划分出了清晰的界限,在这种情况下,关于是否承认伦理规范为约束性法律的一部分,取决于它的形式是否在此范围内并且达到相应法律体系中关于权限和程序的要求。

在波兰,规范公职人员职业素养的多项法律文件都赋予职业内部管理机构权利或是强制其明文规定一系列义务原则。然而,此类规定的特点之一是立法者对不同术语的应用:一些内部管理机构被要求"制定"这些原则(波兰语:uchwalic)(例如,法律顾问、外科医生、兽医、护士、助产士、专利代理人、专业审计员以及税务顾问),有些被要求对其进行"规范"(波兰语:ustalac)(例如,律师),还有一些被要求去"编纂"(波兰语:kodyfikowac)。这些普遍存在的术语确实没有对以下情况作出明确解释:即波兰立法者是否有权假定义务性规定是"注定的",还是说它是普遍的职业伦理规范的结果,或者是被发觉且列入伦理规范之中,抑或是国家将其以法律的形式制定出来。在这种情况下,职业合作制机构就是他们的管理机构。

20世纪90年代初期,这种模糊性引发了一场众人皆知的波兰宪法法院(波兰语:Trybunał Konstytucyjny,TK)关于医学伦理规范[①](波兰语:Kodeks etyki lekarskiej,KEL)地位的辩论,该规范于1991年12月由第二届国家医生大会特别会议制定。最初,宪法法院就医学伦理规范的众多

---

① TK Judgment of 7 October 1992; Ref. No.: U 1/92, OTK 1992, No.2, item 38.

条款与1956年4月27日允许终止妊娠的议会法案①、1950年10月28日医学职业法案②以及1969年《刑法典》之间的包容问题发表意见。监察专员(波兰语:Rzecznik Praw Obywatelskich,RPO)在法庭判决中推行该准则,声称:医学伦理规范是一项属于国家行政管理范围的规范性法案,该法案是基于议会法案赋予的权力发布的,并受法律制裁保障。根据该法案,这项规范引入了法规中没有出现的禁令,即通过非正规手段缩小怀孕妇女法定权利的范围来终止妊娠。根据1992年12月7日的判决,宪法法院表示医学伦理规范中的三个条款与以下议会法案之间存在冲突:1989年5月17日《医生协会法案》③;1956年4月27日关于允许终止妊娠的情形的法案;1950年10月28日《医生职业法案》和1969年《刑法典》。然而,法院也认为其职权有限,不能化解矛盾,因为"法院不能对伦理规范本身作出裁决,除非它是伦理规范被具体化的法律规范"。为了证明裁决的合理性,法院认为受质疑的规范是义务性的准则,而不是国家行政范围内的规范。他亦声称,国家无权施行义务性规范;他还补充道,国家不能将相关权力授予其他立法机构。法律与伦理规范之间并没有重合之处,而是形成了两个相互独立的范围。因此,伦理规范不必与法律规范相契合,伦理也不需要法律条文的合法化,而法律恰恰需要伦理的合法化。根据宪法法院的意见,医生协会的法案对医学义务规范进行转化,并将其纳入具有约束力的法律体系。医学伦理规范具体规定了议会法案中的规范。法庭有权力作出评估,判断用该方法作出明确规定的医药部门规范是否符合其他议会法案。在此权限范围内,法院认为经医学伦理规范作出明确规定的医生协会的法案规范与允许终止妊娠的法案之间存在冲突。然而,在司法体系的等级中,这种冲突发生在同级别法律规范之间,因此只有立法者才能化解这一矛盾。

有四名法官不赞同该意见,他们同意监察专员的观点,并认为:医学伦理规范是国家行政管理范围内的正规法案,因为它是基于法案的授权经正规程序制定的,由诸多法律制裁保障其执行。"立法者授权国家医生大会来制定医学伦理学守则和义务原则,对这些原则的界定赋予了一定

---

① Dz. U. No. 12, item 61 with amendments; in force until 15 March 1993.
② Dz. U. No. 50, item 458 with amendments, in force until 26 September 1997.
③ Dz. U. No. 30, item 158 with amendments, in force until 31 Dec. 2009.

自由,但前提是它们必须与约束性法律保持一致。"①最高法院的法官发现,异议所表达的观点有一定的合理性,这些法官在 2004 年 2 月 26 日的裁决②中认为"在履行法定职能时,职业内部管理机构在有普遍约束力的法律规定的基础之上以及在法律范围之内制定决议。在此情况下,在法律基础和范围内行政的公共权力机构受《波兰宪法》第 7 条法治原则的约束"。严格意义上讲,虽然职业内部管理机构(判决指公证员内部管理机构)不是公共权力机构,但可履行国家行政机关授予的职权。③ 最高法院的立场很可能应该理解为,并不是职业内部管理机构作出的每一项决议都应被当作"行使国家行政管理范围内的职权"。但事实并非如此,决议是否有此特点有时是由主体来决定的。人们难以接受的一点是,职业内部管理机构的任何一种活动形式,甚至是"以决议形式制定的活动",都被当作实现"国家行政部门授予的职权"。

根据 1992 年 10 月 7 日宪法法院决议,监察专员提交动议要求法院对 1989 年 5 月 17 日医生协会的法案中的法律规定作出具有普遍约束力的解读,此举旨在证明如果医生的行为遵守了议会法案规定,但是却违反了医学伦理规范,那么在法庭上,他是否能够证明对于医生职业内部管理机构而言职业责任的正当性。在 1993 年 3 月 17 日的决议④中,法院规定:不管是否消极或者经约束性法案授权,职业责任与遵守相关禁令的行为无关。换句话说,这种行为不受法案规定的纪律制裁。

1997 年《波兰宪法》界定了作为普遍约束性法律来源的合法行为目录,并且从合宪性来看,更明确规定了受宪法法院评估和监管的法律行为。很明显,这些变化提供了更新且更有说服力的论断,有了这些论断,宪法法院对上述 1992 年 10 月 7 日决议的评论所持有的立场,可能会得到支持。首先,《波兰宪法》第 87 条第 1 款明确了一系列法律行为是具有普遍约束力的法律的渊源。其次,《波兰宪法》第 188 条第 1 项到第 5 项指出了从合宪性的角度出发受法院监管的正规行为。在新的法律背景下,

---

① 来自托克劳群岛法官 Czesław Bakalarski 提交的不同意见。
② SN[Supreme Court] Judgement of 26 Feb.2004, III SZ 2/03, OSNAPiUS 2004, No.22, item 39.
③ 最高法院的意见,重申了对于 1992 年 10 月 7 日裁决的不同意见,已被 H. Izdebski 采纳,参见 H. Izdebski, *Etyka zawodów prawniczych. Etyka prawnicza* [Ethics of Legal Professions: Legal Ethics], Warsaw 2006, p.55.
④ TK resolution of 17 March 1993; W16/92, OTK 1993, item 16.

在与 1992 年 10 月 7 日法院决议有关的裁决中提到，由于医学伦理规范是国家行政管理范围内的正规法案，因此其在合宪性方面需要被监督这一论点是不能被支持的。《波兰宪法》也否认宪法法院具备对普遍约束性法律作出司法解释的权力。同时，法庭之前作出的涵盖司法解释的所有裁决，自宪法生效之日起将不具备法律效力。

法律文献中经常强调：尽管对这类准则"进行合宪性评估的宪法基础"已被修订①，《波兰宪法》明确了法律渊源的固定目录，却并没有否认义务性准则的规范性②。在新的情况下，职业伦理准则只能被当成一套在伦理上受到认可且具有排他性伦理特点的规范。若涉及有关被告方违反义务性规定的惩罚措施的纪律性裁决案件时，该规范需得到最高法院和所有上诉法院的认可。同时有建议表示，义务性准则不得违反合宪性。

在审判 Zofia Szychowska 提起的宪法诉讼案件时，"宪法法院对医学伦理规范条款的监管是不是可接受的"这一问题又一次出现。③ 该起诉的焦点在于 1989 年 5 月 17 日《医生协会法案》第 15 条第 1 款、第 41 条、第 42 条第 1 款，根据《医学伦理规范》第 52 条第 2 款对医学誓言的部分内容作出的进一步规定"对他们（同行医生）没有丧失信任"限制了言论自由以及批评建议权的宪法原则。起诉人声称这些规定违反了《波兰宪法》第 54 条第 1 款、第 31 条第 3 款、第 17 条第 1 款和第 63 条，且与《欧洲人权公约》（波兰语：Konwencja o ochronie praw człowieka i podstawowych wolności, CHR）第 10 条的规定④也不相符。根据 2008 年 4 月 23 日的判决，宪法法院表示，《医学伦理规范》第 52 条第 2 款以及医药部门 1989 年 5 月 17 日法案第 15 条第 1 款、第 41 条和第 42 条第 1 款违宪，因为上述条款禁止对公共利益进行真实合理的保护并对其他医生的职业实践进行公开评论（所谓的范围判决），法庭同样也终止了关于上述部分医学誓言合

---

① K. Działocha, "Zamknity system źródeł prawa powszechnie obowiązującego w konstytucji i w praktyce"（《宪法和实践中普遍约束性法律的来源封闭系统》）[in:] Konsty-tucyjny system źródeł prawa w praktyce（《实践中法律来源的基本系统》），Warsaw 2005, p.22。

② A. Korytkowska 反对此观点，"Problem zgodności Kodeksu etyki lekarskiej z Konstytucją RP"（《波兰共和国医学道德准则与宪法一致性的问题》），RPEiS 2009, pp.53-69。

③ Decision of the constitutional Tribunal of 23 April 2008, SK 16/07, OTK-A 2008, No.3 section 45.

④ 1950 年 11 月 4 日人权与基本自由保护大会，Dz.U. 1993 年，第 61 号，第 284 项及修正案，以下简称"CHR"。

宪性的诉讼程序。在证明其观点时,宪法法院提到了对医学伦理规范条款合宪性作出判断的审判管辖权问题。法院认为《医学伦理规范》第52条第2款中已全部概括了医生被禁止和被制裁的行为类型,同时,医生协会相关的法律规定也将遵守职业伦理准则作为医生的义务,如未履行该义务将会受到制裁。此外,他们规定医学内部管理机构有义务制定医学伦理和义务准则,但并未对准则的内容作出任何指导。当独自进行裁决时(即独立于与医学部门有关的法律规定),只有上述具有义务性质的规定以及医学誓言的部分内容可受宪法法院监管,这一点法院是拒绝接受的。"从独立于相关法律规定的角度看,《医学伦理规范》中的这些规定属于一种单独的规范性(义务性的)命令,同时由于医生协会的法案的规定在其所界定的范围内,《医学伦理规范》在普遍约束力的法律范围内获得相应的法律价值。"总之,宪法法院认为,《医学伦理规范》第52条第2款以及《医生协会法案》的其他相关规定构成宪法控制的客体,更准确地说,它是由既定的规定和决议演变而来的法律准则。尽管在这一阶段,在证明观点的合理性时,法院引证了1992年10月7日(U 1/92)决议,提到了判决中所制定的"复杂的法律准则"。正如法案中所描述的,这是议会法案的一般性规定,但《医学伦理规范》中又对其作出了详细规定。宪法法院似乎没有注意到:事实上,1992年判决中关于接受其审查的《医学伦理规范》规定合宪性问题上的立场是截然不同的。这里也没有提到,在宪法法院权限范围之内,如何协调宪法法院对医学伦理规范合宪性的管理可接受性问题与《波兰宪法》规定之间的关系。事实上,《波兰宪法》第188条第1款授权宪法法院裁定法规的一致性问题,以及第3项中授权宪法法院裁定"中央机关制定的法律规定与宪法之间的一致性问题"。接受宪法法院法官的推理方式,将会得出一个不被接受的结论,即宪法法院的审判管辖权可以扩展到审查所有受法律条文认可或被法律条文提到的规范性法令。而这种情况与发布规范性法令的主体没有关系。在这一问题上,宪法法院的立场取决于适用于宪法条文中违反法律的司法解释。即使宪法法院指出《波兰宪法》第79条第1款是案件判决基础,为法庭意见提供了正当理由,但它确实打消了人们的疑虑,并且建议对法律规定作出解释。这一规定认为,"在关于宪法诉讼案件当中,法庭可以监管《波兰宪法》第188条第1款到第3款范围内各层级法案的一致性问题"。在说明这一点要求时,宪法法院提到了 J.Trzciński ①和 L.Garlicki② 的观点。

以上宪法法院不稳定的管辖范围证明:在波兰,具有确定法律地位的义务性准则是不存在的。有时,它们被认为是成套的伦理规范而不具备法律特性;有时,他们又被当作"具体的"规范,即在法规基础上作出明确规定的法律规范;有时,这种规范完全被当作带有执行性质的正式法案,即法案成为法律体系的一部分。这里,特别有意思的是详细分析了义务性准则核心的两项理论性提案。R.Sarkowicz③ 认为由职业内部管理机构起草的法案是广义上的规范性法令,因为他们包含一般性和抽象性的规范。因而,法律体系的范围就变得很广,可以得出的结论是,至少在由职业内部管理机构制定的规范中有一些准则带有法律规范性特点。这些准则必须同时满足两个要求:①必须经过法律详细规定授权后方可发布;②必须直接与公民的权利和义务相关。因此,这些准则同时也影响着公民的法律地位。根据 R.Sarkowicz 的观点,满足上述条件的规范性法令应当被看作属于国家法律秩序的法案。虽然这一立场很有意思,但提出了一些重要问题。从表面上看,第一项标准可区分伦理准则,这是基于法律是否授权特定的内部管理机构颁布准则的事实。其结果是,即使是在形式和内容上都表现出高度相似性的两项义务性准则,也许具有不同的法律地位。即使它们都可以构成职业合作制成员纪律(或职业)责任评估的基础,但只有在获得法定授权的情况下,才能要求其与国家法律保持一致和兼容。第二项标准引发了更多的疑问。怎样去理解"该准则应直接与公民的权利和义务相关"?难道这仅仅关系到合作制机构的成员提供专业服务的潜在客户?或者它还涉及合作制机构成员本身的权利和义务?义务性准则已深深地渗透到了法律和包括受宪法保护的个人自由领域。不管人们如何回答上述几个问题,这些标准的应用必定会使相同准则范围内的不同规定被赋予不同的法律地位,这在理论上难以被接受并且会在实践中造成严重影响。

波兰法律理论中另一种解决义务性准则法律地位问题的尝试,就是

---

① J. Trzciński,Komentarz do Konstytucji RP(《波兰共和国宪法评论》),Vol. I, Warsaw 1999, p.14。

② L. Garlicki, Komentarz do Konstytucji RP(《波兰共和国宪法评论》),Vol. V, Warsaw 2007, pp.30-31。

③ R. Sarkowicz, J. Stelmach, Teoria prawa (《法律理论》), Cracow 2001, pp.211-213。

将职业伦理准则当作所谓的软法。① 软法是社会控制的特殊形式,是具有明确性和自我规范特点的具体应用,主要是法律涉及的"软制裁"的结果。最初,人们认为软法涵盖了国际法的某些特定文件,虽然具有规范性,但它不会使用任何现有的方法来执行国际法的规定。欧洲法律的第二级来源,即所谓的无约束力来源,例如建议和观点,都属于这一类别。然而,被当作软法律的职业伦理准则这一概念,与其说是一种理论,倒不如说是一种设想,用于说明此类规定的现实地位。事实上,在所有的法律体系当中,就如在案例中提到的公职人员触犯法律这一情况,违反职业义务准则内的相关规定需承担法律责任(以违纪责任或职业责任的形式)。正如上文当中提到的,在很多国家(例如波兰),曾有批判观点称,违反伦理准则不应直接导致违纪责任,因为它不能和违反法律相提并论;然而,这种意见没有得到普遍认可。

四、律师和法律顾问的伦理准则

第一,与法官类似,律师这一职业属于最古老的法律职业。在古罗马时代,它已经是一项能够带来经济收益的职业,后来演变成了拥有内部管理结构的独立职业。该职业涵盖了多种类型的实践,在不同的法律文化体制中有不同的叫法:与拉丁语律师(从 advocatio 转变而来,表示抗辩的要求,法律救济等)相似的其他术语包括:发言人(orator)、检察官(procurator)、被告(defensor),等等。

在欧洲大陆法系文化中,律师职能的差异并不显著;然而在英美法系文化中,出现了一系列与具体文化相关、与大陆法系截然不同的法律职业。在英格兰和威尔士,有着密切相关性的出庭律师和事务律师之间的区别是一个典型特征。出庭律师的任务是代表客户出庭;而事务律师没有代表出庭的权利(除非是极个别轻微的案件),他们准备案件法律分析,提出相关的书面意见并为出庭提供充足的论据,以推动法庭诉讼程序的顺利进行。

---

① H. Izdebski 采纳此概念,参见 H. Izdebski,[In:]Etyka zawodów prawniczych. Etyka prawnicza [Ethics ofLegal Professions: Legal Ethics],ed.by H. Izdebski and P. Suczyński,Warsaw 2006,p.54 and P. Skuczyński,[In:]Etyka zawodów prawniczych… [Ethics of Legal Professions …], op. cit., p. 62。

在美国,法律从业者包括了可行使多种不同职能的法律从业人员(法官、检察官、律师、法定诉讼代理人、法律顾问),但人们普遍认为这些专业人士都属于一种职业群体,在社会中扮演着重要的趋同性角色。因此,美国律师协会涵盖了所有法律职业者。然而,在美国,也存在法律职业的专业化。在美国法律职业当中,律师(指以诉讼为目的的法定代理人)和法律顾问与大陆法系中律师的概念最为接近。除了提供法律建议和进行法庭诉讼,美国的"律师"还具有欧洲公证员特征的职能。

在欧洲,尽管律师(以不同的类型和适用行业呈现)已经有几个世纪的历史,但一直到18世纪和19世纪,它才发展成一项全职工作,并且成为从业人员的主要收入来源。律师的主要职能并未随着时间而改变,他们的职能包括提供法律建议(书面或口头的形式)以及以辩护者或是以客户代表的方式出庭。

值得波兰律师骄傲的一点是,位于维斯杜拉河畔的波兰,其法律职业的历史有一千年之久。在《编年史或波兰王朝编年史》(波兰语:Roczniki, czyli kroniki sławnego królestwa polskiego)中,Jan Długosz 称,1016 年,Bolesław Chrobry(英语:Bolesław I the Brave or the Valiant)发布命令赋予寡妇、孤儿以及穷苦人权利,以确保他们能够得到公共律师的帮助,律师的服务费用由波兰国库承担。Wiślica (Casimirian) 法令(由 Csimir the Great 发布)和 Nieszawa 物权(由 Casimir IV Jagiellon 发布)也提到了设立公共律师协会的必要性。Jędrzej Kitowicz 在《奥古斯特三世时期的社会风俗》(波兰语:Opis obyczajów za panowania Augusta III)中对撒克逊时代的法律职业作出评论,这一职业群体与律师相似(当时被认为是"保护人"),包括公证员和土地调查员(被认为是"参政者")、公证员(被认为是"怀疑者")以及审判记录员(被认为是"好心人")。① 在波兰第一共和国衰落时期,律师已经被纳入职业群体,与其他欧洲国家的情况一样,法律职业实践对于他们来说是主要或唯一的收入来源。当时,律师组成了一支精英队伍活跃在波兰共和国的改革中,后来为国家独立而战。许多律师是波兰崛起的积极参与者,例如,波兰国歌《波兰没有灭亡》的词作者 Józef Wybicki(波兰语:Mazurek Dąbrowskiego)是一名职业律师。在 19 世

---

① See J. Kitowicz, *Opis obyczajów za panowania Augusta III* [*Social Customs at the time of August iii*], In: R. Pollaka (ed.), Wrocław 2003, V.1, p.186.

纪 90 年代，Adolf Suligowski 在波兰律师当中发起了一场关于创设未来辩护伦理准则的讨论。在俄罗斯和奥地利分治之下，第一家波兰律师职业协会建立，构成了未来职业内部管理机构的基础。

波兰重获独立后，国家最高统帅（波兰语：Naczelnik）发布的第一批法令便包括了波兰律师暂行法令（波兰语：Tymczasowy Statut Palestry Państwa Polskiego），这条法令规定成立波兰律师内部管理机构。然而，直到 1932 年，Sejm 法令才把之前三国分治情况下律师的法律地位统一起来。波兰律师在第二次世界大战时期表现英勇。当时，律师协会人员大幅流失，律师作为波兰智囊团的代表被侵略者用特殊的方式赶尽杀绝。绝大部分生活在波兰境内的律师都有着犹太血统，因此律师协会在德国统治的地区遭受了极为严重的损失。律师在波兰地下组织中非常活跃，如果没有他们的参与，地下秘密司法和行政体系都不会建立起来。律师这一行业的人员流失率达到了 56%；有望成为律师的人员（即法律见习生）人数的流失率占到了战前数量的 95%。

斯大林统治时期，受到严重伤害的律师团体遭到政权的特殊渗透，目的是使该团体为其提供安全保障。有一些没有遭受太大影响的人被国家权力机关提拔，通过捷径进入律师协会并严格遵守国家安全处的指令。1956 年 1 月"解冻"后，律师职业群体迎来了一次极为重要的转变。国家采取行动来重建律师职业内部管理机构，而这只完成了一部分。1963 年关于建立职业内部管理机构的法案重新恢复了律师内部管理机构，但同时也大幅度限制了其对国家行政管理的自主权。在 20 世纪 60 年代和 70 年代，一个至少由几十位律师组成的律师群体为受政治指控的异议人士进行辩护，从而一举成名。这些律师以勇敢无私的方式践行着他们的辩护职责，这使他们自身面临着受政权压迫的风险。压迫的形式通常有恐吓、剥夺执业权利，以及通过虚假的犯罪指控和监禁损害律师的名誉，还有"不明嫌犯"实施的抢劫案件。律师群体勇敢的英雄主义行为创建了波兰律师职业伦理准则，也导致出现了极为不寻常的情况：在波兰人民共和国时代末期，律师职业在所有职业中享有最高级别的社会公信力（这种现象并不为美国和西欧所知）。许多律师在创建波兰"团结工会"（Solidarity）的过程中都非常积极地贡献他们的专业知识。1989 年和 1990 年的政治变革后，涌现出许多重建律师职业内部管理机构的新机会。在波兰人民共和国时期，律师只能在受政权控制的职业群体中工作。而现在,他们有权设立私人律师事务所以及建立职业伙伴关系。如今,律师是典型的自由职业代表(1982年法案规定:律师法禁止实习人员签订全职雇佣劳动合同)。他们的首要任务是以辩护方或者诉讼代理人的身份代表客户出庭。律师主要为自然人提供法律援助,但他们也能为法人提供服务。刑法以及包括家庭法和监护法在内的民法是律师职业活动的传统领域。从事律师行业并不像经营一家小企业一样只关注利润的最大化,律师在更广阔的司法系统内为实现重要的任务服务。因此规范律师职业素养的准则具有特殊的社会价值。

尽管在西塞罗的著作中已经提及为创立律师伦理准则而进行的最初尝试,但美国亚拉巴马州律师协会1887年决议通过的准则才被认为是第一个此类型的律师伦理准则。第一项覆盖全北美洲的法规是美国律师协会于1908年采用的《职业伦理32条规定》。1969年,该文献被《职业责任的伦理准则》代替;1983年,其又被《职业行为的伦理规范》所取代。规范中的每一条都必须通过地方立法机构的相关决议或者以各州最高法院的司法先例为基础被美国各州所采用。其结果是,现在美国有四分之三的州施行1983年的规范,1969年的准则在其他州仍具有约束力。另外,在采用亚拉巴马州律师协会准则时,许多州会经常利用一些机会修订准则的内容,引入了一些注意事项和作出相应改变。这样做的结果是,不同州实行的法律伦理规定有所差别。

这些美国法律职业伦理准则激发并促进了世界其他国家中相似法律文献的诞生,例如拉丁美洲和欧洲。这类准则主要是在过去30年中制定的。反过来,在英格兰和威尔士,并不只存在一种法律伦理准则(针对事务律师制定的),也有很多正规性法律,包括篇幅巨大的《执业行为指南》。这些法律颁布于1990年到2001年间。

正如上文中提到的,在波兰,19世纪80年代华沙律师首次提出制定义务规范。就在第一次世界大战前,在被奥地利占领的波兰地域内工作的律师也出现了类似想法,动荡的战争扰乱了正常的编纂工作。战后,波兰律师对于编写义务性准则出现了消极情绪,主要是因为设定律师须遵守的最低伦理标准会缩小律师伦理准则的范围,但是人们认为律师伦理不应采取"极简主义",它所提出的要求应明显高于为公众设立的道德标准。然而,直到第二次世界大战爆发前,起草"律师伦理准则"的过程都非常顺利。但之后,政权对职业内部管理机构实行了严密的监管,因此战后也没有顺利完成这一项目。直到后来的解冻事件,这个项目才得以重新启动。1958 年,律师最高理事会(波兰语:Naczelna Rada Adwokacka,NRA)成立了委员会,旨在推进"准则"(波兰语:Zbiór zasad)项目的发展。1961 年 5 月 6 日,律师最高理事会决议通过名为《律师职业伦理准则及职业尊严》(波兰语:Zbiór zasad etyki adwokackiej i godności zawodu)的最终版本,委员会的工作也宣告结束。之后,该准则又经历多次修改,最后几次变动是在 1998 年到 2005 年间。

第二,相比于律师职业,法律顾问是较为新颖的职业,尽管法律顾问这一职业群体有意将古罗马时期接受教育的法律从业人员视为其鼻祖。而实际上,该职业真正发端于 19 世纪的拿破仑时代,那时需要采取有效的方法保障国库的利益。一个想法是创立一个可雇佣且有相关教育背景的律师新机构,以在法庭上代表国库利益。1816 年,波兰帝国的"总检察院"(即检察机构)成立,其任务是在法庭纠纷中代表波兰帝国国库的利益。检察院雇佣了资历深厚的律师做顾问。检察院顾问就相当于特殊的公务员,其职业地位与独立的自由职业律师截然不同。总检察院于 1951 年关闭,随后人们发现国家缺少了具备相关资历且能够在法庭上以及国家经济仲裁办公室(波兰语:Państwowy Arbitraż Gospodarczy)中代表国家机构的律师。根据 1961 年 12 月 13 日部门理事会发布的关于为国有公司、合作制企业和国有银行提供法律服务的决议,国家曾试图创立一个新的由法律顾问和书记员(波兰语:referent prawny)组成的职业群体来填补这一空缺①,这一事件是波兰法律顾问职业的真正开端。根据决议,法律顾问的注册登记由地方仲裁委员会主席掌管。起初,没有法律实习生(波兰语:aplikacja)被要求担任法律顾问,只有签订雇佣合同或者民事法律协议(具体性任务合同)后法律顾问才能被雇佣。法律顾问为国有机关和企业提供法律服务,其主要任务包括起草法律意见和合同,他们在国家经济仲裁办公室中也可以作为国有机构的代表人。从本质上讲,他们创建了一个正规的职业群体,他们唯一的优越性在于法律教育背景。他们的工作实践与独立职业人员并没有太大差异,也没有呈现出公职的特征。因此,不需要为法律顾问这一职业群体创立内部管理机构,也无须设立单独的职业伦理标准。

---

① See *The Polish Monitor*(M.P.) No. 96, item 406.

1982年7月6日关于法律顾问的法案对这一职业群体有着决定性作用,因为该法案允许成立法律顾问的内部管理机构。1989年,内部管理机构担负起了为法律顾问训练职业实习生的责任,并在该职业内进行职业审查。根据1988年12月23日关于经济企业的法案①,法律顾问有权为法人和公司实体提供法律援助,不管他们采用何种法律形式。从那时起,他们不仅仅可以在雇佣合同或民事法律协议的范围内履行职责,并且能够根据公司法或合作企业的规定,独立运转办事机构(虽然后者存在的可能性很快被消除)。1997年5月22日法案涉及修改关于律师和法律顾问②的法案,该法案授权法律顾问为非经济企业的自然人提供法律援助,包括代表其出庭(除家庭、监护和罪犯问题外)。最初的限制是,只有没有签订雇佣合同的法律顾问才能为自然人提供法律援助,该限制在2005年被取消。从那以后,法律顾问有权在与家庭和监护有关的诉讼问题上代表客户出庭。自1998年1月1日起,法律顾问在出庭时需身着长袍,这是他们的正式着装,与律师所穿的长袍类似(不同的是衣领和衣袖带子的颜色以及前部褶领的颜色)。

法律顾问这一职业经历了很多重要变化:一开始是为国有公司提供法律服务,大多数情况下是在雇佣合同的范围内进行职业活动,后来就成为提供法律援助的独立性职业,其与律师提供法律援助的范围几乎相同。伴随着法律顾问社会角色发生的重要变化,职业责任和伦理责任的范围和价值也随之改变。

波兰第一部有关法律顾问的职业伦理法规为《律师担任法律顾问的责任》(波兰语:Obowiązki adwokata jako radcy prawnego),并于1970年作为第四章补充到律师职业伦理规范及职业尊严中来。这些法规只适用于同时为注册律师的法律顾问。

1982年7月6日关于法律顾问的议会法案通过后,法律顾问内部管理机构起草了《法律顾问职业伦理准则》。1983年第一次全国法律顾问大会期间,《法律顾问未来职业道德规范》(波兰语:Tezy do przyszłych zasad etyki zawodowej radcy prawnego)获得通过。其构成了拟订第一版《法律顾问职业道德准则》的解释基础,它作为一个全面的汇编,规定了这一

---

① Dz. U. No. 41, item 324 with amendments, in force until 31 Dec. 2000.
② Dz. U. No. 75, item 471.

职业群体的责任。该准则在 1986 年第二次全国法律顾问大会上获得通过。20 世纪 90 年代初,对这一准则的集中修改影响了该职业的发展,使得 1991 年第四届全国法律顾问大会对义务性准则的大范围变动变得非常有必要。最终,在 1995 年第五届全国法律顾问大会上通过了一项新的《法律顾问伦理准则》(波兰语:Zasady etyki radcy prawnego)。1997 年 5 月 22 日通过的律师以及法律顾问法案上的变动引起法律顾问职业素养有关法律的重要变化,这种变化产生了修订法律顾问职业伦理规范的需要,这项修订工作于 1999 年第六届全国法律顾问大会召开时开展。面对不断变化的法律服务市场,于 2001 年 1 月 1 日生效的这些准则很快便不能满足需求。2003 年,第七届全国法律顾问大会对准则作出修改;2007 年 11 月 10 日,第八届全国法律顾问大会决议通过了一项新的、至今都有法律约束力的《法律顾问伦理规范》(波兰语:Kodeks etyki radcy prawnego)。另外,根据 2010 年 11 月 8 日第九届全国法律顾问大会作出的决议,1988 年 10 月 28 日由欧盟律师及法律理事会通过的《欧盟律师伦理准则》(及修正案),应当对从事跨国职业活动的波兰法律顾问具有约束力。

现在,在职业范围和规范职业行为的手段方面,法律顾问和律师这两个职业的相似性使得职业伦理体系呈现出了广泛的融合。鉴于此,对这两个职业都适用的义务性准则以及它们现已显现出的不同点在本书中都有体现。

第三,根据上述律师及法律顾问的演变可以得出结论:尽管一开始有很大区别,但两类从业人员的社会角色非常相似。在不判断这两个职业将来是否能融为一体的情况下,同时考虑两种职业伦理存在重要原因。现存的所有分歧都将得到足够重视。

(一)客户利益的保护

从律师这一职业存在开始,其社会角色的核心就是无论作为客户的辩护人或代理人,在法庭上为客户的利益而服务的律师应用尽所有可能的法律手段来保护客户的核心利益。如果客户受制于法律执行部门(警察或者检察院)的行动,在国家权威的支持下,律师就是站在客户一方的那个人,通常是客户的唯一盟友。在为客户辩护的过程中,律师的行为受到法律和伦理的限制。若违反这一准则,尤其是参与不利于客户的活动或者未能做出改善客户处境的行为,那么就违背了几个世纪以来律师肩负的使命。相同的基本准则构成了法律顾问伦理的基础。与律师不同，他们不必面对客户和司法体系之间最激烈的冲突，因为在刑事犯罪案件中，律师经常充当辩护人的角色。然而，对于法律顾问来说，最大限度地维护客户利益是首要准则。

(二)诚实、尽责、勤勉

保护客户利益明确要求要有律师和法律顾问的参与。他们应该确保在适用任意一种法律手段来改善客户处境时都不存在过失。然而，律师伦理(以及法律顾问伦理)同时要求律师应当对正在从事的案件持适当保留态度。一些法规支持这种态度，这些法规都包含在义务准则和规范法律职业素养的法案中，包括(排除其他情况)：禁止参与涉及与律师(法律顾问)存在非常显著矛盾的当事人案件中；禁止在经济上依赖于客户(例如，向客户借款)；由于律师(法律顾问)费用被当作得到诉讼结果后分取钱财的行为(追讨债务分成协议)，因此禁止律师和客户达成协议。

(三)独立原则

《法律顾问伦理规范》(CELA)第7条试图定义律师的独立性。该规定指出，法律顾问需不受任何影响，特别是来自于个人利益、外部压力、限制、煽动、任何一方以任何原因进行的直接或间接干预的威胁。CELA第11条第2款和第3款对这一定义作出详细解释：在履行职业责任时，法律顾问应总是受到法律的直接约束。法律以外的任何情况，如与客观评估的事实没有直接关系，或由某人未经请求或指示而表达的情况，都不能免除法律顾问勤勉和诚实履行专业职责的义务。法律顾问应不受任何影响，特别是那些可能由个人利益或者外部压力产生的影响。法律顾问必须避免外界限制其独立性并且不能为了满足客户、法庭和第三方的需要就违反伦理准则。

《欧盟律师伦理准则》[①]也把律师的独立性(波兰官方翻译为niezawisłość)当作法律从业人员职业素养的基本原则之一(第2条第1款)。

这可能表明了法律从业人员应该抵制"压力和影响"的大致方向。首先是来自于国家权力机关的压力，特别是来自于国家行政机关(司法部)

---

① 在1988年10月28日 CCBE(欧盟律师理事会及法律协会)全体代表大会上予以通过，随后在1998年11月28日及2002年12月6日的CCBE全体代表大会上修订。

及法律执行机关(检察院、警察)的压力。出于提高工作效率的原因,国家权力机关可能向法律从业人员施加非法压力。这些尝试经常是不惜任何代价的,但不幸的是,这种现象不仅存在于极权主义和专制主义国家中,在当代民主国家中也会出现。这一方面的预防性措施包括律师和法律顾问的保护性机构(AAS 第 8 条,ALAd 第 11 条)以及要求律师(法律顾问)内部管理机构的代表出席对律师(法律顾问)事务所和律师(法律顾问)住所进行的调查(CEA 第 20 条,CELA 第 18 条)。很多国家禁止通过秘密手段或者警察将律师发展为情报员。[①] 但是也有人会辩称,在民主国家,唯一可以使国家权力机关对律师(或是履行相关职能的法律从业人员)产生影响的方式是通过议会法案的规定。律师受法律约束,不能为了顺利履行职责就违反法律规定。然而,律师不受任何非正式命令或者国家权力机关以议会法案以外的方式所形成意见的约束。

对律师产生非法压力的另一方面是公众舆论,尤其是经过媒体传播及刺激而产生的公众舆论。如果想要尽责勤勉地保护客户的利益,独立律师(以及法律顾问)必须能够抵御媒体的压力。抵挡这种压力依赖于律师自身形成相关性格特征的能力,而不能太过依赖于一些机构的预防措施,从伦理层面上讲,律师在这一背景下的能力被认为是美德。

律师(或法律顾问)潜在的非法依赖性的第三个方面是对对立方的依赖或者是对诉讼中对立方法定代表人的依赖。这种依赖对客户尤为不利,并且违反了律师和客户之间关系的基本原则,即忠诚原则。律师履行独立于对立方的这一要求,需要律师不能涉及任何具有依赖性的关系(金钱或个人关系),如果产生依赖性,原则上必须严格要求律师终止代理行为。

在诉讼中对当事人方的依赖应区别于对第三方的依赖,因为第三方的利益可能与客户利益相冲突。这也许会涉及不是律师(现行律师或是前律师)的客户人员。由于这类人没有潜在的范围限制,所以可以得出的结论是,这一要求意味着禁止律师对任何一方产生依赖性关系。然而,该要求的解释是荒谬的,这是不可能达到的一项要求。事实上,法律甚至职业伦理不能禁止律师发放私人贷款、与新客户进行接洽或是结识新朋友。

---

① 在极权主义国家,这种禁令从不会适用于特殊安全服务当中。结果,这种国家经常出现的一种情况是律师成为依赖国家权力机构的受害者,这样就使得他们不可能进行应有的勤勉的职业活动。

每一种关系都会带来潜在的危险,可能会被滥用而施加非法影响。依笔者看来,为使这方面独立性原则背后的原因合理化,该原则有更好的理解方式,即在履行职业责任时,"终止"对各类人员产生依赖性的禁令。一个独立的律师并非是一个没有朋友、熟人或永远不会接受财务承诺的人,而是一个在遇到利益冲突之时,绝不把朋友、熟人以及与其有财务承诺的人的利益置于客户利益之上的人。

律师独立性原则表明:独立性可受到与律师社会角色相关冲突的威胁(例如,辩护人和朋友的角色;离婚案件中 A 先生的诉讼代理人和 A 先生妻子的好邻居的角色,等等)。然而,这仅仅是不会对律师独立性造成必然侵犯的一类威胁。这是否会像在其他受威胁的情况下一样,则取决于律师(或法律顾问)的性格特征。职业义务建议律师在社会角色冲突的情况下,应把客户的利益放在首位。

这里需要进一步说明,义务性准则对律师(或法律顾问)的独立性要求不及法官独立性要求的应用范围广。[①] 根据波兰义务性准则[②],法官应避免从事"削弱对其独立性和公正性的信任"的行为。义务性准则确实要求律师(以及法律顾问)应十分严谨,至关重要的是律师不会采取有损于其独立性的行为方式。

律师不应产生依赖性的另一群体是(现有或前任)客户。对于律师和法律顾问来说,这一类社会主体可能会威胁到律师独立性,应在义务性准则中以特殊方式对待。在这种情况下,禁止发生利益冲突就是对律师独立性的保护。在接下来的章节中,我们会更加详细地讨论这一问题。重要的是,这种来自于上述范畴的主体且与非法影响有关的威胁,同时也能威胁到律师对客户的忠诚度。看起来,独立性原则确实对忠诚原则有着重要作用。然而,独立性原则却把另外一种责任施加到了律师身上,即抵御来自于客户的非法压力。这种情况下,独立性原则和忠诚原则之间的关系就变得模糊不清。律师(法律顾问)的独立性在其他情况下是确保忠诚原则付诸实践的手段,当这种独立性处在律师与客户的关系之中时,它

---

① 在波兰语中,"独立性"这一概念由两个不同的单词指代:律师及法律顾问的独立性是"niezależność",然而,准则要求法官具备的独立性称为"niezawisłość"。

② 《法官职业伦理规范》(波兰语:Zbiór zasad etyki zawodowej sędziów,CPCJ)第 10 条;全国法官协会 2003 年第 16 号决议附录(波兰语:Krajowa Rada Sądownictwa)关于 2003 年 2 月 19 日起草《法官职业伦理规范》。

就会对忠诚度造成限制。

正如上文所述,律师和法律顾问都呈现出独立性。他们也许在私人办事机构或是以联合关系(例如,民事合作关系、开放式合作关系、有限或职业性合伙关系;与其他律师和法律顾问形成的专一关系)中从事法律活动。关于律师及其职业实践的法律不存在基于雇佣合同的实践,甚至禁止律师订立雇佣合同(被聘用为研究员与学术教师除外;AAS 第 4b 条第 1 款、第 3 款)。义务性条款将该项限制扩展到了所有工作当中(不管是否取得收入),这将限制律师的独立性。律师伦理准则列出不能兼容的工作,即工作类型与律师践行法律相冲突的职业。除特殊情况外,这些职业包括他人公司的经理、执行董事会成员或者是在商业企业中商业权利的法定代表人(然而,成为在合伙企业中的执行人员没有受到任何限制)、商业贸易经销商。法律顾问的伦理准则只规定了有限的一般性条款,禁止法律顾问以任何方式参与到有损于职业尊严或者削弱其信誉的活动当中(第 19 条)。

除了以律师职业实践的法律形式履行职责,法律顾问还可以在民事协议和雇佣合同的基础上履行职责(ALAd 第 8 条)。在后一种情况下,法律顾问的独立性受附加制度性条款的保护:受雇佣合同约束的法律顾问所具有的独立于相关组织单位的管理人员的独立职位(ALAd 第 9 条第 1 款);禁止授权法律顾问从事扩大其法律援助范围的任务(ALAd 第 9 条第 4 款);律师为事件提供的法律意见指令不能够施加到法律顾问身上的规定(ALAd 第 13 条)。此外,义务性准则(CELA)表明,负责协调一个团队的法律顾问不能在履行职业责任时侵犯该团队内雇佣的法律顾问的独立性和自主性(第 37 条)。

法律顾问在雇佣合同的基础上进行职业实践,有时被认为是使得两大法律职业不能统一的主要障碍之一。律师称:当法律顾问被全职(更多的是兼职性质)雇佣时,就不存在任何真正的独立性。法律顾问回应说:即便是受这种雇佣合同的约束,相关法规也保障了法律顾问充分的独立性。他们强调,在独立性问题上,决定性因素是法律顾问的性格特征,而不是界定法律顾问与客户关系的法律协定。

以上强调的律师独立性原则与避免利益冲突的规定有着紧密联系。①

(四)避免利益冲突

上文强调的律师独立性原则与避免利益冲突的规定有着紧密联系。《律师职业伦理与职业尊严法》第22条解决了这一问题。该条款规定律师在下列情况中不得处理案件或者提供法律援助:

"a)在相同问题或是相关问题上曾为对立方提供过法律援助。

b)已凭借其公共权威参与到案件当中。

c)对立方为律师的前客户,即使涉及的是不同的问题。

d)与其有亲密关系的律师在相同或是相关问题上负责处理该案件或者曾为对立方提供过法律援助。"

该规定的第二部分也同样声明,若律师已经作为证人,那么他就不能以诉讼代理人或者案件辩护人的身份出庭。与利益冲突相关的问题在2007年的《法律顾问伦理规范》中仍旧得到较多关注。有三个条款(第20条到第22条)对其进行了详细说明。在1995年的《法律顾问伦理准则》②第13条和第14条中也有相同规定,该准则在2007年年末失效。

2007年的《法律顾问伦理规范》明确规定下列情况属于利益侵犯问题,若法律顾问:

a)在相同或相关问题上一定要代表两个或两个以上的客户,律师对双方当事人的职责存在冲突或者存在可能形成冲突的显著危险;

b)案件中存在冲突或者存在形成冲突的显著危险时,在所涉及问题及相关问题上,若要在客户利益和法律顾问的利益之间作权衡,法律顾问必须代表客户的利益(第21条)。

第22条甚至用更加明确的方式列举了可能存在利益冲突的情况,其中也包括我们都知道的从义务性准则中筛选与律师执业相关的例子。举例来说,律师以国家权力机关工作人员的身份参与到案件当中,曾在法庭上提供过证词或者以专家证人的身份出庭。其中同样列举了一些新例

---

① 更多关于法律从业人员独立性的讨论可参见 P. Łabieniec, "The lawyer's independence and the conflict of interest as values of professional ethics" ["Niezale żności niezawisłośćprawnika orazunikanie konfliktu interesów jako wartości etyki zawodowej"], [In:] *Legal Ethics: Positions and Perspectives* 2 [Etyka prawnicza. Stanowiska i perspektywy 2], Warsaw 2011, pp.108-118。

② Cf. Annex to the Resolution No. 45/VI/2004 of the National Council of Legal Advisers of 31 March 2004 on the publication of the uniform text of *the Code of Ethics for Legal Advisers*.

子,比如,法律顾问过去或者现在仍然与其客户的对立方保持密切关系;律师的配偶或与律师有着密切关系的其他人是对立方的法定代理人;或是担任仲裁人;抑或是参与仲裁或调解的其他机构成员。

在一个单独条款(第2款)中描述了利益冲突情形,即代表新客户将泄露与前客户相关的职业机密。另外,如果法律顾问的配偶及其他有密切关系的人员参与到案件的最终判决、裁决的制定过程或者是其他解决案件的方式中,法律顾问应避免涉入这一案件(第22条第4款)。

《法律顾问伦理规范》(相对于辩护的义务性准则)将避免代表客户这一责任的范围扩大至仅在协会中提供法律援助的法律顾问,或是法律顾问群体以及直接受此影响的人员(法律顾问或律师)身上(第22条第5款)。

在CCBE中,有一个章节(3.2)也涉及利益冲突问题。它以一般的方式逐步说明,这是该正规性文件的特点。

(五)行业机密

保密义务是法律从业人员(律师或法律顾问)和客户之间建立信任关系的最基本前提之一。辩护法以及法律顾问法案都把保护行业机密当作法律职业实践的基本原则。这也能从上述两大法律文件中关于机密的规定被放到了第一章的位置、标题为"普遍性原则"这一点反映出来。两大法案都要求律师(或法律顾问)必须尊重所有在提供法律建议的职业活动中所得知信息的机密性,保护行业机密的义务不受时间限制。律师(以及法律顾问)不得免除保障机密安全的义务(AAS第6条1—3款;ALAd第3条第3—5款)。因此,对于保密性原则来说,上述议会法案中不存在设想的例外情况。相关义务性准则保证在特定案件中处理的全部材料和收到的所有信息(包括电子数据)、笔记以及从客户和其他人处获得的案件相关文件,都受律师(或法律顾问)行业的机密性管理。

行业机密原则进一步禁止律师和法律顾问将他们从其他作为证人的律师或法律顾问在职业过程中了解到的事情当成证据,这是机密原则的否定面;它禁止律师和法律顾问披露机密信息,禁止采取让其他法律从业人员(律师或法律顾问)披露信息的行为,并且依据CELA第12条第3款的规定,禁止使用受行业机密保护的信息,不管是出于律师自身或者从第三方利益考虑。

该原则也有肯定面:它要求法律从业人员(律师或法律顾问)必须使

用恰当的电脑硬件和软件并且采取预防措施避免电子数据的泄露;法律从业人员还得确保如果涉及客户提供的数据,合作方必须履行保密职责,同时还得确保所有书面文件的机密性,其他人员未经许可不能接触到这些文件。很显然,从肯定面履行保密职责(尊重行业机密)需要付出一定的代价。

一般来说,在律师和法律顾问的伦理准则中,与职业和义务性准则相关的议会法案产生的保密原则的绝对特性,可能会与CCP第180条相互冲突。该条款规定,若律师(或法律顾问)涉及受行业机密原则保护的问题,则有可能接受质询。虽然2003年①对该法律作出修订,引入了对上述质询可能性的重要限制,但该可能性依旧存在(CCP第180条第2款)。因此,可能存在这样一种情况:法院想要免除律师(或法律顾问)履行保护行业机密的责任,并要求提供之前受保护机密的证据。

还有一种情况:义务性保密原则与2000年11月16日议会法案关于禁止洗钱和恐怖主义融资②的条款相互矛盾。该法案规定:除特殊情况外,律师和法律顾问有义务向以防止洗钱行为为宗旨的国家权力机关进行登记,并公开他们提供法律援助的客户所参与交易的全部信息。在这种情况下,ALAd第3条第6款、AAS第6条第4款规定了某些相抵触的规则,很可能排除两个法案之间发生冲突的可能性。但是它们并没有排除它们的规定与两种义务性准则中所体现的职业道德规范之间的冲突。

(六)禁止法律服务的商业广告以及招揽客户的其他限制

律师和法律顾问的职业从未被当作只是获得收入的一般途径,因为获得收入需要遵循经济基本规则,即获得最大收入的规则。而这两个职业有特殊的社会使命,律师和法律顾问使命的履行与不惜一切代价招揽最多客户这一立场是不一致的。这是对法律职业是公职的认识的结果。限制律师招揽新客户的方式在所有相关的义务性准则中都有提及,虽然范围可能会有显著不同。

禁止通过有偿中介机构拉拢新客户或是通过强硬的方式吸引潜在客户尤其是直接招揽处境不利的客户,这一禁令是普遍存在的。在美国的文献中,这种消极的法律实践通常用一个词语来表达——招揽,在波兰语

---

① Dz. U. No. 17, item 155.
② Unified text: Dz. U. of 2010, No.46, item 276 with amendments.

中没有找到直接对等的表达。招揽客户的极端行为包括:探望并试图影响住院的事故当事人;有偿使用能够告知律师事故地点的知情人士,这样他就能够在救护车到达之前接触到伤者并为其提供法律服务。这种观念进一步将实践的覆盖面扩大,例如,试图通过发送垃圾电子邮件提供法律服务,即在未征得同意的情况下提供法律建议。从义务方面讲,对通过利用法律活动的商业广告吸纳客户这种方式进行评估可能存在重要差异。

现在世界上关于这个问题主要有三种态度:在大多数的欧洲国家中,法律服务的商业广告活动遭普遍禁止,然而这十几年来,该禁令效力削弱的迹象越来越明显;在美国,法律服务广告极少受限;在斯堪的纳维亚半岛国家,法律服务广告活动合法,但限制却比美国更为严格。

美国第一个统一性通用法律伦理准则为《1908年职业伦理准则》,其中包括这样的规定:任何形式的法律服务广告都为非法。该准则包含以下意见:吸纳客户唯一正确的方式是"建立良好信誉以及可以信任的忠诚"。没有建立"人际关系"就通过广告招揽生意被认为是没有职业素养的行为,违背传统并且降低法律从业人员的高度使命感,这是不能容忍的。

该限制性规范已经应用了几十年。基于该规范,律师在下列情况中将受处罚:将一封含有提议的信件寄给潜在客户;在律师事务所的门前悬挂有关服务费用折扣的信息;在办事处窗户上摆放霓虹标志表明此处为法律事务所。

在20世纪六七十年代,越来越多的人声称:禁止法律服务的广告与反垄断法相冲突,并且这使得普通公众更难以去了解他们将得到何种法律意见。一个具有突破性的决定是1977年美国联邦最高法院针对D'steen诉亚利桑那州案(*D'steen v. State of Arizona*)①作出的裁定。该案件涉及两位来自于亚利桑那州的律师,他们按最低价为穷人提供法律服务并通过当地出版社刊登广告。在美国律师协会的州分支惩戒程序审查当中,他们因为刊登广告而受到惩罚。其结果是,该案件直接上诉至美国联邦最高法院。美国联邦最高法院最终判决《法律伦理准则》(当时是1969年职业责任的伦理准则)中禁止法律服务广告的行为没有违反反垄断法,但是与《美国宪法第一修正案》保证言论自由权的规定相冲突。该判决的

---

① 美国联邦最高法院,433 U.S. 350, 97 S. Ct. 2691, 53 L.Ed. 2d 810, 1977。

结果是,当时具有约束力的法律伦理准则经历了重大变动,它允许广告的存在但是在很多方面受到限制,只有新规定中列举的形式才是合法的。

1983年名为《职业行为伦理规范》的新准则带来了新一轮更深层次的变化。在广告内容真实、不具有欺骗性和误导性的条件下,允许法律服务广告的存在。该条件对个人招揽的客户也同样适用。根据准则规定,当广告包含律师事务所的虚假信息以及提供选择性的信息时,广告可被认为是具有误导性和欺骗性的。例如,广告当中引用了事务所合作的律师胜诉案件的数量,但是却没有提供该事务所代理的全部案件数量,这表明事务所律师涉及的某一领域的案件全部胜诉。

《职业行为伦理规范》允许任何使用科技手段的广告活动(报刊、音像及广播广告、宣传单、视觉展示、网络)。这一义务性准则允许通过个人要约来招揽新客户。然而,考虑到广告的一般性要求,这一实践必须满足附加条件:律师只能通过直接面对面或者是通过远程通信设备(例如,电话或者是像网络电话这样的软件)来提供法律服务,该禁令不适用于寄送传统的信件或电子信件。①

在欧洲,大多数国家(除斯堪的纳维亚半岛以外)维持了禁止法律服务广告的禁令。这有赖于鲜明的假设:通过广告吸引客户可能将不可避免地导致病态的行为模式,例如,即使这种令人惊讶的特质会腐蚀优良的伦理和行为,他们也会不惜一切代价争夺客户,进行不诚信竞争,并制造越来越多令人震惊的广告。同样重要的一点是,人们担心这类竞争会使律师在职业环境中相互疏远并破坏其团结性。

在波兰,法律服务广告遭到了律师伦理准则(《律师职业伦理与职业尊严法》)和法律顾问伦理准则的禁止。在与律师相关的伦理准则中,首次出现明文的禁止性规定:"禁止律师采用任何形式的广告;禁止通过与职业尊严相冲突的方式来吸引客户"(第23条)。20世纪90年代及21世纪的最初10年,法律顾问市场出现变化,对于律师和法律顾问而言,这些变化使寻找律师吸引新客户的方法变成了必要的经济问题。2005年,律师内部管理机构决定将"以任何形式"这样的措辞从法规中去除,这将使禁令不那么严格。同时,CEA义务性准则也引入了新的规定(CEA第23a

---

① 试比较 R. Sarkowicz, Ameryasa etyka prawniza(《美国法律道德》), Cracow 2004, chapter IX。

到23d条)。虽然这些规定保留对律师服务广告的禁令,但规定了他们可以或不可以采取哪些方式使得公众了解其职业实践活动。根据这些要求,信息应包含以下几个方面:

——与职业义务性准则保持一致;

——与约束性法律,特别是涉及保护客户和消费者以及反对不正当竞争的法律保持一致;

——精确且无欺骗性;

——给予行业机密规则应有的尊重;

——不得用于律师签订特殊合同。

律师伦理准则列举出了提供律师职业法律服务信息的合法形式。包括:

——在事务所文件中显示相关信息;

——通过程序例如投标或是报价竞争;

——根据律师最高理事会(NRA)的规定,以相关法律援助和服务的直接信息为内容在出版社刊登广告;

——记录电话和地址名录;

——发送电子信息给潜在客户;

——将信息放在网页上并将网站的相关数据置于目录和搜索引擎当中;

——在公司写字楼上使用相关标识;

——发行传单和书册。

律师伦理准则进一步明确了法律服务信息的内容,包括:

——事务所或协会的商标或图形标志;

——事务所的名称和地址以及律师的姓名、联系电话、邮箱地址,还有网站的名称和IP地址;

——律师担任合伙人的公司合伙人名单以及说明哪些合伙人可以充当律师;如果律师被任命为事务所的管理者——他们的姓名及职能信息;

——与事务所或者协会进行永久性合作的人员名单;

——律师的职称或研究级别;

——律师在所擅长领域提供法律援助的范围及类型的信息以及与国外法律公司开展合作的信息;

——以外文提供法律援助的可能性的信息;

——事务所设立的年份以及首次开展业务的时间；
——特定律师协会会员资格的信息；
——律师出版物清单；
——除法律文凭和资历以外的清单；
——律师照片；
——应特定客户需求或潜在客户指定的工作要求——出具价格清单、计算方法以及职业责任保险的范围。

这两个目录不应该对外公开。因此，可以这样理解，包含其他或者引用准则中没有列出的信息或数据类型属非法行为。

律师伦理准则要求：提供的所有法律服务信息不应给予之前未答应接收此类信息的人员；提供的信息不得含有任何不正当的期望，即律师的行为会导致特定的结果；律师不得提及与法官、检察官及其他行政官员的个人来往；信息不得含有对比的成分，不得以不恰当或是干预的形式表述，或包含评价性的成分；赞助或招揽能够提升律师、事务所以及合伙人知名度的出版物亦为非法；不能使用有偿中介机构吸引客户；律师本人不得因向其他律师转接客户收取任何费用。该准则以单列的条款详细说明了可出现在律师事务所文件及往来信件中的内容。

自2007年以来，法律顾问伦理准则也明令禁止关于法律服务的广告宣传，然而，20世纪90年代出现了第一批允许以特定形式提供关于法律顾问职业实践的规定。如今，具有约束力的法律顾问伦理准则包含了一种更加新颖的解决方案。实际上，其中并没有使用"广告"这个字眼。有规定（CELA第24条第1款）称：提供职业实践和相关活动的信息是法律顾问的一项权利。此外，相关条款规定了此类信息中可包含或不得包含的信息。同律师伦理准则相比，该准则又提出了新的禁止措施（特殊情况除外）：

——未经客户同意，不得公开客户名单；
——不得提供有关律师排名及由排名而来的职位信息，除非该级别排名是依据法律顾问内部管理机构决议的程序和规定来进行的；
——不得提供赞助方的信息，除非该赞助是依据法律顾问内部管理机构的程序和规定来进行的。

在这两大法律职业中（虽然更多的情况下指的是法律顾问），出现了背离禁止法律服务商业广告的趋势，并且向着美国模式发展。现在我们很难去设想,美国对于招揽新客户的态度最终在欧洲(同样也包含波兰)是否具有可行性。

(七)提升职业资质的职责

不断更新行业技能、拓展资质的职责是所有公职伦理准则中的自明要素。然而,大多数情况下,它并不是严厉的、一旦违反规定就会受到惩戒的绝对命令,而是与理想性的伦理指令相类似。公职人员可能会决定自身是否通过参与相关职业合作制机构或其他机构的培训班或课程,或者是通过多种自学办法遵循指令。在这一方面,法律顾问是法律职业群体中的一个特例。法律顾问伦理准则规定成员有参加根据法律顾问内部管理机构的规定所设置的职业课程的义务。国家法律顾问理事会也在决议中作出了明确规定。① 根据决议,法律顾问可以通过以下方式满足提升行业资质的要求:

——以学生或者是讲师的身份加入由国家法律顾问理事会或者地方法律理事会组织的培训班;

——以讲师的身份参加培训班,以使实习生(波兰语称为"申请人")成为法律顾问或律师;

——在法律范围内发表专题文章,在行业杂志上发表论文、对司法和法庭决议的评注以及法律评论。

对于上述列举的每一项活动,法律顾问都能取得一部分学分。决议要求法律顾问应当在三年期的评估中积累一定的分数。因为第一次评估截止到 2011 年 12 月 31 日,现在仍然难以确定在该日期前未能积累到足够分数的法律顾问是否要面临惩戒。

对于律师而言,不存在平行的系统会向其进行持续性教育不断施加压力。然而值得注意的是,对律师或法律顾问而言,限制其履行提升资质的义务可能会导致行业的不法行为,这可能会使客户受到难以弥补的伤害。在这种情况下,不管他们是否满足了组织内部持续性学习的法律要求,都应当承担惩戒责任。对法律的无知不能成为借口,也不属于减轻情节,但它可能是惩戒程序的基础(依据民法,职业责任保险通常使律师免

---

① Resolution No.30/B/VII/2008 KRRP of 6 June 2008 on the definition of the satisfaction conditions for the legal requirement to participate in professional courses and workshops imposed on legal advisers.

于承担责任)。

(八)与法庭和涉及律师行为的其他机构的关系

1. 禁止故意向法庭(和其他机构)提供虚假信息

该禁令是人们作出假设的结果,即律师(以及法律顾问)有义务代表客户的最大利益,这不是普遍性的特征。法律毫无疑问地将律师对其客户忠诚度的限制划分出来。律师(以及法律顾问)不得为改善客户处境而违反法律,向法庭撒谎(因为这种行为本质上与"故意向法院提供错误信息"相同)违反法律,并不会因律师的特殊角色而变得合理。实际上律师(以及法律顾问)不仅仅是客户最大利益的代表人,还是管理司法体系的参与者。这就是向客户提供法律服务不能够为违反法律提供正当理由的原因。

2. 行为指示:在法庭上的专业表现应谦虚得体

对律师而言,为客户利益辩护存在使用有损法庭尊严的手段的风险。不得体的行为可能不仅仅是在法庭和其他庭审参与人员(包括对立方)陈述时使用冒犯性的言语,还有姿态、衣着不当以及无礼的表述方式。这不仅适用于法庭之上,还适用于与诉讼有关的其他场所,例如法庭秘书处。同样的,律师在起草诉讼文件的过程中应展现出谦虚得体的态度。在诉讼过程中,其他参与人员的不当行为不能成为律师实施不得体行为的正当理由。

反过来讲,法律要求律师应通过必要的方式在法庭上展现出恰当的职业素养,在没有向对方当事人、证人、专家证人以及其他庭审参与者提供充足证据的情况下,这个规定可能会影响其形成充分抗辩理由。与法律服务有关的服务模式产生了这一义务性责任,在该模式中,法律从业人员(律师或法律顾问)与所涉及的案件保持一定的距离。职业化要求律师应当采取必要措施保护客户利益,但是他不能不择手段。特别是在代表客户时,律师不得以刑事审判或者惩戒性措施威胁案件程序当中的其他参与人员。

(九)与同行律师(或法律顾问)的关系

律师(或法律顾问)之间的关系应秉承合作、忠诚、礼貌的原则。以下是对这些原则更加详细的介绍:

——禁止在没有联系对方法定代理人的情况下,与对方当事人进行交流；

——禁止泄露涉及律师或法律顾问其他司法程序的相关信息；

——禁止参与旨在使律师(或法律顾问)丧失客户的活动；

——有义务检查申请法律服务的委托人是否接受其他律师(或法律顾问)的服务；

——律师(或法律顾问)有义务与将案件转交给他的律师(或法律顾问)尽力解决所有财务问题；

——禁止在第三方面前对其他律师的职业素养发表负面评论(在律师伦理准则中,不存在如此明确的规定,但它可能源自于忠诚原则)。

上述对其他律师职业实践进行负面评论的禁令,促生了限制批判以及提供专业法律服务中的言论自由问题。毫无疑问,忠诚原则要求对其他律师的职业行为进行负面评价时应采取实质性约束。当对那些不能以批判的态度去证实这些评价的非法律人士表述这些评判时,这一要求就特别重要。《法律顾问伦理规范》(第38条第3款)规定,只有当上述观点基于事实、需要或者是发言者职业的或内部管理机构的任务和职责要求履行发表观点的义务时,才允许对其他法律顾问进行负面评价。

值得注意的是,在2008年4月23日决议①中,宪法法院称,医学伦理准则中关于禁止医生公开损害其他医生声誉行为的规定与言论自由的宪法原则相冲突,在这一范围内,它的限制旨在保护公共利益对医生职业实践进行真实合理的公开批判。这一决议也许与《法律顾问伦理规范》的规定相关。对比上述情况,我们可以得出结论:该规范允许对其他法律顾问进行批判,但其适用范围远不及宪法法院决议对医生的规定。

对言论自由这一宪法权利进行限制源于义务性准则(适用于律师和法律顾问)中的指令,指令要求尝试通过协调解决律师(或法律顾问)之间的争端。律师准则明确要求律师间的所有争议应当只能由与律师相关的部门解决(《律师职业伦理与职业尊严法》第36条)。该规定不排除因律师之间争议而提起诉讼的可能性,但是若一个律师没有首先与律师相关机构取得联系,而是直接提起诉讼来解决与其他律师的冲突,则允许对该律师启用惩戒程序。值得注意的是,这是庭审以及律师伦理准则的规定中与宪法权利相冲突的一个特例(该权利受《欧洲

---

① SK 16/07, OTK-A 2008, No. 3, item 45.

人权公约》的保护)。

(十) 与其他律师的关系

1. 忠诚和信任

法律职业人士及客户之间的关系,在于律师对客户的忠诚和客户对律师的信任。律师和法律顾问有法定义务履行他们全部的职业责任,以便他们能够直接保护客户的最大利益,并且不实施任何有损于客户的行为。

律师忠诚度是信任关系的基础,在这种关系中客户应信任律师。律师职业伦理准则指出律师必须以严格正直的方式为客户的利益进行辩护,而不考虑自己的个人利益以及这种行为对自身或其他人可能造成的后果。在刑事审判中,担任辩护人的律师是诉讼过程中被告方的唯一盟友,因为被告必须面对检察机关、法律执行机构、检察官队伍,以及更经常的是面对负面公众舆论。在我们的法律文化中,辩护权是基本人权。在这种背景下,律师对客户(即使客户被指控犯有最严重的罪行)的忠诚必须比其对司法体系和社会的忠诚更为重要。这样一来,律师可扮演能够保护最基本人权之一的社会角色。虽然不能在刑事审判中担任辩护人,法律顾问不必面对严重的价值冲突,因为这可能是律师才会遇到的情况,但是法律顾问也应该展现出对客户的忠诚。如果客户对他的法律顾问失去信任,那么就应该终止法律代理行为。如果客户本人不终止法律代理,法律顾问也可以终止。律师职业伦理准则明确指出在任何类似的情况下,律师应该终止其法律代理行为。

2. 尊重客户自主权

就像忠诚和信任是律师和客户关系的特征一样,每一方的意愿在决策制定过程中都非常重要。相对于客户来说,律师在其专业实践领域拥有法律知识和经验,因此处于优势地位。所以为了自身考虑,客户应接受律师的所有决定。然而,必须强调的是法律从业者(律师或法律顾问)处理客户案件时,客户的利益(不管是实物或是非实物)都取决于诉讼的结果,这也就是为何不能剥夺客户决定自身生活的权利。律师不得对客户采取家长式的态度,也不应因专业立场和资格而滥用其强势地位。客户的自主权(即案件中的决定自由)是受法律伦理保护的一项重要权利。

尊重客户的自主权意味着律师需履行一系列义务性职责。

第一,律师有义务告知客户案件的进展情况以及为保护客户利益而采取可行的法律手段。

第二,关于案件的诉讼策略,律师应征询客户意见。商议过程中有明确的角色分工:律师(凭借其知识和经验)提出可行的诉讼模式,客户则决定最终采用的程序。

第三,在某些情况下,律师经客户同意才能实行或者避免某种行为。这就涉及诉讼中的作为或者不作为可能导致不可挽回的结果,例如,接受对方当事人对提起诉讼、撤销起诉、承认对方当事人提起的上诉。律师和法律顾问伦理准则都特别关注到,律师应该不建议在违背客户利益的情况下提起上诉。准则要求,在该情况下,律师应得到客户同意(最好以书面形式),若同意则不提起申诉;若客户不同意,律师应当立即终止代理,以便客户可以有机会在其他律师的帮助下做好准备,提起申诉。

当客户是限制民事行为能力人(未成年人、有身体疾病的老年人、精神病人、智力残障的人)时,就会出现特殊性质的问题。虽然波兰义务性准则没有提及这一问题,但人们相信,在这种情况下,人们应当参考美国律师伦理的行为标准。根据这一标准,在合理及允许的范围内,律师应尊重这类人群的自主权。如有为防止对客户造成严重的或不可挽回的伤害的必要时,律师可采取家长式的执业态度。然而,在与这类客户打交道时,律师应该随时让客户知晓案件的进展及结果,并且应特别注意使客户对这一信息有明确的理解。

3. 解决经济问题时应有的谨慎

在解决与客户相关的所有资金问题时,律师都应谨慎。一旦订立代理合同,律师应当告知客户计算费用的方法,并在代理终止时认真计算费用以及所有因代理而产生的开支。与《欧盟律师职业伦理准则》类似,波兰法律职业伦理规范禁止律师与客户签订支付律师费完全取决于案件的最终结果的协议(讨债分成协议)。设置这种禁令的理由是,律师与客户之间签订的合同为律师处理案件时应尽责的协议,而不是为取得结果的协议。然而,似乎还有另一个原因起着关键作用:律师应当与他处理的案件之间保持特定的距离,这样便不会出现情感投入以使其不惜一切代价为客户争取有利的结果,导致其违反法律。伦理准则(适用于律师和法律顾问)只允许下列情况存在:如果案件取得有利结果,那么律师和客户之间订立的协定应该列出因此而产生的额外费用。值得注意的是,美国法律职业伦理中并没有禁止讨债分成协议。

（十一）与职业内部管理机构的关系

与内部管理机构相关的律师职业伦理和职业义务的规定，在义务性准则中出现得相对较晚。实际上，很长一段时间以来，没有出现与集体性机构有关的责任（或义务性）价值的描述，例如，职业合作的内部管理。涉及职业内部管理的律师（以及法律顾问）的责任包括：

1）有义务遵守所有内部管理机构的决议；

2）被内部管理机构传唤时，有义务到达指定地点并提供指定说明；

3）有义务对内部管理机构表示忠诚与尊重；

4）有义务为内部管理利益缴纳会员费。

法律顾问职业伦理准则中同样规定：法律顾问有义务在内部管理机构中凭借其资格参选与被选为会员。另外，被挑选出来在内部管理机构中履行特殊职能的法律顾问，应当诚实谨慎地去履行职责。律师伦理准则中没有对类似的义务作出规定。

值得特别注意的是，缴纳合作制机构会员费的义务在两大义务性准则中都有强调。实际上，这种义务可能来源于遵循内部管理机构决议的普遍指令，然而将它列为单独的条款（一个条文中的一款），很可能是因为在其他种类违纪案件中存在与拖延缴纳职业内部管理费用相关的惩戒程序。

（十二）公益服务义务

在美国，律师参与公益服务的义务作为一项伦理责任和职业特征，第一次是作为讨论话题出现的。公益服务工作不仅仅是为穷人提供免费的法律援助，在法庭和执行法律程序的其他机关中作为他们的代理人，还可以在权限范围内通过分享法律知识，为非政府组织和不同的教派提供无偿法律支持。一方面，这一义务源于美国人民一种根深蒂固的信念，即个人在案件（尤其是刑事案件）中接受专业法律援助是文明国家最基本的人权之一。另一方面，律师在经济方面被当作有优越性的社会群体，为穷人免费提供法律援助可以看作他们向社会支付的一笔特殊费用。然而，这里必须强调的是，只有美国少数州律师协会将公益服务的性质以及律师在此类服务中的时间分配问题的规定，纳入当地对职业行为伦理准则的修改当中。这种情况下，在美国，相比伦理职责，该义务更是一种道德期望而非指令,但这并不意味着它能被随便对待。个人参与免费的法律服务被看作构建律师职业形象的重要因素,这使得律师不仅仅是为了追求利益的最大化,而是多亏他们的行业资质,使他们能够扮演重要的具有利他性质的社会角色。法学院是美国律师法律教育系统的基本组成部分,早在招生时它们就重点强调要确保考生意识到社会赋予律师的特殊职责,尤其是为弱势群体提供免费法律援助的职责。①

在美国的这一背景下,波兰法律伦理似乎刚刚开始。我们有充足的理由相信波兰的两大职业伦理准则都没有涉及公益服务。然而,过去几年里,这一情况向着积极的方向发展。律师和法律顾问内部管理机构已经开始定期进行由合作制机构组织的无偿法律援助活动(法律顾问内部管理机构组织的"蓝雨伞"运动)。由法律诊所基金会开展的旨在促进公益服务的活动也不容忽视。十几年来,该基金会每年都会颁发年度公益律师奖以表彰他们在这一领域的行为。

许多律师在没有接到职业合作制机构或非政府组织任何正式邀请的情况下,就已经开始从事这种公益活动。

在波兰法律环境中,有一个相关问题一直争议不断,即提供公益服务的义务以及所有从事此项服务的合作制机构成员的时间分配问题,是否应该通过法律义务性准则的相关条款以及在内部管理机构中界定的形式作出明确规定。也有人反对将此项义务正式化,这些持反对意见的人声称,通过行业惩戒实施任何形式的利他主义行为都是不恰当的。另外,他们担心被迫提供的免费法律援助质量不高,因为在专业化时代,许多律师缺少在任意案件中提供法律援助的必要知识。

提案中也涉及人们试图去调和这两种相互对立的态度,认为只有拥有特别资质的律师才能向穷人提供免费的法律援助,他们会从来源于合作制机构全部会员费用的募捐基金中得到酬劳。

然而,这一解决措施也存在争议,因为只有具备充分资质的律师提供法律意见时,公益服务的义务才具有合理性。当公益服务义务转变为一项需要缴纳特殊费用的义务时,该理由就无效。为什么只有律师必须承担向穷人提供免费法律服务的费用?

---

① See ABA Standards for Approval of Law School 2002-2003, Preamble; quoted after: R. Sarkowicz, Amerykańska etyka prawnicza [*American Legal Ethics*], Cracow 2004, p.51.

五、法官职业伦理准则

法官是一个特殊的职业,相对于其他法律职业类型来说,它不具有典型性。它是《波兰宪法》唯一规定了职业素养的职业,这就表明了法官在国家结构中的特殊地位和角色。另外,成文法尤其是 2001 年 7 月 27 日《普通法院组织法案》[1]以及 2002 年 7 月 25 日《行政法院组织法案》[2],用更加详细的方法指出了践行司法实践的方式。这一领域还有一个特征:除其他问题外,《波兰宪法》以及相关的议会法案都具有约束力(即它们成为法律规范,甚至有时是法律原则),因其内容里规定了那些本质上具有伦理性的问题。

与包含上述行为的规定一样,法官职业伦理可以在《法官职业伦理准则》(Zbiór zasad etyki zawodowej sędziów,CPCJ)中得到解释,这是关于国家司法委员会 2003 年第 16 号决议的附加条款。经国家司法委员会 2001 年 7 月 27 日决议第 2 条第 1 款第 8 项授权,该决议于 2003 年 2 月 19 日审议通过(现在国家司法委员会 2011 年 5 月 12 日法案[3]授权这一机构审议通过有关法官职业伦理的决议并且保障认可——第 3 条第 1 款第 3 项)。这里需要说明的一点是:该准则起草相对较晚,并且存在一定的矛盾,特别是在法官之间。这种结果的出现存在众多因素:第一,被授权负责准则起草的机构受到质疑。《波兰宪法》(第 186 条第 1 款)规定的国家司法委员会的任务中只列出了"保卫法庭"以及"法官的独立性"。然而,正如它所指出的,任何侵犯独立性的行为都会对法官职业伦理产生威胁,但并不是每一个违反司法伦理的行为(例如,法官的不雅举动)都会侵犯独立性。因此,根据 2001 年 7 月 27 日议会法案的规定,这一机构被赋予了起草及制定法官职业伦理准则的权利,以及确保对法官伦理准则正确认知的义务,在很多专业人士看来,这是扩大《波兰宪法》中委员会权力的行为,因此整个问题被认为与《波兰宪法》相冲突。第二,有建议指出,通过一项行文固定且僵化的规定可能本身就会对司法的独立性产生威胁。第三,准则草案中的某些特定条款受到了批判:首先,第 7 条把解释规定

---

[1] Dz.U. No. 98, item 1070 with amendments, ACCO.
[2] Dz. U. No. 153, item 1269 with amendments, ACAO.
[3] 《全国法定协会法案》,Dz. U. No. 126, item 714, ANCJ.

的权力赋予国家司法委员会而不是惩戒法庭;第5条声明除特殊情况外,当遇到其他法官实施不当行为时,法官应采取恰当的应对措施。法官Teresa Flemming Kulesza是波兰最高法院法官及国家司法委员会成员,任期长达8年。正如他所言,"……立法机构授予的这种权限违背了KRS(国家司法委员会)的意愿。我之所以这样说是因为,对要起草该准则的KRS成员来讲,尽管这看起来是一项非常难的任务,但不一定会失败。它含有很多陷阱,在没有变荒谬的情况下,从伦理角度来看,可取及不可取的行为有着多种表述,该准则不可能一一呈现。如果需要以整合的方式来完成,就得提到十一戒律。这样仍然难以用其他方式对不会变为细微、平庸或者暴露于基本批判之下的某事物进行表达"①。

法官职业伦理信息的其他来源包括:全国法官协会—Iustitia(波兰语:Stowarzyszenie Sędziów Polskich "Iustitia")通过的《司法行为准则汇编》(波兰语:Zbiór zasad postępowania sędziów);1985年11月29日第40届联合国大会第32号决议及1985年12月13日第40届联合国大会第146号决议通过的司法独立的基本原则;1994年10月13日由部长委员会(属于欧洲理事会)通过的成员国部长委员会关于独立性、效率、律师地位的1994年第12项建议;1998年7月8日至10日,欧洲理事会通过的《欧洲律师条例章程》;2001年2月由加强司法统一性的法律群体在班加罗尔大会上通过的《司法行为准则》;惩戒法庭裁决以及最高行政法院(波兰语:Naczelny Sąd Administracyjny,NSA)及宪法法院作出的筛选裁决。

重要的是法官职业伦理准则通常呈现出双重性质。这意味着,一方面该准则规定了法官职责,但在另一方面,履行职责也可以成为法官的权利,法律保护这些权利,并且公共权力机关和第三方也期望这样做。

此外,从更高程度上来讲,法官职业伦理相对于其他法律职业伦理来说,是关于职责的伦理而不是道德期望。换句话说,想要成为一名完美的法官,不仅要遵守伦理要求(即使它也可以被这样理解),这对法官来说既是一项简单的职责也是一种义务,当忽视该义务时,就会面临某种制裁。这种制裁具有社会特征,它们也可能包括那些因集中和浓缩而呈现正式化和制度化的制裁。出现这种状况是因为司法惩戒责任吸收了成文法的

---

① A conference in Department of Law and Administration, University of Warsaw 1 July 2010;"Status of the judge-twenty years after the transformation", MoP 2011, No. 11, special additional issue.

规定(ACCO 第 104 条第 2 款和第 3 款及第 107 条至第 112 条, ACAO 第 9 条和第 92 条)。在职法官若存在玩忽职守或不尊重其职责的行为(在某些案件中也可适用于法官任职之前的行为), 可能面临着如下制裁: 申斥, 警告, 对法官职责设定限制和条件, 调岗, 开除并向公众公开该惩戒决定, 5 年内不得提拔, 在惩戒期间内限制其参加司法委员会会议的权利, 限制其在惩戒程序中审判的权利, 以及永不录用。再者, 非在职法官若出现这种情况, 如在集体组织司法活动时玩忽职守或对其职位有不敬行为, 将会面临如下制裁: 申斥, 警告, 剥夺其 1~3 年内修改劳动报酬的权利, 剥夺带薪离职的权利。

法官职业伦理准则可分为以下类型:

1) 普遍性准则。

a) 关于法官个性。

b) 关于法官行为。

2) 有关法官履行官方和职业责任方式的准则。

3) 非在职法官行为的准则。

(一)法官品质的普遍性原则——完美性格

在有关法官品质的普遍性要求当中, 完美性格是最重要的一项(ACCO 第 61 条第 1 款第 2 项, ACAO 第 6 条第 1 款第 2 项)。看起来, 立法机构并没有对完美性格(波兰语: nieskazitelność charakteru)的概念进行界定。它是一个不固定的、模糊的概念, 这样就使得法律具有灵活性。这不仅可以根据时间、地点来补充适用内容, 并且使得这一表述可以指向现实生活中个人或特别的案例。每个至少拥有社会平均语言能力的人, 都能够直观地想象完美性格所隐含的意义。由于法官的社会角色, 这一假定, 无论是一般素质还是在某一特定时间和特定地点被人们普遍分享和确定的素质, 都不能被低估。这就意味着, 在这种情况下, 不仅律师和伦理学家的观点非常重要, 普通人的意见也应该在考虑范围之内。然而, 应当强调的是, 完美性格的要求不应被认为与无瑕疵记录的要求(公共意见无瑕疵的要求施加在履行某种职能的人身上)完全一致。完美性格是该职位候选人或者已经担任该职位、履行职业职能的个人所拥有的一项素质。即便以一般性语言来表述人可能"有"或"拥有"无瑕疵记录, 它也不是人的一项素质, 但也许会"定位"于其他人身上(当处在职业人员的社会环境当中)。这取决于那些其他人, 他们有权制定这一原则(这就是为什么说一个人可以"享受"或"珍惜"这种无瑕疵记录或观点比较行得通)。因此,可能出现这样一种情况:由于人们是流言的受害者,所以一个人拥有完美性格但却不能够享受无瑕疵的记录。还有一种情况:一个人没有完美性格,但是拥有无瑕疵记录,因为后者能够掩饰自身的错误。那么完美性格是指什么呢?

根据《波兰大辞典》①(波兰语:Słownik języka polskiego),性格是"个人相对稳定的心理特征,它定义了一个人对现实和行动动机的态度、价值体系以及由此而导致的行为模式和气质"。无瑕疵的意思为:没有污点、缺陷;完美的、不被侵蚀的、未受污染的、纯洁的、理想的、完美的;无过失的、品行端正的;不受谴责的、尊贵的、正派的、诚实的。从上述定义中我们可以得出,完美性格是没有任何缺陷的一种性格表现,并且是个人后天才能拥有的高尚和英雄般的特质。那么,什么可以成为性格缺陷呢?

任何缺陷都可能以可信的方式表现出来,并且对于法官和法官候选人来说,尤其重要的是能够证明其缺陷在职业中的重要性。如果相关记录表明某人曾一次或多次违反法律或者持续恶意违反法律秩序,这就可能证明某人有着某种性格缺陷,其所犯罪行的严重性理应在考虑之列。因此,任意一次故意犯罪都可以被看作认定法官候选人不符合资格的行为。然而,即使是与交通有关的违法行为,如果行为严重且多次实施,都可以被当作不符合法官资质的情形之一。这是因为此类行为在最好的情况下也证明了个人法律立场的缺陷。法律立场意为:不管法律机构是否呈现出强迫性,个人应当尊重法律的约束性;通常接受了法律规定的所有行为模式,是出于信念的原因去尊重法律,而不是因为受到国家或社会制裁的威胁。法律立场并不排斥对法律进行批判式的评价,以及为采取相应措施对法律进行修改。对于法官来说,这一点尤为可取,因为其他职业或行业对这一点并不持积极态度(事实上,从社会工作者以及神父的法律立场来看,特别是以极端的形势看,这是一个重要的问题)。下面将会有更为详细的解释,法官在宣誓时承诺将根据法律规定保卫法律,践行公平正义(ACCO 第 66 条)原则。因此,在 CPCJ 的指令中,我们会发现类似行为的禁令,即禁止做出可能会不尊重法律秩序的行为或者只是看起来不

---

① Dictionary of the Polish Language [Słownik języka polskiego] edited by M. Szymczak, Warsaw 1999.

尊重法律秩序的行为（CPCJ第16条），或者禁止任何组织的成员有超越法律的特权或以任何方式支持此类组织（CPCJ第22条）。

其他更难以发现的缺陷包括：职业外关系或明确认为是积极的动机所不支持的关系（即与罪犯及反常社会群体的关系），所有成瘾症包括对酒精、精神亢奋性毒品、兴奋剂成瘾，或是辱骂或将子女置于危险中，或严重忽视父母责任，或是在金融问题上严重过失。

期待成为拥有完美性格的人、渴望成为法官的人及履行法官职能的人时常列出的品德是：诚实、严谨、团结、勤奋、勇气、耐心、积极、礼貌、观念开放、内心独立、明确的正义感及行为得体、接受合理妥协的能力，甚至是乐观的态度，以及安定的家庭和个人情况。

（二）法官行为的普遍性原则

1. 法律主义（遵守法律）

在波兰，经任命的法官需在波兰总统面前宣誓，法官庄严宣誓会根据法律规定保卫法律，践行公平正义原则（ACCO第66条）。法官在行动中要恪守誓言（ACCO第82条第1款），如果明显严重地触犯了法律规定，法官将面临惩戒程序的审查（ACCO第107条第1款）。CPCJ包括以下规定：禁止实施可能导致不尊重法律秩序的行为（第16款），或禁止任何组织的成员有超越法律的特权以及以任何方式支持这种组织（第22条）。这里需要提到的一点是，宪法原则界定了成文法、宪法（《波兰宪法》第178条第1款）以及法律主义原则（《波兰宪法》第7条，根据法律的基础和限度来运行的国家权力机关）中涉及的法官的从属地位。即便在没有上述详细的调解性法规的情况下，这些原则不仅可以当作法律的根本原则，还可成为法官要承担的伦理责任，至少在职时，法官应在法律的基础和限度内实施行为。

这里有一重要评论：虽然这里讨论的是将法律主义原则当作法官行为的首要原则，但是从伦理方面考虑，它不能被当作最为重要的一项原则。应牢记以下四点：

a）不具有普遍性特征：在法官职业等级、伦理准则以及对不同法律文化的理解中，这一原则的地位可能会出现显著不同。对该原则的评价取决于很多因素，包括地方传统和特定社会的法律文化以及在特定法律体系内与法律适用相关的意识形态（例如，在决策过程中行使自由裁量权的理念)。

b)在哲学、司法、理论、法律思想的历史中,许多观念都完全否定或者削弱了这一原则的重要性(例如,自然法的观念以及新实证论者的观点)。

c)世界历史,尤其是20世纪以来的欧洲历史,见证了许多现象、时期和事件的存在,为将法律主义原则偏激解读为犯罪、残暴以及法律的歪曲(即纳粹法律和第二次世界大战)奠定了基础;

d)这一原则,尤其是以严谨的方法来认识,可能是严重伦理困境和内部矛盾的来源(即社会角色冲突)。

2. 正义

在这一点上,由于对法律主义原则存在疑问,因此出现了一个问题:在法官职业实践中应当应用的所有价值中,正义是不是并非占据了法官职业伦理的优势地位。

事实上,公正审理案件的权利是获得公平审判的普遍权利的内在要求(《波兰宪法》第45条第1款)。然而,这导致了以下两个问题:

第一,在直接与法官相关的波兰法律和《法官职业伦理准则》中,公正都没有独立地位。几乎在所有表述中,公正都被描述成"行政部门"或"行政官员"(波兰语:wymiar)的特征,就像是"司法行政机构",在英语中也可以用一个词来表达——司法系统。甚至在司法誓言(ACCO第66条)的文本中,它被当作独立的单词使用,且看起来拥有明显的地位,然而真实情况却并非如此。法官宣誓要"主持正义",而且还要"依照法律主持正义",在现实中也意味着参照"司法制度或行政部门"以及法律主义原则。即使这是法官须承担的公正义务,但人们仍然以非常狭隘的方式理解公平正义,人们认为公平正义只是一个法律术语。

第二,即使承认这种假设,即立法机构及全国法官协会未能在确定司法职业伦理的目录中表明对正义概念的任何特殊立场,是一个明显的疏忽,即使试图弥补这种疏忽,最有可能出现的结果是,这种行动非但不会纠正任何事情,而且实际上会使事情复杂化。例如,如果根据适当的立法或某一非立法机构的决议,将一项只有道德上而不是法律上的义务强加于法官,以要求其作出公正的裁决,那么就会出现一个问题,即"公正裁决"的含义是什么?众所周知,公正有诸多含义,并且在多数情况下彼此不能相容。在考虑这一问题时,如果人们参考其中一种理解并将其作为首要解释,例如"社会(公众的)正义感",很可能会对其他价值观念产生许多威胁,包括那些极为重要,同时也促进了公正自身发展的价值观(例如,独立及公平)。历史经验以及人类、哲学、政治学、法律的智力成果都提供了充分的证据,即对公正最大的威胁之一是把它当作信仰。

这也就是为什么尊重公正在我们所属的文化中扮演了特殊地位以及法官制度在我们的文化中已经成为具象化的公正的象征这一事实,个人最有可能公正、无争议地认为在法官行为的职业义务准则中作出公正裁决的条件是没有个人的立场。

3. 独立及公平原则

在界定法官行为的普遍性原则中,独立、公平原则无疑是最重要的一项。当涉及法官伦理、制定或修改社会规范的问题时,从宪法到惩戒法庭决议,再到司法机关及协会制定的非官方准则,所有的法案都引用并支持这一原则。然而,首先要了解该原则并非具有统一性特征。独立并不等同于公平。根据上文引用的《波兰大辞典》,独立意味着自由、自主、主权,而公平意为"无偏见、客观"。它们在一般性语言中的区别同样也呈现在特殊化的法律语言中。然而,必须强调的是,独立和公平有着密切联系。这一联系并不是它们属于同一价值观的结果。公平本身就是一种价值观,具有自成其目的的性质。独立对公平价值起重要作用。因此,独立自身并不是目的,但却为实现公平而服务。需要强调的是,这并不意味着在特定困难以及伦理负担过重的情况下,后者牺牲自我来达到前者就意味着公平比独立更重要。例如,为使有偏见的法官作出客观判决而向其施加非法压力属正当行为,这是绝对不可能的。从法官角度来说,这两个价值同等重要,在解决法律问题甚至附带最为复杂的伦理性问题时,一定要遵守具有约束力的法律规定。这样做是因为这种冲突涉及上文提到的以伦理术语来理解的法律主义原则,这种冲突在法官职业实践中特别重要,并且应被当作决定性因素。

在多数情况的案例或法律情景中,这两种价值被置于对立的两方,这也清楚地表明了独立与公平之间的纠缠关系。说到事实,任何潜在违反独立性的行为,都旨在削弱法官的公平性。从法律情景来看,它通常采取以下方式:独立原则更需要被理解为法官的权力,而公平原则是他们的义务。

独立性在《波兰宪法》第178条第1条中得到了最充分、最简明的解释,该规定称法官在任职时具有独立性且只受宪法和成文法的监督。波兰法律中有许多法律制度来确保这一原则的实现。这种制度最明显的例子是判决不可撤销的宪法原则(《波兰宪法》第180条);法官的豁免权(《波兰宪法》第181条);全国法官协会(《波兰宪法》第186条)以及其他更为详细的有关法官生活方式的规定,例如:禁止成为政治党派及工会的成员;禁止参加与法庭及法官独立和公平不相容的公共活动(《波兰宪法》第178条第3款);禁止订立其他雇佣合同,不包括教诲性及研究性地位的雇佣关系(ACCO第86条)。所有这些规定都旨在保障法律秩序,在该秩序中,法官在进行职业实践活动时绝不会处于附属地位,不会面临影响和压力。根据CPCJ的规定,法官不仅应当能够抵制来自任何方面侵犯其独立性的影响,而且应该避免任何会削弱其独立性信心的行为方式,不管是否有充分的证据。如果出现潜在损害法官独立性的情况,法官有义务立即通知上级相关权力部门(CPCJ第9条、第10条)。

司法公平原则是宪法权力对审判产生的自然结果。《波兰宪法》第45条明确规定,每个人有权得到高效、公正、独立法庭公正公开的审理,不得无故推迟审判。这意味着法官在考虑及裁判案件时,公民享有以下权利:

——无偏见;不能因法官个人观点、喜好及癖好发布指令。

——不得涉及特殊的利益;不能因法官个人、其他人及团体的利益发布指令。

——践行程序公正原则;法官在诉讼中应认真听取所有当事人的意见,并且根据涉案方程序性权利发布预期指令。

——以公正、合法的方式构建案件事实;法官必须采用全部合法方式对案件进行解释。

——在相关法律系统内,案件事实具有平等的特质;根据相关法律准则及法律系统所属的法律文化,法官必须总结案件,权衡所有论据并根据案件事实归纳法律结果。

正如上文中所提到的,独立原则的实现会促使公平原则的实现。因此,所有被认为是保障公平的重要方法都可以被当作保障独立的手段而被普遍接受。然而,还可能涉及只适合保障司法公平的法律以及法外系统机构。正如CPCJ中表明的,这类机构大多数都与为法官所设立的特殊个人义务及限制相联系。因此：

a）不论是在职还是离职的法官都应避免任何可能削弱其公平信心的行为（ACCO 第 82 条第 2 款及第 5 条第 2 款，CPCJ 第 10 条）。

b）如果妨碍其履行法官职责或削弱其公平信心，法官不得订立任何雇佣合同及从事有偿工作（ACCO 第 86 条第 2 款）。

c）法官不得：

①成为商业合作制机构或公司内部管理委员会、监督委员会、审计协会的成员；

②成为合伙企业内部管理委员会、监督委员会、审计协会的成员；

③成为从事商业活动的基金会或信托公司管理委员会的成员；

④在商业企业中拥有大于 10%（即大于原始资本 10%）的股份；

⑤不管是以个人名义还是在协会中与其他人一同开展的经济活动，法官不得私自参与，也不得管理一家企业或者在企业中担任贸易代表或代理人（ACCO 第 86 条第 3 款）。

d）法官不得提供法律服务（CPCJ 第 21 条）。

e）对每一件法官作为当事方或者参与者的待决案件，地区法院及区域性法院的法官必须向区域性法院主席报告，上诉法院法官及区域性法院主席必须向上诉法院主席报告，上诉法院主席必须向司法部部长报告。

f）如果依据成文法的法律规定，法官不能参与案件，其应告知法院不能参与案件的现有理由并避免在该案件中采取行动。如果出现会引起对法官公正性表示合理怀疑的情况，法官应提交申请不再参与此案件[很多法院和司法法规都规定了法官回避制度，尤其是《刑事诉讼法》（波兰语：Kodeks postępowania karnego）和《民事诉讼法》（波兰语：Kodeks postępowania cywilnego）]。然而，法官只能在有充分理由的情况下才可申请不参与案件，不得过度使用回避机制（CPCJ 第 15 条）。

g）如果有可能引起对法官的公正性产生怀疑的情况，法官应避免与其他主体存在私人来往或经济关系，并且确保在与其关系密切的人之间也不存在这种行为（CPCJ 第 17 条第 1 款、第 2 款）。

h）在财务问题及由此产生的职责中，法官应勤勉及谨慎。法官不应参加任何被视为过度使用其法律地位的经济活动（CPCJ 第 18 条第 1 款、第 2 款）。

i）法官不得接受任何可以被合理理解为对其行为产生影响的好处或

优待,法官也应该确保其近亲属不会接受这类优待(CPCJ 第 19 条)。

j)若收到只针对其个人的要约,法官应考虑其是否无意对其自身或职业环境施加影响(CPCJ 第 20 条)。

k)法官不得凭借其法官职位的地位和威望,为自身或其他人牟取利益(CPCJ 第 3 条)。

l)法官不得对正在审理的案件或是将要裁决的案件作出公开评论(CPCJ 第 13 条)。

m)在诉讼中,当有人的表述中含对种族、性别、宗教、国籍、残疾人、年龄、社会或经济地位等的偏见时(CPCJ 第 12 条第 3 款),法官理应作出充分反应。当法官说明其司法裁决的动机时,应避免使用超越证明法院裁决正当性的实质性要求,以及可能影响到案件参与人及第三方尊严的方式(CPCJ 第 11 条第 2 款)。若无法对上述情况作出充分反应,人们可能认为法官的个人意见或裁决缺乏公正性。

n)向案件当事人解释程序性问题及法庭裁决动机时,法官应采用当事人可理解的方式(CPCJ 第 11 条第 1 款)。

4. 尊严

简单地说,在所有涉及法官行为的原则中,尊严原则应得到特别重视,法官尊严理所应当地更偏向于一种伦理价值而不是原则。然而,我们应该怎么命名相关原则呢？人们试图把它称为尊重保护尊严原则,然而这种表达会导致将这一原则与涉及普通民众的《波兰宪法》第 30 条的原则进行不合理的类比。在法官伦理中所讨论的法官尊严看起来与全人类固有的不可剥夺的尊严有所不同。人类尊严是自由和权利的来源,我们不能将保障、尊重及保护尊严的义务全然归于公共权力机关。我们不能说根据宪法规定,某人需承担保护其尊严或者避免可能有损尊严的行为的义务。毕竟,人的尊严是不可剥夺的。法官尊严必须以不同的方式理解,相关的原则不仅是尊重和保护的原则,还是基于法官承担的义务的性质维护尊严的原则。

这一原则在法官誓言中被提及(ACCO 第 66 条、第 82 条第 2 款、第 104 条第 1 款以及第 107 条)。其应用方式众多,主要是因为该原则与对法官的其他要求紧密相关。例如,没有对独立性及公正性造成侵犯时,也不可能危及法官的尊严。但要牢记,拉丁语中的"尊严"是 *dignitas*,意为尊严不仅具有道德性,还是具有美感的一类特质。因为它源自 decus 和 decor 这两个单词,都表示生理优越性,例如美丽、优雅、帅气,还有内在美、自尊、骄傲及荣誉。因此,尊严常与法官职位的权威及敬重相关。这一方面可参见 ACCO 第 82 条第 2 款,其中规定法官应保障其法官职位的权威性,避免任何损害其尊严的事件发生。因此,法官伦理准则中引用的下列法律规范和规定便不足为奇:

——在法庭诉讼中,法官应着正装。在衡平法院的法庭诉讼中,法官的正式着装为长袍,首席法官在长袍衣领处应该佩戴带有鹰形标志的链子。若帽子符合司法程序的相关程式规定,那么也应成为正式着装之一(ACCO 第 84 条第 1 款)。

——法官应保证行为得体(CPCJ 第 2 条)。

——法官应保持下列态度:廉洁、耐心、在与诉讼中当事人及其他参与人打交道时谦逊有礼(CPCJ 第 12 条第 2 款)。

——法官应确保诉讼中当事人及其他参与人行为得体(CPCJ 第 12 条第 2 款)。

——法官应避免任何可能不尊重法律秩序的行为(CPCJ 第 16 条)。

——法官不得过度使用其立法豁免权(CPCJ 第 3 条)。

由于法官尊严具有带有美感的"影响"(或方面),在表述时常用到严谨甚至独断的观点和评论,例如:

——法官最好是一个事无巨细的人,而不是怪人或疯子。[1]

——正面带有彩色图案的 T 恤更适合在乡下穿而不适合于法庭。在法官提名及任命仪式上着暴露的迷你裙是不礼貌的表现,它更适合于其他场合。[2]

——即便是在私人的社交场合,不得体的着装或言语也会影响法官尊严。[3]

以上观点及指令说明法官不仅要满足伦理要求,还要满足社会和礼仪

---

[1] See L. Gardocki, "Divagations of the first President of the Supreme Court: Judicial ethics and Professional conduct" [Rozważania I prezesa SN.Sędziowska etyka i obyczaje], *Rzeczpospolita* of 2 September 2002.

[2] *Ibidem*.

[3] See M. T. Romer, The judge's ethics [Etyka sędziego], [In:] *The Lawyer's Ethics* [Etyka prawnika…], *op. cit.*, edited by E. Łojko.

性要求。后者在某种程度上涉及使用某些陈旧的表述,满足不了这些要求就会导致行为不当。因为在未能满足仅与习俗和礼节相关的规范时,法官的公共认可度以及法官行为的美感是很重要的。例如,对于法官来说,若严重忽视个人卫生的情况发生在家庭中,不会引起任何人的关注;然而,在诉讼、法庭甚至在地方商店及度假区中,若同样的缺点展现在诉讼参与人面前,就会产生一定的后果并影响法官的权威性和尊严。狭义的伦理层面的要求却不同,它们的适用标准更高,并且法官的私人空间时常会转变为一种公共空间,即便是他人不可涉足的领域,都要求法官满足伦理要求。

(三) 与法官官方责任及职业责任相关的原则

这一节的题目有意对法官的官方责任及职业责任进行区分,因为对于法官来讲,职业责任的概念并不等同于官方责任,并且它们在语义上也有所不同。这一差别引发了对司法实践固有双重性的关注:成为法官意味着在位履职(官方责任),但也同样意味着从事特殊的职业实践(职业责任)。首先,履行官方责任的方式由当下重要的规则制定(从法律和实践意义上看)。其次,履行职业责任的方式更大程度上依赖于特定社会的传统和文化。因此,从伦理的角度来看,持续学习的义务应该被看作一种职业责任(在其他法律职业中也曾设想过类似责任);但是考虑到法官地位和任务的特定形式和界定,认真履行与法庭相关的行政职责的义务不只是一项官方责任。

许多已经提到的为独立、公平或尊严的原则而服务的特殊规范和义务以及与完美性格相关的规则,都同时涉及法官履行职业责任和官方责任的方式。然而,我们现在先不谈这些规定,以下是还没有被评论并拥有独立职能的一些规则。那么,法官应怎样去履行官方责任和职业责任?

1) 除公开庭审外,法官有义务对在其职位知悉的所有案件事实保密(ACCO 第 85 条第 1 款);

2) 法官有义务不断提升其职业技能,包括参与课程培训及能够掌握职业技能的其他形式(ACCO 第 82a 条);

3) 法官应确保其参与的所有程序的质量,这些程序必须有序进行并严肃对待(CPCJ 第 12 条第 1 款);

4) 在受委托的案件中,法官应在不拖延及不为当事人和国库增添额外成本的前提下履行职责(CPCJ 第 8 条);

5) 法官应认真履行其法庭行政职责(CPCJ 第 14 条第 1 款);

6)拥有司法监督职能的法官应掌控组织性问题,以便取得最佳工作效果,同时保证对法官独立原则的尊重(CPCJ 第 14 条第 2 款)。

上述规则中,前三条多与法官职业素养有关,后三条多与法官官方素养有关。

(四)离职法官的行为准则

正如早先提到的,CPCJ(第 1 条)中明确规定,与法官职位(及从事该职业)相关的行为包括特殊职责和个人限制。这种职责和限制也与法官私人、职业以外的生活有关。马丁·罗默(M.T.Romer)是一位知名的司法伦理专家,也是一位最高法院的退休法官。他在很多场合及文献中强调:"职业法官从业前请三思并听取以下观点:法官在法庭以及私人空间、家庭和社会生活实施的所有行为中,必须保证社会公平获得审判的权利。留在法庭内的只有法官长袍。"①

这意味着,即使离职,法官在生活各方面也必须满足较高的道德标准。他应总是恪守诚实、尊严及荣誉的原则,应有责任感并确保行为得体(CPCJ 第 2 条);他应保护并提升其法官职位、法庭的权威,执行审判机制的利益及司法系统的宪法地位(CPCJ 第 4 条)。即便离职且不再对法律主体享有公平审判的权利负责时,其仍有责任满足法官尊严的要求(ACCO 第 104 条第 1 款)。

六、检察官职业伦理准则

在波兰语中,与检察官对应的单词是"prokurator",来源于拉丁语(管理某物的人员,代理人)。在古罗马,procurator 意为受雇管理他人的房产及财产的人(procurator omnium bonorum),或是出于诉讼目的担任法定代理人的人(procurator ad litem)。因此,从职能上来说,罗马语 procurator 的意义更接近于现在的律师而非检察官。

现在检察官(及检察院职位)常与三权分立的原则一起出现,为保护公共利益,就有必要建立旨在控诉犯罪及在法庭进行检察的机构。20 世

---

① M. T. Romer,"Profession: a Judge. Think Twice Before You Decide to Pursue the Profession,Listen!"[Zawód sędzia. Zanim pomyśliszo tym zawodzie, posłuchaj!], EP 2004, No. 10 (64), p. 60.

纪,出现了四种检察模式:第一种(也是最常见的一种),检察在某种程度上与行政相关;第二种,检察属国会职能;第三种,检察官是司法系统的一部分;第四种(使用最不频繁的一种),检察院是独立于三大权力分支之外的机构。在美国,选举检察官是一个与其他程序不同的、在很多方面都具有独特性的模式(仅在极少数的州中,检察官由州长任命),这就赋予了该程序不为其他国家所知的独立性。

综合起来看,不管检察官职位的地位在其他国家制度中如何,当代检察官的任务是相似的,包括:①进行初步犯罪调查,有时也对由警察及其他监察权力机关实施的犯罪调查进行监督;②在法庭上提起公诉并代表公诉方。在个别法律系统内,检察官可能涉及民事诉讼程序,并在相关案件中提起民事诉讼。

为重塑检察官的社会角色及其职业伦理准则,有必要考虑到检察官办公室相对于其他权力机构的地位。因此,在检察官从属于行政机关的体系中,检察官的地位及伦理与公职人员的非常相似。在检察官独立于其他权力机构的体系中,检察官的地位及伦理准则向着司法地位和伦理进行演变,但必须强调:没有一个系统赋予检察官像法官一样的独立性。

波兰1985年6月20日《检察官法案》①规定了检察官的职业活动,该法案已经过数十次修订(最近是2010年和2011年)。

经过近几次的变动后,检察院的地位出现明显变化:由于司法部及总检察官的分立,检察官的独立性日渐增强。《检察官法案》认为检察院是法律保护机构(APros第1条第3款),主要目标是保障法律的遵守及对犯罪提起诉讼(APros第2条)。除特殊情况外,检察官的特殊职责包括:

1)在刑事案件中,实施、监督审前程序并在法庭上担任公诉人;

2)提起民事和刑事诉讼以及提交动议,参与民事案件、劳动法案件和社会保障案件的司法程序;

3)为确保法庭程序、行政程序、未成年人案件及其他程序中法律正确、恰当适用而采取相关措施;

4)监督关于预防性拘押以及剥夺自由的法律裁决的执行(APros第3条第1款第1项至第4项)。

《检察官法案》包括了对检察官要求的规定。在波兰,直到2012年,

---

① Unified text: Dz. U. of 2008, No. 7, item 39 with amendments, APros。

检察官是唯一一个没有行为准则对从业人员进行约束的法律职业。2002年5月25日第二次波兰检察官协会成员大会(Stowarzyszenie Prokuratorów Rzeczypospolitej Polskiej)决议通过了《检察官伦理原则规范》①(波兰语：Zbiór zasad etycznych Prokuratora, CEPP)，但该准则并不是对所有检察官都具有约束力。这一准则只对波兰检察官协会的成员具有约束力，若违反其条款只能在该组织内部由纪律委员会实施惩戒。对于其他从业人员来说，CEPP的规定被当作普遍性指示，这是该准则最后一部分的建议。这种情况下，当检察官职业伦理准则的地位得到认可时，CEPP主要起辅助作用。

2012年9月19日，根据1985年6月20日《检察官法案》第24条第15项的规定，2012年第468号决议通过了《检察官职业伦理规范》，该规范对所有检察官均有约束力。与CEPP不同，人们希望该文件成为实施惩戒行为的参考。

根据《检察官法案》，对申请成为检察官人员的要求，除了像"必须是波兰公民"这样的形式条件，还包括拥有完全的公民和政治权利、法学学位，以及满足承担该职位所需要的相关道德品质的要求。法案要求候选人应该具有"完美性格"(APros第14条第1款第2项)。该要求与法官候选人的条件一致。有建议称检察官候选人不仅不能有冒犯行为的记录，还不得以其他方式违反法律(例如，恶意实施轻微的冒犯行为，处理财务问题时存在过失，处理家庭问题时存在不公)，或者违背公众普遍接受的社会规范(例如，过度饮酒或吸食毒品)。

综合来看，《检察官法案》为检察官设立了与检察官誓言行为一致的义务，说明了由检察官义务演变而来的伦理和职业(及法律)责任的主要问题(APros第44条第1款)。任命时，检察官应宣誓成为法律的捍卫者，保障法律秩序，认真履行职责，不泄露受法律保护的机密信息，行为应符合自尊和诚实原则(APros第45条第4款)。不管是在职还是离职，检察官应保护检察官职位的权威性，并且应避免任何影响其尊严及削弱检察官公平、公信力的行为(APros第44条第2款)。

(一)独立性和公平性

如同法官职业伦理，检察官职业伦理有两个非常重要的基本价值：独

---

① 《检察官伦理原则规范》发表在 Prokurator 2002, No. 2 (10)，载 www.etykaprawnicza.pl.。

立性和公平性。正如上文中提到的,检察官独立性水平在很大程度上取决于法律体系中检察官的组织模式。然而,在所有法律体系中,独立价值在检察官义务学说中普遍存在。检察官独立性受诸多法律机制保护:保护无正当理由的免职,检察官豁免权,禁止不向上级报告而对检察官实行监禁,未经本人同意不得将检察官调职。这里值得注意的是,这些保护检察官独立性的制度措施不及保护法官独立性的制度措施的力度。另外,保护检察官独立性还表现在检察官不得受雇于他人,不得在公司、合伙企业、合作企业和基金会中进行职业活动,不得参与私人企业经营活动或开展业务。这些是对自由权的重要限制,也证明了有必要保护更高级别的价值的合理性,即检察官独立性。然而,这种独立性看起来不可避免地会与诉讼实践中同等重要的原则发生冲突,即等级结构以及随之而产生的官方从属地位。上面提及的预防措施可以有效保护检察官不受源自检察系统之外非法压力的影响,但对于那些可能来源于上级旨在影响其职业素养的非法压力,却未给予充分保护。《检察官法案》试图解决准则中原则之间的不可避免的矛盾,这些原则指出检察官有义务遵守上级检察官的决议、裁决和建议,但是这些指令须与诉讼中的行为主体无关。另外,法案要求案件卷宗中必须含有与案件相关的决议或建议。这就使得检察官得证明他因上级的明确要求而采取了正确的行为或避免实施某种行为。事实上,虽然直属上级检察官有权修改甚至推翻下级检察官的裁决,但这种行为要求必须以书面文件的形式呈现在卷宗中(APros 第 8 条及第 8a 条)。检察官义务性职责(以及权利)是:此类裁决与法律相冲突时,可以拒绝执行上级检察官的决定。

检察官独立性确保另一个基本价值,即公平的实践应用。这里必须说明,律师的义务性职责并不等同于检察官的义务性职责。律师有义务代表客户的最大利益,而检察官不仅可以不追求定罪的裁决以及涉及的最严重的审判,而且恰恰相反,在审前以及法庭程序当中,检察官的任务是阐明案件的所有相关问题及事实[包括那些有利于受指控方(被告人)的利益的事实];检察官不仅可以不为定罪裁判据理力争,而且事实上还应该披露所有有利于被告人而辩护人不知道的情况。对检察官义务性职责的这种理解并不是波兰检察机关模式所独有的,包括美国在内的其他司法体系亦是如此;而由于审判具有指挥的性质,因此对这种理解出现了一些质疑。然而,美国联邦最高法院的裁决最终却推翻了这种质疑,法院认为检察官有义务披露有利于被告人的证据,如果隐瞒辩护证据可能导致被告人的正当程序权利受到侵犯,并可能损害公众对作出公正裁决的信心①。

检察官公正性要求还意味着,在作出决定(例如,启动庭审、提出指控、提交预防性扣留动议等重要的决定)时,检察官只能遵照搜集到的与案件有关的物证而非其他动机(例如,因政治观点、种族、宗教、民族、性别等)而对嫌疑人(或被告人)产生厌恶情绪。因此,公平性原则(以及时常与其相关联的公平对待全体公民的原则)是任何形式歧视的对立面。

非政治性原则是该职业另一项义务性原则,有利于保证检察官的公平性。并不是所有地方都会像波兰那样采取如此激进的方式。《检察官法案》不仅禁止检察官成为政治党派的成员,还禁止以检察官的身份参与任何政治活动(APros 第 44 条第 3 款)。非政治性原则并不是禁止检察官持有政治观点,而是禁止以有损于检察官公正的公信力的方式表达个人观点,这可能涉及以下行为方式:政治游说,参与选举委员会的活动,组织政治集会,等等。该原则并没有剥夺检察官参与普选(选举权和被选举权)的权利。法案只要求在议会选举或谋求市政府理事会职位时,检察官可以通过无薪休假来参加选举活动。事实上,它并没有对这一问题作出明确的规定,但是根据非政治性原则,在其议会议员或市议员任期内,检察官也应进行无薪休假。

(二) 机密性

检察官义务的另一项重要原则同样是行业机密原则。检察官在誓言中提到此项义务,其内容由《检察官法案》作出规定。法律规定了机密信息的范围。

(三) 具体伦理准则

除此之外,CEPP 包括一些表明检察官需承担的伦理和职业义务的规定。我们对其中很多内容都不陌生,因为它们也被纳入其他法律职业的伦理准则当中,例如,不得"对其他检察官的职业实践作公开及负面评论"以及不得故意向法庭提供虚假信息,便涵盖了对同级检察官的忠诚要

---

① 布雷迪诉马里兰州案,1963 年。

求。① 然而，必须承认的是，特定的 CEPP 规定具有原创性。它们中的一部分是否能够转变为其他法律职业的伦理准则也值得考虑。这类规范可能包括：

1) 履行职业职责时保持清醒的义务，禁止实施迷惑性行为(然而，疑问是：检察官伦理是否允许检察官在离职的情况下饮酒或服用药物)；

2) 避免采取对上级迎合、对下级傲慢且不尊重的态度(把这些要求转移到其他道德准则中是可取的)；

3) 有义务拒绝接受违反法律及职业伦理准则的指令；

4) 禁止担任特殊服务、法律执行和监督机构的秘密代理人[这不仅涉及与波兰人民共和国(波兰语;PRL)秘密服务的合作，还有与民主国家的秘密合作。这也是因检察官的特殊社会角色而不能协调的一类合作。令人吃惊的是，其他法律职业伦理准则的起草者完全忽略了这一义务性要求]；

5) 禁止以不够严谨的方式解释或适用法律。

值得强调的一点是，作为检察官唯一的法律职业伦理准则，CEPP 包含了对媒体公开采访原则的规定。这是特别重要的一个方面。一方面，知情权通常被看作公民权利，包括知晓未决案件及审前程序信息的权利。媒体通常把这些信息提供给公众，这也就是为何在民主国家，媒体和公共权力机关之间联系的程度是一个非常重要的问题。另一方面，受法律保护的机密信息，包括其机密性对未决案件非常重要的信息，都可能泄露给媒体，这就存在一定的危险性。此外，有人还可能利用媒体来对法庭施加压力。从这种危险性的角度考虑，不仅检察官，其他法律职业与大众媒体的联系也应遵循义务性规定。

检察官任何的失职和行为不当，包括公然藐视法律以及不尊重检察官职位的尊严(APros 第 66 条第 1 款)，都会受到惩戒。若(准)检察官触犯了(他当时担任的)国家职务的尊严或者被证明没有担任检察官职务的资格，这一责任范围就扩展到了检察官就职前的行为(APros 第 66 条第 1 款)。这意味着检察官将面临惩戒，并对职业伦理方面的不当行为负责。

检察官作为公职人员，没有内部管理机构。由惩戒法庭(作为一审法

---

① CEPP 有特殊结构；与其他法律职业伦理准则不同，它内部没有被分为系统的单元(条、款、项)，而这样做就不可能精确说明参考文本的位置。

院的纪律法院及上诉纪律法院,以及军事长官检察官办公室的纪律性法院)的工作人员(同样为检察官)提交的动议,启动相关惩戒程序。惩戒法庭的成员都是由总检察长任命的、任期为 4 年的检察官,他们都是从之前经选举产生的检察院成员中选拔出来的。在决策过程中,惩戒法庭的成员是独立的并且仅受成文法规的约束。因其成员都是由检察官组成,即便决定纪律责任相关问题的惩戒法庭不是职业内部管理机构,它们也可被当成职业责任制的组织化形式。

惩戒种类(APros 第 67 条第 1 款)包括:

1)警告;

2)申斥;

3)撤职;

4)调职;

5)不得从事检察业务。

惩戒程序不公开进行(Apros 第 76 条第 1 款)。

波兰法律职业伦理依旧处在萌芽阶段且刚得到发展。这一点首先体现为没有对所有检察官都有约束力的正式职业伦理准则,但较为明显的一点是,对于检察官职业实践的基本原则特别是独立性和等级从属性之间的关系没有给出清晰的界定。

尽管公共生活的所有参与人员声称有必要形成一个独立且公正的检察官组织模式,波兰这个有着 20 年检察院经验的民主国家表明,把检察官职位当作政治斗争中永久性武器的做法,可归咎于有诸多政治倾向的政治家。在这种情况下,明确规定检察官伦理有助于消除病态行为的特定模式。

七、公证员职业伦理[①]准则

在社会生活中,公证员扮演的角色来源于拉丁美洲公证实践原则。

---

① 现有讨论基于下列文章:M. Król, "*De lege ferenda* notary" ["Notariusz *de lege ferenda*"], *Rejent* 2006, No. 5, pp. 80-92, as well as the article: M. Król, "A note on notarial practice and the role of the notary in shaping legal relations (a theoretical legal perspective)" ["Kilka słów o praktyce notarialnej i roli notariusza w kształtowaniu stosunków prawnych (perspektywa teoretycznoprawna)"], *Rejent* 2006, No. 7-8, pp. 40-59。

波兰公证服务可追溯到 13、14 世纪。1991 年 2 月 14 日波兰议会通过《公证员法案》①,真正意义上的波兰公证执业实践才重新开始。

不管公证员履行职责的历史时期和社会结构类型如何,依据传统,公证员为人民服务,忠于国家,公正地履行国家公证职责,具有独立性,只受现行法律约束。因肩负重要职责,公证员应保障法律秩序,特别是保障法律事务的顺利进行。公证员代表法律利益,他们也是代表最广大公共利益的法律职业人员,公证行为具有真实性、公开性。

公证员具有公信力。《波兰刑法典》将其界定为公职人员,同时在自身承担危险和责任的情况下从事独立职业活动。公证员是一类创业人员(须列入进行商业活动的注册人员当中),但是要经过司法部任命才能从事公证活动,且拥有经官方文件认可的法律地位。波兰法律认为任命公证员是国家主导的程序,这一程序使得拥有公信力的公证员群体的特殊地位合法化。公证员代表的公众利益也被纳入当事方的合法利益之中,有时可能会与普通大众利益相冲突。这一事实使得公证员需根据现有约束性的法律实施法定义务,"公证员应拒绝实施与法律相冲突的行为"(APNot 第 81 条)。从广义上讲,法律在此处应理解为法律秩序,这也包含了其他与法律相一致的义务性规范,例如社会生活规范。公证员必须具有完美性格,享有完全公民权和政治权利,年龄不得小于 26 岁。公证员不得接受妨碍其履行职责或影响其职业尊严的工作。特别是公证员不得参与贸易、工业活动,不得担任商业经纪人及顾问(APNot 第 19 条第 2 款),因为从公证员的无私性、公正性及独立性来讲,参与这些活动将会影响其名誉及公信力。公证员法案规定,公证处应具有足够其履行职业责任的设施(APNot 第 4 条第 2 款)。在履行职业责任时,公证员有权使用所有国家组织和机构的服务。《公证员法案》和《公证员职业实践准则》塑造了公证员的形象,明确了公证员必须具备的素质。这些素质有助于塑造公证员的法律权威性及公众对他们的信心。

因为公证员的职能,法律为这一职业的代表设立了高要求,这属于对公证员的伦理约束。另外,因相关传统、法律教育及公证员职业伦理准则的影响,当代法律文化为公证业务设立了社会能够接受的一般性职业行为标准,并且确立了行为态度和方式。在职业实践中,公证员保障法律的

---

① Unified text: Dz. U. of 2008, No.189, item 1158 with amendments, APNot.

价值及目的;公证员也应保障法律的持久性和统一性,并通过法律适用和遵守确保法律安全,这对塑造相关职业行为标准具有重要影响。

1998年1月1日,《公证员职业伦理规范》(CPEN)开始施行,该规范由国家公证员理事会(波兰语:Krajowa Rada Notarialna)及公证处代表(APNot第38条)起草并予以授权通过(APNot第40条第1款第7项),该规范的全部文本被作为2001年3月5日国家公证员理事会通过的决议附件。CPEN在其序言中指出,公证处为建立和维护自由市场中的法律体系,以及维护当事人合法交易安全,做出了不可磨灭的贡献。该规范包括:第一章,总体性规定;第二章,公证员普遍性责任;第三章,法律行为中与当事人有关的公证员责任;第四章,涉及其他公证员的责任;第五章,公证员及公证员内部管理机构的相互责任。

《公证员职业伦理规范》《公证员法案》等法律规定,界定了公证人员在职业实践中的伦理责任。

(一)总体原则

CPEN总体性规定中表明,公证员有义务遵守基本伦理准则以及准则中包含的职业伦理准则。

这里有两个问题值得特别注意。首先,正如上述CPEN第1条中指出的,该规范对伦理问题作出详细规定,这里规定的主要是普遍性伦理准则。还有观点认为这些"基本的"伦理准则不具备法规的基本性质,可称其为一般性的法则,与公证员伦理中的特殊化准则相对。因此,职业实践中,公证员不仅只受一般性伦理准则约束,而且还受职业伦理准则的约束。此外,鉴于CPEN中直接提到了普遍性伦理准则,违反准则应承担的责任直接被提。其次,CPEN合法化的方式及其责任基础很有意思。有两种不同的方法可证明责任现象的合理性。根据CPEN第3条的规定,在公证员第一次大会来临之际,公证员应确信其对准则内容非常熟悉,并宣誓:"我声明我熟悉《公证员职业伦理规范》,并且我庄严宣誓将恪守其规定。"面对公众宣誓就是要使公证员尊重及遵守CPEN的规定。从语言学角度分析,该誓言具有表述语的所有特征:它是一种与行为具有同等效力的特殊句式;它用实例说明了凭借言语实施的行为(即"依言而行")[1],

---

[1] J. L. Austin, Mówienie i poznawanie [extracts from Philosophical Papers], translated by B. Chwedeńczuk, Warsaw 1993.

在现实世界中创立了一种传统的、针对语言的、有目的性的情景。承诺一经作出即应立即满足 CPEN 中设立的要求。它是否有从心理学的角度（虽然并不是理论上）确定因违反责任规定而成为责任的来源？正如奥斯汀生动描述的那样,当声称遵守准则规定时,公证员自愿接受"精神锁链"。另一个因公证员违反 CPEN 而承担的行为责任来源于未能满足这些要求之间的联系,包括约束性法律的准则。根据 CPEN 第 4 条的规定,违反公证员职业伦理准则,触犯了职业权威性和尊严,为此 APNot 第 50 条推行惩戒程序。我们面临非常有趣的纪律责任构建问题,这种建设也成为一项具有约束力法律的责任。

值得说明的一点是,公证员作出两项承诺:根据 CPEN,一项被定义为"承诺"或"保证"（波兰语:przyrzeczenie）;另一项,根据《公证员法案》,被定义为"宣誓"或"誓言"（波兰语:ślubowanie）。上述声明均在公证员被任命之时作出,尽管第一项(przyrzeczenie)指的是遵守《公证员职业伦理规范》,并且是在第一次大会期间公证员在公众面前施行的行为;而另一项(ślubowanie)是指在职业实践中,遵守公证员职业行为规范且向司法部保证履行职责（或者是司法部授权相关上诉法院主席）。APNot 第 15 条第 1 款规定:"任命时,公证员向司法部作出如下宣誓:'我庄严宣誓,遵照法律和良知,我将履行所有赋予我作为一名公证员的所有职责,并且我将尊重国家和保守职业机密,并以尊重荣誉及诚实原则开展行动。'"

根据《波兰大辞典》,宣誓(ślubować)意味着作出庄严的承诺去严肃地做某件事,而承诺(przyrzekać)意为使某人对某事放心,使其确信某事并作出保证、担保。从语义角度看,两个概念明显有重叠之处,虽然宣誓包含一种庄严的态度,但实际上在同级公证员面前作出承诺时,初级人员也可以"庄严"承诺。

(二)公证员普遍性责任

CPEN 第 6 条将诚实、勤勉、独立、公正以及保守行业机密,列为公证员必须遵守的根本原则。同时,下一节规定公证员应在职业表现中起到带头作用,并且应尊重该职业的权威、荣誉、尊严。因此,根据 CPEN 第一章的语义结构进行类比推理,可以得出的结论是,满足尊重职业权威、荣誉、尊严的要求可以通过尊重上述公证员须遵守的根本原则的方式来实现。然而,对 CPEN 第二章的分析表明,整个章节都是对保障公证员职业权威、荣誉、尊严作出的特殊规定,包括通过拓展专业知识及提升服务质量来不断改善行业资质的义务,根据法律尽职尽责、一丝不苟地善意履行职业责任的义务。另外,公证员以公职人员身份在职权范围内履行职责并且享有国家赋予的某种权威,公证员应努力维持职业公共角色与独立职业地位之间的关系,并在不授权给无权人员的情况下尊重亲自履行全部责任的义务。上述所有义务对于行业荣誉及权威性都非常重要,如公证员价格清单界定的费用。公证员的廉洁性在下列情况中可能会更受影响:因公证接受其他费用,或者某人没有公证员资质或没有公证处的聘用,却因从事公证业务而收取费用。通俗来讲,它指的是公证员受贿或行贿(例如向房产经纪人),以及收取其他未公开的物质利益。这类行为不仅有违伦理,而且违反了公证职业的尊严、荣誉和权威,这些价值对于具有公信力的公证员具有特殊意义。

在 CPEN 第 6 条列举的约束公证员的根本原则中,两个原则具有伦理特征——诚实和勤勉,它们也是公证员完美性格要求的固有组成部分。其他三个原则,即独立、公正及保守行业机密,是本质特征——是公证员的明确属性。

这里需要对 CPEN 第 6 条涉及的对公证员产生约束力的"本质"原则作出一些评论。公证员职业素养的公正性具有特殊重要性,并且应在职业群体中区别开来。它是一种不能被过高估计的特质。与法官不同,只有公证员是公正的法律职业者,与之相反,律师、法律顾问和税务顾问都应时刻牢记客户利益。公证员的公正性意味着其应保障所有参与人员的合法利益,也包括可能因公正受到法律影响的其他人的合法权益。另外,公证员应向当事人提供涉及裁决所需的详细重要信息,同时避免就其如何行为给出建议。公证员不得随心所欲,只有在受委托时,仅应客户的要求,在法律约束范围内作出相关行为。

公证员独立性是独立职业人员的特征——公证员没有雇主或者上级主管,公证员体系为横向结构——在公证员内部管理机构中,没有上下级的隶属关系。这里有一个例外情况,成为合作制机构成员的公证人员应遵守公证员协会通过的决议。另外,独立原则,实际上为保障独立性原则,意味着公证员不得允许第三方对其施加任何压力或受其影响,公证员不得屈从于任何涉及其公证职责的压力。公证员有权对约束性法律及其司法解释提出独立意见。公证员独立实施公证行为,包括独立于国家、政府、内部管理机构等,并且只受现行法律的约束。如果证明某一行为触犯法律,公证员有权拒绝执业活动。

"本质"原则的最后一项是保守行业机密。这一原则包括:公证员有义务以适当方式为客户营造便于提供证词和法律事实的环境;独立且不受第三方干涉;客户与公证员之间进行交流,大多数情况下是客户向其供认犯罪事实;公证行为不受干涉。除非法律作出其他规定,这一原则进一步要求公证员不得向第三方透露有关客户利益和行为的信息,包括未授权机构。保守行业机密是公众赋予公证员的部分特权。

(三)面对当事人时的公证员责任

CPEN 第三章列出了公证员的普遍性责任,进一步描述了公证员必须遵守的根本原则。关于对案件双方当事人的责任,公证员必须遵循法律程序,一方面满足客户的意图与意愿,另一方面不凌驾于法律(CPEN 第 15 条)之上。同时,公证员必须忠于国家(CPEN 第 16 条),若双方或双方利益之间发生冲突,公证员必须拒绝公证。公证员有义务保护与公证行为相关的所有文件并尊重行业机密(CPEN 第 21 至 24 条),这一点在公证员吊销执照、离职之时以及对公证处其他人员也同样适用,只有经法院判令或双方当事人联合声明,机密信息方可公开。

CPEN 第 19 条举出了第三章所列原则的一个有趣范例。在从事职业活动时,公证员受此原则约束:公证员职业行为不仅是权利,而且首先得是一项法定义务。从 CPEN 起草者的角度出发,这一章节也许受到他们想要与可悲的职业实践斗争愿望的驱使,公证员有时会拒绝从事费力费时、毫无利益可言的公证活动,例如与拒绝法定继承、证明签名的有效性、文件副本公证、继承证明等相关的公证活动。这些应受谴责的行为会违背公证员的社会角色。在列举涉及同行的公证员责任这一章中,明确把无利益且费时费力的客户案件转交于其他公证员的这一行为作为不诚实竞争行为的例子,来强调公证行为中的这件事情的重要性。根据职业伦理准则,这种不道德行为违背了对于当事人及其他公证员的责任。

非常有意思的是,APNot 规定,拥有责任保险是公证员受惩戒程序制裁的责任,其中涵盖与公证职业实践中的玩忽职守相关的行为(APNot 第 50 条及第 19a 条和第 19b 条)。虽然 CPEN 中没有明确说明,未能保证责任保险从某种意义上变成了涉及案件当事方的公证员职责的伦理问题,因为在职业实践中发生公证损害时,当事人双方的诉求可能无法得到满足。

(四) 公证员对于其他公证员及工作人员的责任

CPEN 包含了公证员对于其他公证员及工作人员责任的相关规定。在同事关系中,在不损害其他公证员职业表现权利的前提下,同行评价其他公证员的职业表现时应遵循忠诚、包容、尊重的原则,同时避免在职业领域参与任何形式的不正当竞争(CPEN 第 25 条)。

CPEN 中通过定义限制了对其他公证员的工作进行评价的权利,即此类评估绝不能以对其他公证员工作表现进行批判性评估的方式告知客户。事实上,CPEN 第 31 条明确指出公证员不得参与此类批判。根据媒体对医药领域的相关问题更大范围的讨论,这一条款似乎确实存在争议。

在 CPEN 中,公证员职业竞争是公证员职业实践过程中的一个重要问题。这在 CPEN 第 25—35 条的规定中以案例形式进行了阐述,其中包含了对不正当竞争的定义(CPEN 第 26 条和第 27 条)。最常见的是,在公证员职业实践中,人们通常把不正当竞争理解为招揽客户的一种不道德行为,例如,提供有利条件如有竞争力的价格,在不同场合提供便利条件(在办公场所之外),降低公证所用到的文件标准等,以及通过第三方(包括公共行政机关的官员及其企业实体)拒绝并且间接指派其他公证员参与费时费力、收益甚微的公证活动及进行任何形式的个人宣传活动;在某些情况下,未经公证员理事会事先同意在已撤销公证处的建筑物内设立新的公证处。

CPEN 第 28 条中有一条有趣的条款,规定了公证员与媒体之间的关系。该条款设想:此种联系只可能发生在公证内部管理机构的调解之中,或者公证员在给理事会的文件中说明未来与公共媒体之间的联系。一方面,这一规定可能因担忧不正当竞争而变得具有合理性(公证员在媒体中的一种自我推销方式),CPEN 中设立了对其他公证员责任的相关规定说明了这一点;另一方面,可能因人们担心这种实践会侵犯公证员职责(例如,公证员作为名人实施的行为)的权威性、荣誉和尊严,这种情况应该包含在与公证员普遍性责任相关的章节中。

CPEN 进一步假设:如果其他公证员已开始记录规定的公证行为,准则就会对公证员的某些行为规则作出更加严格的规定。

另外,CPEN 规定,在没有与公证员先行沟通的情况下,不允许工作人员、实习生及评估人士从其他公证处调职。

CPEN 第 33 条有一项有趣的规定,根据该规定,两个公证员之间若发生冲突,他们可能遵循公证员理事会的在先解释性程序进行调解。本来,起草人员在 CPEN 中想要提供的是尊严及职业权威保障,以及避免可能会破坏公证员职业及有损其尊严的行为。同时,理事会成员会协调不和的双方,从而避免法律诉讼。

在有关公证员责任的章节中,CPEN 同样规定了自我管理控制的一个重要方面,即赋予公证员监督其他公证员的权利。此类控制具有重要的职业性,他们允许监督不同主题、专业以及管理类的多种不当行为,并且防止此类问题发生。CPEN 第 34 条和第 35 条对这些问题进行了解决:规定监管者以认真客观的态度完成任务及保守行业机密的义务。受监管的公证员受 CPEN 的约束为监督人员提供便利,并且有权要求监督者向其公开所有评论并作出相关解释。

公证员有义务向其公证处工作人员[例如,评估人员、法律实习生(申请人)及行政职员]提供相关工作条件及参加专业培训班的机会。因要对上述人员的行为负责,公证员应时刻监督团队的职业表现。公证员在开始执行前,应使公证处工作人员知晓职业保密机制的要求,并且接受他们尊重行业机密的承诺。

(五)公证员及公证员内部管理机构的相互责任

CPEN 第六章规定了公证员与公证员内部管理机构的相互关系,其中涉及责任互换的规定,非常有意思,是在其他伦理准则中没有出现的规定。公证员理事会有义务关注公证员荣誉及职业尊严,确保公证员在公证活动中遵守法律规定并应正确勤勉地履行职业职责。理事会有义务维护职业伦理准则(CPEN 第 39 条)。另外,CPEN 假定,当公证员不尊重职业诚实原则时,相关内部管理机构主席必须勒令公证员遵守职业伦理规定,否则将对其施以惩戒(CPEN 第 42 条)。

必须承认的是,公证员理事会履行职责及启动程序的意愿,大体上决定了公证实践的形象。问题是,若遵照此职责,理事会成员是否可以要求理事会(或者是国家公证员理事会),或者内部自我管理机构主席因失职而承担责任,内部自我管理机构中哪一个部门有处理此类案件的能力。此外,如果该责任被认定为合理,那么将导致何种结果。CPEN 并没有规定这些问题,只有当公证员不尊重公证法及职业伦理准则时,才会需要用 CPEN 第 39 条及第 42 条来证明理事会成员行为的合理性。

公证员具有与职业内部管理相关的责任。一个重要的问题是,每个公证员对于内部管理的参与,是以客体身份(即公证处成员)参与,还是以主体身份(即内部管理机构成员)参与。公证员伦理责任之一是:公证员应参加相关机构大会,并且应尊重和遵守内部管理机构决议(CPEN 第43条至第46条)。内部管理机构成员应以公证员的群体服务者的身份履行职责。

公证法案规定对未能履行职责的公证人员施以惩戒。惩戒措施包括警告,申斥,处以相当于月平均收入一半至5倍的罚款,撤销公证处执照。另外,处以警告或罚款的公证人员,其行为受到进一步限制:3年内,公证员不能在内部管理机构中行使任何职权,不得在惩戒办公室惩戒程序中从事公证业务,罚款上交国库(APNot 第51条)。值得注意的是,立法者没有对禁止公证员参与内部管理机构的相关惩戒作出明确界定。根据APNot 第26条的规定,公证员设立职业内部管理机构,包括公证处及国家公证员理事会,但法案没有提供内部管理机构的定义。根据 APNot 第27条的规定,公证处的机构包括公证员大会和公证员理事会。从字面意思上来讲,APNot 第51条指出,正式警告或罚款的处罚导致公证员无资格担任公证员理事会的成员或者参与大会。在现有讨论范围之外,我们对这一条款进行深层次分析,但我们想表明:禁止受处分公证员积极参与在内部管理机构的规定,与公证员参加公证员大会的义务之间,存在明显的矛盾。

最后,需再次强调,公证员的规范性特征包含公正、独立、"太平绅士",总的来说,就是在保证忠于国家的情况下,根据当事人意愿或者法律规定从事合法公证业务。

第四章 法律诊所中的职业伦理

一、法律诊所

20世纪90年代末期,法律诊所开始出现,其也称为学生法律诊所,通常隶属于波兰的法学院。最早的法律诊所出现在克拉科夫和华沙。目前,虽然法律和组织的构成各有不同,但是所有波兰的法学院都成立了法律诊所。这些法律诊所的活动受到位于华沙的大学法律诊所基金会的监督,该基金会旨在保障学生法律诊所教育以及学生服务的应有标准和高水准。法律诊所的想法来自美国,19世纪末期,美国开始了学生法律诊所的法律实践。[①]

法律诊所是法学院中的组织单元,可以使学生在法学学术研究教师和法律从业者的监督下,为贫穷的社会成员提供公益法律援助。这种认知下的法律诊所实现了两个具有同等重要意义的目标:伦理培养以及社会实践。

---

① 参见 B. Lee, Teaching Practice in Law Schools, 19th Conference Annu. Rep. A. B. A. 507(1896):"如果我们的职业是唯一一个学生在开始其终身事业前不能有实际联系的专业的话,就不符合常理了。医学生可以有诊所指导和医院实践。牧师在从神学院毕业前可以尝试讲经给同学或者一群信念不强的人听。土木工程师在离开科技大楼前已经有许多实地工作经验了。但是在校期间,大多数法学院学生仍然会经历一段漫长且痛苦的只读书却没有实践经验的时期。这种状况的弊端不能通过折中办法、廉价设备或者资力较低的人来弥补。为了给法学院学生有用的指导,需要大量的思考以及一流的教学能力——但是由于我们还未实践或者没能实践,所以也不能说以上方式是徒劳无功的。我也承认,法律理论的教学难度相比教给学生实际运用来说,可能只是小菜一碟。"cited after: *this message was posted on the list-serve for the Global Alliance for Justice Education* (GAJE): R. J. Wilson (Professor of Law and Director, International Human Rights Law Clinic American University Washington College of Law, 4801 Massachusetts Ave., N. W. Washington, DC 20016):"在全球争议教育联盟大会会议上,我展示了我研究美国实践教学法早期修正主义的历史,我读到了一个名为 Blewett Lee 的一句话。Lee 是 Langdell 在哈佛大学用'新'案例法教学教出的学生。几个学生让我把这个发给他们;我认为列出清单来分享更好", F. Czernicki。

伦理培养目标实现途径有两种：一是在实践中传授法律知识，根据接受程度评价学生的进展，二是增强学生对社会和伦理问题的敏感度。社会目标包括为贫穷的及被社会排斥的人提供法律帮助和援助，以实现他们的法律权益和义务。从这个层面上来说，如果只有上述两个目标的其中之一得以实现，则不能将其他向社会公众提供服务的援助项目或者其他法律教学形式定义为法律诊所，例如在法学院或者研讨会中开展的作为义务和法律课程的一部分的活动。自 20 世纪 90 年代后期，许多社会辩论都在讨论是否需要制定法律规定，以管理由各个机构（包括法律诊所和非政府组织）为穷人和社会边缘人提供的免费法律服务。所有辩论参与者都同意在社会和法律层面上都有必要制定这样的规定。目前，关于法律诊所的法案正在制定中。

法律诊所根据具体的规则运作，既有宏观的也有许多更具体的。关于特定的准则，每个法律诊所之间可能会有不同，但所有的法律诊所都会落实一般的原则。直到现在，仍未有立法规范法律诊所。在学术课程安排中，在法律诊所工作等同于学生实践。因此，法律诊所必须遵守高等教育机构关于教学程序的法律规定，以及与这种机构有关的议会法案和规则守则。

法律诊所是法学院的一个机构，它的组织结构可以有所不同；它可能属于学术部门或者学生社团。法律诊所的主任（协调者）以及监督者都是不同法律研究领域的教师和专家；他们通常也是积极的从业者。法律诊所通常与法律顾问、心理学家和调解者合作。参加法律诊所的都是受不同法律领域——民法、刑法、家庭法、劳动法、行政法以及其他专业——专家指导的高年级学生。法律诊所第三个必不可少的构成就是行政协调者和后勤办公服务者。

因此，法律诊所有三个支柱：学生、指导者以及行政管理部门。第四个（外部的）因素是法律诊所的客户，即那些寻求法律建议并满足合法接受此类援助条件的人们。他们通常都很贫穷或者属于社会边缘群体，且未授权给职业人士代理案件并同意接受学生援助。他们可以得到免费的法律援助。

在法律诊所中，学生从实务中学习法律。首先，这意味着学生通过诉讼学习法律，为法律诊所的委托人提交的实际案例提供法律援助。在此过程中，学生根据他们通过职业化和职业义务而领会特定的目标和任务，能够习得特定领域的法律专业知识。法律诊所教学过程的重要方面包括通过阐述不同类型的律师所扮演的职业角色来了解职业伦理,对法律适用过程中的伦理困境进行阐述,发起关于这些困境的讨论,促使正确的伦理态度和伦理敏感度的形成。法律职业伦理是法律诊所教育中必不可少的一部分。

法律诊所的实践教学使用了不同类型的交互式伦理培养法。另外,教学实践还包括模拟法庭,也就是模拟法庭诉讼,在法律案例的模型中,学生们扮演与实际法庭中相同的角色。许多法律诊所在为学生安排第一个案子之前会开设一门人际沟通课,这实际上有助于学生与未来委托人进行接触,减少焦虑并且教给他们获取对提供法律援助起关键作用的案件相关信息的对话策略。一些法律诊所也提供调解技巧的训练和实践。由于对法律实事求是的态度,法律诊所的学生不仅应具备对特定法律信条的理论知识,还应具备教学技能知识以及以实际方法传授法律知识的能力。许多法律诊所的指导者都参加了此领域的教学技能培训。

法律诊所的基本准则是学生提供免费法律援助。首先,法律诊所委托人只可与学生直接沟通,而非法律诊所的指导者。其次,根据这个准则,解决包括解决方案的构思、研究、起草法庭文件和形成法律意见书等在内的法律问题,都是学生的责任。但是,学生应与法律诊所指导者合作解决案件,并且应尊重指导者对案件以及伦理培养方面的掌控力。指导者在相关法律问题领域的监督是为了避免(可能出现的)职业错误。法律诊所在培养学生过程中会对所有与实践教学和学习法律有关的问题进行监督,其具体表现为,在法律诊所实践结束时,监督人会为学生表现评分。

法律诊所及其功能的另一个示范性准则就是,法律援助必须以纸质形式呈现。这一准则体现在,当案件需要时,法律意见书需以纸质形式附上法庭文件的草稿呈现。波兰的法律诊所提供的法律援助并不意味着要在庭上代表法律诊所的委托人,因为学生并非被授权的律师,而且这种帮助仅属于援助。学生的任务是通过确立法律状况(以及案件事实)来处理问题,找到可能的解决办法,告知委托人其权利义务,并指出最好的解决办法。法律意见书是学生在指导者批准后给出的法律分析的最终结果。在委托人得到纸质的法律意见书的同时,学生还需向委托人口头解释其法律处境,法律意见书具有告知性和咨询性价值。

法律诊所若要成功运作还有一个非常重要的组织性准则,这涉及法律诊所的行政管理人员组织和监督学生与法律诊所之间的合作。法律诊所的委托人首先向办公室提出申请,并从办公室得到关于提供法律援助相关规则的详细信息。法律诊所管理员有权决定是否受理案件。办公室管理学生的工作,并在组织范围内监督其工作成果,安排学生与委托人的会议并监督其给予法律援助的程序。学生在提供援助过程中若有组织性问题,可以寻求管理者的帮助。办公室非常注重法律诊所的运营效率。

特别价值准则体现在法律诊所实践需达到伦理高标准的规定中。学生在法律诊所工作是体验律师角色的一种途径,同时也是对律师应具有的职业表现和以信任、权威及社会声望为特征的专业人士的训练和介绍。公众信任的职业需要适当地履行与其相关的职业和社会角色,这些涉及职业能力和在实践中需要的所扮演的社会角色技巧(专业水平)和伦理,也就是普遍所接受的伦理准则、伦理评定的标准及合法的价值等级制度。从职业伦理方面来评测公信力职业实践对社会具有重要意义。这些与法律职业有关的问题在本书前面部分已经谈过了。

参与法律诊所活动需要遵守规范行为和具有伦理性质的特殊准则和规定。

二、法律诊所实践的伦理要求

法律诊所是功能性的、有组织的并且有价值的机构,它构成了价值观和理想的统一,在其范围内有内在和外在的关系。法律诊所的大环境正在形成。法律诊所实现了基本价值观中的社会价值和法律价值,比如公民可以平等获得法律信息,法律平等,尊严,社会统一,等等。在法律诊所大环境内,为了确定法律诊所实践的伦理要求,有必要分析所有参与者之间出现的相互关系,这种关系具有内部(法律诊所内部)和外部特征。

(一)内部关系

1. 指导者(导师)——学生

这种关系建立在主题原则以及在法律诊所提供伦理培养指导的指导者的原则之上。

由于之前已经提到过,虽然法律诊所的法律援助是由学生提供的,但是从定义上,学生应与法律诊所的指导者合作并听从其对案件的职业建议。另外,法律诊所的指导者应指导学生在知识习得和法律实践技能上有所进步,指导学生在伦理培养管控上也可有所体现。指导原则有社会层面的意义,也就是为法律诊所委托人提供合法适当的法律援助;也有伦理培养层面的意义,即增强法律专业学生的知识和技能。正确地理解规则的公正性为法律诊所内学生与指导者融洽的关系打下了良好的基础。反之,意识不到指导原则的重要性,尤其是对于学生来说,通常会导致学生与指导者之间的误解,比如质疑指导者的要求,从而导致不快。若指导者对规则的认识不足,可能导致给出不充分的法律意见,从而误导法律诊所的委托人,或者可能阻碍伦理培养过程中学生水平的提高。

2. 学生——指导者(导师)

这种关系要求承认法律诊所的职业指导者的权威。

导师的法律和伦理培养知识,以及在很多情况下其个人的法律职业经验,决定了该导师在某一领域的专家地位。在有些情况下,某组的指导者会将学生介绍给另一个导师——另一个相关领域的专家。

3. 学生——学生

这种关系建立在伙伴关系、互相帮助与合作以及友谊的原则之上。

法律诊所的大环境这一观点指出需要合作和友好的关系。学生两两一起工作已经成为法律诊所普遍接受的实践方式。在法律诊所内,他们是伙伴,因此他们的关系必须建立在友谊和合作原则之上。这在结对工作中极其重要。友谊和合作原则指出合作伙伴应平等地参与工作,共同努力解决法律诊所委托人的问题。不幸的是,法律诊所的参与者有时面临着寄生性问题,也就是两人组合中一人事实上忽视自己的工作,占另一人的便宜,只是看起来像是一起工作的伙伴。有时,尤其当被占便宜的一人并未发现时,这种问题难以查出。需要强调的是,这样的行为是不道德的,并且侵犯了支配法律诊所运行的所有基本原则。

4. 法律诊所管理者——学生

这种关系建立在法律诊所管理者安排所有组织性问题的原则之上。

学生在法律诊所中的权利和义务人人平等。法律诊所的准则规定了法律诊所内每个人的工作程序,无一例外,不管是关于分配给学生的案例的数量(除非在有差不多受欢迎的部分或者群体需要时),还是学生应参与的不同法律诊所活动。法律诊所管理者管理学生在法律诊所实践中参与的活动,把他们当作合作伙伴,采取相同措施分配责任,尊重他们的实践,提前告知法律诊所活动,不得在其同学或委托人面前质疑其能力。法律诊所管理者应在提供法律援助和解决学生组织性问题时提供组织协助。同时,学生必须接受法律诊所管理者作为组织管理者的角色以及与他们职位相应的行为方式。

5. *学生——法律诊所管理者*

这种关系建立在法律诊所管理者的组织性管理以及法律诊所的合理管理原则之上。

法律诊所学生的人数一般在 10 到 100 不等,所以就必须找到一个高效的管理办法。学生有权期待合理的工作时间安排以及与管理者高效的合作。同时,学生应该尊重管理者有关法律诊所组织性管理工作的职权。学生也应遵守法律诊所的规章制度中的组织和管理要求。

(二) 外部关系

1. *学生(法律助理)——法律诊所的委托人*

该关系的支持原则有:

① 以法律知识为基础来实践的原则;

② 应有的审慎和诚实原则;

③ 保密原则;

④ 行为自主权原则,即学生的自主权仅受组内指导者的伦理培养和专业指导的限制。

法律诊所致力于提供对社会有重要意义的法律援助。因此,提供这种援助的学生以及法律诊所委托人的关系,应建立在能让委托人有安全感和保证法律安全的原则之上。根据这个目标,法律诊所通常接受更有经验的学生在法律诊所内进行自己的法律实践,并且与作为顾问的法律执业者、指导者合作。

基础原则就是,学生应用确定的法律知识和当前有法律效力的法律来工作。

在提供法律援助时,另一个非常重要的原则就是,所有人在工作时都要秉持应有的审慎和诚实原则。这不仅与引导程序相关,比如,为了能够正确处理案件问题收集案件事实,也与需在援助和法律服务职责内确定委托人的意图以及期望相关。

保密原则是所有程序中暗含的一个原则,并且对所有涉及的人以及学生在提供法律援助的过程中掌握的所有事实和学到的法律信息有效。在与其他委托人或第三方交流中,不得提到任何可能辨认出使用法律援助的当事人的实际姓名或事实。虽然有的案例可以用来当作伦理培养的例子,但是必须尊重保密原则。

像上面提到的一样,原则上,虽然援助过程由组内执业者和导师指导,但学生仍是独立提供法律援助的。学生可根据法律援助的方法和范围自由选择他们自己的诉讼办法。但他们也应考虑到法律诊所委托人最大的法律利益并仅仅受此限制。在委托人最大利益上有争议时,应听从指导者的意见。

2. 法律诊所的委托人——学生

这种关系依赖于信任原则。

在法律诊所,法律诊所委托人通常都知道在这种机构中提供法律援助的规定,如果不知道,应由法律诊所告知。因此,首先,委托人应信任法律诊所,也就是应信任这个机构。但是,合作实际需要两个同学,这样也要求委托人信任他们。这也就是为什么学生在涉及委托人的法律问题时应秉持应有的审慎和注意态度。

3. 学生——学术教师和研究者(不包括指导者)

这种关系需要建立在认可法学院负责的伦理培养和研究人员的学术权威原则上。组内导师若明确推荐向其他人咨询的办法,在法律诊所中实践的学生应与法学院教职工中除法律诊所导师以外的学术教师进行讨论。学生应尊重被咨询者的时间,因此应在面谈前做好相关论题的研究工作。

三、法律诊所的伦理行为示范准则课题

本书在前面已经讨论了不同法律职业的伦理准则。通过比较学生在法律诊所的活动与不同法律执业者的职业表现,我们可以很容易发现法律诊所工作有几个具体的特点。法律诊所的工作和辩护律师提供的法律援助相似,但也有明显的差异。总的来说,法律诊所学生的工作属于法律协助;学生不需要为其代理人辩护或者代理,也不用在法庭上或其他机构

中代表法律主体和委托人的利益。因此，对于法律学生而言，法律诊所是法律知识的源泉，这些知识的基础就是学生从文件和委托人的个人阐述中所整理出来的法律案件。学生在法律诊所中根据委托人遇到的问题制作法律意见书，并起草准备必要的法庭文件。所以总体来看，这些是看起来像法律建议的法律协助。

虽然法律诊所把我们上文提到的位于华沙的大学法律诊所基金会制定的伦理准则，作为开展工作的标准，但是法律诊所现在还没有发展出伦理行为准则。这些标准更具有组织性、本质性价值，并且只是间接关系到伦理行为。2011年5月，第十五届波兰学生法律诊所的会议提出制定法律诊所的伦理准则并启动了相关的课题。但是这个课题有两个在伦理方面非常具有普遍性的基本问题在一系列规定中都有出现，包括其特殊性程度以及使其约束力合法化的问题，由此产生了谁有权制定法律诊所的伦理准则以及这种准则在何种情况下具有法律约束力的问题。这两个问题没有很好的答案。因此，我们可以只接受2011年5月会议上作为讨论指导法律诊所的一系列标准和准则所准备的课题和讨论过程中的新变化，推广并应用到特定法律诊所中去。

课题开始的序言指出了法律诊所的伦理培养以及社会功能。普遍性原则规定了规范所涉及的主体，也就是法律诊所参与人，包括学生、指导者和协调者，以及包括办公室秘书和法律诊所委托人在内的法律诊所社会环境内的人员。课题设想所有法律诊所参与者都将尊重并遵循通常具有约束力的法律，法律诊所所隶属的学术界制定的规则以及特定法律诊所内实施的与这些规则相关的规范。这也就是之前提到的准则立法的问题之所在，并且带来了关于其中引用的伦理准则的法律特征问题。如果一个学生在法律诊所中的合法行为违反了伦理准则，是否会导致学生要承担负面的法律责任？这样的情况看起来只会导致对学生行为的负面伦理评价，但不需要承担任何法律责任。法律诊所管理者是否有权降低学生最后成绩这个问题也值得考虑。

这些课题将法律诊所参与者的注意力转向责任，以凸显法律诊所工作中应有的审慎和注意义务。它包含正确的指导者与学生关系的行为准则，并且双方都需承担责任。学生的责任就是和其负责教学和管理的指导者一起努力并高效地合作，给予他们应有的尊重，并对教学导师的法律职业知识和经验给予认可，以及遵循行政管理者的组织和管理的要求。

指导者对学生的责任就是要以仁慈的态度对待学生,并以公平的标准评价他们的工作。

在法律诊所中,与委托人的关系首先建立在信任之上。学生有责任提供真实充分且详尽的法律建议,并且应当尽力找到可以减少委托人开支的解决方法。学生有责任保护从委托人处所得信息的保密性,并应对所有个人数据保密。课题列出了联系委托人的所有可能方法,并禁止使用其他方法。学生应定期通过简单易懂的方式告知委托人其案件的新进展以及他们的权利和义务。法律诊所不可受理与学生个人有利益冲突的案件。如果潜在委托人不能满足设定条件,那么法律诊所有权拒绝其求助申请。学生和导师免费提供法律援助。课题进一步设想了良知条款,多亏这个条款,在案件与法律诊所参与者的信仰和价值观有冲突时,他们可以拒绝起草法律意见书。但是,良知条款在法律诊所的应用问题上很有争议,因此还需要专业的讨论。该条款设想的法律诊所参与者的纪律责任存在争议。它的制定基础是为了处理违反准则的情况。但是,这种责任或者相关的纪律行动的形式却没有在其中表现出来。

一些法律诊所甚至在更早以前就有自己的义务规章(比如位于华沙的大学法律诊所基金会)。经过广泛的专业讨论之后形成的伦理准则,是否不应作为在法律诊所工作的重要的伦理方面的补充,这还有待商榷。

在上文中,我们广泛讨论了与职业律师和法律顾问相关的伦理准则,相比较而言,为法律诊所参与者制定的准则是非常有意义的。

比较可见下表。

表28 法律诊所参与者的职业伦理准则与律师和法律顾问的职业伦理准则的比较

约束性法律规定中法律援助的范围	律师和职业顾问	法律诊所的参与者
一般	+	+
法律职业人	+	-
受高等教育人群	-	+
法律援助,包括:		
受法律约束的法律的信息	+	+
法律处境的解释	+	+
法律建议	+	+

（续表）

约束性法律规定中法律援助的范围	律师和职业顾问	法律诊所的参与者
在法庭上、公共机构中及第三方面前代表委托人	+	—
在法庭上、公共机构中及其他法律主体面前积极维护委托人的权利和利益	+	—
在法庭上、公共机构中及其他法律主体面前积极为委托人的权益辩护	+	—

律师相关伦理以及法律诊所领域内的伦理准则和保护价值之间的比较是有意义的。

表29　律师相关伦理以及法律诊所领域内的
伦理准则和保护价值之间的比较

受保护的价值\准则	律师伦理	法律诊所的伦理
委托人的法律兴趣（十分必要）	+	+
诚实,勤勉,渴望使用法律工具改善委托人的法律处境	+	+
独立于(不受影响)：		
委托人	+	+
法庭	+	无关
第三方	+	（依赖法律诊所导师和公共机构）
忠诚于委托人	+	社会生活的准则和一般有法律约束力的法律的例外
避免利益冲突	+	+
职业的保密性	+	无关（参与法律诊所不构成职业表现）
保密：		
私人方面	+	+
公共方面	+	—
寻找委托人的手段限制	+	—

(续表)

受保护的价值\准则	律师伦理	法律诊所的伦理
禁止故意给机构错误信息	+	+
同行交流:忠诚、礼貌和友谊原则	+	+
与委托人的交流:		
诚实、信用原则	+	例外同上
尊重委托人意思自治,在财务问题上的勤勉	+	+
禁止讨债分成协议	+	无关
职业自主管理集团的强制会员	+	无关
无偿服务	+	无关

上面的表格阐释了法律诊所提供的法律援助的特点。这种法律援助以法律协助的形式体现,任何法律主体都可以出于另一方的利益考虑而提供,是以接受者自愿接受风险为大前提的协助,与律师提供的法律援助的唯一区别就是,法律诊所是法学院范围内的机构援助。因为律师提供的法律援助构成一种职业援助,而法律诊所提供的公共援助和咨询属于私人性质。这个事实可以推导严肃的法律结果:对于主体和客体,职业律师受所有关于法律援助的法律保护,而法律诊所的学生则不受法律保护。学生在进行法律援助时体现的价值观和行为准则就有十分重要的意义了。为了解决问题,这里可能要引用律师职业伦理准则。一方面,它规定律师有义务保证职业机密性;另一方面,它规定律师不得将在提供职业法律援助过程中掌握的信息告诉法官或其他机构,标的物和法律援助的内容也受到保护。而法律诊所的法律援助不受到法律保护。也就是,比如说,学生被法庭传唤作证,则就其在法律诊所中作为法律诊所参与者所掌握的信息,他不得拒绝作证。因此,在法律诊所工作有多重法律和伦理困境:比如说,当一个参与者知道了一个罪行但是不知道相关的调查机构,那么他该怎么办呢?这个学生是否应将该罪行报告给相关机构?是否在法律诊所采用伦理准则模板,法律诊所界应正面这些问题。

第二部分

法律职业伦理的教学方法

第一章 引 言

方法(希腊语:*Methodos*)意味着行为途径或轨迹。教学方法通常被定义为教师与学生一起工作的科学系统的方法,以使学生学到知识并能学以致用,学生还可以提高自己的认知能力和兴趣。①

方法应适应学生的年龄、教学材料、教师的教学目标和任务,以及组织能力和教师可采用的方法。这意味着教学方法的选择不应是偶然的,应根据多项标准而定。这样的方法与两个主要因素有关:教学材料的准备和伦理培养实践。

作为教学的组成因素,教学方法的选择与教学内容的选择和课程目标同等重要。所有这些因素组成了不可分离的整体。它们的角色如下所示:

目标—内容—规则—方法—组织结构—教学材料

其他相关材料中还有许多教学方法的分类。由于伦理培养实践形式不断丰富,以下任何分类方法都不可能是最终、最详尽的。

K. Sośnicki 称有两种基本学习方法,即人为学习(学校)和自然学习,因此就有两种相应的教学方法:给予法和调查法。②

俄罗斯理论学家 L. J. Lerner 和 M. N. Skatkin③ 创建了一个有趣的分类方法以区分以下各类方法:

——再生法(解释性及示例性),联系记忆和提供知识,但是不能保证研究的乐趣并且提升创造性思维。这种方法包括展示、讲课、阅读、无线电视广播、伦理培养机器,等等;

---

① See W. Okoń, Słownik pedagogiczny [*Pedagogical Dictionary*], Warsaw 1992, p.121.
② See K. Sośnicki, Dydaktyka ogólna [*General Didactics*], Wrocław 1959.
③ Za C. Kupisiewicz, Podstawy dydaktyki ogólnej [*Foundations of General Didactics*], Warsaw 1996.

——问题方法,主要涉及讲课、以书为中心的学习、实验以及校外教学,"会将学生引入逻辑和评判性思维";

——部分研究法,其中包括学生的个人工作、讨论、课题、问题解决设计。这种方法可以使低年级学生积极参与调查阶段,即设计和规划研究或者制定观察规定,这样他们就可以参与科学调查研究了;

——研究法,多亏这一方法,学生可以逐步了解科学研究的原理和阶段,学习与所研究问题相关的材料,设计研究计划,证实研究假说,检验得出的结果。

W. Okoń 在精心制作的多模式教学和学习中列出了以下方法[1]:

——知识同化法:通过习得学习,即讨论,讲课,围绕书本的学习;

——个人到知识的方法:通过发现学习,以经典的问题为中心的方法、案例研究法、情境法、头脑风暴、微型教学、教学游戏;

——增值法:通过经验学习;印象法,表达法;

——实践法:通过行动学习;训练法,实际任务法。

另一种分类方式由 T. Nowaki 提出,包括[2]:

——理论教学法:讲课,讨论,描述,讲故事,阐释观点;

——实践教学法:开发技巧,课堂展示,锻炼,传授指示,角色扮演。

C. Kupisiewicz 将教学方法分为口头形式教学法(讲课、讨论、描述、以书本为主的学习);观察和衡量教学法(演示、衡量);学生实践活动教学法(实验室、实践);刺激激活学习法(头脑风暴、情境法、角色扮演、解决问题)。[3]

除了上述提过的方法,K. Kruszewski 认为教学游戏(头脑风暴、情境法、生物法、模拟法)作为一个独立的分类,属于另外一类的教学方法。

但是,有许多同时代的教学理论家认为,每一种方法都可以以激活的形式实践。

在上述提到的所有方法中,包括教学和学习方面,增值法和包括激活法在内的问题解决法都是最有效的教学法。

激活法形成了一系列新奇的为了知识习得和学习而设计的教学方

---

[1] W. Okoń, Wprowadzenie do dydaktyki ogólnej [*Introduction to General Didactics*], Warsaw 1983.
[2] T. W. Nowacki, Leksykon pedagogiki pracy [*A Lexicon of Pedagogy*], Radom 2004.
[3] C. Kupisiewicz, Dydaktyka ogólna [*General Didactics*], Warsaw 2000.

法。课程应激励学生参与创造性行动,去思考和以一种创造性的方式解决问题。激活法将学生放在一个人就能影响并且创造教学过程的位置。激活法由通过行动、合作以及最重要的经验学习的启发而生。激活法的精髓可以归纳为孔子说过的"听而易忘,见而易记,做而易懂"。

实践激活法,教师应考虑到自己的学生以及他自己的技能和组织潜力。在用激活法设计课程时,以下三个方面都十分重要。第一个方面与课程的主题有关,也就是课程内容、相关目标和准则。其他两个方面与小组内在解决问题时可能出现的关系,以及学生在完成任务过程中产生的个人印象和情绪有关。在进行课程设计时要充分注意这些问题,这就意味着一位学术型教师不仅要关注课程内容和组织问题,还必须设想到课程参与者组内可能的表现形式(他们的合作、可能的问题)以及学生的情绪和感觉。

根据 J. Krzyzewska 的理论,激活法可以进一步分为下列几种方法[1]:

——整合法:目标是为了确保高效合作,引入友好和善的组内氛围;

——概念定义法:目标是传授定义以及分析的技巧,它们也教授说服性话语的要素、怎样表达个人观点以及怎样接受和理解其他观点,可以用到的方法包括头脑风暴、心图、雪球法;

——等级法:传授怎样根据信息价值整理信息,使用的方法包括优先级金字塔;

——创造性问题解决法:传授怎样以创造性的方式解决问题,并且帮助提高讨论技巧,使用的典型方法包括六顶思考帽、鱼骨图、点子图;

——合作法:帮助提高学生的合作技巧和接受不同观点的能力,一般的应用方法就是拼图;

——诊断法:组内用到的方法包括元规划;

——讨论法:教会学生在参与文明讨论时,怎样对问题阐述自己的立场,并且对有冲突的意见表示尊重,组内用到的方法包括辩论、对比清单;

——开发创造性思维的方法:组内实践方法和技巧促进创造性推理;

——组内决议制定法:充分考虑到所有支持和反对意见后得出组内决议的制定技巧,其中通常使用的技巧是决策树;

---

[1] J. Krzyzewska, Aktywizujące metody i techniki w edukacji wczesnoszkolnej [*Activating methods and techniques in primary education*], Part I and II, Suwałki 1998.

——计划法：允许学生创设一定的计划或者组织一定的事项，开发学生的想象力并鼓励他们实现自己的梦想；

——教学游戏：学生可以在游戏中学会遵守特定的原则和规定，学会怎样处理失败的情绪以及怎样有尊严地赢；

——加速学习法：经常使用的方法包括快速阅读、记忆链接、联结键法；

——评价法：评估学生的进步并接受批评，一般使用的方法包括情感温度计、劣势分析法、打靶格法。

决定激活法教学的有效性因素不仅取决于领导老师的熟练程度、努力程度和性格，还与这个老师在课程中与学生的关系有关，学生的个人技能、能力以及个性会进一步塑造这些关系。

本书中的激活法教学的目标是让学生以多种方式参与到教学和学习的过程中来，并反过来促进他们对知识的习得并加强记忆。这些方法就像之前引用的话所说的一样，不能直接分类，它们本来就不可分离。以下有两个表格。第一个表格展示了根据课程参与人数可使用的不同方法，第二个表格展示了各个方法所需要的时间。

本部分的后几节详细阐述了不同教学方法的应用。这些方法多年来一直被应用于从小学到中学以及学术教学等不同程度的教育。许多书中都讨论了这些方法并且经常找不到它们真正的来源和作者。本书中许多方法以多种方式出现。书中呈现的所有方法是在个人职业实践中收集的，并且一直随着法律伦理中学术教育的需求而不断调整。每一种方法都可以分两部分解释：第一部分包括对形式的整体描述，指出了方法的主要目的和原则以及其中预期的过程。第二部分包括课程示例情境。所有的情境都是基于案件事实或者基于波兰最高法院的决议。可以发现，同样的问题或者同样的主体可以使用无数的形式、方法以及技巧，并以多样的方式呈现。

表30　在不同规格的组内不同的教学方法的应用

方法名称	20人以下	20~30人	30~40人	人数任意	备注
头脑风暴				X	
观点地毯	X	X			
论点——你的和我的	X				

(续表)

方法名称	20人以下	20~30人	30~40人	人数任意	备注
广开言路	X				
优先级金字塔	X	X			
问题解决	X	X			
支持与反对论点	X	X			
案例研究	X	X	X		
决策树	X				
六项思考帽	X	X	X		最少6人
小组讨论		X	X		
观点市场		X	X		
洋葱				X	大于10人
思维图	X	X			
辩论	X	X			
抽取扑克牌	X	X			
鱼缸	X				
鱼骨	X				
团队支持的辩论		X	X		
讨论66	X		X		
雪球法	X	X			
"我可以发言吗"	X	X	X		

表31 不同教学方法的应用时间

方法名称	20分钟以下	20~30分钟	30~45分钟	45~60分钟	备注
头脑风暴	X				
观点地毯	X				
论点——你的和我的	X				
广开言路	X	X	X	X	
优先级金字塔	X	X			
问题解决			X		

(续表)

方法名称	20分钟以下	20~30分钟	30~45分钟	45~60分钟	备注
支持与反对论点	X	X			
案例研究		X	X		
决策树			X	X	
六项思考帽			X	X	
小组讨论			X		
观点市场			X		
洋葱			X		
思维图			X		
辩论		X	X		
抽取扑克牌		X			
鱼缸	X	X			
鱼骨	X				
团队支持的辩论			X		
讨论66		X			
雪球法	X	X			
"我可以发言吗"	X	X	X	X	

最高法院的判决

2006年5月16日,SNO 18/06

如第438条第4款规定,刑罚的不可共量性只有在刑罚不足以反映罪行的社会危害,并且不能充分地实现刑罚塑造社会法律意识的主要目的,以及同时不足以实现最重要的教育目的时,才会发生。① 关于不可共量性,必须理解为一审和二审法院判决之间有重大的,甚至是明显的、不相称的而不是细微的区别。

---

① cf. SN decision of 10 July 1974, V KRN 60/74, OSNKW 1974, No.11, item 213; SN decision of 30 November 1990, WR 363/90, OSNKW 1991, No. 7-9, item 39.

Dz. U of 1997,第 89 号,第 555 项:第 438 条第 4 款。

大法官:Judge of SN Marek Pietruszyński(撰写判决书法官)
法官:Elzbieta Skowrońska-Bocian, Antoni Kaplon

判决书

最高法院惩戒法庭,在与州地区法院副纪律检察官以及地区法院法官和书记员举行的会议期间,在仔细考虑了地区法院法官的判决以及司法部长关于上诉法院惩戒法庭于 2006 年 1 月 25 日决定的上诉后,维持上诉法院判决。

证明

上诉法院的判决—— 惩戒法庭,2006 年 1 月 25 日,一名地区法院法官在 2004 年 8 月 23 日到 11 月 6 日因未维持其职位的职业尊严构成违纪行为,被判存在不当职业行为,具体表现如下:

(1)2004 年 8 月 23 日,在登记为[……]的法庭程序中对 Bogusław B. 进行审判时,该法官明知被告人通过收废铁谋生的社会情况,以有损尊严的方式在庭上申斥其行为,导致与被告人发生不必要的争吵。

(2)2004 年 8 月 25 日,在审理登记为[……]的案件时,该法官试图对公诉人 M. J.施压以使他同意缩短他所建议的刑期,在她施压无效后,她通过大喊以及抨击公诉人这样影响法庭尊严和职业正直的行为来表达自己的不满。

(3)2004 年 9 月 22 日,在审理登记为[……]的案件时,该法官试图对公诉人 I. T.施压以使其将刑罚建议改为较低级别的,当她施压无效后,她公开表达了不满;并且在从出席法庭的公诉人那里听说,建议的刑罚已被该公诉人的上级接受后,她要求公诉人 I. T.立即联系其上级:"还在等什么?现在,立刻去打电话!"。

(4)2004 年 10 月 29 日,在审理登记为[……]的案件时,该法官的发言质疑了公诉人 M. R.的职业素养,言语中暗示公诉人缺乏专业知识并且应再次开始职业实习;她也表示了对公诉人维持允许证人提供证言的动议的不满。

(5)2004 年 11 月 6 日,为了确定登记为[……]的案件的审理日期,该法官从拘留部门办公室给地方公诉人打电话,对话中对公诉人提高音量,并在还没给出具体会议日期的情况下挂断了电话;然后,在关于讨论使用短暂拘留的会议中,她高声提及参会的公诉人 A. K.,批评了其宣读动议的态度,并且质疑其素质以及工作能力;她不允许该公诉人反驳她主张的指控,并谴责其行为不当;另外,这些都发生在嫌疑人、文秘人员和警察都在场的情况下;她还高声批评了一位警察的行为。

她的这种行为根据 2001 年 7 月 27 日法案——ACCO 第 107 条第 1 款构成了违纪行为,因此法院决定判决惩戒。

司法部部长就此判决提交了上诉动议,他认为判决同被告人的违纪行为明显不相符,因此要求在上诉范围内修改决议,把她调到另一个工作岗位,以达到惩戒应有的程度。

针对上诉,辩方提交拒绝上诉申请的动议并且主张维持之前的判决的动议,或者在上诉中撤销判决并将地区法院法官关于刑罚的案子移送上诉法院——惩戒法庭以复议。

法律的正当性证明

最高法院——法庭所查明事项如下:

上诉不值得复议。

刑罚的不可共量性可以解释为对一种价值标准的否定,即当已判刑罚与惩罚罪行发生时的状况或者被告人的性格不相符时适用的价值标准。也就是说,刑罚的不可共量性在公众认为判决并未体现公正之时发生。[1] 关于不可共量性,必须理解为一审和二审法院判决之间有重大的,甚至是明显不相称的而不是细微的区别。[2]

有代表性的案例就是 1973 年 11 月 14 日的判决 II KR 254/73 (OSNPG 1974, No. 3-4, item 51)中最高法院采取的立场,其中表明考虑到所有状况,上诉中应判的刑罚与执行的刑罚有明显差别时,不可共量性才可发生。这条法定推理在最高法院 1995 年 2 月 2 日作出的判决中得到重申[II KRN

---

[1] SN decision of 11 April 1985, V KRN 178/85, OSNKW 1985, No. 7-8, item 60.

[2] S. Zabłocki [In:] J. Bratoszewski, L. Gardocki, Z. Gostyński, S. Przyjemski, R. Stefański, S. Zabłocki, *Komentarz, Kodeks postepowania karnego* [*A Commentary: Code of Criminal Procedure*], vol.II, Warsaw 1998, p.462.

198/94（OSNPG 1995，No. 6，item 18）］，其中表明在 CCP 第 387 条第 4 项（现第 438 条第 4 项）的基础上，关于刑罚管理评估中可能存在的差别并不重要，真正重要的是，这些是否为本质上的差异，普通大众是否认为判决的刑罚是不可共量的，即不可以接受的程度的不可共量性。在对法官侵犯他人权利的渎职行为发生的时间以及这种失职行为发生的频度和特征、被告人的性格品德以及她之前作为法官时的行为等因素进行考虑后，总结来看，就是对被告人的惩戒虽然宽容，但是从 CCP 第 53 条的刑罚规定来看不会是不可共量的，但是该规定目前还未被大众接受。

最高法院认为，考虑到法官失职行为所涉及程序的数量以及因她不当行为产生的受害者数量，不能断言这些事件对社会大众对于法官的职业表现的接受度产生了极大的影响。

没有证实是被告人的不当行为使在该地区法院管辖区内工作的公诉人和调查机构的刚正不阿形象受到了极大的影响。

也没有证据证明，被告人的失职行为对她工作的法院（包括其他法官在内的其他人）产生任何负面影响，或导致她失去了对于她目前职位职权范围内的未来职业表现相当重要的职业权威。必须指出的是，与被告人有工作接触的人，包括见证了其不当行为的公诉人，所有人都强调了她在司法工作中表现出的高度的专业知识素养。

也不能断言称，执行惩戒不能满足教育以及先发制人的目的。在最高法院看来，这种惩戒可以使被告人能深入思考自己之前的行为（已记录在上诉案件的披露文件中），并且可以以儆效尤，防止其他法官重复犯错。

在这样的情况下，需要明确的是，初审法院对州法院法官执行的惩戒充分意识到了其行为的社会危害程度以及严重性，也需要明确它满足了根据 CCP 第 53 条规定的所有与被告人有关的刑罚的目的。

在此推理的基础上，如前述，法院作出了判决。

第二章 教学方法

一、头脑风暴

头脑风暴是最受欢迎也是最常用的教学方法之一。它的主要目的是教会学生怎样以创造性的方法解决问题,同时也可以塑造认知能力,比如说创造性等。

这种方法包括最大化地收集不同的联系和解决办法。当问题需要通过开会收集不同的解决办法,或者当需要检测之前获得知识的适用性时,这种一起工作的形式非常高效。在涉及解决复杂问题所召开的会议中,头脑风暴可以收集不同的观点并可以找到新奇的解决办法。

这种方法可以用于不同容量的群组,参与者数量可以在 20 人以下,也可以高达几十人,会议需要的时间在 10~20 分钟不等。

研讨会前的准备工作

写字板或硬纸板,以便列出建议的解决办法;
荧光笔、签字笔。

活动描述

1. 介绍

组织者展示头脑风暴的基本原则。然后他们为所有参与者介绍需要讨论的问题(可以讲课、讨论以及阅读的方式进行)。

为了确保匿名以及避免个人评估,这个方法需要参与者在单独的纸上写出想法。登记员将依据这些解决办法作出总结。

2. 收集观点

参与者提出问题的解决办法。这部分将持续 5~15 分钟。当参与者出的主意开始减少时,或组织者认为解决问题的办法已经足够进一步讨论时,就可以终止收集。

3. 评估分析

在这个阶段开始筛选解决办法。方法有以下几种，比如：

1）组织者与参与者将相似的解决办法分组。然后，根据解决办法种类的数量将参与者分组。各小组分析解决办法并选择出认为最好的办法，他们之后在大组内给出这个选择的理由。最终，所有参与者和组织者一起选择出最好的解决办法。

2）组织者将参与者分组并分配给每个组一定数量的之前已经仔细讨论过的解决办法。组内分析并选择出最好的办法，之后在组内作出解释，最终，所有参与者与组织者一起选择出最好的解决办法。

3）如果参与者人数不够多，参与者可以将一定数量的仔细讨论过的解决办法分配给每个人。然后，每个参与者与组织者一起选择出最好的解决办法。

4. 观点和解决办法的实际应用

组内所有参与者都要参与选定解决办法的实际应用工作。比如说，如果一个法律问题需要讨论，起草动议或者申请是解决办法的一部分，小组就需要准备这些文件。

重要的组织性评论

1. 必须记住有时很难鼓励参与者积极参与讨论，尤其是在参与者互相不认识的情况下。

2. 在收集意见阶段不能批评或分析其适用性。

3. 必须记住头脑风暴人多是研讨会活动的引入阶段，因此这一阶段不可以持续太久，也不应耗费参与者过多的精力。

总结

头脑风暴的主要优点：

——可以在短时间内收集许多解决办法。

——使会议参与者活跃起来。

——不要求大量的技术支持或者大量帮助。

——教会参与者不要批判他人的意见。

头脑风暴的准则：

——任何人不得评估、批判或评论他人的观点。

——由组织者决定发言。

——观点可以大胆新奇。

——观点提出者不留名。
——每个人都有权提出自己的观点。
——观点的数量比质量更重要。
——改变或发展已有的观点也可以。
——观点应在写字板上标出，或者在书里标出也可以(需要选出一个登记员)。

研讨会的示例场景

活动描述

1. 介绍

组织者讲解头脑风暴的基本准则。示例问题：一名司法人员应该具备什么样的品质呢？之前各部分总结的案件事实可以用于讨论。

2. 收集观点

收集观点阶段可能会列出以下品质：公正、客观、举止文明、幽默、勤勉、诚实、坚定、耐心、公平、经验和知识丰富、良好的组织技巧、端庄、态度合法、毅力强、成熟(年龄)、抗压能力强、社交能力强、良好的沟通技巧和语言能力、勤奋、精力集中、不受外界影响干扰、独立、充足的物质状态、得到尊重的能力、不受政治立场影响。

3. 评估分析

在这一阶段，分析收集到的观点意味着删除荒谬且不相关的观点。

组织者可以将参与者分组并将之前已经详细阐述的观点分给每个小组。这些小组将分析并选择最重要的品质，并且在组内对他们的选择作出解释。如果参与者人数很少，每一个人就要自己选择他认为最重要的观点。最终，整组提出解决方案。

4. 观点和解决办法的实际应用

整组可以准备一个纲要以展示最重要的观点，按重要性从大到小的顺序排列。

二、观点地毯

观点地毯涉及可视化的小组讨论，能够通过评估建议的问题解决办法，选择出能被大多数讨论参与者所接受的观点。

观点地毯是涉及制作海报（即所称的地毯）的一种小组讨论的方法。它是所有的参与者利用自己相关知识的一种方法，该方法基本目标包括创造性地解决问题，培养积极倾听的能力和提供可靠的论证，以及在争论中维护自己立场的技巧。

这种方法可以在容量为 25～30 人的组内使用，需要的时长为 15～20 分钟。

研讨会前的准备工作

一张大的海报；

纸张若干；

荧光笔、毡头笔；

胶棒或大头针；

自粘标签（毡头笔可以用来给相应观点做标记）。

活动描述

1. 讨论的问题应写在写字板/海报上。

2. 组织者讲解活动的指导原则。

3. 参与者记下建议解决办法——每张纸上只写一个观点。每个参与者都能得到 2～5 张纸（由组内人数决定）。组织者设定任务时间限制（比如，10 分钟）。

4. 参与者制作观点地毯—— 组织者将一张大纸放在一个选定的地方（地板、墙上），参与者可以将自己的观点贴上去。参与者轮流走到海报处，读出自己的观点并贴在海报上。

5. 当所有写有观点的纸都被贴在海报上后，评估所有解决办法的阶段开始。每个参与者都有一票（比如以自粘标签或贴纸的形式等）。然后，所有参与者轮流走到海报处，将自己手中的标签或贴纸贴在他们认为最好的观点上。

6. 组织者计算所有的投票并展示选定的解决办法。

7. 组织者可以发起关于选择的讨论：为什么参与者决定这样做？为什么在他们看来这个观点是最好的？

在变体形式中，参与者可以分为更小的小组，在组内每个人给出自己的解决办法和观点。

重要的组织性评论

1. 必须记住组内容量越大，需要举办活动的次数就越多。
2. 每一个观点都同样有价值，都应贴在海报上。
3. 不得批判提出的观点。

研讨会的示例场景

案件事实

法官在审理案件时质疑公诉人的职业素养，并暗示公诉人缺少专业知识应该再次开始职业实习；她也表示了她对公诉人准许证人证言的动议的不满。

要解决的问题：法官不当行为的处罚手段。

活动描述

1. 写在写字板上的问题是：法官怎么能被惩罚？
2. 组织者介绍研讨会的指导原则。另外，在这个特定案例中，他们可以为参与者提供 ACCO 和 CPCJ 的副本。
3. 参与者写下他们对法官合理的处罚建议——每张纸上仅可写一种观点。该任务的时长为10分钟。（比如，适用 ACCO 第109条第1款中所述刑罚：警告、申斥、免职、调任、终结其法官职务。）组织者应鼓励参与者提出自己的建议（包括法律未作规定的方法），比如命令其给所有公诉人公开道歉；通过媒体播出道歉；搬到公诉人办公室，担任三周的公诉人；社区工作；强制无薪假期。
4. 参与者制作观点地毯。
5. 当所有写有观点的纸都被贴在海报上后，评估阶段开始。每个参与者都有一票（比如以自粘标签或贴纸的形式等）。每个参与者轮流走到海报处将自己手中的标签或贴纸贴在他们认为最好的观点上。参与者可以将这一票给"法定"建议，或者是其他参与者自己想出的建议。组织者在总结活动时应指出法定刑罚，并解释多种纪律惩戒的原因。
6. 组织者计算投票并展示选定的解决办法。
7. 组织者可以发起关于选择的讨论：为什么参与者选择了这种办法？为什么在他们看来这个观点是最好的？

三、论点——你的和我的

论点——你的和我的,这种方法在有两个竞争立场或观点出现时非常有用。该方法用来开发化解引发冲突情绪的矛盾和复杂问题的协商技巧。

这种方法要求参与者把注意力放在辩论而非冲突本身上。

活动的时长:25 分钟小组活动,每组 5 分钟的组内讨论结果展示,10 分钟对立组给出他们的意见,15 分钟在海报上展示共同结论;共 60 分钟。活动组内至多各 20 名参与者。

研讨会前的准备工作

面积大的纸张;

活动准则(见纲要);

荧光笔。

活动描述

1.讨论在两组内进行——A 组和 B 组——参与者由组织者选择,持对立意见。

2.讨论主题写在写字板/海报上。将主题清晰表达给各位参与者,这很重要。

3.各组都应受活动准则指导(纲要)。

4.组织者将活动每阶段的准确时长写在写字板上。

5.B 组为 A 组展示他们列出所有提出的论点的海报(属于"我的论点"阶段)。

6.A 组引用并参考 B 组的论点,但暂时不展示他们自己的观点和支撑论点。A 组应以开放的态度接受 B 组提出的论点:他们应该依次讨论积极的方面(即使他们会被彻底拒绝)。

这种方法的主要目的是将注意力放在对方的意见上,并让参与者理解一种不同的观点。这种方法可以在讨论中使情绪因素减弱,因为理解对方的观点通常可以缓和一个人对问题的态度。这个阶段称为"你的论点"阶段。

7. 各组交换角色。A 组将他们的海报展示给 B 组。

8. B 组讨论对方的观点——以在第 6 点中描述的方式。

9. 两组分析双方提出的观点后得出解决方案。每组的参与者选择三个在他们看来对方最好的论点。建议的解决办法应反映所选定论点，并包含尽可能多的优点。

10. 商定的解决办法应写在写字板/海报上。

重要的组织性评论

1. 记得仔细解释讨论的指导原则。
2. 选定的议题必须有争议！
3. 研讨会应在一个每个人都可以分配到足够的工作空间的大房间中进行。

纲要

小组工作的准则：

1）参与者要熟悉讨论议题。

2）选择一个助手——另一个可以控制活动每个阶段时间的人。

3）组内每个成员准备三个与分析问题有关的论点(时长 5 分钟)。

4）所有小组准备论点来支撑他们的立场。组内每个成员大声读出自己准备的三个观点——重复的论点不应在此提出(时长 10 分钟)。助手控制时间！

5）每组有 10 分钟准备他们用来展示论点的海报。助手控制时间！

6）组内选出一个小组长来展示他们的讨论结果。

7）每组都将注意力放在对方的论点上。在海报展示时，所有参与者都应认真倾听而不应在过程中评论或干扰。

8）展示后，每组讨论对手的论点。最好使每个参与者可以表达他们自己的观点。即使在发言人完全不同意某个观点时，他也应以接受该观点的态度来表达自己的观点。

9）听过所有对小组工作结果的评论后，各组应一起工作。他们的任务是找出一个解决方法。他们应共同制作一个可以展示已选解决方案以及方案优势的海报。

研讨会的示例场景

案件事实

2004 年 8 月 25 日，在审理案件时，一个法官尝试给公诉人施压，使其同意减轻其所建议的刑罚。当该法官施压无效后,她通过大喊以及抨击公诉人的行为来表达自己的不满,损害了法庭尊严以及法官职务的正直。

活动描述

1. 两组之间展开讨论——A 组与 B 组。

A 组的立场:该法官应得到严厉的惩罚以儆效尤(这样的不当行为对法官来说是可耻的,尤其当它在司法以及立法人员面前发生时)。B 组的立场:该法官不应被惩罚(一个法官,像其他人一样,只是一个有时会失控的普通人,尤其是当法律程序处于险境时)。

2. 讨论的议题写在写字板/海报上:

该法官在这种情况下应该得到惩罚吗?

3. 两组都知悉活动的指导原则(纲要)。

4. 组织者将活动每个阶段的时间限制写在写字板上:

——每个参与者思考个人论点的时长为 5 分钟;

——小组合作(展示论点并且准备组内共同立场)的时长为 10 分钟;

——准备总结组内立场的海报并列出支持论点的时长为 10 分钟。

A 组分析由 B 组提出的反对论点。

5. B 组向 A 组展示海报,时长为 5 分钟("你的论点"阶段)。

A 组的示例论点:该法官行为不端,法官应比常人有更高的道德标准,一个法官永远都不能被情绪支配。

6. A 组引用分析 B 组提出的论点,但不表达自己的立场以及支持论点。A 组应以开放的态度接受 B 组提出的论点;他们应该按次序讨论积极的方面(即使 A 组成员实际上并不完全赞同 B 组的论点)。A 组应重述对方的论点——5 分钟。这是"你的论点"阶段。

7. 两队交换角色。A 组给 B 组展示他们的海报,时长为 5 分钟。B 组的示例论点:每个人,包括法官,会沮丧或者有时会失去控制,没有人是完美的,该法官的愤怒是由她对法律程序进程的关心造成的。

8. B 组讨论对方的论点——以在第 6 点中描述的方式。

9. 分析双方提出的论点后,两组尝试得出一个解决办法。每组的参与者选择在他们看来对方最好的三个论点。最后的解决办法应体现所有选定论点并具备最多的优点。

10. 讨论出的解决方法应写在写字板/海报上。

四、广开言路

广开言路允许参与者分享他们的意见。这种方法的重要特征之一就是参与者可以立即分析并讨论提出的意见。组织者有责任避免讨论陷入互相批评或者偏离主题的情境。因此,这种方法最适用于成熟学生组成的小组以及由成人组成的小组。

这种方法的好处之一就是,每个组内成员必须说出他们自己的意见,这确保了即使是害羞的人也能参与讨论。

这种方法适合容量为6~20人的小组。问题可以在更大的组内讨论,但是这将延长活动时间,并且可能导致选中的参与者感到无聊,不能积极参与讨论。容量为10人的小组活动时长为30~40分钟。

研讨会前的准备工作

一个手表或者停表;

纸张若干。

活动描述

1. 组织者展示讨论话题。

2. 参与者的第一轮意见表述开始。参与者轮流给出他们的观点(将座椅以圆圈形状排列是可行的,这样所有的参与者可以面对面交流)。提出论点的时长为3分钟。每个人都可以评论发言人的言论。

3. 根据讨论问题的种类,组织者可以宣布再一轮发表意见。

4. 当一轮结束并且所有的参与者都给出自己的观点后,他们有机会表达他们对活动的感想并讨论过程。

在变体形式中,参与者不需要说出自己意见,而是写在组织者准备的纸上。

重要的组织性评论

1. 组织者不能允许延长讨论。

2. 组织者控制分配给各参与者表达观点的时间。

3. 记住每个参与者必须有机会说出自己的观点,并在讨论结束后分享他们的感想。

研讨会的示例场景

案件事实

地区法院法官被指控在针对 Bogustaw B. 的庭审期间，在知道被告人通过收废铁谋生的社会情况时，在庭上以有损尊严的方式申斥其行为，导致与被告人发生了不必要的争吵。

将要讨论的问题：法官的行为真的影响了其职位尊严吗？法官对法律程序参与人的说话方式也构成了法官职业伦理的一部分吗？

活动描述

1. 组织者展示即将讨论的话题。

2. 参与者的第一轮意见表述开始。每个参与者应说出他们的想法——表达立场以及理由。

3. 根据即将讨论的话题，组织者可以宣布加一轮（或两轮）表达观点的时间。必须记住组的容量越大，活动需要的时间越多。组内容量大于20人时，这个方法就不再实用了——参与者在较大的组内就失去了讨论的兴趣。

4. 当一轮结束并且所有参与者给出他们的意见后，他们有机会对活动以及讨论过程发表自己的感想。每个参与者都应有机会说出自己对于讨论的印象。

五、优先级金字塔

优先级金字塔是将事先得到的材料按登记顺序进行排列的方法。详细的材料就是小组自己的产物（不同的讨论以及促进创造性思维的方法，就像之前提到的那些一样，可以用在这里，比如头脑风暴）或者可以由组织者提供。该方法着重于根据价值和适用性对复杂结果（不同的特点、需求、因素、阶段、问题可能的解决方法，等等）进行排序。这种方法要求参与者决定，并从"重要的中选出最重要的"问题之后按顺序决定。优先级金字塔教授的是谈判的重要技巧——组内需达成一致，不可以投票表决。

这种方法必须在容量为少于20人或者20~30人的组内进行，时长为15~20分钟，参考话题的难度由事先得出的清单决定。

研讨会前的准备工作

纸张若干(所有的因素都要写上,形成金字塔状);

一只马克笔;

一个需要分析的问题清单(由组内讨论得出或是直接由组织者提供)。

活动描述

1. 组织者将大组分成小组。每个小组应由2～6人组成。

2. 第一个任务是参与者从复杂的特点和解决方法的清单中找出最重要的10项。在这个阶段,每组讨论他们的选择;参与者必须协商并尝试互相说服;最后才可用投票的方法。

3. 选中的项目应复印在很多张纸上。各组开始讨论金字塔中的顺序——第一层有四张纸,第二层有三张纸,第三层有两张纸,最高层只有一张纸。

4. 活动结果应在组内全部成员前展示,各组发言人简要介绍他们组内的金字塔顺序结果。

在变体形式中,金字塔的大小可以减少为6个甚至3个元素。在之后的版本中,每张纸可以贴在由硬纸板剪成的等边三角形上。讨论的问题可以为:这个三角形应该放在哪一边?

研讨会的示例场景

在使用优先级金字塔的活动中,也可以使用其他方法详细阐述的材料,比如说头脑风暴。

应被解决的问题:一个担任法官职位的人应具有怎样的性格特征?

优先级金字塔可以是头脑风暴的后续补充。组织者可以提出一系列的相关特点,或者每个组按要求做出一份清单。

示例品质包括以下内容:公正、客观、高度文明的态度、幽默、勤勉、诚实、坚定、耐心、公平、经验和知识丰富、良好的组织技巧、端庄、态度合法、毅力强、成熟(年龄)、抗压能力强、社交能力强、良好的沟通技巧和语言能力、勤奋、集中精力、不受外界影响干扰、独立、充足的物质状态、得到尊重的能力、不受政治立场影响、忠诚、职业能力、坦率、敏捷、职业服从、仁慈、友好、责任心、可靠、自我教育能力、谦逊、正直、高效。

活动描述

1. 组织者将团队分成小组。每组应由2～6人构成。组织者可以准备一个道德准则以及性格特征的辅助表,他们的活动就按照此表进行。如果参与者可以参考 ACCO 和 CPCJ 的内容,可能也会有所帮助。

2. 每组从之前准备的列表中选出 10 项他们认为最重要的。在此阶段,每组讨论自己的选择。参与者必须协商并互相说服;之前的方法都不可用时才可投票选择。

3. 选定的项目应复印在许多张纸上。小组开始讨论每张纸出现在金字塔上的顺序——第一层有四张纸,第二层有三张纸,第三层有两张纸,最高层只有一张纸。

4. 活动的结果应在每组前展示,每组发言人简要陈述他们组内的讨论结果。

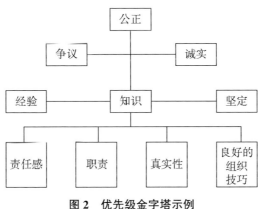

图 2　优先级金字塔示例

六、问题解决

问题解决可以创造性的方式解决问题。这种方法重要的特点就是组织有序。活动分阶段依次进行。因此,由于创造性和对想法的寻找,小组找到了问题的解决方案。另外,活动和参与者的一个目标就是实现小组工作的优点,并且他们应该提高他们的行动战略规划能力。

这种方法适用于容量为 25~30 人的小组,时长为 30~45 分钟。

研讨会前的准备工作

尺寸大的纸张若干或者一个写字板;

纸张若干(头脑风暴时使用);

马克笔。

活动描述

第一步

组织者定义问题情景。问题应该写在写字板/海报上。

第二步

组织者对参与者提出问题：还需要什么信息？参与者提到的信息是否可理解并不重要。

第三步

参与者报告信息来源——写在写字板/海报上。在此时来源是否可理解并不重要。

第四步

所有有关的问题都应写在写字板/海报上。

第五步

这些都是什么？每一个参与者在一张纸上写下问题并找出问题的根源。

第六步

找到解决问题的观点。每个参与者在一张小纸上写下来解决办法。这些纸都挂在桌子上（重复的观点不用重复记录）。观点清单是每个参与者头脑风暴的结果。参与者应遵守以下规则：

——任何人不得评价观点；

——任何人不得批评其他参与者的观点；

——任何人不得检验提议是否可以付诸实践；

——所有观点都有价值；

——观点越多越好。

第七步

拓宽观点清单。参与者检验之前详细阐述的观点是否可以其他方式应用。参与者应回答下列问题：

1）给出的解决方法可以应用于其他的情况吗？

2）可以修改什么？

3）解决方案具有普适性吗？

4）解决方案可以更详细吗？

5）应用解决方案会产生怎样的结果？

6)可以将几个具体的解决方案联系起来吗?

第八步

对解决方案进行评价。每个参与者得到一定数量的分(比如,以自粘标签的形式),并把分加给其认为的最佳解决方案。

第九步

在这个阶段,参与者可以分成小组提出将选中的解决方案付诸实践的策略。参与者在此过程中应将可能的行动、阻碍以及中立的手段列出来。

重要的组织性评论

1. 仔细计划活动每个步骤所需要的时间。

2. 必须记住活动最后应选出一个最好的解决方案。

3. 每个参与者都应接触到之前详细的解决方案——因此最便利的方式是将观点都写在写字板或海报上。

4. 组内容量越大,小组和活动程序就越难控制。

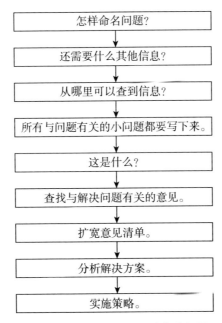

图3 为参与者准备的研讨会流程图

研讨会的示例场景

案件事实

地区法院法官被控告：

1) 她试图对公诉人 M. J. 施压以使其同意缩短其所建议的刑期，并且在她施压无效后，她通过大喊以及抨击公诉人这种影响法庭尊严和职业正直的行为来表达自己的不满。

2) 她尝试对公诉人施压以使其缩短其建议的刑期，当她施压无效后，她公开表达了不满；并且在公诉人听证会上，在该公诉人在场的情况下，她建议该公诉人的上级同意她的想法，并要求公诉人立即联系其上级："还在等什么？现在，立刻去打电话！"

3) 她在发言中质疑了公诉人 M. R. 的职业素养，言语中暗示公诉人缺乏专业知识，并且应再次开始职业实习；她也表示了对公诉人维持允许证人提供证言的动议的不满。

活动描述

第一步

组织者定义问题状况。应把问题写在写字板/海报上。

在以上提到的案件事实的基础上，可形成下列问题：

1. 法官的行为应被认为不道德吗？
2. 应该惩罚法官吗？
3. 法官的不当行为违反了法官职位的尊严原则吗？
4. 法官职业责任应遵守文明行为的标准吗？

第二步

组织者对参与者提出问题：还需要其他信息吗？参与者提到的信息是否可以理解并不重要。比如说，法官"大声评论公诉人的行为"意味着什么？"质问公诉人的职业素养"意味着什么？

第三步

参与者报告信息来源——记录在写字板/海报上。此时能否得到来源并不重要。比如说，法律程序参与者的采访，包括公诉人、证人。

第四步

所有与问题有关的小问题都写在写字板/海报上。

第五步

这都是什么？经过一段时间的考虑,每个参与者把问题是什么以及问题的关键是什么记在一张纸上。比如说,法官不礼貌是问题的根源吗？法官的行为是因为之前与公诉人相关糟糕经历造成的吗？法官歧视公诉人吗？

第六步

找到解决问题的办法。每个参与者在小纸片上记下来问题的解决办法。

示例解决办法:惩罚法官,抗击歧视的心理治疗,对公诉人公开道歉,等等。

第七步

拓宽观点清单。参与人检验之前详细解释的观点是否与用其他方法解决问题有关。参与人应回答下列问题：

1) 已经给出的解决方案可以应用在其他情况下吗？比如说,能否应用在其他惩戒程序中？

2) 可以修改什么？可以采取相关的步骤来避免这种问题在未来再次出现吗(不仅与被指控的法官有关,还与这一职业的其他代表有关)？

3) 解决方案可以普适化用来解决其他更多的问题吗？这样的解决方案可以用于法律职业的其他代表吗？

4) 解决方案应该更加细化来解决问题吗？

5) 采取这种解决方案会有怎样的结果？

6) 可以将特别的解决方案联系起来吗？

第八步

对解决方案进行评价。每一个参与者收到一定数量的分(比如,以自粘标签的形式),并且选出他们自己认为最好的解决方案。

第九步

在这个阶段,将参与者分为更小的组,找出一个可以应用选定解决方法的策略。在此过程中,参与者应该明确程序中的阶段、必要的行动、可能的障碍以及中立手段。

七、支持与反对论点

支持与反对论点是基础的教学方法之一,目的是以建设性的方式提高交流能力,公开表达观点及论点。

这种方法是讨论的一种形式。在这种方法的帮助下,问题就可以被解决了,尤其是那些有争议的并且会在法律理论与实践中引起激烈讨论的问题。但是需要记住,讨论的议题必须仔细选择。呈献给参与者的问题不应引起不必要的情绪,例如讨论问题会引起完全对立的立场(比如说与堕胎有关的话题)。

这种方法的变体形式包括提前介绍讨论的话题,然后参与者可以搜集必要信息,以及参照不同科学领域为研讨会做准备。

这种方法可以在容量为 10~30 人的组内进行,时长为 30 分钟。

研讨会前的准备工作

供记录问题以及将要讨论的中心论点用的硬纸板(亦可以写在写字板上,记得准备粉笔或者马克笔);

自粘式标签;

一个手表(掌握每个回合的时间)。

活动描述

1. 讨论的问题应该写在写字板或硬纸板上。组织者给出一个相关的议题,并写在一个所有人都能轻易看到的地方。参与者收到一系列可能的立场(这个列表可以海报的形式展示,重要的是每个参与者都能轻易接近)。

可能的立场:

++ 完全赞同;

+ 比较赞同;

= 中立;

- 比较反对;

-- 完全反对。

参与者可以拿到自粘式标签,他们可以把对该问题的立场写在上面。

2. 活动的下一个阶段有四个回合。

第一回合

每个参与者将带有与自己想表达的观点的标签贴在自己的衣服上。然后,参与者成对或成组(根据整个队伍的人数决定)代表同一立场。以这种方式产生的每组的任务是重新讨论最初的问题,然后丰富论据来支持立场。

第二回合

时间结束(比如,5分钟后),参与者必须交换小组(组合)。新的队伍根据活动的一般原则组成。组内参与者代表观点仅相差一个等级,比如"+"和"="。在新的队伍中,参与者通过表达自己的论点来讨论问题。

第三回合

组织者标出组内参与者的新一轮交换情况。新的小组由之前持不同立场的参与者组成。各组开始他们的讨论。这一阶段,参与者应能够运用之前回合中收集到的论点巧妙地捍卫他们的立场。组织者必须要让参与者意识到他们应使用恰当的论据。

第四回合

参与者转回到第一回合的组内。现在每组的任务是分享在第二和第三回合中得到的观点、感想和想法。参与者也有机会表达新的论点以及对手提出的论点。短暂讨论之后,参与者可以整组的方式表达自己在不同组内的想法。

参与者可以报告那些丰富了他们知识的经验以及他们认为有趣且准确的论点;他们也可以发言决定是否保持最初的态度或者改变立场。

总结

支持与反对观点的主要优势:

——可以使参与者带着感情更积极地参与辩论;

——教会参与者怎样使用清楚准确的辩论技巧来表达自己的观点;

——使参与者有机会从不同的来源中学到知识;

——有感情地参与辩论可以提高参与者的记忆能力;

——提供参与者塑造个人观点、态度和信念的机会;

——帮助提高参与者坚守自己立场的能力。

重要的组织性评论

1. 选择切题的话题是最重要的。话题太难通常会使参与者采取极端态度或者导致其不能选择立场;太简单的话题没有挑战性,参与者也就不会期待参与到活动中去。

2. 组内不可延长讨论。最好的方法是提前给每个回合设定时长(比如,5分钟)。

3. 应清晰制定每个回合中队伍的组成准则。

4. 每个参与者应该有机会表达自己的观点,或者与其他人分享他们的经验。

研讨会的示例场景

案件事实

地区法院法官被指控:

1) 在审理诉 Bogusław B.的案件时,明知被告人通过收废铁谋生的社会情况,该法官以有损人格的方式在庭上申斥其行为,导致其与被告人不必要的争吵。

2) 在审理案件过程中,她试图对公诉人 M. J.施压以使其同意缩短其所建议的刑期,并且在施压无效后,她通过大喊以及抨击公诉人这种影响法庭尊严和职业正直的方式,来表达自己的不满。

3) 在审理案件过程中,她尝试对公诉人 I. T.施压以使其降低其所建议的刑期等级,当施压无效后,她公开表达了不满;并且在公诉人听证会上,在该公诉人在场的情况下,她建议该公诉人的上级同意她的想法并要求公诉人立即联系其上级:"还在等什么?现在,立刻去打电话!"

4) 在审理案件过程中,她在发言中质疑了公诉人 M. R. 的职业素养,言语中暗示公诉人缺乏专业知识,并且应再次开始职业实习;她也表示了对公诉人维持允许证人提供证言的动议的不满。

5) 为了确定案件的审理日期,她从拘留部门办公室给地方公诉人打电话,对话中对公诉人提高音量,并在还没给出具体会议日期的情况下挂断了电话;然后,在关于讨论使用短暂拘留的会议中,她高声提及参会的公诉人 A. K.,批评了其宣读决定的态度,并且质疑其素质以及工作能力;她不允许该公诉人反驳她声称的指控,并谴责其行为不当;另外,这些都发生在嫌疑人、文秘人员和警察都在场的情况下;她还高声批评了一位警察的行为。

要解决的问题:相比其他人,包括所有律师,法官是否应受更高的道德标准约束。

活动描述

1. 组织者在写字板上写下来将要讨论的话题。

从司法部门的尊严来看,案件事实中法官的行为是可接受的。

将要讨论的问题:法官应受到相比其他人(包括所有律师)更高的道德标准的约束。法官有着极高的职务要求,这也关系到法官行为与其他人的关系。

这种立场可能与"包括法官在内的任何人都不可能是完美的"这一观点并存;他可能情绪失控或者心情不好。

可能的立场:

++ 完全赞同;

+ 比较赞同;

= 中立;

- 比较反对;

-- 完全反对。

每个参与者都能得到自粘式标签,他们可以在标签上写下他们对于所给出问题的立场。

2. 下一阶段分为四个回合。

第一回合

以小组或者搭档为单位,持相同立场的参与者展示支持他们意见的论点。

第二回合

时间结束(比如,5分钟后),参与者必须交换小组(组合)。新的队伍根据活动的一般原则组成。组内参与者代表立场仅相差一个等级,比如"+"和"="。在新的队伍中,参与者通过表达自己的论点来讨论问题。组织者应明确规定新的组合组成的原则。

第三回合

组织者标出组内参与者的新一轮交换情况。新的小组由之前持不同立场的参与者组成。各组开始他们的讨论。这一阶段,参与者应能够运用之前回合中收集到的论点熟练地守住他们的立场,这是最重要的。组织者必须要让参与者意识到他们应正确使用论据。

第四回合

参与者转回到第一回合的组内。现在每组的任务是分享在第二和第三回合中得到的观点、感想和想法。参与者也有机会表达新的论点以及对手提出的论点。短暂讨论之后,参与者可以整组的方式表达自己在不同组内的想法。

参与者可以报告丰富了他们知识的经验,以及他们认为有趣且准确的论点;他们也可以发言决定是否保持最初的态度或者改变立场。每个参与者都应有机会表达自己对问题的意见以及讨论过程中的感想。

八、案例研究

案例研究的关键是分析并讨论组织者以书面、媒体或电视、电影、广播等形式呈现出的问题,并找到以下问题的解决方法:

1)还有别的更好或者是最好的解决方案吗?
2)企业若要成功,还需做什么才能避免原本的负面影响?
3)如果你是主人公,会做什么决定?

这种方法教我们怎样创造性地找到解决方案,怎样分析案件事实,怎样将学到的理论知识应用到特定的情况中,怎样捍卫一个人的立场。

尽管没有提供新的材料,但是以这样的方式提出一个具体的问题案例时,参与者必须在新情况下,在寻找成功的解决方案时使用他们的知识和经验。

除了准确的案件描述,成功的方法还取决于参与者是否完全了解活动的程序,以及组织者对有效讨论的监督。

这种方法适用于几个或几十个参与者组成的群组;根据案件的复杂性,时长在几分钟到几十分钟之间。

研讨会前的准备工作

一个案例(报纸上的一篇文章,带评注的法律案例,视频录音,等等)以及做展示的器材。

可选择的有解决案例需要的议会的制定法、法规、手册。

活动描述

1. 熟悉案例。参与者个人或者以小组(2~3人)的形式分析案例。

2. 询问与案例有关的问题。每个参与者可以提出与组织者提供的案例有关的额外的问题。只有组织者有权解释表述不明确的观点,并且他是唯一一个提供附加事实的人。

在变体形式中,只有在参与者提出相关问题时,组织者才可以提供新的附加的事实。这会给其他参与者带来新的困难,但是也能够提高分析事实的能力以及阐述案件的技巧。

3. 找出问题的最优解决方案。每个参与者首先都应尝试自己找到最优解决方案。在小组所有人面前,参与者在之前收集到的信息的基础上给出可能的解决办法并阐明理由。参与者要分析多种可能的问题解决办法并选出最好的一个。这个阶段涉及分析思维以及意见冲突。

4. 评估活动过程。

重要的组织性评论

1. 组织者必须记得提供一个切题的清晰的案件资料。

2. 所有参与者必须有机会表达自己的意见,提出问题以及展示他们自己的解决方案。

研讨会的示例场景

研讨会前的准备工作

1)足够的惩戒法庭决议的副本,即辩论的主题;

2)解决案件需要的议会的制定法、法规、手册(尤其是 ACCO 和 CPCJ)。

案件事实

上诉法院——惩戒法庭于 2006 年 1 月 25 日作出决议,地区法院法官于 2004 年 8 月 23 日到 11 月 6 日期间由于不能保证其职位的职业尊严而被判存在不当职业行为,表现如下:

1)2004 年 8 月 23 日,在针对 Bogusław B.的登记为 VK 155/04 的法庭程序中,明知被告人通过收废铁谋生的社会情况,该法官以有损人格的方式在庭上申斥其行为,导致与被告人发生了不必要的争吵。

2)2004 年 8 月 25 日,在审理案件时,该法官试图对公诉人 M. J. 施压以使他同意缩短他所建议的刑期,在她施压无效后,她通过大喊以及抨击公诉人这种影响法庭尊严和职业正直的行为来表达自己的不满。

3) 2004年9月22日,在审理案件时,该法官试图对公诉人 I. T.施压以使其缩短其建议的刑期,当她施压无效后,她公开表达了不满;并且在公诉人听证会上,她建议该公诉人的上级同意她的想法并要求公诉人 I. T.立即联系其上级:"还在等什么?现在,立刻去打电话!"

4) 2004年10月29日,在审理案件时,该法官的发言质疑了公诉人 M. R.的职业素养,言语中暗示公诉人缺乏专业知识并且应再次开始职业实习;她也表示了对公诉人维持允许证人提供证言的动议的不满。

5) 2004年11月6日,为了确定案件的审理日期,该法官从拘留部门办公室给地方公诉人打电话,对话中对公诉人提高音量,并在还没给出具体会议日期的情况下挂断了电话;然后,在关于讨论使用短暂拘留的会议中,她高声提及参会的公诉人 A. K.,批评了其宣读动议的态度,并且质疑其素质以及工作;她不允许该公诉人反驳她主张的指控,并谴责其行为不当;另外,这些都发生在嫌疑人、文秘人员和警察都在场的情况下;她还高声批评了警察 M. M.的行为。

她的这种行为根据2001年7月27日法案——ACCO第107条第1款构成了违纪行为,因此法院决定判决惩戒。

活动描述

1. 提供案件事实。参与者个人或者以较小的组(2~3人)分析惩戒法庭作出的决定。参与者收到案件事实的总结,但不包括法院的最终判决。

必须记住参与者应有足够的时间分析案件事实(10~15分钟)。

2. 每个参与者提出与展示的案件事实相关的问题。组织者应该只详细解释不清楚的问题,但不应提供额外的事实。

3. 参与者的任务是找出法官犯了哪种罪并且应判处什么惩罚。在可获得的资料的基础上(ACCO、CPCJ),参与者准备一份对法官的处罚建议,并参照相关法律规定说明理由。参与者也可以建议宣布法官无罪,但是要阐明该决定的理由。

4. 评估活动过程。每个参与者(或者每个小组,如果活动是以团队为单位进行)应有机会表达自己的立场并有理由依据。参与者应有机会讨论活动中的感想,这是很重要的。

九、决策树

决策树在涉及寻找问题解决方法之间的联系以及分析选择其中一种解决方法可能带来的后果的研讨会时尤其有用。

这种方法的主要目标是塑造做决定的能力——不管是个人还是小组。参与者也学会通过预想它们可能产生的结果作出适当的选择。

不同容量的小组都可以应用这个方法——最适宜的是几个人到20人。但是,必须注意这种方法非常耗时。参与者应至少有25分钟用于填写工作表;介绍和最后评估也需要20~30分钟;活动可能会持续1个小时。

研讨会前的准备工作

工作表(每队一张);

马克笔;

写字板/海报。

活动描述

决策树可以根据需要以及环境提供找到解决问题办法,或者它可以为进一步讨论提供一种思路。

1. 确定将要解决的问题。组织者可以直接确定问题或者可以由参与者确定。为了确定问题,可使用事先准备的文本、案例、剪报等(参与者必须分析事先准备的文本,找到将要分析的问题)。

2. 将问题写在写字板/海报上。

3. 短暂讨论。为了将问题更加概念化,可能涉及以下问题:发生了什么?为什么会发生?是什么导致了这样的情况?该怪罪谁?问题本可避免吗?怎样做?

4. 小组被分为更小的组(每组有2~6人,根据整组人数的多少划分)。所有的队伍都会拿到工作表。组织者解释工作表的完成规则。起初只填表格的下面部分,只写之前详细提到的问题。之后各组想出三个最好的解决办法。所有的提案都写在表中。在下一阶段,参与者分析问题解决办法可能产生的结果(这些将包括积极和消极结果以及支持和反对论点)。

5. 每个小组展示他们的结果。将工作表填完并挂起来,这样每个人都可以看到。

6. 参与者讨论他们的工作结果。他们决定最好的解决办法并解释原因。

在各种形式的活动中,整个小组共同努力寻找解决方案(比如通过头脑风暴的方式),然后准备一个建议的排序列表。三个选定的最好的解决办法是之后进一步分析的基础。只有这样,大组才会被分成小组。每个小组分析选定解决办法可能产生的结果。

重要的组织性评论

1. 这个活动很耗时——必须有充足的时间。

2. 组织者不应强加或者暗示参与者解决办法。他们应该有机会找到自己的解决办法。

3. 组织者应记得仔细解释填写工作表的规定。

4. 组织者应记得每个参与者都得有机会表达自己的观点,并与其他人一起分享经验。

研讨会的示例场景

先确定将要解决的问题非常重要。问题可以直接由组织者确定或由参与者确定。在这个特例中,提案涉及的案件事实应参考 ACCO 和 CPCJ 的规定并应用于各阶段来进行评估分析。

案件事实

地区法院法官被指控:

1)在审理案件时,她试图对公诉人施压以使其同意缩短其所建议的刑期,在施压无效后,她通过大喊以及抨击公诉人这种影响法庭尊严和职业正直的行为来表达自己的不满。

2)在审理案件过程中,她试图对公诉人施压以使其缩短其建议的刑期,当施压无效后,她公开表达了不满;并且在公诉人听证会上,在该公诉人在场的情况下,她建议该公诉人的上级同意她的想法并要求公诉人 I. T. 立即联系其上级:"还在等什么?现在,立刻去打电话!"

3)在审理案件时,她在发言中质疑了公诉人的职业素养,言语中暗示公诉人缺乏专业知识并且应再次开始职业实习;她也表示了对公诉人维持允许证人提供证言的动议的不满。

4) 为了确定案件的审理日期,她从拘留部门办公室给地方公诉人打电话,对话中对公诉人提高音量,并在还没给出具体会议日期的情况下挂断了电话;然后,在关于讨论使用短暂拘留的会议中,她高声提及参会的公诉人 A. K.,批评了她宣读动议的态度,并且质疑其素质以及工作能力;她不允许该公诉人反驳她主张的指控,并谴责其行为不当;另外,这些都发生在嫌疑人、文秘人员和警察都在场的情况下;她还高声批评了一位警察的行为。

活动描述

1. 组织者将案件事实展示给参与者。要点:参与者只能拿到案件事实,不带有惩戒法庭给出的最终决议。决议应在讨论组工作结束后再给参与者以进一步讨论。

2. 问题应写在写字板/海报上。法官应采取什么行动?法官应该被惩罚吗?怎样惩罚?

3. 短暂讨论。为了更好地构思这个问题的解决办法,应先考虑以下几个问题:发生了什么?为什么会发生?是什么导致了这样的状况?该责怪谁?问题本可以被避免吗?怎样避免?法官能够采取法律行动吗?怎样的法律行动?谁应该来实施这样的行动?

4. 大组被分为小组(每组有 2~6 人,取决于大组人数的多少)。每组都收到他们自己的工作表。

5. 每个小组展示他们的结果。将工作表填完并挂起来,这样每个人都可以看到。

6. 参与者讨论自己的工作结果。他们决定自己认为的最好的解决办法并解释原因。

建议解决方案:根据 ACCO 第 107 条第 1 款的规定,被告人存在违纪行为,因此法院决定申斥被告人,并依照纪律惩罚被告人。

十、六顶思考帽

六顶思考帽是 20 世纪下半叶由一位名为 Edward de Bono 的英国医生创造的,他在同名著作中也介绍了这个方法。

这是一个促进有效沟通、建设人际网络和小组工作的方法。

这个方法的主要目标包括提高沟通能力、表达个人观点、塑造以及开发创造性解决问题的能力、培养尊重他人意见的态度。参与者也应有机会参与小组讨论。

研讨会前的准备工作

在海报上解释不同颜色的意义；

表明所有参与者角色的标志，比如，以相关颜色自粘式贴纸或者有颜色的纸帽的形式。

活动描述

1. 组织者分配有 6 种颜色的"帽子"。每种颜色代表问题的一个角度或方面、分析、论点以及建议解决方案。

白色帽子——注重事实、数字以及数据；以客观的角度看问题。

红色帽子——代表情感和感觉，根据直觉提出建议，可以是积极的，也可以是消极的。

黑色帽子——以消极的眼光看每一件事，是悲观的，只能看到问题和障碍。

蓝色帽子——有保留地处理每一件事并且确保讨论顺利进行。

绿色帽子——以创造性的方式行动，试图找到最大数量的解决方案，提出想法。

黄色帽子——是乐观主义者，以积极的态度尝试找出任何问题的好的一面，以及可能代表的机会。

1. 组织者将参与者分为 6 个小组，并且分配给他们 6 种不同颜色的纸片，其中有的纸片上画着帽子。抽到纸片上画帽子的人是讨论的参与者。其他只抽到有颜色的纸片的人要为他们的"思考帽"准备论点。

2. 在较小的小组内（比如，6～10 人），所有的参与者都参与讨论。

3. 组织者将要讨论的问题写在写字板/海报上。

4. 积极参与讨论的人和小组一起准备辩论。他们收集论点并准备展示。组织者应决定这个准备阶段的时长（比如，10～15 分钟）。

5. 做好准备后就开始讨论。每个参与者——每顶"帽子"——必须遵守其角色的准则。

6. 讨论应由"蓝色帽子"结束，他总结所有的论点以及讨论过程。

重要的组织性评论

1. 必须记住讨论应以相关结果结束。
2. "帽子"间的讨论时长应仔细规定(比如,20分钟)。
3. 讨论者不得评论其他人。

白色帽子的特征：

事实,数据,数字；

中立信息。

引导性问题：

——事实是什么？

——数字是什么？

——我们已经有哪种数据了？

——缺失了什么？

——怎样找到缺失的信息？

白色帽子组的规则：

聚焦事实；

给出必要的信息并且确保其完整性；

以客观中立的方式传递信息(不需要自己的解释)；

确保传递的信息是真实的。

白色帽子：

我们已经知道……事实是……我们可能从……中找到一些信息……我们该用怎样的数据？会有怎样的结果？这意味着什么？

红色帽子的特征：

情感；

感觉；

直觉。

引导性问题：

——你对这个问题是什么感觉？

——你现在是什么心情？

红色帽子组的规则：

用自己的情绪思考；

由直觉引导；

表现出既积极又消极的感情。

红色帽子：

根据我的第六感，我觉得……我的心情比较矛盾……

绿色帽子的特征（创造性）：

观点；

想法；

解决办法。

引导性问题：

——有解决这个问题的其他办法吗？

——怎样以不同的方式解决这个问题？

——还能做其他的事吗？

绿色帽子组的规则：

创造性且有意识地追求新的观点，这些观点可以在讨论中用到。

所有建议的观点都是有价值的，并且值得注意。

绿色帽子：

我们有哪种观点？可以做什么？我们可以以不同的方式做吗？我们这么做吧……

蓝色帽子的特征（规则）：

秩序；

控制；

总结。

引导性问题：

——讨论的议题是什么？

——是谁第一个上台发言？

——下一个发言的是谁？

——我们从讨论中学到了什么？

蓝色帽子组的规则：

总是确定讨论问题的本质；

选择并决定特定"思考帽"使用的顺序；

注重思考过程和有效的进步；

记录观点以及接受的建议；

形成引导性和指导性问题；

总结并结束讨论。

蓝色帽子：

我们得出了什么观点？我们关于解决问题的日程是什么？下一步是什么？我们找到了解决方案……

黑色帽子的特征(消极)：

错误；

弱点；

危险。

引导性问题：

——是真的吗？

——有意义吗？

——其中有什么危险或者困难？

黑色帽子组的规则：

显示情况(问题)的缺点，并且总能提供有逻辑的原因；

在批评时仅提供真实的论点；

不要让情感变成批评。

黑色帽子：

它有意义吗？事实是一致的吗？可能并且安全吗？这不能做到,因为……

黄色帽子的特征(积极)：

希望；

优势；

积极的方面。

引导性问题：

——会带来什么样的好处？

——为什么有好处？

——为什么我们要成功？

黄色帽子组的规则：

聚焦积极的方面；

乐观并积极地评估建议的提案；

提供证据和理由来支持提出的观点。

黄色帽子：

为什么值得做？期待会得到怎样的好处？这是有用的！

研讨会的示例场景

案件事实

地区法院法官被指控：

1）在审理案件过程中，她试图对公诉人施压以使其同意缩短其所建议的刑期，在施压无效后，她通过大喊以及抨击公诉人这种影响法庭尊严和职业正直的行为来表达自己的不满。

2）在审理案件过程中，她试图对公诉人施压以使其缩短其所建议的刑期，当施压无效后，她公开表达了不满；并且在公诉人听证会上，在该公诉人在场的情况下，她建议该公诉人的上级同意她的想法并要求公诉人 I. T.立即联系其上级："还在等什么？现在,立刻去打电话！"

3）在审理案件过程中，她在发言中质疑了公诉人的职业素养，言语中暗示公诉人缺乏专业知识并且应再次开始职业实习；她也表示了对公诉人维持允许证人提供证言的动议的不满。

4）为了确定案件的审理日期，她从拘留部门办公室给地方公诉人打电话，对话中对公诉人提高音量，并在还没给出具体会议日期的情况下挂断了电话；然后，在关于讨论使用短暂拘留的会议中，她高声提及参会的公诉人 A. K.，批评了她宣读动议的态度，并且质疑其素质以及工作能力；她不允许该公诉人反驳她主张的指控，并谴责其行为不当；另外，这些都发生在嫌疑人、文秘人员和警察都在场的情况下；她还高声批评了一位警察的行为。

活动描述

1. 组织者分配有 6 种颜色的"帽子"。每种颜色代表问题的一个角度或方面，它的分析、论点以及建议解决方案。

白色帽子——聚焦事实、数字以及数据。

与案件事实有关，白色帽子的目标是聚焦法律层面——可能已经影响到法官职业尊严的事实，ACCO 和 CPCJ 的规定，多种犯罪，等等。

红色帽子——代表情感和感觉，并且根据直觉提出观点，积极的或消极的都可以。

与案件事实有关的目标是聚焦非法律层面——法官不当行为的原因（沮丧、个人对个别公诉人的偏见、心情糟糕等）。

黑色帽子——悲观地只看到问题和障碍。

黑色帽子必须判断法官的行为是否是由司法人员的失礼以及职业道德退化导致的。

绿色帽子——以创造性的方式,尝试找到更多的解决方案。

关于案件事实,绿色帽子应在ACCO的基础上建议多种处罚方式;他也可以提出关于处罚法官的建议,比如,对受影响的公诉人公开道歉,社区工作,等等。

黄色帽子——是乐观主义者,表现积极的态度以及尝试提出建设性的解决方案。

关于案件事实,黄色帽子应尽力证明当时的情况不足以影响司法部门的尊严,并且要证明没有任何理由惩罚法官。

蓝色帽子——有保留地解决每一件事并且控制讨论进程。

2. 组织者将全部参与者分为6个小组,并且分配给他们6种不同颜色的纸片,其中有的纸片上画着帽子。抽到纸片上画着帽子的人是讨论的参与者。其他只抽到有颜色的纸片的人要为他们的"思考帽"准备论点。每组都收到一个列有他们组活动规则的海报。

在较小的组内(比如6~10人),所有的参与者都参加讨论。

3. 组织者将要讨论的问题写在写字板/海报上。

法官对公诉人的行为影响了她的职位尊严吗?

4. 每顶"帽子"和他的组员一起准备展示。组织者应准确界定任务的时长(比如10~15分钟)。

5. 每顶"帽子"代表他们的立场。组织者应为发言规定时间限制(比如5分钟)。

6. 讨论应由"蓝帽子"结束,他将总结所有的论点。

组织者应告知所有的参与者惩戒法庭的真正判决内容。

惩戒法庭判决:

法院根据ACCO第107条规定判定法官的行为构成违纪行为,因此法院决定采取申斥以惩罚被告人。

十一、小组讨论

这是不同环境下均有效的一种沟通方式。它教会参与者怎样表达自己的观点并且帮助人们为公开演讲做准备。它帮助参与者同心协力、达成一致、作出决定。

这种方法教会人们怎样分享意见,怎样通过沟通合作找出问题的解决方案。标志性特点就是分为两组:讨论组(专家)以及倾听组(倾听以及学习的听众)。

小组讨论对达成共识也有所帮助,尤其是在作出重要决定或者重要选择之前。这些活动适用于不同容量的小组,尤其适合容量超过20人的大组。活动时长为30分钟。

研讨会前的准备工作

专家的辅助材料(参与者可能被要求单独准备讨论);

参与人数量必须合适,所有参与者应能够互相看到;

一个手表(计算各活动、各阶段所需的时长)。

活动描述

1. 一组之前选出的参与者(2~10人)准备选定的话题。在讨论开始的前几天,参与者应当有机会收集相关材料;他们可以使用所有可用信息来源。参与者应为不同的意见以及问题各方面准备发言。

2. 组织者开始介绍之前准备的问题——话题,活动开始。

3. 组织者介绍专家。

4. 专家发表他们的论点。他们应当展示该案例的所有细节、问题各种可能的角度以及遇到的有争议的意见。该活动时长可以提前设定(比如10分钟)。

5. 组织者邀请参与者讨论问题并通过决定发言顺序方式来主持讨论。应当强调文明讨论的规则。该讨论应当有时间限制(比如15分钟)。

6. 组织者应确保参与者不会跑题。如果有需要,组织者应将讨论转回正题。

7. 参与者总结讨论中的主要观点,写在写字板/海报上。

在变体形式中,可从参与者中可选出一个或两个人来缓和讨论的氛围。重要的是,选出的人应当具有足够的技巧来完成工作。

纲要1、2、3呈现了一系列问题与答案的示例,这对在引导小组讨论中扮演不同角色的参与者来说可能有用。

纲要1

专家：

……是一个非常有意思的话题

经过丰富的调查，我认为：……

我的知识基于……

在我看来……

我赞成/不赞成之前的发言人……

尽我所知……

除了之前发言人所说，我想强调……

纲要2

调解人：

我建议我们的讨论按如下顺序……

第一个表达立场的应为专家，然后是……

每个专家有……分钟来表达自己的立场……

我的任务是控制时间，我会提醒大家时间到……

现在请……发言……

所有参与者都可示意主动发言……

每次只可以有一个人发言……

每个人都有权表达自己的观点，因此我希望参与者不要批判他人的观点……

你们的结论都将记录在写字板上……

纲要3

观众——听众：

请问，可以让专家解释一下吗？

我赞同/不赞同之前发言人的……

我认为……

请问，我可以将得出的结论写在写字板上吗？

重要的组织性评论

1. 记住应谨慎选择话题。如果话题太难，专家会觉得难以准备辩论。话题应对大众具有挑战性，这可以激发大众的兴趣。

2. 讨论时间不可以延长，也不能让讨论太平淡。

3. 每个参与者都应有机会在讨论中表达观点。禁止个人主导讨论。无论是专家还是听众的延长发言都是不可忍受的。

4. 应注意每个参与者均有机会表达自己的观点，并且在辩论结束后与他人分享他们的观点。

研讨会的示例场景

专家应完成的任务：

专家的任务是根据具有法律约束力的法律、CPCJ、司法判决和相关文件，准备一个主旨为理解"司法部门尊严"的发言。

应为专家组提供辅助材料。

研讨会的讨论容量应适当。所有的参与者应能够面对面地讨论。

活动描述

1. 专家事先研究话题。参与者要提前准备，只有这样，对话题的不同观点才能得以展示。组织者应详细介绍问题的不同方面。组织者可以指出哪种信息来源可以帮助参与者做好活动的充足准备。

2. 组织者介绍案件事实，活动开始。用来分析的补充材料可以以下述案件事实的形式展现：

地区法院的法官被指控在审理案件时试图向公诉人施压，因为她想让公诉人缩短所建议的刑罚，之后在施压失败后她表达了自己的不满。在公诉人听证会上，建议的刑期已被上级接受，在该公诉人在场的情况下，她要求该公诉人立即联系其上级："还在等什么？现在，立刻去打电话！"

参与者的任务是确定法官在这种情景下的行为是否影响了法官的职业尊严。

3. 组织者介绍专家。如果专家内部分配了特定的问题，组织者应指出每个人关心的专业领域，比如，某一专家会注重法律条文，其他人可能聚焦责任问题、刑罚类型、理论立场以及司法决议中的立场。

4. 专家表达自己的论点。他们应当展示该案例的所有细节、问题各种可能的角度以及遇到的有争议的意见。该活动时长可以提前设定（比如，10分钟）。

5. 参与者可以向专家提出其他对分析该问题有帮助的问题。

6. 组织者应确保讨论者不会跑题。如果有需要,他可以将讨论转回正题。

7. 组织者应收集所有在讨论中出现的观点和结论,并将它们写在写字板/海报上。

十二、观点市场

这种方法可以促进有效沟通、人际关系网的建立以及组内合作。

这种方法的主要目标包括:培养与他人合作的能力,表达自己的观点,培养和开发创造性解决问题的能力,尊重他人的意见。参与者也有机会以小组形式合作。

该活动可以在组容量为30~40人的组内进行。参与者可以分成5~6人的小组。在较大的组内,结果更加复杂,尤其是对活动的第二阶段来说。任务时长为45~60分钟。

研讨会前的准备工作

大张纸(数量应与组的数量一致);

马克笔、毡头笔。

活动描述

1. 将参与者分成组容量为5~6人的小组。

2. 组织者展示讨论话题。特定小组可以着手解决整个问题,从不同方面讨论问题,提出解决方案,等等。每个小组都应该足够熟悉要讨论的问题。

3. 每组中的参与者在规定的任务时长内完成海报,内容包括:详细的处罚建议,所分析问题的积极方面和消极方面,等等。

4. 各组展示他们的海报。

5. 海报挂在讨论室内。

6. 在活动的第二阶段,所有参与者都可以在海报上写上自己的解决方案。组织者必须仔细控制该阶段的时间(比如,15分钟)。

7. 每组派出一个代表读出在该活动第二阶段添加的解决方案。

8. 在该活动的变体形式中,每组参与者可以再次面对面讨论之后添加的解决方案,来从所有的方案中选出最好的解决方案。

重要的组织性评论：

1. 必须注意应明确规定每组的任务（比如,分析问题）。

2. 应精确规定活动的第一、二阶段的时长。限时可能有助于更好地展示海报。

3. 活动应在一个足够大的房间内进行,这样参与者就能自由靠近海报,并且可以在其他队伍的海报上写上自己的意见。

研讨会的示例场景

案件事实

地区法院法官被指控：

1）在审理诉 Bogusław B. 的案件时,明知被告人通过收废铁谋生,该法官以有损人格的方式在庭上申斥其行为,导致与被告人发生了不必要的争吵。

2）在审理案件过程中,她试图对公诉人施压以使其同意缩短其所建议的刑期,并且在施压无效后,她通过大喊以及抨击公诉人这种影响法庭尊严和职业正直的行为来表达自己的不满。

3）在审理案件过程中,她试图对公诉人施压以使其缩短其所建议的刑期,当施压无效后,她公开表达了不满；并且在公诉人听证会上,在该公诉人在场的情况下,她建议该公诉人的上级同意她的想法并要求公诉人立即联系其上级："还在等什么？现在,立刻去打电话！"

4）在审理诉 Czesław F. 的案件时,她在发言中质疑了公诉人的职业素养,言语中暗示公诉人缺乏专业知识并且应重新实习；她也表示了对公诉人维持动议、允许证人提供证言的不满。

5）为了确定案件的审理日期,她从拘留部门办公室给地方公诉人打电话,对话中对公诉人提高音量,并在还没给出具体会议日期的情况下挂断了电话；然后,在讨论使用短暂拘留的会议中,她高声提及参会的公诉人,批评她宣读动议的态度,并且质疑其素质以及工作能力；她不允许该公诉人反驳她的指责,并谴责其行为不当；另外,这些都发生在嫌疑人、文秘人员和警察都在场的情况下；她还高声批评了一位警察的行为。

她的这种行为根据 ACCO 第 107 条构成了违纪行为,因此法院决定判处该法官惩戒。

根据参与者的专业程度,可以建议对所有问题进行分析或者只对选定的问题进行分析。在研讨会之前为参与者准备其他可利用的材料,并要求参与者做与 CPCJ 条款相关的研究非常有用。

活动描述

1. 参与者分组。在案件特定事实背景下,组织者决定应分别考虑每个指控,共分为五组。所有小组考虑同一个问题(指控)的方式也可以——在这种情况下,每组参与者的人数应控制在 5~6 人。

2. 组织者展示案件事实。每组应收到列出案件事实的清单。组织者指定小组的讨论内容。

3. 每组中的参与者在规定的任务时长内完成展示其工作成果的海报,内容包括:详细的处罚建议,所分析问题的积极和消极方面。

在本案例中,小组的任务是构建问题,找出相关的法律规定,指出不当行为的模式以及作出对当前考虑到的或者可能的惩罚方式的建议。海报上应给其他(法外)解决方案留出空间,包括其他刑罚方式的建议。组织者应该提前确定完成海报的时长(比如,20 分钟)。

组织者应鼓励参与者发挥创造性。必须记住不是所有的详细解决方案都适合具有法律效力的法律框架。在总结活动成果时,应明确指出与当前法律不符的建议,这非常重要。

4. 各组展示他们自己的工作成果。每组都有 5~7 分钟时间展示问题、阐述解决方案。

5. 海报悬挂在屋内。将海报挂在每个参与者都可以接触到的地方。

6. 接下来,所有的参与者都可以靠近海报并在其他组的海报上写上自己的建议。组织者必须仔细规定该阶段的时长(比如,15 分钟)。

7. 每个最初小组的一名代表说出在活动第二阶段添加的解决方案。

在变体形式中,每组参与者可以再次面对面讨论添加的解决方案,来最终选出他们认为列表内最好的解决方案。

十二、洋 葱

洋葱也是一种讨论方法。它教会参与者在不同情况下如何有效地交流,怎样表达自己的意见以及如何为公开演讲做准备。它也可以培养团队协作、作出相关决定的能力。这种方法在组内成员互不认识的情况下尤其有效。

这种方法要求小组人数必须为偶数。根据活动需要,活动可持续几分钟到20~30分钟。

研讨会前的准备工作

这种讨论形式不要求其他材料。组织者可以将要讨论的话题写在写字板/海报上。

活动描述

1. 将参与者分为两个人数相同的小组。

2. 一组的成员坐着形成一个内圈,另一组包围该组坐着形成外圈。参与者成对、面对面地坐着。

3. 面对面坐的人——一个是内圈的,另一个是外圈的,成对讨论问题。活动时长应提前规定好(比如,5~10分钟)。

4. 分配给每个活动的时长结束时,坐在内圈的参与者沿顺时针方向移动一个位子。每个参与者与新的伙伴开始讨论;活动时长与上一阶段相同。

5. 时间到,坐在外圈的参与者以逆时针方向移动一个位子。每个参与者与新的伙伴开始讨论;活动时长与之前阶段相同。

6. 讨论包含几个阶段由组织者决定。在各小组内,活动可以继续,直到每个坐在外圈的人有机会与每个坐在内圈的人讨论结束。

研讨会的示例场景

该方法使每个参与者有机会彼此了解,建议在研讨会介绍阶段使用。将要讨论的问题:

法官的职业伦理准则不仅适用于职业层面,也适用于他们的私人生活,与法庭内外的行为模式相关。

为了阐述这个问题,组织者可以使用该章开头部分引用的案件事实,也可以用其他的例子。

这种方法最好应用于在有其他更广泛的讨论话题时,比如是否有必要编纂伦理准则。

活动描述

1. 参与者分为人数相同的两个小组。

2. 一个组的成员坐在内圈,另一个组的成员坐在外圈。组织者将即将讨论的问题介绍给大家。

3. 参与者在提前规定的时长内成对地讨论问题。

示例"支持"论点：法官具有不容置疑的声望，在许多情况下，关于人类生命的问题取决于法官的决定；一个法官必须有比其他普通市民更高的伦理标准；法官不仅是一个职业——它意味着服务，这也就是为什么法官必须在行为上面临着较高的期待。

示例"反对"论点：法官职位仅意味着像其他人一样完成工作，法官也是普通人，没有人是十全十美的；所有人都会犯错，法官也有感情和感觉；不能期望任何人的决定会百分百正确。

4. 讨论人数由组织者决定，并可以根据讨论强度以及可利用的时间等因素来作决定。

十四、思维图

该方法可以创造性地解决问题，并且构成情况分析的一部分。

与头脑风暴不同的是，这种方法可以使用小标签工具——参与者将建议的目标以及其他特点写在不同的纸上。然后读出纸张上写的内容，并将相关的部分贴在写字板或海报上。

研讨会前的准备工作

大张纸若干（纸张的数量应与小组的数量一致）；

两种不同颜色的纸；

马克笔。

活动描述

1. 组织者将要讨论的专业术语（概念）写在写字板/海报上。
2. 组织者将写字板/海报分为两部分。
3. 参与者分析与概念有联系的形容词或短语（可在该阶段使用头脑风暴技巧）。
4. 将提出的单词写在海报或者写字板的左侧。
5. 参与者提出这些形容词和短语的反义词。小组一致同意使用这些单词。
6. 然后，参与者分为5~6人的队伍。每个队得到一张组织者在会前准备好的纸。在每张纸的中央位置有一个圈,圈内写着要分析的概念。

7. 各队自己独立工作。每队将收集到的资料分类(形容词、短语以及它们的反义词)写在纸上,这样纸的左右两部分应为成对的词语。这样就有了一个概念地图——"circept"。

8. 各队将他们的图表在全组面前展示。

9. 组织者推动针对每组结果的讨论。以下问题可能对结果分析有帮助:

1)你认为什么很重要?

2)哪种顺序会让你觉得很惊讶?

3)哪些短语有积极价值?

4)哪些短语有消极价值?

5)我们要拒绝什么,我们要达到什么?

重要的组织性评论

1. 找反义词通常可能比较麻烦——使用词典会有所帮助。

2. 应当明确每组的工作时间(比如,15分钟)。

3. 这一活动应当在空间足够大的房间内进行,以便每一组都有足够的工作空间。

研讨会的示例场景

该方法的预期成果是在参与者共同意见和想法的基础上,形成给定概念、问题以及话题的图示。

建议任务中考虑"法官"这一概念。

活动描述

1. 组织者在写字板上写下概念——"法官"——即将讨论的概念。

2. 组织者将写字板或海报分为两部分。

3. 参与者的任务是确定法官应有的特征。他们给出与法官相关的形容词或者短语表达(该阶段可使用头脑风暴技巧)。组织者可以提前准备一个特征清单。

4. 建议使用的单词写在写字板或海报的左边。

头脑风暴阶段出现的或者是组织者给出的特点清单上法官的示例特点:公正,客观,礼貌,幽默感,勤勉,诚实,坚定,耐心,公平,有经验,博学,聪明,有组织能力,宽容,成熟的(年龄),抗压能力强,友善,能集中注意力,独立,物质地位高,能得到尊敬,非政治化,忠诚,职业的,有能力,实际的,按时,尊重上级,仁慈,有责任感和服务意识,仔细的,友善,负责任的,自我教育的,谦虚,机智,高效。

5. 参与者提出已经记下来的形容词的反义词(意思相反的单词)。该组一致同意单词用法(比如无助、教育资历浅、容易受到外界影响等)。将这些单词写在写字板或海报右侧。

6. 然后,被分为5~6人的小组的参与者在纸上画出自己的图表。为准备他们的表格,参与者可以使用已有的写着预期特点和反义词的表格;他们可以添加新单词。

7. 各组得出的结果应向全组展示。

十五、辩 论

辩论是一种十分流行且有用的讨论形式。它教会人们如何在不同情形之下进行有效沟通,以及如何在公开演讲中表达自己的观点。它还可以培养团队协作、作出决定的能力。

以辩论的形式开展的活动可在大小不同的群体中进行。不积极参与讨论的参与者可充当裁决者的角色,为辩论双方投票并选出辩论最终的胜利者。辩论的时间应为25~30分钟。

辩论前的准备工作

这类活动不需要大量的附加材料。组织者可将辩论的话题写在写字板或海报上。此外,为计算每轮的时间,一个秒表是必需的。

活动描述

1. 在参与者中选出两组人,一组作为正方进行辩论,另一组作为反方进行辩论。此外,还需选出一名助手来计算并控制每组所需时间。

如果参与者不愿意积极参与辩论,组织者可以安排进行抽签。参与者可通过抽签决定各自角色(正方、反方、助手、观众等)。

2. 正反双方需讨论出相关论点,并提出论据来支撑他们的论点。

3. 在辩论的这一阶段,正反双方需各自陈述其观点。首先,正方一辩起立发言,然后反方一辩可以陈述他的观点。正反方每人各有3分钟来进行陈述。需要注意的是,各方在此阶段的陈述均只能针对己方的论点,也就是说,双方(尤其是反方)不能涉及对方的论据。

4. 参与者有 3 分钟时间来为下一轮做准备。他们需要对对方提出的论点论据进行反驳。

5. 正反双方需在 3 分钟之内各自陈述其用来反驳的论点,进行抗辩。

6. 上述过程完成后,正反双方可在 3 分钟时间内对最终发言进行准备,对其观点进行最后总结。

7. 最后是总结发言。双方用时均不可超过 2 分钟。正反双方各选出一名代表总结并强调其核心论点,努力赢得观众对其观点的支持。

8. 依据每组参与者的人数,参与者、助手及组织者进行现场讨论,并对双方的表现进行投票,选出获胜的一方。

在辩认的另一种形式中,观众也应邀参与到活动中来。组织者可选择辩论的一个环节允许观众提问题或者陈述其观点及论据。但应注意这种活动的时长应提前设定好(比如,5 分钟)。

辩论活动也可能会有变体形式。其中一个就是所谓的牛津风格辩论。

牛津风格辩论的主要特点是,严禁出现针对对方辩友及其观点的挪揄及攻击性行为。

辩论双方——正方和反方——可在辩论过程中尽情表达各自的观点,从而赢得观众及评判委员会的支持。

现场观众也可在固定时间进行提问,有时即使是在演讲的过程当中也可以提问。

重要的组织性评论

1. 需谨记在选择论题时要十分谨慎。该论题需有大量支持及反对的论据支撑。

2. 助手需认真控制好时间。

3. 在讨论前需确保所有参与者均了解相关规则,例如辩论的每个阶段的时长等。必要时组织者可准备一张海报,或在写字板上写上辩论时须遵循的规则。

4. 需谨记在辩论结束后,每名参与者都应有机会表达自己的观点并与他人分享其对辩论的感想。

5. 应对辩论所用房间进行充分布置。对桌椅的排列与布置应参考法庭的布置方法。

研讨会的示例场景

组织者可将本章最开始引用的案件事实介绍给参与者,或者提供同样能阐明所选问题的其他案例。

需讨论的话题:伦理准则只在专业领域内限制法官的行为,且只约束其涉及职业责任的行为。其适用范围不可影响包括家庭及社会生活在内的私人生活。

活动描述

1. 由参与者中选出两组人,一组作为正方进行辩论,另一组作为反方进行辩论。此外,还需选出一名助手来计算并控制每组所需时间。

如果参与者不愿意枳极参与辩论,组织者可以安排进行抽签。参与者可通过抽签决定各自角色(正方、反方、助手、观众等)。

2. 正反双方各陈述其观点。在 5 分钟的时间限制内,他们必须收集能够赢得观众支持的论点。

正方观点示例:法官都是有极高声誉的人,很多情况下人命关天的决定权都在他们手上;因此法官必须受到比普通公民更严格的道德标准的制约。法官不仅是一个简单的职业,它还意味着为公民服务,这也就是为什么人们对法官的行为抱有更高的期望。如果一名法官在其私生活中有不道德的行为,那么他就不能再继续做一名法官,对他人作出评价与判断了。

反方观点示例:法律职业与其他职业一样,是一份工作,法官也只是一名普通人。人无完人,没有人能做到从不犯错,他们也有感觉和情绪。我们不能期望在特定领域工作的人就必须做到百分百正确,罗纳德·德沃金(R. Dworkin)笔下所描绘的赫拉克勒斯(Hercules)法官在真实生活中是不存在的。一名真正合格的专业人士能够将其私人生活与职业生活很好地分开,这也是为什么工作之外的行为不会对其职业表现造成影响。

3. 双方的开场陈述均不可超过 3 分钟。首先,正方一辩发言,然后反方一辩可以陈述他的观点。

需要注意的是,各方在此阶段的陈述均只能针对己方的论点,也就是说,双方(尤其是反方)不能涉及对方的论点。

4. 参与者有 5 分钟来为下一轮做准备。他们需要对对方提出的论点论据进行反驳。

5. 正反双方需在 3 分钟之内各自陈述其用来反驳的论点,进行抗辩。

6. 正反双方准备"最终发言":他们总结己方最重要的论点并反驳对方论点。准备时间——5 分钟。

7. 总结发言。双方最多用时均不可超过 2 分钟。

8. 如果现场有观众参与辩论,接下来需对双方的表现进行投票,选出获胜的一方。

在辩认的另一种形式中,可邀请观众参与到活动中来。组织者可选择辩论的一个环节允许观众提问题或者陈述其观点及论据。但应注意这种活动的时长应提前设定好(比如,5 分钟)。

表 32　活动时长示例

1.	双方准备开场陈述	5 分钟
2.	正方陈述	3 分钟
3.	反方陈述	3 分钟
4.	准备针对对方的抗辩	5 分钟
5.	正方抗辩	3 分钟
6.	反方抗辩	3 分钟
7.	准备最终发言	5 分钟
8.	正方总结发言	2 分钟
9.	反方总结发言	2 分钟
10.	投票环节	

要点:当辩论中需要情感代入时,参与者需能够控制好自己的情绪,随时准备跳出角色。这有时需要进行小范围的讨论,对该活动的进展发表评论。每名参与者都应有表达自己言论的自由,这将能够减少情感的代入,并使得活动得以向前推进。

十六、抽取扑克牌

该方法有助于提高通过协商解决争端的能力,教会人们如何在不同环境下进行沟通,如何表达自己的观点,如何进行团队合作,以及如何成功作出决定。同时,这也是在公开演讲之前的一个介绍自己的好机会。

在讨论过程中,参与者通过开展讨论形成正方及反方的观点。同时,他们还需学习为其言论及其团队的影响而负责。

该活动需以小组为单位开展,至少 10 人,至多 20~25 人。活动时长为 20~30 分钟。

研讨会前的准备工作

几张扑克牌(见表 33)。

活动描述

1. 将参与活动的小组分为 6~8 人的参赛队伍,每个队伍中都选出一人担任观察员/裁判员。每队都抽取一个话题进行讨论。

2. 给每组发放扑克牌(见表 33)。

3. 扑克牌发放给每一小组中的全部成员(像平常扑克牌一样发牌)。讨论由抽取到"开始讨论"扑克牌的人开始,并由最后拿着"讨论结束,进行总结"扑克牌的那个人宣布结束。小组中的每个成员都应积极参与讨论——为了取得机会进行发言,参与者必须使用他的一张扑克牌。参与者必须遵守手中扑克牌上面的说明。一张扑克牌一旦被使用,就必须放在一旁,不可被重复使用。

4. 讨论一直进行到所有的扑克牌都被使用完。

5. 第一个将手中所有扑克牌用完的参与者成为胜利者。

6. 在讨论过程中,裁判员都充当听众的角色,并可进行记录。在讨论结束后他们对讨论过程进行评论。

变体形式

当参与者较少时无须进行分组,只需一到两副打乱的扑克牌。此种情况下,参与者抽取扑克牌表示讨论开始或结束的环节就可被取消。

重要的组织性评论

此方法在参与者已经具备开展讨论所需经验的情况下最适用。初学者也许不能做到在扑克牌提示操作下进行有建设性的讨论。

表 33　几张扑克牌

对讨论的氛围进行评价	询问该讨论所特有的意义	可以做你想做的事
支持先前的观点；提供论据	反驳先前的观点；提供论据	可以选择之前发言者们提到过的观点的任一立场
加入讨论；只用资料和数据来支持你的立场	加入讨论；从情感的角度来支持你的立场	以自身经历为例证来支持讨论
严词批评最后一个观点	以某种方式来阻止讨论	选取一个与该讨论话题相关的持怀疑态度的立场
请陈述；在你看来10年后这个问题将会是什么样子	重复对手的论点论据	从学生的角度来展示分析过的问题
开始讨论	讨论结束进行，总结	对之前发言者的论证进行赞美
从专业律师角度来提出问题	忍住不说话	鼓励另一人加入讨论

研讨会的示例场景

待讨论的话题

法律职业意味着同其他人一样执行一项工作任务。因此，伦理准则应更关注职业素养而不应涉及个人生活。

以这种方式设置的问题应允许参与者来完善自己的道德立场，在错综复杂的司法实践及背景中总结方法，并认清人们对法官的伦理和道德期望是怎样的。他们可能会对该观点持否定态度，也可能持肯定态度，但不管在哪种情况下，他们都需提供合理的论据来支持他们的决定。

活动描述

1. 将参与者分为较小的队伍，每队中有一人担任观察员或仲裁者。在这种较小的队伍中，所有参与者相互协作。

组织者提出要讨论的论点，但他不可对该论点进行解读或说明，要由参与者来进行解读。

2. 每队都可拿到扑克牌（见表33）。

3. 在每组内给除观察员外的全部成员分发扑克牌，方式与平常玩扑克牌的方式类似。讨论由抽取到"开始讨论"扑克牌的人发起，并由手中拿着"讨论结束,开始总结"牌的人宣布结束。队伍中每位成员均应积极参与讨论,但参与者需使用手中扑克牌才能获得发言的机会。所有参赛者都必须遵守扑克牌上面的说明。每张扑克牌都只能被使用一次,不可重复使用。

参与者可自由选择发言时间,发言顺序并不是事先规定的。获得发言权时,参与者应就论点相关问题陈述个人立场及理由(仅仅按照扑克牌上面的说明做是不够的,例如"支持之前的观点")。此种情况下,设置一个发言前最短思考时间也许会有帮助(比如,20秒或30秒)。

4. 讨论一直持续到所有扑克牌都被抽完为止。

即使参与者用尽了他手中所有的扑克牌,也依然可以积极参与讨论并发表其观点。

5. 首先将手中所有扑克牌全部用尽的参与者成为胜利者。

十七、鱼　缸

该方法旨在培养一个人进行讨论、提供论证并为自己的观点进行辩护的能力。参与者通过一种文明的方式来学习如何进行讨论以及为公开演讲做准备。

该活动适宜在少则几人、多则25~30人的群体中开展。活动持续时间最长为30分钟,因为参与者通常在30分钟左右过后就会失去参与讨论的兴趣。

该活动不需要准备任何附加的材料。

活动描述

1. 参与者围坐成大小两个圆圈,内圈有3~7把椅子,除这些人外其他参与者均坐在外圈。

2. 组织者选择讨论参与者。

3. 被选中的讨论者坐在内圈,其中两把椅子空着(小一点的组内留一把空椅子即可)。

4. 坐在内圈的参与者就组织者所选取的话题展开讨论。

5. 坐在外圈的参与者若想参与讨论,必须起立并坐至内圈。一旦表达完自己的观点或陈述完自己的论据,该参与者必须坐回外圈。

6. 每名坐在外圈的参与者均可去内圈参与讨论。

重要的组织性评论

1. 需注意的是,讨论小组的规模越大,内圈所留空椅子的数量就越多。例如,若一组内有 25 名成员,则内圈需至少有 4 名讨论者和 3 把空椅子。

2. 组织者在选择讨论者时,需选取那些果断、自信且愿意在讨论中积极发言的人。

3. 当讨论氛围不再热烈时(可通过想要去内圈参与讨论的参与者数量急剧减少看出),讨论便可结束。同时需注意,每名参与者都应拥有发言的机会。

4. 不允许任何人控制讨论或在讨论中一直占据主导地位,例如,不允许任何人一直占据着内圈的座位。

显示座位安排的图示:

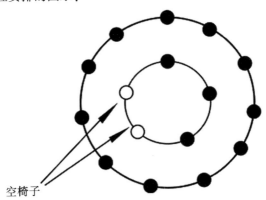

图 4　座位安排示意图

研讨会的示例场景

以下为从本章开始部分引用的案例的部分事实,可作为该活动的基础:

一名地区法院法官被指控,2004 年 8 月 23 日,在针对 Bogusław B. 案件 VK 155/04 的法庭程序中,明知被告人通过收废铁谋生,该法官以有损人格的方式在庭上申斥其行为,导致与被告人发生不必要的争吵。

法院认定该法官犯有违反纪律行为,影响了司法机关的尊严,因此根据 ACCO 第 107 条第 1 款,决定给予该法官惩戒。

需讨论的话题

在本案中我们无法断言该法官的行为影响了司法机关的尊严,毕竟每个人都有权利偶尔失态。这是真的吗?还是说,作为一名法官,他应该永远都不允许在法庭上出现这样的行为呢?

1. 如果组织者之前就对参赛小组有所了解,那他便可以选择一些活跃、积极的参与者坐在内圈,并发起讨论。

2. 当坐在外圈的人不太愿意参与讨论时,组织者可以选择自己去内圈选一个空位坐下,然后提出一些有争议的话题。这样可以鼓励其他参与者来陈述他们的立场。

3. 组织者可自由控制讨论时间,如果讨论氛围逐渐平淡,那就可以终止讨论了。

4. 当讨论结束后,应当进行总结。参与者可以发表自己的观点,说一说他们认为哪些论据最有效,对哪些论据感到比较新奇,以及原因。此外,活动的所有参与者均应有机会分享他们对该讨论活动的想法和印象。

十八、鱼　骨

该方法培养人们创造性地解决问题及从不同来源获取信息的能力。这是一种在团队和小组合作中展开有效合作的方式,也是建立人际关系的一种方式。它教会人们如何作出个人及团体的决策。同时,这种方法还能让人们将已有知识运用到实践中来。

该方法的名字即可反映出其是将相关信息以鱼骨图表记录下来的独特方式。使用这种方法开展活动的主要目的不是为了分析问题,而是为了探求原因,以及在考虑到结果的情况下对随后的行动进行规划。

活动参与者可从几人到20人不等。活动时长约为20分钟。

研讨会前的准备工作

一张大的鱼骨图表;

一叠纸;

马克笔。

活动描述

1. 为活动做准备。组织者向参与者介绍该方法并在写字板或海报上对鱼骨图表进行展示。待分析的问题写在标志着鱼头的空白处。

2. 团队通过头脑风暴的方式，确定导致该问题的主要因素。组织者将大家想到的所有观点都记录在海报上。团队成员从中选出几条（4～6条）建议。这些建议将会作为"鱼刺"被写在图表上。

3. 因在之前的步骤中确定了不止一个主要因素，团队因此被划分为几个小组。每组都需探索可能会影响该因素的原因。参与者将对这些主要因素有影响的次级因素记录在纸上。

4. 填好的纸张贴在鱼骨图表上对应的位置。重要的是，参与者应选择他们认为最重要的因素及原因。

5. 下一阶段是解决问题的阶段，可以采取讨论的方式来完成。在该阶段，解决问题的每个方法和步骤都要由参与者进行详尽的阐述。重要的是，每组参与者均应努力明确可抵消消极因素的方法及可能会反过来影响主要因素的原因。同时，参与者还应努力找到能够处理可能存在的障碍的方法。

6. 以这种方式收集起来的建议可作为进一步讨论的出发点。

重要的组织性评论

1. 需记住的是，组织者应准确地确定较大或较小的"鱼骨"的角色和价值。

2. 对团队讨论的时间应进行准确的限制（比如，每阶段 15 分钟）。

3. 活动应在足够大的房间内进行，从而确保每个小组都有足够的工作空间。

研讨会的示例场景

案件事实

地区法院法官被指控：

1) 2004 年 10 月 29 日，在审理登记为 V Ko 272/01 的 Czesław F. 案件时，她的发言质疑了公诉人的职业素养，言语中暗示公诉人缺乏专业知识并且应再次参加职业实习；她也表示了对公诉人维持动议、允许证人提供证言的不满。

2) 2004 年 11 月 6 日，为了确定登记为 2 Ds. 4443/04 的案子的审理日期，她从拘留部门办公室给地方公诉人打电话，对话中对公诉人提高音量，并在还没给出具体会议日期的情况下挂断了电话；然后，在讨论关于在案件 IV Kp 1436/04 和 IV Kp 1435/04 中使用短暂拘留的会议中,她高声提及参会的公诉人,批评她宣读动议的态度,并且质疑其素质以及工作;她不允许该公诉人反驳她的指责,并谴责其行为不当;另外,这些都发生在嫌疑人、文秘人员和警察都在场的情况下;她还高声批评了警察的行为。

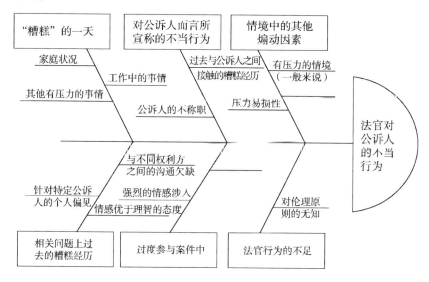

图 5　鱼骨图表

活动描述

1. 为活动做准备。该法官对公诉人的态度可被指定为主要问题。

2. 参与者以小组(每组 5~6 人)为单位来解释并阐述主要问题。然后,这些小组成员的任务就是分析案件事实,并以此为基础来表述该主要问题。

3. 如果在头脑风暴阶段出现一些关于主要问题的定义的建议,则每个小组可从不同角度理解并研究问题。

例如,问题可能会被理解为该法官对公诉人的不当诋毁行为。

4. 每组在研究主要因素时,应把它们记在纸上。在研究影响主要因素的次级原因时,同样需要作记录。

5. 在变体形式中,每个小组可以就其中一个主要因素进行研究。在这种情况下,所有参与者共同研究大家都接受的一个主要问题。

例如，主要因素可被理解为：礼貌缺失，对公诉人作出的不当行为，法官因特定情境而产生的烦躁，法官对本案的介入，对个别公诉人的个人偏见，法官的坏习惯，或仅仅是过了"糟糕的一天"。

6. 组织者应为每组提供一张鱼骨图表，并向参与者解释如何来完成这个图表。如果所有小组研究的是相同的主要问题，那么每组都要分别完成各自的鱼骨图表海报。

7. 完成一张图表后，即可开始进一步讨论该法官的不当行为可能产生的后果。参与者可对相关有约束力的法律条款（例如 ACCO）进行分析，从而能够确定该法官这种违反纪律行为的类型，并给出惩罚建议。

十九、团队支持的辩论

该方法是讨论有争议问题的一种工具。以此种方式开展的活动教会人们如何在辩论中形成自己的观点，如何为自己的观点辩护，并为公开演讲做准备。同时，参与者也可学习如何以文明的方式展开讨论。

该活动可有 20 多名参与者共同参加。活动时长约为 30 分钟。

讨论前的准备工作

该活动不需要准备任何附加的材料。可准备一张大纸或一块写字板，将讨论的问题或相关观点记录在上面。

活动描述

1. 组织者应为讨论准备一个话题，该话题应至少可从 4~5 种不同的角度去理解。将该话题向参与者展示（可写在写字板或海报上）。

2. 组织者选取的人数应与和该话题有关的立场的数量相同（除组织者选定外，每个人可自愿报名选取其中某个立场，或大家进行抽签选取）。

3. 被选中的人将参与辩论。在较小的团队中，所有的参与者均可积极参与讨论。

4. 团队中剩下的成员将会被分为更小的小组——分组的数量与辩论中主要发言人的数量一样多（因为有许多不同的立场）。每个小组都要选取一方辩论者对其进行支持。组内成员在听辩论者进行辩论的同时，可准备额外的论据或能够反驳对方观点的相关论点。

5. 辩论者坐在房间的中间位置，其余参与者以组为单位聚集在一起听辩论者进行辩论。

6. 第一阶段持续 10 分钟。每名主要辩论者都应发言并陈述与对方论点相关的观点和论据。

7. 当第一轮的活动结束后,每名辩论者都加入支持其论点的小组进行讨论。讨论可持续 5~10 分钟。讨论结束后,每组均可选择另一人作为主要发言人。

8. 第二轮辩论开始,时间为 7~8 分钟。若辩论结束后还有话题没讨论完,则组织者可组织另一场辩论及另一轮讨论。

9. 如果立场已经明显接近,或话题的所有可能角度都被讨论完时,则这场讨论便可视为结束。

重要的组织性评论

1. 每一轮的时间都应有严格的把握和控制。

2. 辩论者不应对对方进行人身攻击——讨论中只可使用合理的论证材料及抗辩材料。

3. 组织者应当鼓励支持各组经常更换辩论者——这样会使得辩论保持"新鲜",让更多的参与者活跃起来。

研讨会的示例场景

案件事实

上诉法院——惩戒法庭于 2006 年 1 月 25 日作出决议,地区法院法官于 2004 年 8 月 23 日到 11 月 6 日期间由于不能保证其职位的职业尊严而被判存在不当职业行为,表现如下:

1) 2004 年 8 月 23 日,在审理诉 Bogusław B. 的案件时,明知被告人通过收废铁谋生的情况,该法官以有损人格的方式在庭上申斥其行为,导致与被告人发生不必要的争吵。

2) 2004 年 8 月 25 日,在审理案件过程中,她试图对公诉人施压以使其同意缩短其所建议的刑期,在她施压无效后,她通过大喊以及抨击公诉人这种影响法庭尊严和职业正直的行为来表达自己的不满。

3) 2004 年 9 月 22 日,在审理案件过程中,她尝试对公诉人施压以使其缩短其建议的刑期,当她施压无效后,她公开表达了不满;并且在公诉人听证会上,她建议该公诉人的上级同意她的想法并要求公诉人立即联系其上级:"还在等什么?现在,立刻去打电话!"

4)2004年10月29日,在审理诉 Czesław F.的案件时,她的发言中质疑了公诉人的职业素养,言语中暗示公诉人缺乏专业知识并且应重新参加职业实习;她也表示了对公诉人维持动议、允许证人提供证言的不满。

5)2004年11月6日,为了确定案件的审理日期,她从拘留部门办公室给地方公诉人打电话,对话中对公诉人提高音量,并在还没给出具体会议日期的情况下挂断了电话;然后,在关于讨论使用短暂拘留的会议中,她高声提及参会的公诉人,批评她宣读动议的态度,并且质疑其素质以及工作;她不允许该公诉人反驳她的指责,并谴责其行为不当;另外,这些都发生在嫌疑人、文秘人员和警察都在场的情况下;她还高声批评了警察的行为。她的这种行为根据 ACCO 第107条第1款的规定构成了违纪行为,因此法院决定判决惩戒。

参与者的任务

对法官的行为进行评价。

1. 你同意法院的判决吗?
2. 你觉得该判决属于宽大处理吗?
3. 你觉得该判决太过严厉吗?
4. 你支持"就本案中行为的类型而言,不应启用惩戒程序"这一观点吗?
5. 你认为上述所有行为都是无法接受的吗?
6. 你认为该法官的行为真的影响到了法官职位的尊严吗?

活动描述

1. 参与者了解案件事实(10～15分钟)。组织者应向参与者详细介绍讨论过程中应遵循的规则。考虑到本案事实的特殊性,应着重提到该法官的不当行为是重复的。

组织者既可基于本案已有的全部事实开展活动,也可以其中个别不当行为为例展开讨论。

2. 组织者选取的人数应与和该话题有关的立场的数量相同(除由组织者指定外,每个人可自愿报名选取其中某个立场,或大家进行抽签选取)。该方法在参与者们立场相似的情况下十分实用。

可能出现的态度:支持法院判决,认为判决过轻,认为判决过重,反对对该法官作出任何纪律处分,寻求现状背后的原因,等等。

3. 某一特定立场的支持者可参与讨论。每人只可支持一个立场。每名辩论者都要对其立场、支持的观点及相关的论据进行展示。

4. 团队中剩下的成员将会被分为更小的小组——分组的数量与辩论中主要发言人的数量一样多（若有 5 个立场，则剩下的成员将会被分为 5 个小组）。每个小组都要选取一方辩论者对其进行支持。组内成员在听辩论者辩论的同时，帮助准备进一步的论据。

5. 辩论者坐在房间的中间位置。房间在布置安排时要让大家都能清楚地看到以及听到辩论者的发言。

6. 第一阶段最长持续 10 分钟。

如果辩论氛围开始减弱，或参与者已提不出更多的论点论据，组织者便可宣布讨论结束，并支持组内开展讨论。

7. 在辩论过程中，每名辩论者都要与支持他们的队伍就更深层次的论据及能够反驳对方观点的相关论点进行商议。讨论可持续 5～10 分钟，具体时长取决于团队中的成员是否积极参与。

8. 辩论第二轮开始，时长为 7～8 分钟。每名辩论者利用支持他的团队所共同研究出的论据来阐述自己的立场。若辩论结束后还有话题没讨论完，则组织者可组织另一场辩论及另一轮讨论。

组织者应当鼓励参赛队伍时常更换辩论者——这样会使得辩论保持"新鲜"，吸引更多人积极参与。

9. 如果立场已经明显接近，或话题的所有可能角度都被讨论完时，则这场讨论便可视为结束。

一些观点及相关论据示例见下表。

表 34　观点及相关论据示例

观点	论据示例
法院的判决过轻。	——该法官的行为反映了其礼貌缺失； ——惩戒法庭应当明确表示该种不当行为是不可接受的； ——这样的行为反映出人们的礼貌水平普遍下降； ——人们都期望法官能以自身恰当的言行起到表率作用，与其他人交往时应始终表现出无可挑剔的举止； ——一名法官有这样不礼貌的言行，理应受到恰当的惩罚。

(续表)

观点	论据示例
法院的判决过重。	——法官也是正常人,人都会犯错; ——我们不能指望谁能够永远控制好自己的情绪,任何人都可能会有失控的时候; ——我们并不了解与本案相关的所有细节; ——该法官可能受到了别人的驱使; ——人无完人。
支持法院的判决。	——法院考虑到了本案中所有的情形; ——该法官的行为的确不恰当,但她违反的法规等级并不高; ——该法官理应受到惩罚,但同时本案情节并不十分严重,因此法院对其的惩罚足够了。
该法官的行为根本没有影响到其职务尊严——因此她不应该受到惩罚。	——从现有情形只能看出在法官与公诉人的交流中出现了一些瑕疵; ——可以肯定的是,不应仅由该法官一人为发生的情况负责; ——她的行为可能是在他人行为的刺激下作出的; ——每个人都可能会偶尔失态,对这样的事情施以惩罚并不恰当; ——这样的案子就本质而言是相关的:在一个人看来不礼貌的言行可能在他人看来反而是坚定果断的行为。
此类型案件不应适用惩戒程序。	——像本案这样有关法官个人性格特点的案件,用伦理准则来约束这些性格特征可能会导致一些延伸的责任,不仅会影响说话方式(就如本案中的情况),还会影响人的外貌、声音、幽默感及其他方面; ——该类型的案例不应公之于众——"本来没事,人们却爱小题大做"; ——在本案中诉讼程序并不重要,这将会给法官带来巨大压力,且会逐渐动摇其地位,影响其声誉。

二十、讨论 66

该方法能够培养人们在团队中展开讨论、进行有效的沟通以及表达个人观点的能力。同时,它还能够帮助讨论者为参与公开讨论做准备。

"讨论 66"这种技巧涉及将团队中的观点以一种有趣的方式收集起

来。同时，由于参与者始终需要注意活动的时间限制，这将有助于参与者学习在时间压力下更好地表现。该方法还有一个好处就是，所有参与者都能参与到讨论中来。

以该形式开展的活动，在需要鼓励参与者就特定问题积极参与讨论时尤为有效。"讨论66"方法可以作为进一步辩论的起点。

活动参与者可从几人到几十人不等。活动时长约为30分钟。

研讨会前的准备工作

一块手表或一块秒表。

活动描述

1. 组织者将所有参与者分成6人一组的小组。

2. 每组有6分钟的时间对组织者给出的话题进行讨论。根据讨论需要，每组的任务各不相同，有可能是为问题提供解决方案，找到问题间的关联，就组织者给出的案例提出问题，等等。

3. 讨论时间结束后，每组均需在所有人面前对其讨论结果进行展示。

该方法为其他活动起到了良好的带头作用。它可以激发参与者的创造性，让他们变得更加积极，为进一步工作提供了便利。

重要的组织性评论

1. 即便讨论变得非常激烈，参与者也不应被要求噤声（该方法有时也被称为蜂巢法，因为在讨论中有时会产生较大的噪音）。

2. 团队讨论应严格遵守时间的限制。

3. 用于话题讨论的时间长度应提前设定好。

研讨会的示例场景

作为出发点的案件事实

一名地区法院的法官被指控在Bogusław B.一案的庭审过程中，明知被告人通过收废铁谋生的情况，该法官以有损人格的方式在庭上申斥其行为，导致与被告人发生不必要的争吵。

待询问的问题

1) 该法官的行为是否不当？

2) 该法官的行为是否影响其职务尊严？

3) 该法官的行为算得上是违法行为吗？

活动描述

1. 组织者将所有参与者分成 6 人一组的小组。

考虑到本案事实的特殊性,应尽量为参与者提供相关法案(ACCO,CPCJ,CC)以供参考。

2. 每组用 6 分钟时间进行讨论。组织者负责控制活动时间。所有团队成员应协同工作。

3. 讨论时间结束后,每组均需在所有人面前对其讨论结果进行展示。

建议解决方案:根据上诉法院于 2006 年 1 月 25 日作出的判决,该地区法院法官因未能维护法官职位的尊严而构成了 ACCO 第 107 条第 1 款中所定义的违反纪律行为,法院因此对其处以惩戒。

二十一、雪　球

该方法在教授人们有效沟通的原则、开展组内合作以及作决定方面十分有效。此外,使用该方法开展的活动可提高人们在实践中使用已有知识的能力,并为公开演讲做准备。该方法可提高人们提出论据,为自己的立场辩护的能力。

研讨会前的准备工作

不同颜色的纸张;

作为海报的大的纸张;

马克笔。

活动描述

1. 组织者提出待解决的问题。

2. 参与者需各自在 5 张白纸上写下自己认为最重要的答案、对某一概念的定义、与该问题相关的预期或建议解决方案等。此过程需独立完成。

3. 参与者两两结对,并从 10 种解决方案中选出 5 种(或者也可共同制定一种解决方案)。参与者需将其工作结果记录在黄色的纸上。

4. 两对参与者结成 4 人一组的队伍。通过这样的方式组成的队伍需共同就规定的问题制定出一个解决方案。很重要的一点就是,参与者必须通过协商讨论达成共识。参与者需将其工作结果记录在蓝色的纸上。

5. 接下来,2 个 4 人小组结成 8 人一组的队伍。就像活动前几个步骤中的规则一样,每组内的参与者共同制订出一个解决方案。参与者需将其工作结果记录在海报上。

6. 参与者将最后 8 人一组的队伍制订出的方案进行展示,并对其讨论和研究过程进行阐述。

7. 海报可以挂在房间里进行展示,这样每个人都能清楚地了解到研究结果。

重要的组织性评论

1. 组织者应对待解决的问题作出详细的说明。

2. 对团队的讨论时间应进行准确的限制(比如,每阶段 10 分钟)。

3. 组织者须确保在讨论过程中不会有参与者将自己的观点强加给他人。

研讨会的示例场景

案件事实

一名地区法院法官被指控犯有违反纪律的行为,具体情节如下:在审理案件过程中,该法官试图对公诉人施压,让其同意减轻其建议的刑罚,但是没有成功。随即,她公开表示了自己的不满。之后在法庭上,当公诉人告诉她其所建议的刑罚已被其上级接受时,她当即要求该公诉人与其上级联系,并说道:"还在等什么?现在,立刻去打电话!"

ACCO 第 107 条第 1 款中提到,律师应为其影响司法职业尊严的行为负纪律责任。该法官这样的行为属于纪律责任吗?该法官需要受到处罚吗?如何处罚她呢?在你看来,"影响司法机关的尊严"是什么意思?

活动描述

1. 组织者提出待解决的问题。

在本案情况中,需解决的问题是:针对该法官是否应面临刑罚、面临何种刑罚作出决定。

在变体形式中,参与者的任务可能是给出他们对"影响司法职业尊严"的定义。在本案中,案件事实只可被作为附加材料。构建这样一个定义需参考相关法案、法律文献及司法判决书。

2. 参与者需将研究出来的解决方案记录下来。每名参与者均需独立完成。若参与人数较多,则活动可以以两人一组的形式进行。

3. 参与者两两结对,并以两人各自的解决方案为基础研究出一个新的解决方案。

4. 接下来,参与者被分成4人一组,继而8人一组,重复之前的步骤。

5. 参赛者将最后8人一组的队伍制定出的方案进行展示,并对其讨论和研究过程进行阐述。每组都需通过海报将其研究结果展示出来。

6. 海报可以挂在房间里进行展示,这样每个人都能清楚地了解到研究结果。

7. 组织者将"司法职业尊严"在法律规定、司法判决书及法学理论中的含义告诉大家。

活动中还可以用来讨论的问题有:

1)该法官影响其职业尊严的行为构成了ACCO第107条第1款中定义的纪律违规事件吗?

2)本案中对法官应处以何种刑罚?

二十二、"我可以发言吗"

该方法是教会人们在不同的(特别是复杂的)环境中进行有效沟通的一种工具。它能够培养人们表达个人观点的能力,并为在公开场合演讲作好准备。该方法的主要优势在于,它能够使心里害怕的参与者变得积极起来。

记录员的角色在一场成功的讨论会中显得尤为重要。该角色可由那些比较内向、不太愿意在讨论中发言的人来担任。

活动可在任何大小的组内开展:几人、十几人,甚至几十人参与均可。活动时长为30~45分钟。

研讨会前的准备工作

讨论授权卡(不同颜色的纸张);

将待讨论的话题写在写字板或海报上。

活动描述

1. 组织者提出待讨论的话题及讨论所需遵循的原则。

2. 每名参与者可拿到3张带有指令的纸张——每张卡片都使其有一

次发言的机会（每名参与者可有3次机会发表自己的观点）。每次发言时长不可超过1分钟。

3. 根据组内人数的多少，大家可以共同讨论，或者以小组的形式展开讨论。

4. 每组选取一名记录员，将该组最重要的结论及论据记录下来。

5. 每组就组织者提出的问题进行讨论。参与者要想发表自己的观点，则必须使用讨论授权卡，且卡片不得被重复使用。

6. 在小组讨论会上，记录员将记录下来的所有讨论结果对全组成员进行展示（在人数较少的组内，若全部成员共同参与了活动，则由记录员对其笔记进行展示并对讨论进行总结）。

重要的组织性评论

1. 该方法可鼓励比较内向以及不太健谈的参与者积极参加。
2. 该方法允许对过于健谈的参与者进行限制。
3. 由于所有的参与者都想尽快将自己的讨论授权卡使用掉，讨论常会变得较为激烈。组织者需确保所有参与者遵循讨论的原则，文明进行讨论。为维护秩序，组织者可主持讨论，参与者需得到组织者的许可方可发言。

研讨会的示例场景

案件事实

根据上诉法院——惩戒法庭作出的判决，一名地区法院法官有违反纪律的行为，具体情节如下：

1）在审理案件时，她试图对公诉人施压以使他同意缩短他所建议的刑期，在施压无效后，她通过大喊以及抨击公诉人这种影响法庭尊严和职业正直的行为来表达自己的不满。

2）在审理案件过程中，她试图对公诉人施压以使其缩短其建议的刑期，当施压无效后，她公开表达了不满；并且在公诉人听证会上，在该公诉人在场的情况下，当公诉人告诉她其所建议的刑罚已被其上级接受时，她当即要求该公诉人与其上级联系，并说道："还在等什么？现在，立刻去打电话！"。

3）在审理诉Czesław F.的案件时，她在发言中质疑了公诉人的职业素养，言语中暗示公诉人缺乏专业知识并且应重新参加职业实习；她也表示了对公诉人维持动议、允许证人提供证言的不满。

4）为了确定案件的审理日期,她从拘留部门办公室给地方公诉人打电话,对话中对公诉人提高音量,并在还没给出具体会议日期的情况下挂断了电话;然后,在关于讨论使用短暂拘留的会议中,她高声提及参会的公诉人,批评其宣读动议的态度,并且质疑其素质以及工作;她不允许该公诉人反驳她的指责,并谴责其行为不当;另外,这些都发生在嫌疑人、文秘人员和警察都在场的情况下;她还高声批评了一位警察的行为。

根据 ACCO 第 107 条,法院认定该法官犯有违反纪律罪,并决定对其处以惩戒。

问题:

1）法院判决正确吗？
2）该法官的行为是否影响其司法职业尊严？
3）情绪激动可视作该法官行为的理由吗？
4）该法官的行为可被定义为不当行为或犯罪行为吗？
5）该法官的不当行为是否能反映出她缺乏礼貌？
6）有这样不当行为的司法人员是否应该被撤职？

活动描述

1. 组织者提出待讨论的话题及讨论所需遵循的原则。

人们选择所有的问题,或者选取其中一些,甚至只选择其中一个均可。

2. 每名参与者可拿到 3 张讨论授权卡。每次发言时长不可超过 1 分钟。参与者可利用讨论授权卡依次发言。每张卡片只能使用一次。

记录员应控制好时间,如果参与者发言超过时长限制,记录员应令其停止发言,并将发言的机会交给其他人。

3. 若参与者人数较多,可将其分成较大的组(每组最多 10 人)进行讨论。

在这种情况下,组织者应注意不时对各组内的讨论进行引导。如果需要的话,他可以额外提问一些问题或提出一些论据来活跃讨论的氛围。

4. 记录员从活动参与者(或较小的组的成员)中选出,其主要任务是将大家讨论中总结出的所有论据及最终得出的结论记录下来。

组织者负有注意义务,应确保讨论有序进行。他的任务就是让人们轮流发言,同时对那些不太积极的参与者进行鼓励(当参与者被分成不同的组时,组织者的角色可由每组内的记录员来担任)。

需注意的是,大家可以对论据进行批评,但不可对发言者进行人身攻击。

5. 在小组讨论会上,记录员将记录下来的所有讨论结果对全组成员进行展示。

展示内容应包括最重要的难题以及每一个成为焦点的问题。如果组内成员达成一致意见,则也应由记录员展示出来。

第三部分
法律职业人员的行为准则

第一章 引 言

一、一般问题

我们需要为法律职业伦理教育提供实践教学,这一点是毋庸置疑的,因为没有适当的职业伦理知识,就不能作出裁决、监督法律从业人员或者提供法律援助和服务。参加教授法律知识的法律诊所项目的学生同样应学习掌握相应的职业伦理知识,这些知识会帮助他们有意识地去选择职业生涯,并通过实践走向成功。

同前几章中提到的一样,作者在设计本部分的任务的过程中,引用了之前发表在《最高法院的判决——惩戒法院》中的真实案例。该系列丛书记载了最高法院在 2002 年至 2009 年间审判的案例。最高法院作为上诉惩戒法院,审理了法官、检察官、法律顾问、辩护律师及公证人员的违纪案件。此外,为满足项目的需要,我们还设计了调查问卷从罗兹的法律界获得相关信息,例如哪些法律职业伦理值得优先进行分析等。之所以选择聚焦在一座大型城市周围的罗兹地区,是因为那里有许多由地区法院和上诉法院管辖的普通法院。当然,选择这个特定地区还有一些其他的原因。例如,这里是律师事务所的聚集地,这里的律师都是非常专业且积极的。此外,在罗兹地区,规制律师事务所的当地惩戒法院同意与学术研究者分享关于惩戒案例的经验,这具有特殊意义,并且在很大程度上提高了本书中分析的价值。

对特定职业伦理准则的选择是由法律部门的官方机构所提出的。在法学理论中,对"司法"(或"司法机构")一词的意义有多种解释,对"司法保护机构"一词的概念也有多种不同的看法。《波兰宪法》第 175 条第 1

款使用了"司法"①这一概念来表示最高法院、普通法院、行政法庭和军事法庭。在法律研究中,对这一概念有很多解释,包括客观定义②(法律裁决)、主观定义③(司法人员据此在法庭上作出裁决)及混合定义④(司法人员作出裁决以解决冲突)。然而,人们很容易接受司法保护机构:行使审判权的普通法院机关,包括检察官的办公室在内的司法控制机构,以及提供法律服务的机构的代表,例如律师和法律顾问。⑤ 对职业伦理准则的相关讨论就以反映上述部门划分的形式呈现。

在本书所讨论的所有证据事实中,我们想要强调其中涉及"内部诊所"关系的证据事实,即学生和他们的导师在联系委托人时可能会遇到的伦理问题。法律诊所中的伦理培养要求我们培养学生建立对类似事件信息传播问题的敏感性以及解决类似困境的能力。

同本书第一部分中所描述的任务一样,本部分提出的任务也都能够在互动的研讨会中找到足够多的应用。在研讨会中,除了对相关的方法及学生个人工作所需的一组原始资料进行选择,不需要其他内容或准备。方案中有对样例方法的说明,这些方案包含某一特定的职业伦理准则,也可见本书最后部分旨在进行更详尽解释的样例问题和方法。

就材料展示的安排和真实数据的选择而言,我们认为,把那些能够对伦理准则中的规则进行说明的证据事实展示出来更具有实践意义。大部分数据来源于惩戒法庭的判决、调查问卷的结果以及对律师有关职业经历的采访。根据呈现证据事实的复杂程度,我们将其分为三组。在第一组中,先对已有法典规则进行介绍,然后阐述惩戒法庭引用特定判决的理由。脚注中应包含案例的案卷号,以便在参与者完成特殊的任务中需要

---

① 从历史观点上说,这一概念尤以宪法中有关司法宪法的一般原则为前提条件。1929 年,S. Gołąb 和 I. Rosenbluth 详细讨论了关于 19 世纪的宪法的完善。二人表示,在当时的环境下,尤其是考虑到 1921 年 3 月 7 日的《波兰宪法》的规定,执法机关是法院。参见 S. Gołąb, I. Rosenbluth, Ustrój sądów powszechnych [Constitution of common courts], Warsaw 1929, s.4-5。

② Cf, *inter alia*.: S. Włodyka, Ustrój organów ochrony prawnej [Constitution of the institutions of legal protection], Łódź 1971, p.15.

③ Z. Jarosz, S. Zawadzki, Prawo konstytucyjne [Constitutional law], Warsaw 1987, p.525.

④ J. Waszczyński, Ustrój organów ochrony prawnej [Constitution of the institutions of legal protection], Łódź 1969, p. 14.

⑤ K. Sitkowska, Ustrój organów ochrony prawnej [Constitution of the institutions of legal protection], Toruń 2008.

使用补充资料时可以很轻松地找到这些案例并进行使用。第二组中包括真实的或设计出来的证据事实,包括容易引发讨论的争议性问题。所有被引用的、真实的证据事实都有相应的参考文献,内含案例的案卷号及对案例出处等信息的详细描述。补充资料可能会被用来开展更加深入的分析,它们适用于全国司法委员会作出的包括司法伦理问题判决在内的相关决定。此外,还有一个第三组,其中包括着重分析已有法典规则的交互式讨论的案例。几乎所有的伦理行为规则都就真实的司法裁决及相关问题进行讨论,而未经讨论的问题大多属于技术层面。①

二、方法论问题

就律师职业行为准则进行讨论之前应进行一次更加全面的分析。需注意的是,对于许多相关活动的参与者来说,这也许是他们第一次遇到职业伦理问题,特别是法律职业伦理问题。学术经验显示,首先了解一般问题,继而才能讨论特殊问题。因此,以下问题值得我们注意:

——当我们使用"职业伦理"或"法律职业伦理"而非"伦理"这个词时,我们应当牢记什么?我们是否需要职业伦理?如果答案是肯定的话,为什么?职业伦理有用吗?何时以及在何种情况下有用呢?

——哪种职业需要使用以及应用职业伦理?这些职业在公信力方面与其他职业有何不同?职业化(实践中所用专业知识及能力)的意义是什么?伦理思想(公认的伦理规范、伦理评价准则、公认的价值等级)意味着什么?

——什么领域与参与社会生活(私人的和职业的、公众的)更有关联?什么样的社会关系、价值观、伦理优先性和行为标准与这些领域有关联?我们如何区分这些领域?当这些关系以及价值观在这些领域中混杂时,会产生什么样的问题?

——法律职业伦理的主要问题是什么?在法律职业伦理领域,如何判断一种行为是否违反了一般伦理准则?为什么从律师所追求的目标、

---

① 参见 CELA 第 54 条中关于在解释法律顾问的职业伦理准则的范围内为 KRRP 制定方法指南的可能性的法令。讨论与特定事实及方案相关的原则可能会看起来不相关,因为它们可以自证。但事实恰好与之相反,这些有教育意义的相关判决被包含在与 KRS 及 KRRP 中相关原则有关的材料中。

任务和社会功能的角度来看,一般伦理被认为是无关和不充分的?

——包括法律职业伦理在内的职业伦理应当被编为法典吗?为什么将法律职业伦理写入法典这一问题是具有争议性的?职业行为准则能够约束职业行为中出现的所有问题吗?这些问题应该全部被约束吗?伦理直觉扮演着何种角色?伦理准则能够成为"伦理主张"的依据吗?从法律角度看,纪律责任扮演何种角色?

当然,我们仅指出了有关法律职业伦理的一般性问题。本书着眼于研究方法论问题,采用的问题仅用于解释说明。从教学角度看,活动组织者肯定会对一般问题进行介绍,例如通过演讲的形式。然而,作者的目的是通过本书向大家展示交互式教学法更有效。为实现这一目标,下面将展示一个关于"洋葱"工具的活动方案。此方法适用于研究小组的第一次会议。因为一方面,它能使小组中的成员互相了解;另一方面,因为人们必须同其他圈子的人进行交流,它有利于激励所有人参与到活动中来。此方法在一般伦理问题的分析上也同样适用。

一个先进的小组也许会被问到上述问题,例如:职业伦理有用吗?这样的任务适用于小一些的小组。同时,小组中参与者人数应为偶数。活动时长没有限制,但是 45 分钟已经非常有效了。

研讨会的第一个示例场景

"洋葱"法

活动描述

1. 将活动参与者平均分为两组。

2. 一组成员坐在内圈,另一组成员坐在外圈,两圈人相对而坐。

3. 每对参与者对组织者提出的问题进行讨论;讨论时长应事先规定好(比如,5 分钟)。

4. 规定的讨论时间结束后,内圈参与者沿顺时针方向移动一个座位。每个参与者同新的搭档开始讨论;讨论时长与上一阶段相同。

5. 由组织者确定一共进行几轮讨论。在人数较少的小组中,活动一直持续到每一名坐在外圈的参与者都与每一名坐在内圈的参与者进行过讨论为止。

6. 组织者对讨论结果进行总结,并邀请发言人与大家分享他们的结论。

对活动进行总结时,组织者也许会说,当法官在匿名调查问卷中被问及职业准则在其职业实践中的有效性时,他们通常会回答自己作出的决定遵循的是职业伦理及自己的良心或者公认的价值观。因此,给参与者设定一个涉及独立分析律师自发接受的行为准则和一系列价值观这两个概念之间的关系的任务,可能很有意义。此外,如何评论莱谢克·柯拉柯夫斯基(L. Kołakowski)的观点,即作为规范职业伦理或者一般意义的伦理方法的一种准则会引发一种假设,那就是之前提到的责任可能会构成相关诉求的理由?① 另外,当规范和伦理准则间出现矛盾,例如对被要求的行为有消极的评价,或反之对被禁止的行为有积极的评价时,应当如何处理?活动结束时,会要求参与者就上述话题提交一份书面形式的总结,来陈述各自的观点(不超过300字)。

总之,正如引言中指出的,我们应当注意到本书第一部分已经对许多情况作了详尽描述。还应当注意的是,本书第二部分已经对所选方法和工具的描述作了修正,比如活动所需时间等相关问题。类似的修正还包括参与者的人数,以及用来作为讨论基础的相关证据事实的复杂程度。

---

① L. Kołakowski, Etyka bez kodeksu [*Ethics Without a Code*], [In:] Kultura i fetysze. Eseje [*Culture and Fetishes*: Essays], Warsaw 2000, pp.158-159.

第二章 法官职业伦理规范[①]

一、总　则

第一条　法官的职能表现使他们必须承担特定的责任,并在个人生活中进行自我约束。

以下案例及相关裁决由惩戒法院提供,它们与第1条中所涉及的规范相关。

1号案件事实

根据上诉法院——惩戒法庭的决定,一名地区法院的法官因在其公寓内大声播放音乐打扰邻居被判扰乱治安罪。此外,该法官还被指控在夜间大声交谈并大声播放音乐而扰乱邻里安宁。法院认定该名法官的行为影响到了其职务的尊严,例如,根据ACCO第107条第1款,其行为构成违反纪律行为。由于该行为属于轻微违法行为,法院决定不执行处罚。[②]

2号案件事实

一名地区法院的法官是一个正在审理中的民事案件的当事人,但由于他未能履行对地区法院院长的告知义务,法院对其启动了惩戒程序。法院认定,该法官的行为影响到了其职务的尊严,构成了ACCO第107条第1款中定义的违反纪律行为。[③]

以下案例能够说明待讨论的问题,这些问题与《法官职业伦理规范》

[①]　波兰国家司法委员会于2003年2月19日作出的第16/2003号判决内容就涉及关于起草法官的职业行为准则。
[②]　2006年11月16日SN判决,SNO 67/06,未出版。
[③]　2003年5月9日SN判决,SNO 21/03,未出版。

第 1 条中所涉及的规范相关。

1 号案件事实

一名法官经常会在私人温泉度假村度假,他付了相关费用,虽然知道这个地方其实是该市黑社会分子的非正式会面地点,但他却依然待在这里。他并没有同任何罪犯交谈,但默默地观察着他们的圈子,在随后的工作中,他在那些歹徒获得缓刑或服刑间隙时说他们在未被捕时生活是多么艰辛。最终,一位同事谨慎考虑他的行为,仔细考虑一名法官在这样一个地方度过闲暇时间是否恰当。

2 号案件事实

地区法院的院长获悉,该院一名法官与一个臭名昭著的罪犯及一个卖淫场所的所有者拥有亲密的社会关系,且该法官本人也曾是该场所的常客。经过对事实情况的查证,法院认定,对该法官的指控证据可靠,事实充分;而且根据该地区法院法官的证词,他承认他认识该卖淫场所的所有者,以及对他曾坐该名男子驾驶的车辆旅行的指控的确是事实,事情发生于他在华沙参加完司法任命仪式之后的返回途中。①

以下评论有助于对问题的理解

"法官违反了《法官职业伦理规范》中的规定"可被视作 ACCO 第 107 条第 1 款中所定义的违反纪律行为。然而,在对其行为进行界定时还应考虑到定义法官的纪律责任的基础、前提及责任范围的相关法律规定。假定上述法官对职业不当行为不负责任,不仅与正义共识及其担任司法职务的社会意义相冲突,也与任何一位法官的良知以及不管是在"上班还是下班"的时候都要保护自己的尊严的责任相冲突(ACCO 第 82 条第 2 款)。②

第二条 法官应始终遵守诚实、尊严、信用的原则及其自身的责任感,并应当追求正确行为。

以下案例及相关裁决由惩戒法庭提供,它们与第 2 条中所涉及的规范相关。

---

① 2002 年 5 月 8 日 SN 判决,SNO 10/02,未出版。
② 2006 年 2 月 23 日 SN 判决,SNO 2/06,未出版。

案件事实

上诉法院——惩戒法庭判决一名地区法院的法官犯扰乱会场治安罪。该名法官在参加一个有几位法官及公诉人参加的研讨会时,因喝醉了酒,问了许多不当及无关的问题,甚至将他人个人信息当作自己的加以引用。惩戒法庭根据 ACCO 第 109 条第 1 款第 1 项,认定该名法官的不当行为构成了 ACCO 第 107 条第 1 款中所定义的违反纪律行为,并对其作出了训诫的处分。①

以下案例能够说明待讨论的问题,这些问题与《法官职业伦理规范》第 2 条中所涉及的规范相关。

1 号案件事实

作为离婚诉讼案中的被告,一名地区法院法官表现出其坚定地想尽各种办法拒绝为其小儿子支付抚养费,这在他表示他的收入比实际的要低以及质疑孩子是否有必要参加课后辅导班,是否需要新买冬装,甚至是否需要购买教科书的种种行为中都有体现。

2 号案件事实

在与来访的法官进行专业交谈时,一名地区法院法官语言不当,并对来访法官说了侮辱性的话。事实上,来访的法官曾对该当地法官的审查报告作出了不公正的评价。

3 号案件事实

一名地区法院法官在驾驶汽车时与另一辆车迎面相撞。然而,他并未以专业的方式处理此事,而是离开了事故现场,去附近的商店里等待交警,还喝了半瓶伏特加。他对此行为的解释是事故给他造成的压力太大。②

4 号案件事实

一名地区法院法官未能遵循一般性法律规定,保护人们免受他的狗的攻击。结果他的狗咬了一个人,而且该法官还在公共场合说脏话。③

---

① 2002 年 9 月 18 日 SN 判决,SNO 24/02,未出版。
② 2003 年 4 月 11 日 SN 判决,SNO 15/03,未出版。
③ 2003 年 6 月 24 日 SN 判决,SNO 34/03,未出版。

研讨会的第二个示例场景①

"雪球"法

参与者的数量并不重要,活动也可在标准人数范围内的研讨小组内展开。建议活动时长为 90 分钟,相当于一节学术课程的标准时间。

1. 组织者提出一个待解决的问题:

一名地区法院的法官被指控曾多次向律师、她的同事以及她大学时的朋友们借钱,每次金额均在 500～3000 波兰兹罗提,且其中至少有两次是向她审理的案件中一方当事人的代理律师借的钱。

此处还应该提到的就是,该法官的行为影响了其职务的尊严,也就意味着她犯有 ACCO 第 107 条第 1 款中定义的违反纪律行为。

2. 参与者分别在纸上写下 3～5 条在自己看来最重要的论据,这些论据需能够证明给定的结论。在此情况下,每名参与者均应思考该法官的行为是否真正影响了其职务的尊严。每名参与者均需独立完成(时长 15 分钟)。

下列可能的方向可供参考:

——法官借钱的行为可能是由其经济状况困难所造成的(例如,疾病),或许与其职务行为无关,因此可对其作出更多种可能的评价;

——情况也有可能是正好相反的:法官目前困难的经济状况可能是由赌博或酗酒造成的;

——将一个人的私生活与职业生活区分开相对比较简单,且金钱问题并不重要;

——一再从事这种行为表明她决心继续这样的行为,且对职业伦理准则缺乏尊重;

——该行为也表明,她或许缺少作为一名法官应有的公正客观的态度,至少在涉及那两名代理律师时是这样的。

3. 参与者两两结对,并从 10 种解决方案中选出 5 种(或者也可共同提出一种解决方案)。参与者需将其工作结果记录在纸上(时长 15 分钟)。

4. 两两成对的参与者结成 4 人一组的队伍。这些队伍的任务就是要确定,法官在工作时间之外的日常生活中从事什么样的活动或作出什么

---

① 场景一参见第三部分第一章。

样的行为才会影响到对法官这一身份或职业素养的评价。此外,还需考虑到那些代理律师在那种情形下是如何表现的。通过这样的方式组成的队伍需共同就规定的问题制定出一个解决方案。很重要的一点就是,参与者必须通过协商讨论达成共识。参与者需将其工作结果记录在一张新的纸上(时长15分钟)。

5. 接下来,2个4人一组的参与者结成8人一组的队伍。就像活动前几个步骤中的规则一样,每组内的参与者共同制定出一个解决方案。参与者需将其工作结果记录在海报上(时长15分钟)。

6. 参与者将最后8人一组的队伍制定出的方案进行展示,并对其讨论和研究过程进行阐述(时长15分钟)。

第三条 法官不可利用职务之便为自己或他人谋取利益,尤其不能滥用其豁免权。

以下案例及相关裁决由惩戒法庭提供,它们与第3条中所涉及的规范相关。

1号案件事实

在A城发生了一起车祸,涉事双方分别为被告法官及另一人X。当地警察局向法院提起诉讼,称X对道路安全造成威胁(例如CPO第86条第1款中所定义的犯罪行为),并要求其进行赔偿。被告人自愿充当附属公诉人,并在诉讼过程中就法院所雇用的专家的客观性及注意义务表示质疑,并列出了一系列疑点。被告人指明,该"专家"听由其委托人支配,并给出他们想要的答案,从而获得更多委托请求,赚取更多利益;且该人以各种不同身份出现在法庭,有时作为一名独立评审员,有时又作为一名专家并将自己确定为专业评审员。被告人进一步声称,该人的意见是"不公正的",甚至是"带有偏见的",其目的仅限于证明委托方的主张;专家鉴定证人的目的就是要操纵法庭上的状况[……]从而使被告人的过错至少能够被质疑。在此份文件中,被告人同时表示,他相信该专家鉴定证人在就该案件给出意见时,"提供了不准确的意见,因而犯有CC第233条第4款中规定的妨害司法权罪"。此外,他还声称该专家的意见无效,"该专家鉴定证人企图通过使用一种手段来操纵最终裁决,从而代替法庭作出判决"。在法庭上,被告人将自己视为附属公诉人,提高声音向专家鉴定证人问了一些问题。这一行为使得审判团中的一名法官不得不根据

ACCO 第 48 条第 1 款的规定对其进行了两次警告。他提到的问题主要是关于专家鉴定证人的个人情况及其收入来源。最终，X 被宣告对他的各项指控（例如 CPO 第 86 条第 1 款中规定的犯罪行为）均不成立。在诉讼期间，被告人并没有否认对他的指控，但他并不认为自身行为有任何过错或是不道德的，也没有做出任何能够被视作影响职务尊严而违反了纪律的行为。

2 号案件事实

一名法官被指控以超过 50 公里/小时的速度驾车行驶。车速是由雷达车速探测器测出的。该法官被交警拦下并被要求出示证件。随后被告（该法官）声称，交警这样拦停他比他超速的行为本身更具危险性。此外，针对交警的介入，他还对其中一名交警说道："差不多行啦。"认为交警不过就是设卡守株待兔罢了，与其在这里浪费时间，还不如多费些功夫去解决一些真正的问题。当该法官被询问所上交材料中是否有任何有价值的信息时，他回答道："你们不会真的认为一名法官会来贿赂你吧？"那之后不久，被告走到警车前，告诉里面的警官："你们看我的资料看够了吧？"

以下材料能够说明待讨论的问题，这些问题与《法官职业伦理规范》第 3 条中所涉及的规范相关。

国家司法委员会于 2005 年 4 月 13 日给出意见："一名法官若同时担任教师的职业，并在给学生们的课本签名，签署考试协议或学术性官方目录时使用法官这一职称，并不违反《法官职业伦理准则》。"

国家司法委员会于 2004 年 11 月 18 日就《法官职业伦理规范》第 3 条的解释（国家司法委员会于 2003 年 2 月 19 日作出的第 16 号判决）给出意见："法官应当对参加与合理谨慎义务性质类似的比赛或活动的人提供支持与帮助，这样他们就不必出面以其职业身份来影响这些活动的结果。像有些法院的院长，因他们的子女未能在入学考试中取得足够的分数便起诉学术招聘委员会的行为，也实在是不当和令人遗憾的。"

研讨会的第三个示例场景

"六项思考帽"法

建议活动时长为 45 分钟。参与者数量可任选。

案件事实

一名地区法院法官告诉记录员对案卷号为 [……] 的在地区法院进行

审理的刑事诉讼进行记录。尽管法庭会议没有如期召开,法官仍要求记录员将以下事实记录下来:双方均到场,陪审团主席要求他们就 CCP 第 387 条选择自己的立场。同时,他还坚持声称法院决定将本案延期再审的事实。然后,该法官签署了准备好的文件,并在法院为本案指定的开庭审理日期缺席出庭。考虑到案件的已有情况,惩戒法庭认定如下事实:被指控的法官列出了 10 个案件供审查,其中就包括在 9:15 开庭审理的案卷号为[……]的案子。该法官由于妻子生病需要陪她去看病而工作迟到。9:15 的时候,被指控的法官通过电话请记录员代自己向双方当事人道歉,并向他们建议本案可参照 CCP 第 387 条解决。然而由于法官缺席,法庭会议并没有进行。当该法官到达法院之后,在开始审理下一案件之前,他告知记录员就案卷号为[……]的刑事案件拟订一份协议。他口述了该协议内容并进行了签署。在此文件中提到,法庭会议如期进行,双方当事人均到场,且陪审团主席要求双方当事人就 CCP 第 387 条选择自己的立场。此外还提到法院决定将本案延期再审。另外,经惩戒法庭确认,被告法官没有任何犯罪记录,且在当地地区法院刑庭审判已超过十年,是处理案件数量较多、成绩较好且为司法裁决提供理由较迅速且准确的法官之一。同时法庭还注意到,该法官判决的所有案例中,都没有任何投诉记录在册。被告法官承认的确曾做出该不当行为,并就其行为作出了解释,且与已有事实完全一致。至于他做出该不当行为的原因,他解释是由于他妻子的健康出了状况,再加上他上班迟到了,才导致他做出这种疏忽大意的行为。同时他还提到,他也不明白自己为什么会如此粗心大意行事。①

将本案视为背景信息,对当一个人的生活中出现一些特殊情况,需要对其不正常的行为及性格特征进行特殊考虑的情形进行讨论。

活动描述

1. 组织者分发 6 种不同颜色的"帽子"。每种颜色指代一种不同的讨论方向或对该问题的观点,对问题的分析、论证过程以及建议的解决方案。

白色帽子——着重于中立的事实、图表及数据。

在此案的情境中,持白色帽子的参与者需将注意力集中在法律方面——表明他的行为确实影响到了司法机关职务尊严。

---

① 2002 年 10 月 21 日 SN 判决,SNO 35/02,未出版。

红色帽子——代表情感与感觉,并且根据直觉提出观点,积极的或消极的都可以。

在此案的情境中,持红色帽子的参与者需将注意力集中在法律以外的案件事实——例如影响到司法机关职务尊严的原因中与家庭方面相关的原因。

黑色帽子——这种观点比较消极,只看到问题与障碍。

在此案的情境中,持黑色帽子的参与者需考虑到刑法所规定的责任的本质;该法官是否应负法律责任;以及将会提起何种诉讼?

蓝色帽子——有所保留地处理任何事情,并确保讨论顺利进行下去。

绿色帽子——发挥创造性,尝试找到多种解决方案,并提出建议和观点。

在此案的情境中,持绿色帽子的参与者需为 ACCO 中规定的惩罚种类提供替代解决方案。

黄色帽子——属于乐观主义者,表现出积极的态度并试图发现任何问题的好的一面,以及可能存在的机会。

在本案中,持黄色帽子的参与者应考虑,将该不当行为的严重性降低,并建议不对该法官施以惩罚。

2. 组织者将参与者分为 6 个队伍并分发 6 种不同颜色的纸片,其中一部分纸片上画有帽子。抽到画有帽子的纸片的人即成为讨论的参与者。其他人则需为小组的"思考帽"准备相关的论据。每小组(人数为 6~10 人)所有成员均参与讨论。

3. 组织者将待讨论的问题记录在写字板或海报上。

4. 队员需一起积极参与讨论并为讨论做准备,除收集论据之外,还需准备作展示。组织者需为该准备阶段设定一个时间限制(比如,10~15 分钟)。

5. 准备阶段过后便开始进行讨论。每位参与者——也就是每顶"帽子"——必须遵守为其角色制定的规则。

6. 讨论结束后,由"蓝帽子"对大家的论据及讨论过程进行总结。

建议解决方案:针对本案中提到的影响了司法机关职务尊严的违反纪律行为,惩戒法庭根据 ACCO 第 109 条第 1 款第 1 项对该法官作出了警告处分。

第四条 法官应注意自身行为,不可损害其职位的权威、其所在工作的法院的形象、执法系统的形象,以及司法机关的宪法地位。

以下案例能够说明待讨论的问题,这些问题与《法官职业伦理规范》第4条中所涉及的规范相关。

1号案件事实

地区法院的一名法庭陪审员被指控公然严重违反了CCP第412条和第418条规定。在审理X案件时,该陪审员在召开会议之后起草了一份判决书,但并未进行公开。随后她将判决书副本分别交给被告及公诉人。在接下来的几天内,在与他人的合作下,她成功地将该判决书从案件卷宗中取出,并用一份新起草的名为"缺席判决"的文件作为替代品,分别递交给了公诉人与被告。①

2号案件事实

一名法官在醉酒状态下去上班,并在庭审过程中开始组织正式审理活动,明显可见其醉酒状态。② 地区法院的院长因该法官影响了法庭的尊严而立即暂停了其活动。

研讨会的第四个示例场景

"小组讨论"法

建议活动时长为30～90分钟,具体时间由参与者数量决定,没有明确限制。

案件事实

一名地区法院的法官在经济庭从事审判工作。同时,他也担任审判委员会中的一员,该审判委员会曾宣布企业家X破产,并判决其赔偿破产中财产受损的受让人200 000波兰兹罗提。被告法官的妻子在报纸上看到有关X企业出售交通工具的清偿广告,出价10 000波兰兹罗提想要购买一辆福特雅士,并支付了1 000波兰兹罗提作为保证金。X接受了这个价格并给她出具了发票。被告法官从其私人账户中转账10 000波兰兹罗提至破产商人的账户,并同妻子一起提取了上述车辆,该车最终作为共同

---

① 2005年5月25日SN判决,SNO 23/05,未出版。
② 2005年4月28日SN判决,SNO 12/05,未出版。

财产登记在他和妻子两人名下。①

建议讨论可用的观点包括,律师像法官一样因询问特定信息而采取实际的法律行动涉及的伦理及相关法律。

活动描述

1. 之前选定的参与者(本例中4人一组)各自针对选定的话题进行准备——其中两人讨论伦理相关的问题,另外两人讨论法律问题。在讨论进行的几天前,每组成员应有机会收集相关材料,他们可以使用所有可用信息来源。参与者应准备展示不同的观点及问题的所有方面,这也就意味着参与者应当在之前会面时就拿到研究问题及任务描述。

2. 活动开始,先由组织者对之前就设计好的问题进行介绍,将任务的副本分发给组内其他成员——观众。

3. 组织者介绍专家和他们的任务。

4. 专家们提出自己的观点。他们应当展示案子的所有方面,关于这个问题任何可能的视角,甚至是他们可能遇到的完全冲突的意见。活动时长应提前规定好(比如,10分钟)。

5. 组织者邀请小组成员讨论这个问题,并通过指定特定参与者发言来引导讨论进行。应强调文明讨论的规则。讨论时长应提前规定好(比如,每位发言人3分钟)。

6. 组织者要确保辩论者不偏离主题。如果有需要的话,组织者可以重新将讨论带回正题。

7. 参与者对讨论过程中出现的主要思想进行总结,并将它们写在写字板或海报上。

8. 在本例中,组织者宣读惩戒法庭作出的最终决定并宣布讨论结束。

解决方法示例:上诉法院——惩戒法庭判决一名地区法院的法官影响到了该司法机关的尊严,例如,犯有ACCO第107条第1款中规定的任何违反纪律的行为,上述规定是建立在ACCO第109条第1款第2项规定基础之上的。法院最终对其作出训诫的处分。

第五条 法官应当遵守列入《法官职业伦理规范》中的行为准则。

法官应避免作出可能会影响到司法职业权威的行为,或是破坏公众

---

① 2003年5月9日SN判决,SNO 20/03,未出版。

对其执法公正性的信心的行为。即使某些行为模式没有在《法官职业伦理规范》中提到也应避免。

违反伦理准则的法官应立即采取行动,来降低其行为的负面影响或以某种其他方式补偿损失,比如对受害方提供赔偿。

法官应期望其他法官的行为都无可挑剔,并遵循职业伦理准则,否则该法官应以适当的方式告知其他法官并纠正其不当行为。

以下案例能够说明待讨论的问题,这些问题与《法官职业伦理规范》第5条中所涉及的规范相关。

1号案件事实

一名法官以一种充满权威的方式,对其他法官和地区法院的工作人员说话,秘书人员因此都对他感到害怕;他没有遵循地区法院院长作出的有关延长办公时间的指令,并以不屑一顾的方式对待来访的巡视员。在公众眼中,他的行为影响到了司法机关的尊严。[1]

2号案件事实

一名法官在审理案件时试图对公诉人施压,让其同意减轻其建议的刑罚,但是没有成功。随后,她公开表示了自己的不满。之后在法庭上,当公诉人告诉她其所建议的刑罚已被其上级接受时,她当即要求该公诉人与其上级联系,并说道:"还在等什么?现在,立刻去打电话!"在召开惩戒听证会之后,法院对其作出了训诫的处分。[2]

3号案件事实

一名法官代表被告利益起草上诉书,反对地区法院的判决,而他自己本身就是该案件的法官。作为起草上诉书的回报,他私自收受一瓶红酒和一瓶干邑酒。[3]

研讨会的第五个示例场景

"支持与反对论点"法

预计的活动时长:30~90分钟。

---

[1] 2006年9月15日 SN 判决,SNO 47/06,未出版。
[2] 2006年5月16日 SN 判决,SNO 18/06,未出版。
[3] 2009年10月9日 SN 判决,SNO 68/09,未出版。

参与人数随意；参与者数量将决定该活动所需的时间。

1. 组织事项(15分钟)：将所列举的事实的副本分发给参与者，为讨论提供基础。

在法庭上，律师、法官和公诉人听到被告的妻子指责另一位法官"接受一位同事的贿赂，从而换取了该同事的自由。而对其丈夫，却什么都不做"。法官并没有主动采取任何行动，而公诉人首先采取了行动，同时公诉人也强调了法官的无所作为是不符合伦理的，因为他没有遵循《法官职业伦理规范》第5条中的建议。

2. 有一点应该强调：该法官的行为是不道德的，因为他没有遵循《法官职业伦理规范》第5条中的建议。

3. 参与者应拿到一张列表，上面列着关于该问题的可能立场(该列表可以海报的形式呈现，重要的是每一位参与者都能看到它)。

可能的立场：

++ 完全赞同；
+ 比较赞同；
= 中立；
− 比较反对；
−− 完全反对。

所有参与者都拿到了标签，可以将关于本话题的立场写在标签上。

4. 活动的下一阶段有四个回合。

第一回合

每位参与者在衣服上粘上与其立场对应的标签。然后，同一立场的参与者成对或者成组(具体取决于整个团队有多少成员)。以这种形式组合的任务是重新讨论最初的问题，充实论据(15分钟)。

第二回合

当时间结束时，参与者必须交换组(对)。根据为活动设置的原则，组建新的小组。每组的成员之间代表的观点只能相差一个级别，例如"+"和"="。在新的小组中，参与者就所争论的问题进行讨论(15分钟)。

可能出现的论据：

——法官必须完全遵守CCP的规定和职业伦理准则，因此，在另一位法官作出有问题的行为时有义务进行举报；

——选出来的职业小组有义务来确保公众对其职业的信心，包括开除不诚实的律师；

——那些在法庭上讲的话只是指控,这就意味着不需采取行动；

——一名法官若发起一项调查,可能会面临这样的情况:被指控的法官会声称这本身构成了诽谤,是毫无根据的且不基于任何证据的纪律检查行为。

第三回合

组织者示意小组(对)间交换参与者。新的小组由立场对立的参与者组成。每组开始进行讨论。在这个阶段,参与者应该能够利用在前几轮期间收集的论点巧妙地捍卫他们的立场,这是最重要的。组织者必须使参与者意识到,他们应该使用恰当的论据(15分钟)。

第四回合

参与者回到第一轮的组合中。现在每个组的任务是分享在第二轮和第三轮中出现的想法、印象及观点。参与者也有机会提出新的论点。经过短暂的讨论,参与者可以向整个组展示他们在不同的团队中所得到的成果以及相关想法(15分钟)。

参与者可以报告他们学到了哪些经验,从而丰富了他们知识,或是报告他们觉得极为有趣以及准确的观点;他们也可以表明是否决定保持其初始的态度或采取另一种立场(15分钟)。

第六条 《法官职业伦理规范》中所引用的伦理准则适用于离职及退休法官和被授权执行司法职能的陪审员。

以下案例能够说明待讨论的问题,这些问题与《法官职业伦理规范》第6条中所涉及的规范相关。

案件事实

一名退休的法官未经地区法院院长的许可从事另一份工作——在B的法务部担任法律顾问,且报酬很高。然而,他没有为在他之前作为法官时涉及的案件和当事人提供相关的法律意见,在他看来这样做达到了《法官职业伦理规范》的要求。

可参见第21条的评述。

第七条 国家司法委员会可以对《法官职业伦理规范》中的规定进行更改及修正并给出相关解释。

二、公务准则

第八条 法官必须毫不拖延地对所有分配给他的案子履行职责,才不会对当事人或国库造成不必要的损失。

以下案例能够说明待讨论的问题,这些问题与《法官职业伦理规范》第 8 条中所涉及的规范相关。

1 号案件事实

一名地区法院法官是在做法庭顾问时被任命为该法院的法官的,他享有良好的声誉,被称赞为天赋异禀、训练有素且有良好的责任心。然而,在面对法庭责任时,该法官连续几个月不审理法院分配给他的案子,有时甚至能拖延 9 个月;延迟的案件经常只能被重新分配给同一法庭的其他法官,导致其他法官提起了投诉。①

2 号案件事实

一名地区法院法官被指控判决易变,在起草判决理由、纠正法庭文件中的格式错误以及审理案件时都出现了严重的拖延现象,在收集证据时缺乏重点关注点,庭审准备不充分,对证据及最终事实进行描述时措辞不当,以及使用不正确的、似是而非的法律基础来支持他的判决。②

3 号案件事实

一名法官在被多次非正式的警告后,依然在法庭会议上迟到,导致各方要等大约一个小时才能轮到处理他们的案子。当法院院长要求该法官对他的行为作出解释时,他说他的工作时间灵活,这就是其不受工作时间限制的原因,而通常情况下人们所谓的灵活只是说工作场地不受限制。

研讨会的第六个示例场景

"广开言路"法

本活动预计时长:假定参赛者人数在 20~25 人,则活动将持续 60~

---

① 2002 年 7 月 4 日 SN 判决,SNO 9/02,未出版。
② 2003 年 10 月 22 日 SN 判决,SNO 22/03,未出版。

75 分钟。

活动描述

1. 组织者提出讨论的话题。

一名地区法院法官开始在民事审判庭工作,这是他自己要求的工作调动。在这之前,他负责审理刑事案件。程序上的变动对他来说相当困难。因为所面对的困难,他一再中断庭审,要求休庭以咨询其他法官的决定。同时,他还频繁地接近其他法官——他的同事——向他们请教如何对案件进行判决。由他的部门审理的案件所需时间通常是别的法庭的两倍。其同事及律师们变得越来越没有耐心,开始向他指出这一点,表示这属于无故拖延未决案件,该法官就会说审慎决定总比作出错、仓促的决定要好,因为仓促决定可能导致上诉和撤销原判。该法官所作出判决的稳定性很高,很少人对他的判决提出上诉。

2. 第一回合的讨论开始。参与者依次提出自己的意见(可以把椅子摆成一圈,这样能够使所有参与者都彼此相对),发言限时 3 分钟。参与者必须参考他们指导者的意见以及他的同伴所采取的立场,选择一种观点并给予一定的论据支持。每个人都可以对对方的意见进行评论。

可能会被提出的示例论点:

仓促是作出良好决定的大敌;只要在程序中没有严重的延误,是没有理由反对或者批评该法官的行为的。

法官不是独立的,且其行为是不友好、不合作的,这表明他缺乏自主作决定的能力。

3. 组织者可以宣布新一轮的讨论开始,并在最后建议投票选出组内普遍赞同的意见。

第九条 法官的独立性不能受到任何影响,不论这种影响来源或动机如何。

如果出现威胁法官独立司法的情况,法官必须立即将这一事实通知有关高层。

以下案例及相关裁决由惩戒法庭提供,它们与《法官职业伦理规范》第 9 条中所涉及的规范相关。

案件事实

一名地区法院法官被指控,他作为庭审法官时,曾收受5 000德国马克(相当于10 000波兰兹罗提)的贿赂,行贿人要求该法官在A案件的定罪中进行宽大处理,作出有利于被告的判决。根据ACCO第107条第1款,该法官的行为属于违纪行为。①

研讨会的第七个示例场景

"决策树"法

建议时长:90分钟;参与者人数最多30人。

案件事实

一名地区法院法官与一名律师达成协议,在该协议中,该法官承诺撤销关于Ⅱ K 1/00案中预防性措施的决定,即对X进行临时拘留,而该律师代表被告一方进行抗辩。2000年7月4日,该法官作出一项判决,将之前X案件中的临时拘留的预防性措施改为金融担保,尽管在本案中该法官并非主审法官。

被告法官承认她与本案律师有情感关系,因而影响了职业判断。法官和辩护律师之间的情感关系及对其职业生涯的影响是有证人作证的,证人就是该法庭的另一名法官和律师。法官因其和被告律师之间的亲密关系而想在他的职业生涯中提供帮助,从而撤销先前的预防性措施。惩戒法庭裁定上述证人提供的证词是绝对可信的,其证词中没有出现前后矛盾,事实相互印证,反映真实情况,与被告法官在地区检察官面前递交给上诉检察办公室的材料一致。②

在本案中,材料涉及的事实证据与ACCO规范和法官职业伦理准则的应用的后续接管有关,应该据此进行分析。

活动描述

1. 确定亟待解决的问题。
2. 问题写在写字板或海报上。法官应采取什么行动?
3. 简单讨论该问题。为了更好地定义该问题,应该询问如下问题:发

---

① 2003年11月27日SN判决,SNO 75/03,未出版。
② 2008年7月23日SN判决,SNO 58/08,未出版。

生了什么？它为何发生？情况如何？谁应该负责？本来这个问题是可以避免的吗？是如何发生的？可以对法官采取法律措施吗？采取什么样的法律程序？应该由谁发起这项行动？

示例观点可能有：

——律师可能对法官施加了压力，所以法官才那么做；

——法官可能被勒索；

——本来最好的结果是法官宣布自己无资格审理该案，就可以避免这个问题；

——应该追究刑事责任，既然作为法官，其行为违背了公众利益、妨碍司法公正，那么她就触犯了《波兰刑法典》第231条第1款和第2款之规定。

4.将参与者分成若干小组(每组2~6人,取决于总人数)。每组都拿到自己的工作表格。

组织者解释工作表格的填写规则。在表格的最底端手写之前议过的问题的具体名称。然后小组思考3个(在他们看来)最佳的解决方案。所有提案都填写到表上。在活动下一阶段中，参与者对可能产生的后果进行分析，即由解决方案产生的结果(其中将包括正反两方面的后果，或两者都赞成和反对的论据)。

5.每组介绍其工作成果。可以将完成的工作表悬挂进行展示，以供大家阅读。

6.参与者对他们的工作结果进行讨论。他们需决定哪一种解决方案是在他们看来是最佳的，并解释理由。

最终，作为一个发言人，组织者以《法官职业伦理规范》为背景提出建议方案：由地区检察院提起的诉讼中指出，该法官应受到惩罚，法官的行为影响到了司法机关的尊严，即触犯了ACCO第107条第1款的规定。

法官被指控犯有以下违纪违法行为：①她严重且明目张胆地触犯法律，即作为审理案件的法官与被告人律师保持密切的情感和亲密关系。这使得她作为一名法官的公正性令人怀疑，并构成她没有资格审理此案的理由。②她允许自己受到与本案无关的非物质因素的影响从而影响司法尊严的情况，即她对辩护律师的情感因素，该法官撤销有关本案中先前作出的对被告人进行临时拘留以作为预防性措施的决定，并作出新的有关决定，上述行为构成犯罪。初审法院判定被告人有罪，并判决其不当行为影响法官尊严,从而触犯了 ACCO 第 107 条第 1 款的有关违纪的规定,因而给予该法官谴责的处分。

第十条　法官应避免从事可能会影响公众对其独立性和公正性的信心的行为。

以下案例能够说明待讨论的问题,这些问题与《法官职业伦理规范》第 10 条中所涉及的规范相关。

在审理案件之前,一名地区法院法官就在被告人面前表示她坚信被告人有罪。在法院诉讼期间,也一再表示坚信被告人有罪。①

研讨会的第八个示例场景

"论点——你的和我的"法

小组讨论 25 分钟,每个组进行 5 分钟组内结果展示,反对组有 10 分钟提出反对意见,用 15 分钟将共同得出的结论展示在海报上;总时间为 60 分钟。活动应有最少 20 名参与者。

案件事实

2002 年 5 月 14 日,国家纪念机构对波兰国家犯罪检举委员会的一名公诉人提起公诉[......]要求作为上诉法院的最高法院在能力范围内授权法院追究一名法官过去行为的责任。控诉事实包括,该法官曾是波兰旧政权的公职人员,并担任地区军事法院法官,在 1982 年 2 月 8 日至 1983 年 6 月 9 日之间的某个不确定时间,他与其他法官一起协作,在地区军事法院的对外司很活跃,且被分配共同审理 Stanisław P.、Józef K. 和 Leszek G. 一案[......],他判决监禁 Stanisław P.,没有撤销对 Stanisław P. 实施临时拘留的决定,也没有决定是否将该案件发回驻军检察院,以弥补一项准备程序中的重大错误,因而他的行为构成玩忽职守。1982 年 2 月 13 日,作为区军事法院对外司的陪审团审判的法官,他判决 Stanisław P. 有罪,判决其 3 年监禁,剥夺 2 年公民政治权利的刑罚,这超出了他的职权范围。Stanisław P. 服刑直至 1983 年 6 月 9 日,尽管事实上他被捕 3 天后就被拘留,这是违反 1969 年《刑事诉讼法》第 207 条所规定的绝对预设值的。他被指控的罪行包括:在 1981 年 12 月 13 日和 15 日,犯有 1981 年 12 月的有关军事管制的法令的第 46 条第 1、2 款规定的罪行,而在当时即

---

① 2008 年 2 月 5 日 SN 判决,SNO 2/08,未出版。

1981年12月13日,所引用的行为还没为作为犯罪行为被法律明令禁止,而且1981年12月14日到15日也没有被列入准备指控程序中。整个行动有政治压迫性,其目的就是针对贸易联盟"NSZZ Solidarność"的成员Stanisław P.,这是对他本人的迫害也是有损公众利益的行为,这意味着依据《波兰刑法典》第189条第2款、第231条第1款、第11条第2款第1项,法官在国家纪念机构提起公诉一案中有罪(Dz. U.第155号,修订1016项)。①

活动描述

1. 该讨论在A组和B组之间进行——两组意见对立。所有参与者被组织者分成两队。参与者可以根据立场自发形成两组。如果参与者觉得这样分组很困难,则可任意指定,例如通过喊1、2的方法。

2. 讨论的题目写在写字板或海报上。在本案中,任务就是:评价法官的行为,即在1981—1989年特定类型案件的判决中,评价法官按照政治指令判决,遵从其上级的指示的行为。

3. 组织者记下活动每个阶段的准确用时。

4. 参与者组内创建一张海报,并在海报上举出至少3个基本的论点来支持其立场。

活动中出现的论点可能有:

——清白的良心是无价的;一名法官,不论其信仰如何,应保障公民权利,使公民接受公平的审判。

——法官与其他公民一样,有权"非暴力反抗"。

——法官也是人,拥有家庭和亲属,有权在作决定时有所保留,尤其是在可能会导致他失去这份工作时。

——法官必须尊重法律,而非评价法律,因此,其在司法活动中不得修改或取消法律。

5. B组参与者将其海报展示给A组(这是"我的论点"展示阶段)。

6. A组引用B组的论点,暂时不向B组展示自己的立场和论据。重要的是,A组应对B组提出的论点持开放态度:他们应该对所有论点进行讨论,并且仅强调积极的方面(甚至在他们被完全否决时)。

这种分析方法的主要目的是集中关注对方的意见,让参与者了解

---

① 2002年10月11日SN判决,SNO 29/02,未出版。

不同的观点。这种方法会通过讨论减缓敌对情绪,事实上了解对手的论点通常会缓和对这个问题的态度。这一阶段被称为"你的论点"阶段。

7. 小组转换角色。A 组向 B 组展示海报。

8. B 组讨论对方的论点——使用第 6 点所述的方式。

9. 分析了双方的论点之后,小组应试图找到解决方案。每个组的参与者选择 3 个在他们看来对方的最佳论点。最终建议的解决办法应反映所有选好的论点,尽最大可能包含所有论点的优点。

10. 协商出来的解决方式应该写在写字板或海报上。

第十一条 法官应以当事人能够理解的方式解释诉讼程序问题并向当事人说明法庭判决的理由。

说明法庭判决的理由时,法官应避免使用超出证实法院的论点或会对案件主体或第三方的尊严造成影响的措辞。

以下案例能够说明待讨论的问题,这些问题与《法官职业伦理规范》第 11 条中所涉及的规范相关。

1 号案件事实

一名地区法院法官因违反纪律被判定存在不当职业行为,具体影响到其职务尊严的行为如下:在针对 Bogusław B.的庭审期间,该法官在知道被告人通过收废铁谋生的情况下,在庭上以有损尊严的方式申斥其行为,导致与被告人发生了不必要的争吵。

2 号案件事实

一名年轻的刚开始职业生涯的法官,经常在法庭上发脾气并向当事人大喊大叫。在法官办公室她哭着说这样的事不会再发生了。结果有一天,在审理一个民事案件时,她又一次失去了耐心,对一名原告说:"如果你愚蠢到这都理解不了,那就没必要再给你解释一次了。"

3 号案件事实

一名法官在宣读法庭判决的正当理由时使用了以下表达:"不知道那个所谓专业的代表靠什么服务来收费。"当时在场的辩护律师由于无法忍受法官的语气而离开法庭。

研讨会的第九个示例场景

"观点市场"法

参与者以每组 5~6 人的形式参加活动。

活动时长为 45~60 分钟。

活动描述

1. 对活动参与者进行分组,每组 5~6 人。
2. 组织者向大家展示要讨论的话题。

一名地区法院法官拥有法学博士学位,并且是民法方面的专家。几乎没有人能在与他的争论中获胜。他能够准确把握案件,引用专家对学说的代表意见来对波兰法庭和外国法庭的判决进行分析。然而,他的论证往往从多方面展开,比较复杂,而且使用难以理解的学术性语言,使得他给出的理由对庭审中的普通人、当事人和参与者来说无法理解。这名法官没有任何特殊职责,他只是民事法庭审理案件的法官之一。

法官与公众交流的方式能够受到影响吗?在民事庭内部会由于院长的干涉而受到影响吗?这会被看作对第 11 条中所定义原则的执行吗?或者这可能是对第 9 条和第 10 条中的原则的违反吗?请明确你的立场。

3. 每个队的参与者在任务规定时限内制作他们的海报,来展示与一开始提出的两个问题有关的工作成果(20 分钟)。
4. 每个队展示他们的工作成果(每个队 5 分钟)。
5. 将海报挂在房间内。
6. 在活动的第二阶段,所有的参与者可以走近海报,将他们的提案添加上去。在这个阶段组织者必须认真控制时间(每个队 5 分钟)。
7. 每队派出一名代表念出在活动的第二个阶段添加的解决方案(每个队 5 分钟)。

第十二条　法官应确保他参加的所有活动都有序进行且保持应有的谨慎,并确保所有的程序都采用了恰当的方式。

对于案件当事人及其他诉讼参与者,法官应保持威严的态度,耐心礼貌,举止得体。

当法官目击诉讼参与者的不得体行为时,应当作出回应,尤其是当这些人表现出对一个人的种族、性别、宗教、国籍、残疾、年龄、社会或经济地位的歧视或类似偏见时。

以下案例能够说明待讨论的问题,这些问题与《法官职业伦理规范》第 12 条中所涉及的规范相关。

1 号案件事实

在审判过程中,公诉人很消极。他不提出问题,也不提出与证据有关的动议,只是在桌子下发短信。法官无视他的行为,向震惊的辩护律师说道:"事情总是这样,不可能改变。"

2 号案件事实

一名地区法院法官对一个与提高子女抚养费有关的案件进行了缺席判决,并没有向审理离婚案的地区法院报告判决,导致法律系统中的同一个案件出现两个不同的判决。①

3 号案件事实

一名地区法院法官在简易诉讼程序中起草了一份判决,其中并不包括吊销机动车驾驶证。在宣读判决的时候,他却提到要采取这个惩罚措施,并在判决生效之后在总体判决中补充了吊销机动车驾驶证作为第五部分。②

研讨会的第十个示例场景

讨论起诉状的起草方式

预计时长 30 分钟。参与者人数随意,他们会被分为两人一组。然后,每一组都会拿到一份下面报告的案件事实的复印件及任务描述:

在一个有关劳动法的法庭会议上,被告认为证人的证词不可信,并一度发脾气,对他说道:"你个蠢货,你在说些什么?"法官批评了他并让他保持镇静,他仅对法官道歉:"尊敬的法官先生,我向您道歉,但我从来无法和他相处。因为他喜欢男人而我不能理解;这种事情太奇怪了。"法官没有回应这些言论,继续主持诉讼。

根据《法官职业伦理规范》第 12 条,这位法官的回应是否充分?推荐一个内容和标题能够用于对这位法官提起惩戒程序的文件,或起草一份

---

① 2004 年 9 月 15 日 SN 判决,SNO 33/04,未出版。
② 2007 年 3 月 12 日 SN 判决,SNO 9/07,未出版。

认为对这位法官提起惩戒程序缺乏理由的法律意见书。

每组均有 20 分钟的时间提出解决方案的草案。在活动过程中,学生应能够参考相关的法案(例如 ACCO)。

第十三条　法官不得对未决案件或将要进行的诉讼程序公开发表意见。

以下案例能够说明待讨论的问题,这些问题与《法官职业伦理规范》第 13 条中所涉及的规范相关。

案件事实

客席法官发现在 X 案件中存在一些错误,但没有对这些信息保密,而是在上级没有授权的情况下将信息进行公开发表。在询问中,他描述了案例中的错误并就该问题提起了诉讼。同时,他还对案件中法官的行为进行了评价。

研讨会的第十一个示例场景

"讨论 66"法

预计时长:20~30 分钟。参与人数:至少 12 人。

活动描述

1. 组织者将参与者分为 6 人一组的小组。
2. 每个小组有 6 分钟的时间来讨论组织者提出的问题。

一名负责刑事案件审判的法官拥有一个博客,他在上面发表的内容大多是个人的文字材料:例如诗歌、散文片段、小说以及与历史相关的文章。他也会写日记,并将比较重要的政治事件以及法律中观点的变化都写在日记里。在其中一份记录中,他对《波兰刑法典》中条款的新变化进行了评论,写道:"根据《波兰刑法典》第 258 条,我现在宣布所有人无罪,因为我难以分辨这与合伙犯罪有何不同。"

该法官是否触犯了第 13 条中规定的原则?

3. 讨论时间结束后,各小组要在所有人面前展示他们的工作成果。

第十四条　法官应积极履行与法庭管理相关的职责,尊重法院权威,维护司法管理的清正廉洁。

法官履行其职业监督职能时,应当谨慎对待组织性问题,采用可以保证最佳工作效果同时又尊重司法独立原则的方法。

以下案例能够说明待讨论的问题,这些问题与《法官职业伦理规范》第 14 条中所涉及的规范相关。

1 号案件事实

一名法官分管一个部门法的法庭,在一个有秘书人员及委托人在场的社交场合,她曾建议她的下属——X.Y.法官利用她父亲是院长的朋友这一身份关系在庭审中获得特权地位。①

2 号案件事实

一名法官在法院就职并履行其职业责任,但他充满嘲讽地向一位女性问及她与丈夫的关系及其家庭问题。同时,他还以不公正的方式对她的职业素养进行了批评,公开质疑她的能力并对她的私人生活指手画脚。

研讨会的第十二个示例场景

"讨论 66"法

预计时长:30 分钟

参与者人数:6 人及以上;活动可能在较大群体中开展。

活动描述

1. 由组织者对参与者进行分组,每组 6 人。
2. 每组有 6 分钟的时间对组织者提出的话题进行讨论。

一名地区法院法官将案情资料收集起来,打算草拟一份判决理由;然而该法官将这些资料带出法庭之后,在没有确保其安全的情况下将这些资料放在停放在大型购物中心的汽车里。他用了至少 40 分钟在购物中心里购物。就在这段时间,作为法官财产的汽车被盗,连同车里的所有物品及资料都一起遗失。②

可提问的问题:该法官是否违反了职业伦理? 若是,请用相关法律依据来证实你的观点。若非如此,请提出相关论点。

3. 讨论时间结束后,各小组要在所有人面前展示他们的工作成果。

---

① 2008 年 3 月 20 日 SN 判决,SNO 13/08,未出版。
② 2003 年 1 月 27 日 SN 判决,SNO 58/02,未出版。

第十五条 只有在有充足理由的情况下,法官才能被要求取消其审理资格。取消法官资格的机制不得被过度使用。

以下案例能够说明待讨论的问题,这些问题与《法官职业伦理规范》第 15 条中所涉及的规范相关。

1 号案件事实

根据 2006 年 3 月 31 日判决,上诉法院——惩戒法庭认为被告——地区法院的一名劳动及社会保障庭的法官,曾在 63 起案件中通过不当审判影响了其所在法院的尊严。在这些案件中,她仅委任她的丈夫 Włodzimierz G.——一名专家证人提供医学专家意见或是她的丈夫所在的专家团队提供医学专家意见。①

2 号案件事实

在一个惩戒程序之中,上诉法院——惩戒法庭认为一名地区法院法官因下列行为而违反了纪律性规定:该法官审查了一个案例的 4 份上诉请求,然而他哥哥的女婿是本案初审法院的陪审团主席;另外,在 Y 案中,他对一个案件的上诉进行了审判,然而该案件的初审判决是由其作为陪审团主席的外甥女作出的。虽然有这些关系存在,他并没有根据 CCP 第 42 条第 1 款的要求不参与审理上述案件。在这些案件中均存在着 CCP 第 41 条第 1 款中规定的应取消审判资格的情节,他的行为是对程序法(例如第 41 条第 1 款以及第 42 条第 1 款中的规定)严重且公然的冒犯。参考 ACCO 第 109 条第 1 款第 1 项,法院决定给予该法官训斥的处罚。②

研讨会的第十三个示例场景

"问题解决"法

活动以小组的形式开展,每组人数从几人到 30 人不等。活动时长为 60～90 分钟。

活动描述

1. 组织者规定问题情境。问题写在写字板或海报上。

例如,一名已婚法官有婚外情并对此保密。其职业责任包括在刑事

---

① 2006 年 8 月 24 日 SN 判决,SNO 54/06,未出版。
② 2007 年 1 月 25 日 SN 判决,SNO 75/06,未出版。

法庭进行审判。他的情人对他说了很多自己的情况,例如她的丈夫对她不忠,对她进行心理虐待,拒绝支付孩子的抚养费,以及出售家中所有物品来折磨她。该丈夫并不知道妻子有婚外情。法官的妻子也不知道该法官有婚外情。在一次吵架之后,法官的情人因不满其丈夫的骚扰而提起诉讼。结果,该女子提起的诉讼被接受,并由该法官所在的法庭审理。法官的困境在于:他与受害女性之间存在强烈的情感联系。此外,他也由于与当事人之间的关系而了解到她的情况,而且因为他相信她对他说的自己受到了伤害的话,所以对她的丈夫十分憎恨。原则上讲,他应该申请不符合此案的审理资格。然而,如果要这样做的话,他必须证明他的请求是正当的,也就意味着他隐秘的婚外情会被公开并毁掉他的个人生活。他应该怎么办?

第一步

组织者向参与者提出问题:还需要什么额外信息?(例如关于法官的家庭、法官与妻子的关系等,以及 CCP 中关于资格取消的相关规定等。)参与者参考的信息是否可以被采用是无关紧要的。

第二步

参与者汇报信息来源——记录在写字板上或海报上。此时信息来源是否可以采用并不重要。

第三步

在写字板或海报上写下与案件有关的所有问题。

这些问题可能包括:法官是否要离开他的妻子?他是否想与另外一个女人在一起?他们是否还保持着亲密关系?该女人是否说谎?

第四步

少许时间之后,各参与者在纸上写明问题的内容以及核心。

看起来问题是:如何有效诚实地对案件进行判决?

第五步

寻找可以解决问题的方案。各参与者在一小张纸上写下建议的解决方案。这些纸张贴在桌子上(重复性问题不做重复记录)。观点清单是参与者头脑风暴的产物。重要的是参与者需遵守下列规定:

——不得对观点进行评估;

——不得批判其他参与者的观点;

——不得检验建议是否能被付诸实践;

——所有观点都有价值；

——观点越多越好。

第六步

丰富观点清单。参与者检查之前所述的与问题相关的解决方案是否可通过其他方法适用。参与者应回答下列问题：

1）已给出的解决方案能不能用于其他情境中？

2）有可以修改的地方吗？

3）问题能否被一般化，使其应用范围更广？

4）解决方案能否特殊化？

5）适用解决方案会产生什么样的结果？

6）特殊解决方案之间能联系起来吗？

第七步

评估解决方案。每名参与者拿到一定数量的分（例如自粘标签的形式），并将这些标签赋予参与者所认可的最佳解决方案。

第八步

在这一阶段，参与者被分为更小一点的小组，他们应想出在选定情景中适用的策略。在此过程中，参与者应确定程序的各个阶段、必要行为、可能的障碍以及消除这些障碍的方法。

三、离职法官行为准则

第十六条　法官不得作出可能甚至看似可能违背法律秩序的行为。

以下案例能够说明待讨论的问题，这些问题与《法官职业伦理规范》第16条中所涉及的规范相关。

案件事实

一名地区法院法官因向医护人员赠送价值650波兰兹罗提的礼品而遭到指控，这一行为超出了传统可接受的范围，影响到了ACCO第107条第1款中规定的司法机关的尊严。具体情况如下：该法官在遭遇交通事故后，被转到上述医院实施手术并进行后续治疗。在出院时，他向医护人员赠送了价值650波兰兹罗提的礼品，其中包括一盒巧克力、一袋咖啡以及一瓶价值150波兰兹罗提的威士忌；同时，他还送给为他实施手术的医生价值175波兰兹罗提的德国百利金喷泉钢笔。①

研讨会的第十四个示例场景

"决策树"法

建议时长:60~90分钟。参与者人数:随意。

确定待解决的问题。建议在活动开始前向参与者发放任务说明、相关法律文件副本及《法官职业伦理规范》。

案件事实

上诉法院——惩戒法庭于2002年6月7日作出判决,判定被告违纪罪名成立,其行为如下:2001年4月1日,在A地Adam B.的一餐厅的私人空间内,被告未遵循所有者要求其离开的指示。他在保安机构的工作人员以及警员敦促其离开该场所后仍不离开,还侮辱了该保安机构的工作人员,威胁使用枪支对保安机构的工作人员Arseniusz K.进行人身伤害,并对K.进行推搡,拉扯其衣服。本案认定了以下事实:被告,一名地区法院法官,与Adam B.相识多年,而B.是位于A地的一家餐厅的老板。两人虽久未联系,但对彼此保持友好。2001年4月1日,该地区法院法官和Adam B.均出现在后者餐厅的接待室,随后一起饮酒。过了一会,两人发生争执,餐厅老板要求法官离开。原因是法官越喝越多,影响了其他客人。法官不顾其他客人意愿,欲在其他餐桌坐下,与人交谈等。尽管证人Adam B.的确多次要求其离开,但他并未照做。在此情形下,根据餐厅老板的指示,保安机构的工作人员,即证人Arseniusz K.和Adam M.被要求来到餐厅。Adam B.要求二人将法官带离餐厅。然而,法官罔顾自己清楚知道二人是保安人员的事实(通过二人均身穿制服的事实),以自己是法官为由拒绝离开。因此,餐厅报警方,同时,Adam B.和法官正在相互侮辱。法官威胁Adam B.要烧掉他的餐厅,而当二人来到店外时,被告又把Adam B.推倒在地。18点40分左右,身穿制服的警员Robert U.和Robert Z.到达现场。警方了解到一方当事人为法官,且双方都表示无须警方干预后,没有采取进一步行动,驶离现场。法官在暂时离开Adam B.的餐厅后,又携一熟人返回。Adam B.仍不同意法官进店,当时在店前饮用瓶装啤酒的法官试图以武力进店。而店门由还在现场的上述保安人员,即证人

---

① 2003年4月11日SN判决,SNO 17/03,未出版。

Arseniusz K.和 Adam M.把守。之后,法官将怒气发向他们,以言语侮辱他们(如称他们为"傻瓜""乞丐""狗屎""蠢蛋"等),并威胁要"用自己的格洛克手枪打他们"(在场所有人都能清楚知道,这是明显的以枪支相威胁)。这时,法官还无视证人 Arseniusz K.的人身安全,对其推搡并撕扯其制服。之后警方再次接到报案。这一次,他们便衣前来,且车上没有警方标志。接着,当值警员决定"不张扬地平息此事"。一段时间之后,警官(Krzysztof O.和 Zenon A.)试图说服法官自愿乘坐警车并送他回家。恰好身在餐厅或街道上的目击证人看到了事件的部分片段。许多路人已经认出了地区法院法官,他们用这样的话评论这一事件,例如"警察站在一旁,法官为所欲为","法官并非第一次这样大吵大闹了"。①

活动描述

1. 确定待解决的问题。
2. 在写字板或海报上写下问题。应当对法官采取什么行动?
3. 对问题进行简要讨论。为了更好地定义该问题,应当询问下列问题:发生了什么?为何发生?原因何在?谁该负责?问题能避免吗?怎样避免?可以针对法官采取司法手段吗?谁应当发起此类行为?

针对可能出现的困境应该考虑下列问题:

——法官是否酗酒?
——法官是否可能存在精神方面的疾病?
——法官是否有个人问题以致影响其行为?

4. 将参与者分成小组(每组 2~6 人,具体取决于参与者的总人数)。所有小组拿到他们的工作表格。组织者解释完成工作表的规则。首先在表格的最后一部分写上问题。然后团队(依据他们自己的意见)选出 3 个最佳解决方案,将所有提议都写在工作表上。在活动的下一阶段,参与者分析可能由这些解决方案导致的结果(包含消极和积极的结果,或者同意或者反对的论据)。

5. 每支队伍的代表展示他们的工作成果。可以将完成的工作表挂起来,这样每个人都能够读到它们。

6. 参与者讨论工作成果。他们确定他们认为的最佳解决方案并给出原因。

---

① 2002 年 11 月 14 日 SN 判决,SNO 36/02,未出版。

提出建议:根据ACCO第109条第1款第4项,对被告施行惩戒,将其转到其他工作岗位。

第十七条

1. 法官应避免与其他当事人的私下交往及经济关系,这些行为可能会影响到他公正履行司法职责的公信力,或公众对其权威性的质疑以及影响到司法部门的信心。

2. 法官应当保持应有的谨慎,确保与他关系密切的人不会实施此类行为。

以下案例能够说明待讨论的问题,这些问题与《法官职业伦理规范》第17条中所涉及的规范相关。

案件事实

一名地区法院法官因下列事实而受到指控:

1) 她从一位律师处总计借款5 000波兰兹罗提且未在约定时间内归还,这影响到了司法部门的尊严,并且构成了ACCO第107条第1款规定的纪律违规行为;

2) 她向一位律师贷款,金额为几千波兰兹罗提,并且此时该律师是在该法官审理的案件中一方当事人的代理人,这样她就触犯了ACCO第107条第1款规定的纪律条款;

3) 秋季,她向这位律师贷款,总计为3 000波兰兹罗提,此时该律师是在该法官所在法庭审理的离婚诉讼中一方当事人的代理人,这样她就影响到了司法部门的尊严,并且构成了ACCO第107条第1款中规定的纪律违规行为。

研讨会的第十五个示例场景

"洋葱"法

每组参与者的数量应该一致。活动没有时间限制,但有效的讨论只需45分钟。

这里是需要考虑的问题:

一位法官的女儿已经成年并且有自己的谋生方式,与父母保持着密切的感情联系。她是一名学生,住在另一个小镇上。她与一个男人的关系密切,这个男人为她提供住宿和较高的生活标准来换取性服务。这个女孩的父亲不知道这个情况。她的母亲,即这位法官,知道她女儿是怎样生活的,但是害怕谈论此事,因为女儿说若试图影响她的行为,她就会断绝与父母之间的来往。这种情况与《法官职业伦理规范》第 17 条中提到的法官需要评估其行为是否影响司法公信力有关吗?

活动描述

1. 将参与者分成人数相同的两组。
2. 一组成员坐在内圈,另一组成员坐在外圈。参与者两两相对。
3. 参与者面对面坐着——一个在外圈,一个在内圈,相互讨论问题。事先确定好活动的时间(比如,5 分钟)。

组织者可能采取或建议的观点示例包括:

——法官能够通过他们的生活显示其价值观,父母不恰当的行为也显示了他的道德立场。

——不存在连带责任的问题:法官不对与其关系密切者的行为负责;法官仅能够对试图避免不道德行为的行径负责。

4. 当活动时间结束时,坐在内圈的参与者按顺时针方向移动到下一个位置。每位参与者与新的搭档进行讨论;活动的时间与之前阶段的时间相同(5 分钟)。
5. 具体进行几轮讨论由组织者决定。在小组中,活动会一直持续直到每个坐在外圈的人都有机会与坐在内圈的人交谈。
6. 组织者总结讨论的成果,并允许想与其他人分享讨论结果的人陈述他们的观点。

第十八条　在财务问题及履行相关责任的自觉性上,法官应当毫无疑问地展现其勤勉。法官不应当采取任何会让人觉得他不恰当地使用其司法地位的财务行动。

以下案例能够说明待讨论的问题,这些问题与《法官职业伦理规范》第 18 条中所涉及的规范相关。

案件事实

一名地区法院法官在经济庭从事审判工作。同时,他也是审判委员会中的一员,该审判委员会曾宣布企业家 X 破产,并判决其赔偿破产中财产受损的受让人 200 000 波兰兹罗提。被告法官的妻子在报纸上看到有关企业家 X 发布的出售交通工具的清偿广告,出价 10 000 波兰兹罗提想要购买一辆福特雅士,并支付了 1 000 波兰兹罗提作为保证金。X 接受了这个价格并给她出具了发票。被告法官从其私人账户中转账 10 000 波兰兹罗提至破产商人的账户,并同妻子一起提取了上述车辆,该车最终作为共同财产登记在他和妻子两人名下。①

研讨会的第十六个示例场景

"观点地毯"法

该方法预计在几人至 30 人的小组中展开。时间为 15~20 分钟。

活动描述

1. 将需要讨论的问题写在写字板或海报上。

这里要讨论的法官是一个粗心大意的人。他用尽最大努力勤勉尽责地履行他的职业责任。然而,他依旧不断犯错,不管是在提交财产陈述关于汽车登记的年份时,还是在说明公寓的居住面积以及土地范围时。

这种行为能根据第 18 条的规定受到惩戒吗?对这种行为要作何反应?

2. 组织者提出这一活动的指导原则。

3. 参与者写下解决方案——每一项都单独列在一张纸上。每位参与者得到 2~5 张纸(取决于小组成员的数量)。组织者为任务设定时间限制(10 分钟)。

建议性观点可能包括:

——在惩戒性程序中不能评估性格特征(和蔼、内向、有原则、仁爱、勤奋、有胸怀);

——第 18 条要求勤勉谨慎地履行义务,与审判素养方式相同,没有理由将适用于法庭审判中的评估方法改变;

——在展现法官诚实案件的描述中提到的规定的透明性及数据的连贯性。

4. 参与者创造观点地毯的方法——组织者在既定的区域(地板或墙上)放置一张海报,参与者将写有他们自己的解决方案的纸条粘贴上去。参与者轮流进场,大声读出他们的观点,并将纸条贴在海报上。

---

① 2003 年 5 月 9 日 SN 判决,SNO 20/03,未出版。

5.当所有纸片都粘贴在海报上后,便开始进入提出解决方案的评估阶段。所有参与者依次进场,在海报上选择(通过粘贴标签)他们认为的最佳解决方案。

6.组织者统计票数,展示获选的解决方案。

7.组织者可能会发起关于选择的一场讨论:为什么参与者会作出这样的选择?在他们看来为何是最佳的解决方案?

第十九条 法官不得接受任何试图对其施加影响的好处。法官也应当确保其家庭成员不会接受此类好处。

以下案例能够说明待讨论的问题,这些问题与《法官职业伦理规范》第19条中所涉及的规范相关。

2004年9月16日全国法官协会意见书:根据ANCJ第2条第2款第8项,全国法官协会规定了对CPCJ第18条第2款的解释(2003年2月19日全国法官协会2003年第16号决议),决定法官不适合在法院执行官员或催收人进行的投标活动中购买任何动产及不动产。法官也应当确保与其关系亲密的人不会出现这种行为。

相关活动的场景设定——参见研讨会第四个标例场景。

第二十条 一位法官在接受直接针对法官的优惠时,应当考虑一下这种优惠会不会试图影响他个人或者他工作的职业圈子。

研讨会的第十七个示例场景

"支持与反对论点"法

预计时间:90分钟。

活动描述

1.组织性问题(15分钟):准备一张海报,在写字板上写下要讨论的话题,列有案件事实的副本可分发给不同的参与者,作为讨论的基础。

2011年5月,法官从官方零售店利用了一项专门针对法官的优惠政策,购买了一辆X牌的新车,享受了20%的折扣。

2.应当强调与案子有关的论据:法官有权使用此项优惠。

3.参与者会拿到一张关于这一问题的立场清单(这张清单也许是一张海报,重要的是每位参与人员应当看得懂上面的内容)。

可能的立场：
++　　完全赞同；
+　　 比较赞同；
=　　 中立；
-　　 比较反对；
--　　完全反对。

所有参与者拿到自粘标签,可以在上边写下他们关于论点的立场。

4. 下一阶段以四个回合的活动方式展开。

第一回合

每位参与者在衣服上贴上标签表示其立场。然后,有相同立场的参与者组成一对或一个小组(取决于整个团队的人数)。以这种方式组成的小组的任务是再次讨论最初的问题,丰富用来支持立场的论据(15分钟)。

以下几点可以作为论点的灵感：

——一个人的职业在进行民事行为时不重要；

——一项优惠意欲影响法官的社交,赢得他们的青睐,为公司取得利益；

——接受这一优惠可能会引起大量的程序问题,包括当 X 品牌的代表为一方当事人时,法官是否有理由取消他自己审理案件的资格。

第二回合

在结束时,参与人员必须更换小组(同伴)。根据活动设置的原则形成新的团队。参与人员组成新的小组,它的成员代表的立场仅相差一个等级,例如"+"和"="。在新的团队中,参与人员讨论代表他们论据的问题,并提出他们的观点(15分钟)。

第三回合

组织者发出信号示意交换组员(同伴)。新的小组由代表不同立场的组员构成。再次开始讨论。在这个阶段,重要的是参与人员应该通过使用这几轮活动中积累的论据,为他的立场进行巧妙的辩护。组织者必须让参与人员意识到应当使用合适的论据(15分钟)。

第四回合

参与者再次回到第一轮的小组。现在各小组的任务是分享在第二轮和第三轮中出现的观点、印象以及想法。参与者也有机会提出新的论据。

在简短的讨论之后,参与者会在整个团队面前,展示他们在不同团队中听到的观点(15分钟)。

第二十一条　法官不得提供法律服务。

以下案例能够说明待讨论的问题,这些问题与《法官职业伦理规范》第21条中所涉及的规范相关。

案件事实

一个好交际的、友善的法官经常为他的邻居们提供帮助、提出建议或者起草诉讼主张,他只收到一些小恩小惠。然而,在一场遗产继承案胜诉之后,一个邻居向法官赠送了一只金色钢笔,法官接受了。

以下材料能够说明待讨论的问题,这些问题与《法官职业伦理规范》第21条中所涉及的规范相关。

2003年4月9日国家司法委员会发布2003年第29号决议(为2003年2月19日国家司法委员会发布2003年第16号决议的附录)——"法官不得提供法律服务"。这一原则引起了人们对最高法院离职法官的质疑,以及其提供免费的具有慈善性质的法律服务的合法性问题。关于这个案子,国家司法委员会根据最高法院第一主席的要求,决定根据《法官职业伦理规范》第7条的规定来解释在第21条中规定的原则。关于退休或离职的法官,要求特殊伦理规定的原则应适用于这些规定(《法官职业伦理规范》第6条)导致放松了提供法律服务的相关限制,放松的程度与退休法官及在职法官之间的差异性有关。在没有触犯伦理准则的情况下,退休法官可能提供具有慈善特征的无偿法律服务,这仅仅适用于那些由于财务限制而不能负担有偿法律服务咨询的人。这种法律公益性活动无论如何都不会包括这种超越普通服务咨询性质的法律服务。

研讨会的第十八个示例场景

"头脑风暴"法

这一方法可应用于不同规模的小组。必要活动时间约为30分钟。

活动描述

1. 介绍。

组织者阐述头脑风暴的基本原则,然后给所有参与人员介绍即将讨论的问题。

以下是需要分析的问题：其地区法院法官同时也是一名学术研究人员，在大学进行全职工作并在由大学生提供法律服务的法律诊所担任指导教师。作为其职责的一部分，他对大学生为地方社区提供法律服务的质量进行学术监督。他在团队工作中的参与有力地保障了团队的水准。这位教授贡献了他的知识。然而，在法庭上遇见法律诊所客户的情况也有可能发生。他向学生就问题的解决方案进行了暗示，他确实提供了法律意见，他可能因此而间接面临指控。这名法官是否触犯了职业伦理准则？在不受指控的情况下，他怎样履行学术职责？

首先对问题进行简要介绍，之后选出一名登记员。为了确保绝对的匿名性，参与者分别在不同的纸上提出建议。登记员会根据问题的类型对纸张上的建议进行分类。

2. 收集观点。

参与人员提出关于解决问题的意见。这一部分将持续5～15分钟。最后的时候，发言数量会减少，或者当材料足够进行下一步讨论及解决问题时，组织者会终止该部分的活动。

3. 评估分析。

这一阶段要进行解决方案的选择。组织者及参与人员对类似的解决方案进行分组。然后，参与人员按照解决方案的类型分成不同的小组。这些小组对解决方案进行分析并选出最好的一个，随后在小组内给出作出这一选择的正当理由。最后，所有参与人员以及组织者选择最佳的解决方案。

4. 解决方法的实际运用。

组内所有参与人员对选定的解决方案进行实际应用。例如，怎样出台规定对同样身为法官的指导教师的职责范围进行界定，以此它可以被包含于法律诊所的行为准则中，并且可以保护法官免受因违反职业伦理而可能遭受的指控。还有可能的一点是，在相应规定中也可以找到解决方案，个人经授权可举行起草诉讼请求的专题研讨会，随后在没有受到质疑的情况下，导师将会适当使用他们的知识，还可能提出法律建议。

第二十二条 法官不得以任何方式加入或支持活跃在司法秩序之外的组织。

以下案例能够说明待讨论的问题，这些问题与《法官职业伦理规范》

第 22 条中所涉及的规范相关。

案件事实

地区法院法官是一位年轻人,在他求学时积极参与了无政府主义者的活动,之后他停止参加曾是运动组织者的朋友组织的示威及游行。然而,他仍然用自己的法律知识向其老朋友们提供帮助,让他们了解到与授权有关的程序,分享关于在诉讼程序中受到指控的应对方法等信息。此外,他劝说他的朋友应当以不屈从原则为基础,并遵循他的意见继续实施行动。法官是否应当对《法官职业伦理规范》中引用的伦理原则保持忠诚,这一点值得考虑。

研讨会的第十九个示例场景

"观点地毯"法

时间为 15~20 分钟。

活动描述

1. 需讨论的问题已经列在写字板/海报上。列举出《法官职业伦理规范》第 22 条当中所指的支持组织的非法方式。

2. 组织者提出这一活动的主导原则。

3. 参与人员写下建议性的解决方法——每一个都写在单独的一张纸上。每一位参与人员都会得到 2~5 张纸(取决于小组成员的数量)。组织者为任务限定时间(10 分钟)。

建议示例:

——起草主张声明及诉讼文件;

——为免责提供法律意见;

4. 参与者创造了观点地毯——在选定的区域(地板和墙上),组织者放了一大张纸,参与者将他们自己手里的纸粘贴上去。人们轮流靠近海报,读出他们的观点。

5. 当所有的纸都被粘贴在海报上时,就开始进入产生解决方案的评估阶段。所有参与人员靠近海报,将标签贴在他们认为的最佳解决方案上。

6. 组织者统计选票,提出选定的解决方案。

7. 组织者可能发起有关于选择的讨论:参与者为何这样决定?在他们看来,为何选定的解决方案是最好的?

第三章 检察官职业伦理规范[①]

一、总　则

检察官独立负责地工作，客观清晰地维护公正，他们是国家利益、社会和司法公正的捍卫者。检察官谨慎地招募优秀的法律人，他们具有优秀的品行和才能。检察官应确保新人有机会掌握专业技能，不断提高其在组织、法律和金融领域的工作条件标准，以符合欧盟标准。检察官应具有一个可以履行其专业职责的环境，不会面临威胁、骚扰、不当干预、毫无根据的诉讼和惩戒或其他危险。

修订《检察官职业伦理规范》的补充材料，应以该准则的一般原则为背景进行分析。

以下是第九届波兰共和国检察官协会年会的决议。

二、伦理行为请求

普通和军事办公室以及国家纪念机构的检察官！

在管理波兰检察机关章程最重要的法律原则中，有禁止检察官参与政党、从事任何形式的政治活动以及以公正和平等对待所有公民的原则为指导的义务。这要求我们超越一切政治关系和期望行动。成为一名职业检察官也是一种承诺，承诺诚实、合法，同意持续接受评估，不仅要接受我们在履行职业职责时所遇到的人的评估，也接受朋友、邻居和许多陌生人的评估。什么也不能免除检察官勤奋、客观，仅仅在执法的基础上进行

[①] 《检察官职业伦理规范》相关决议在2002年5月25日第二届波兰共和国检察官协会全体成员大会上获得通过。

工作，公正和免于满足政治或政党期望的义务。这也是社会对检察机关的期望。这就是为什么波兰检察机关成为与政党有关的方案和政治决定的执行者时，其作为和不作为遭到批评的原因。大多数检察官从来没有违反保持客观、独立、公正原则和非政治化。然而，目前由于现有的法律和政治条件，检察院被认为是被剥夺了公众信任的机构。它被批评和蔑视。我们想强调的是，我们是波兰共和国检察官，而不是一个政党、一个政府或者特定部门的检察官。我们都知道，每个正常的人都会追求掌握职业技能，并寻求职业提升。然而，这绝不能以损害行业权威、影响个人尊严为代价来实现。我们永远不应忘记检察官所设定的目标——捍卫法律秩序和监督犯罪起诉。我们不能为特设的利益损害我们的职业道德准则及检察官职业道德准则中规定的标准和检察官誓言。让我们的贡献使检察机关免受机会主义政治影响，并能够以客观、独立、自由为特征。在信任、友谊和相互尊重精神的前提下，检察官勤奋、公正地运用法律完成既定任务。我们一定要保护和捍卫检察官的独立，反对侵犯行为。我们呼吁检察官进行整合而不是对抗。他们的专业团体致力于保持检察部门的尊严，并适当照顾它的完整性，这为检察机关适当形象——作为合法、独立、国家公正服务奉献的主体奠定了基础。

三、职业素养原则

检察官应当勤勉、正直和高效地履行其职业职责，并且应该尊重和保障人权。

以下案例能够说明待讨论的问题，这些问题与该准则所涉及的规范相关。

案件事实

一名检察官被指控，他向地区检察官提交了一份会后报告，并通知他有关地区法院的延迟裁定，无罪释放超过了 CCP 第 445 条第 2 款和 CCP 第 442 条第 1 款的时间限制。这违反了条款 CCP 第 445 条第 2 款和 CCP 第 442 条第 1 款定义的规则，即属于规章规定的违纪违规行为。与 APros 第 66 条第 1 款[①]，相关 CCP 第 445 条第 2 款、第 442 条第 1 款，以及司法

---

① Act of 20 June 1985 on public prosecution; Dz.U. of 2008 No.7, point 39 with amend, amendments, henceforth as: APros.

部 1992 年 4 月 11 日部长决议第 257 条第 1 款——对于检察机关①的内部管理规则。惩戒办公室的惩戒人员在一份 2004 年 10 月 20 日的判决中认定检察官违反纪律,并根据 APros 第 67 条第 1 款对其进行训斥。②

检察官应避免歧视,既涉及被告人,也涉及政治、社会、宗教、民族、种族、文化、性别或年龄指向的自然犯罪受害者。

以下案例能够说明待讨论的问题,这些问题与该准则所涉及的规范相关。

案件事实

检察官办公室下属检察官惩戒办公室,在 2002 年 8 月 28 日判决中认定一名地区检察官办公室的检察官的行为构成职业不当。该检察官严重并公然地违反法律规定,没能从诉讼文件中排除 1998 年 1 月 31 日 krzysztof D.公司(被告)的证词。其证明了关于在 B 地发生的吉普赛家庭 H.的谋杀案。尽管他有确保有效和合法诉讼程序的义务,但是由于他有意识地没有根据证词的价值递交报告给 C 地的省检察院,使得上述诉讼程序有显著的延误。因而他的行为构成了 APros 第 66 条第 1 款以及《检察机关内部管理规则》第 202 条第 1 款、第 13 条第 1 款、第 89 条第 1 款规定的违纪行为。据此,检察官惩戒办公室根据 APros 第 67 条第 1 款第 1 项的规定,对其进行训斥。③

检察官应公正、客观地履行其职责,尊重案件中特别是与对被害人和被告人相关的重要情况。

案件事实有关决定由惩戒办公室根据现存法典的规定作出。

1 号案件事实

波兰总检察长办公室下属检察官惩戒办公室于 2004 年 6 月 3 日作出的登记为[……]的决定,发现一名退休检察官通过以下职业不当行为影响了其职业尊严:

---

① Dz.U. of 2003, No.170 "point 1658. Since 31 March 2010" the Resolution of the Minister of Justice of 24 March 2010: "The rules of internal administration for common organisational units of public prosecution" has been in force, Dz.U. No. 49, point 296.
② 2005 年 10 月 12 日 SN 判决, SDI 24/05, 未出版。
③ 2004 年 4 月 25 日 SN 判决, SDI 21/04, 未出版。

(1)没有遵循《检察官法案》的规定,存在下列行为:

a)2001年12月11日,他参加了一个政党,参与党内政治活动延续至今,尽管APros第44条第3款绝对禁止这种行为;

b)在2002年11月10日B市长选举后,没有通知B区的检察官他打算签订一份额外的雇佣合同来接受市长的职位,违反APros第49条第4款的规定以及第49c条与第65a条的应用;

c)2002年11月,未能将他作为未决审判程序的一方当事人且该案在适用选举条例地区法院进行审理一事,通知他担任B区检察官的上级:在登记为INs 308/02的案例中,他担任原告。在登记为INs 310/02的案例中,他是其中的参与者。

(2)2002年秋季,在竞选镇长期间,使用他的检察官办公室以增加个人利益,他广泛地描述了他作为一名检察官的职业能力,丝毫不提他已于2001年4月14日被免职。

这意味着依据APros第62条第1款的规定,他已构成违纪违规行为。为此,惩戒办公室判定剥夺其退休人员资格及领取养老金的权利。①

2号案件事实

地区检察官被指控:

(1)身为A. Spółdzielnia Mieszkaniowa住房协会的成员——在1997年10月13日至2000年9月27期间,作为一名地区检察官,他发起并监督地区检察官办公室诉Marek C.的案件的审查程序;他还在C.所在地区的检察官办公室发起了对该男子的妻子Bożena C.的审查程序,证实了指向Marek C.的骚扰,即应他的要求,由住房协会向他支付所有到期金额(现在A. Spółdzielnia Mieszkaniowa住房协会名下),来支付社会建设工地安装管道和暖气系统的费用;检察官的这些行为可能使得公众对其公正履职的信心丢失,影响职位尊严,这意味着违反APros第66条第1款。

(2)此外,在1998年11月24日至1999年2月22日期间,A地区检察官反对对Jacek W.进行的预审程序,他通过选择性和不当的方式使用证据,从而证明1998年11月27日他包庇了Jacek W.,尽管两天前他签署了搜查和逮捕令,抓捕该男子并把他带到检察官办公室。他在医

---

① 2005年9月25日SN判决,SDI 22/05,未出版。

疗专家未提供声明的背景下，就对 Jacek W.遭受的伤害发生的时间和方式提供了解释；他还要求另一名检察官书面起草一份决定拒绝在 A 地区检察院对该案发起调查，并拒绝承认证人 Roman K.在 2000 年 5 月 22 日在地区法院提出的动议，这导致了法院对 Jacek W. 的量刑较为宽松，尽管对于他是否使用枪支尚存疑；这也导致 Magdalena Z.不需对作伪证负责任，这完全违反 APros 第 66 条第 1 款的规定；除此之外，其行为符合 CC 第 239 条第 1 款所描述的犯罪。①

3 号案件事实

一名地区检察官被指控，他对办公室女职员使用粗俗和侮辱性语言，这影响了他的职业尊严，这就是 APros 第 66 条所规定的行为。此外，1999 年 6 月 29 日，作为地区检察官，基于随叫随到的检察官职责，他在醉酒的状态下去 Stanislaw K.的死亡现场，这也影响了检察机关的尊严。②

要充分注意对于公职人员犯罪的起诉，尤其是那些欺诈、滥用职权、严重侵犯人权等行为和其他国际法认定的严重罪行。

以下案例能够说明待讨论的问题，这些问题与该准则所涉及的规范相关。

案件事实

地区检察官办公室的一名检察官注意到他的一个同事一夜暴富。虽然该同事试图掩盖这个事实，但从他穿着更好、手机更好、在国外度假(于此他不会说任何东西)，甚至搬到一个更好的住所，可以显现出来。众所周知，这名检察官勤政廉洁，是有组织犯罪领域的知名专家。未曾有人怀疑这名检察官的诚实，其没有任何腐败行为嫌疑的阴影。他的职业决定不受质疑。但是有一天，在离开办公室时，地区检察官办公室的检察官发现他的同事与站在车旁边的被告神情激动地讨论着。他还听到同事说："我不打算这样做，算了吧，实在是太冒险了。不要再来这里，你来这里找我一定是疯了。"检察官上了车。他不知道自己是否应该与其同事谈论这一事件。然而，后者在被问及时否定了整个事情。

---

① 2004 年 11 月 17 日 SN 判决，SDI 62/04，未出版。
② 2004 年 11 月 17 日 SN 判决，SDI 62/04，未出版。

研讨会的第一个示例场景

"广开言路"法

本活动预计时长:假定参与者人数为 20～25 人,则活动将持续 60～75 分钟。

活动描述

1. 组织者提出讨论话题。

他建议参与者考虑,基于上述事实,地区检察官应该做什么。他应该避免采取任何进一步行动?他应该与其上司讨论他的担忧?他应该再次尝试联系同事,证实他的怀疑?

第一轮参与者讨论开始。参与者依次提出自己的意见(可以把椅子摆成一圈,这样能够使所有参与者彼此相对),发言限时 3 分钟。参与者必须参考他们指导教师的意见及其同伴的立场,选择一个观点并给予一定的论据支持。每个人都可以对对方的意见进行评论。

2. 下列争论可提出:

——无反应可能是正确的,因为这是检察官通过无意中听到的一段私密谈话才得到的信息;

——诉讼的决定是不容置疑的;

——检察官可能误解了他所听到的谈话内容;

——可能是同事的妻子积累了财富,这被解读为"一夜暴富";

——不作为可能会导致严重的罪行,例如以帮助和教唆的形式。

组织者可以宣布新一轮的讨论开始,并在最后建议投票选出组内普遍赞同的意见。

检察官应当遵从职业良心和荣誉来履行职业职责,不受任何形式的外部影响,并且拒绝包括政治干预和要求在内的干预,不受媒体宣传影响。

以下案例能够说明待讨论的问题,这些问题与该准则所涉及的规范相关。

案件事实

波兰总检察长办公室下属检察官惩戒办公室于 2002 年 3 月 4 日作出决定,发现一个地区检察官办公室的检察官犯有严重和公然违反法律的行为,特别是违反《检察机关内部管理规则》第 59 条第 2、3 款规定的公诉机关内部管理规定,即 APros 第 66 条第 1 款规定的违纪违规行为,为此,根据 APros 第 67 条第 1 款的规定,惩戒办公室给予其训斥的惩罚。他的公务违规表现在以下事实:在 1999 年 11 月 5 日和 1999 年 11 月 29 日期间,当他在地区检察官办公室开展调查时,他以不适当的限制审查程序范围的方式未能及时处理调查,特别是没能请求并获得关于犯罪嫌疑人 Michal C.的专家医疗心理医生的意见,以及受害方所受损伤的性质的医学专家意见书;他未能获得与事件有关的人证,并因此根据 CCP 第 17 条第 1 款第 2 项过早发出停止预审程序的决定。①

检察官应当尊重他所触及的文件秘密,除非这些文件按照司法管理的完整性、职业职责或者社会公共利益应当被披露。

以下案例能够说明待讨论的问题,这些问题与该准则所涉及的规范相关。

案件事实

一名地区检察官用他丰富的经验为侦探电视连续剧脚本提供咨询意见。随着时间的推移,除了咨询法律问题,他开始咨询剧本情节,并建议有趣的故事。在现实生活中作为受害方的女人在某一剧集中认出自己,决定去研究为何编剧如此熟悉他们的故事。当她得知该剧集情节是与检察官协商的,就被他的行为激怒了。

检察官应通过自学和参加有组织的继续教育方式提高其专业技能。

案件事实

一名地区检察官也是一名学术老师。当他被委派到专业研讨会时,他拒绝参与其中,并指出他的学位(博士)和他积极从事学术生活的事实,证明了他的专业技能在不断提高。

在履行职业职责时,检察官必须保持清醒,不受任何诱人物质的影响。

以下案例能够说明待讨论的问题,这些问题与该准则所涉及的规范相关。

---

① 2004 年 4 月 1 日 SN 判决,SDI 8/04,未出版。

案件事实

通过 2002 年 9 月 11 日的决定,总检察长下属检察官惩戒办公室发现一名地区检察官犯有下列行为:2001 年 4 月 13 日在 A 地,作为地区检察官办公室的一名代表,损害了他所在办公室的尊严。他在醉酒的状态下,在没有任何合法或者基于合法程序的理由的情况下想要和 Piotr G.一起进入 A 监狱,为了探访因犯了 CC 第 13 条第 1 款以及第 282 条和第 263 条第 2 款规定的犯罪行为而被地区法院判刑 1 年 6 个月并且正在服刑期间的 Wojciech B.,他也是在一未决案件中犯了 CC 第 158 条第 1、2 款罪行的犯罪嫌疑人,这一案件由该检察官负责,这一事件损害了其职业尊严。因此,其意欲非法接触 Piotr G.和 Wojciech B.的行为是对 APros 第 44 条第 2 款规定的公然违反,即构成 APros 第 66 条第 1 款所规定的违纪行为,也违反了 APros 第 67 条第 1 款第 2 项的规定,惩戒办公室以申斥的方式惩罚了他。①

检察官有义务为了守护职业的专业权威和尊严,以及确保其完整性和信仰而合作。

以下案例能够说明待讨论的问题,这些问题与该准则所涉及的规范相关。

1 号案件事实

检察官惩戒办公室根据 2003 年 12 月 15 日的一份判决,认定检察官对以下行为负有责任:2001 年 11 月 11 日,在 A 地 18:00 时,在酒精的作用下,他露宿街头睡在倒下的邮筒上,这导致他被想要确认其身份的警察带到警察局。该行为是 APros 第 66 条第 1 款所规定的违纪行为,检察官惩戒办公室以将其转移到另一地方的上诉检察官办公室的管辖范围的形式给予其惩罚。②

2 号案件事实

通过登记为[……]的 2001 年 11 月 26 日决定,总检察长下属检察官惩戒办公室发现了一个退休的地区检察官犯下列行为:1999 年 6 月至

---

① 2004 年 12 月 9 日 SN 判决,SDI 59/04,未出版。
② 2005 年 6 月 16 日 SN 判决,SDI 16/05,未出版。

2001年2月间,他以这样的方式对法律形成严重和公然侵犯,构成了违纪违规行为,尤其是违反了APros第49c条和第62a条的规定:在退休领取退休金期间,他注册商业公司,取得需要纳税的相关收入,这构成了APros第49c条和第66条所定义的职业不当行为。惩戒办公室根据APros第62a条以及APros第104条第3款第4项,剥夺其退休人员资格和享受养老金的权利。①

检察官的豁免不能包括非法行为。

参见2004年12月SDI 59/04的9号决定,记录在上一页的检察官醉酒非法接触犯人案的脚注所标明的判决中。

四、官方关系原则

检察官应在与他的上级交往中避免卑屈的态度,并且应该避免以傲慢和诋毁的态度对待下属。

以下案例能够说明待讨论的问题,这些问题与该准则所涉及的规范相关。

1号案件事实

一位地区检察官被指控,他在A地履行其职业职责时,对办公室女职员使用粗俗和侮辱性的言语,因此影响了他的职业尊严,即APros第66条所定义的职业不当行为,惩戒办公室给予其申斥的惩罚。②

2号案件事实

总检察长下属检察官惩戒办公室认定被告有罪的事实:在A地履行其职业职责期间,他反复使用粗俗和侮辱性的言语,因此影响了他的职业尊严,即APros第66条所定义的职业不当行为,惩戒办公室给予其申斥的惩罚。③

在官方关系中检察官应相互尊重,提供建议和支持。上级应将下属检察官视为"在官方层次的合作伙伴"和实现正义的公仆。

---

① 2004年11月17日SN判决,SDI 58/04,未出版。
② 2004年11月17日SN判决,SDI 62/04,未出版。
③ 2004年11月17日SN判决,SDI 62/04,未出版。

检察官晋升应取决于客观的标准，特别是专业资质、天赋、勤奋、效率和专业经验。

以下案例能够说明待讨论的问题，这些问题与该准则所涉及的规范相关。

一位资深检察官答应他的下属，在其同意停止对他的同事进行刑事调查的非正式要求下，他将支持其晋升的申请。

检察官不应对其他检察官的职业行为进行负面评论。他不应该容忍其他检察官不符合职业伦理的行为，在这样的情况下有权对违反职业伦理规范的同事给予委婉意见，并在相关程序中作证。一名检察官应避免为在惩戒程序中受指控的检察官辩护。

以下案例能够说明待讨论的问题，这些问题与该准则所涉及的规范相关。

一名检察官在对他的同事进行惩戒的程序中担任控方，在知晓案件的细节后，决定他不能以合适的方式完成这项任务。为了证明他的决定，他引用了作为案件基础的事件发展过程中的激烈细节——同事被指控骚扰家人并且虐待儿童。

检察官的责任是拒绝遵守非法的要求以及与检察官职业伦理相冲突的要求。

以下案例能够说明待讨论的问题，这些问题与该准则所涉及的规范相关。

一名检察官的上级叫他传唤他女儿的未婚夫作为证人，询问他作为一个盗窃犯罪嫌疑人之事，然后通知他，他将被拘留——这一行动发生在这个年轻人即将参加的倍受青年男女重视的婚前夜之前。

被委派作为导师角色的检察官应谨慎行事，来为法律实习生未来的职业表现做好充足准备，并且以自己的行为树立一个好榜样。参与实习生项目的检察官应当熟悉检察官的伦理行为准则，并应在他们心中灌输对它们的尊重。

以下案例能够说明待讨论的问题，这些问题与该准则所涉及的规范相关。

一名检察官，同时也作为法律实习生的导师，在职业实践中招呼他的实习生说："听着，年轻人，给自己倒一杯咖啡，给我倒一杯，看这个烂摊子如何在这里被收拾,因为现在你什么都不知道。"实习生问他可以做什么,听到的回答是:"不要打扰就行,所有球迷都会去看比赛,我们正在享受疯狂的时间——会有很多的事情需要做。"

研讨会的第二个示例场景

"观点地毯"法

该活动在 25~30 人组成的小组间展开。时间为 15~20 分钟。

活动描述

1. 需讨论的问题已经列在写字板/海报上。什么样的检察官行为与准则中不值得遵循的事项相冲突?

2. 组织者提出这一活动的主导原则。

3. 参与者写下建议性的解决方法——每一个都写在单独的一张纸上。每一位参与人员都会得到 2~5 张纸(取决于小组成员的数量)。组织者为任务限定时间(10 分钟)。

活动中可能出现的建议示例:

——履行职业职责中的无故拖延;

——缺乏最终决定;

——无资格;

——随意性;

——在程序中缺乏对参与者的尊重;

——缺乏对职业任务的参与。

4. 参与者创造了"观点地毯"——在选定的区域(地板和墙上),组织者放了一大张纸,参与者将他们自己手里的纸粘贴上去。人们轮流靠近海报,读出他们的观点并把纸粘贴在海报上。

5. 当所有的纸都被粘贴在海报上时,就开始进入产生解决方案的评估阶段。每位参与者得到一分(比如以自粘标签的形式等)。接下来,所有参与人员靠近海报,将其贴在他们所认为的最佳解决方案上。

6. 组织者统计选票,提出选定的解决方案。

7. 组织者可能发起关于选择的讨论:参与者为何这样决定?在他们看来,为何选定的解决方案是最好的?

五、指导检察官和调查机构之间关系的原则

在监督程序中,检察官应该以敬业、客观和坚定的态度来指导合适的行动,应该被打击犯罪的共同努力团结在一起。

以下案例能够说明待讨论的问题,这些问题与该准则所涉及的规范相关。

警察通知检察官说,他们不记得检察官想要他们所作证事件的情况。警察声称,他们有很多的交通检查,不可能重新收集检察官感兴趣的那个事件情况,除非它是一个典型事件。检察官说道:"我可以让你记住,告诉你,孩子,你要说什么。我们要忠诚于对方,不是吗?而这些细节将对诉讼产生影响,不是吗?"

检察官在尊重监督服务的同时,必须清醒地认识到自己是唯一可以合法地在特定案件中采取关键决策的权威人物。

以下案例能够说明待讨论的问题,这些问题与该准则所涉及的规范相关。

其他检察官试图说服他们的同事中止诉讼程序。他们以"那家伙的父亲是上面的人,我们都可能倒下,证据很薄弱,那家伙否认了,上面已经来过电话了"的事实,来推动实现他们的要求。

进行审前程序和正式起诉所涉及的责任,应促使检察官为他们的职业素养制定高的伦理标准。

以下案例能够说明待讨论的问题,这些问题与该准则所涉及的规范相关。

当一个有抱负的检察官(实习生)起草起诉书时,首席检察官只会在上面签名。但当这个文件中论点存在严重缺陷时,检察官就会在上级面前责怪实习生是文件的实际起草人,要求不称职的实习生承担责任。

案件事实

总检察长办公室下属检察官惩戒办公室在 2001 年 10 月 22 日判定,一名地区检察官犯有《检察机关内部管理规则》第 59 条第 2 款第 1 项所规定的玩忽职守罪,这表现在上诉检察官办公室的惩戒人员所声称的她

在 114 起由她审查或督办的案件审前程序中的严重拖延和不作为；根据 APros 第 66 条第 1 款及《检察机关内部管理规则》第 59 条第 2 款第 1 项的规定，在 2001 年 2 月 23 日及 5 月 11 日、15 日和 25 日她所参与的案件中，其未能向上级提交法庭会议的报告，构成了违纪行为，惩戒办公室对其进行惩罚，将其调到另一个在地区的上诉检察官办公室管辖范围以外的地方任职。①

在其他官员触犯法律时，检察官在判断不当行为时应保持原则性，并对犯罪行为的受害官员表现出应有的关怀。

以下案例能够说明待讨论的问题，这些问题与该准则所涉及的规范相关。

一名检察官的一名警察朋友，被抢劫，而肇事者不明。检察官与警察朋友一起，在城市开展私人调查。他指出，捕获和惩罚肇事者是一种道德义务，从而为他的参与进行辩解。

检察官应避免与不恰当的人保持密切联系，还应避免那些可能或者看起来可能影响他的职业决定、使其产生偏见的私人的和工作基础上的所有情况。

以下案例能够说明待讨论的问题，这些问题与该准则所涉及的规范相关。

一名检察官与有犯罪记录的人交往，该女性是一个在当地公司办公室的行政人员，并已被判受贿罪。该检察官的上司认为这一事实会影响检察官办公室的形象，它构成了对该职业尊严的侵害。他认为，一名检察官与曾触犯法律的人交往是不恰当的。但当他的儿子也因交通肇事而被定罪时，他说，这是"完全不同的事情，家庭事故的造成是身不由己的"。

故意担任特殊服务人员和其他调查机构的秘密特工，在专业和伦理领域是不能满足担任检察官的资格要求的。

研讨会的第三个示例场景

"洋葱"法

活动没有时间限制，但有效的讨论只需 45 分钟。

---

① 2004 年 11 月 17 日 SN 判决，SDI 61/04，未出版。

这是需要考虑的问题:检察官应对涉及其他官员的案件表示特别关注的要求,其本身是否违反了法律所规定的公平性原则?

活动描述

1. 将参与者分成人数相同的两组。

2. 一组成员坐在内圈,另一组成员坐在外圈。参与者两两相对。

3. 参与者面对面坐着——一个在外圈,一个在内圈,相互讨论问题。事先确定好活动的时间(比如,5分钟)。

发起讨论可能用到的论点:

——原则促使在处理涉及其他官员的时候应尽职调查;他们不能对其他官员进行宽大处理,应严惩不贷;

——也可以这种方式理解:当一名官员是受害人时,犯罪者将面对其他公职人员的介入及决然行动,这种情况大多不仅涉及被害的官员,一名警察或者检察官,也涉及其他受法律保护的价值,如司法管理的完整性、公共秩序、政府机构的正常运转等。

4. 当设定活动时间结束时,坐在内圈的参与者按顺时针方向移动到下一个位置。每位参与者与新的搭档进行讨论;活动的时间与之前阶段的时间相同(5分钟)。

5. 当设定时间结束时,坐在外圈的参与者按逆时针方向移动到下一个位置。每位参与者与新的搭档进行讨论;活动的时间与之前阶段的时间相同(5分钟)。

6. 具体进行几轮讨论由组织者决定。在小组中,活动会一直持续到每个坐在外圈的人都有机会与坐在内圈的人交谈。

7. 组织者总结讨论的成果,并允许想与其他人分享讨论结果的人陈述他们的观点。

六、出庭原则

检察官的职责是追求真相,帮助法庭找出真相来作出公正判决。

检察官根据自己的良心履行其起诉职能,通过庭审建立公信力和权威。检察官呈现自己所知的案件,对事实和法律怀有内心信念。由他决定案件是否应该继续下去。

以下案例能够说明待讨论的问题,这些问题与该准则所涉及的规范相关。

一名正在履行职责的检察官决定他不能够担任一起涉及诽谤案件的公诉人,因为他分享了被告表达的意见。除特殊情况外,该情形包括在公立中学以学生父母的身份在互联网上披露一名教师的恋童癖倾向的真实信息。

检察官不应该故意向法院提供错误信息。在法庭内外,检察官必须尊重法庭。行使言论自由的检察官应在其陈述中保持委婉。同样,检察官应在上诉听证会中展现出温和和适当的形式。

以下案例能够说明待讨论的问题,这些问题与该准则所涉及的规范相关。

一名检察官在对看起来确实缺乏公正且有辱司法的裁决提出上诉时说:"这个裁决对于参与司法行政的所有法律保护机构来说都是丑闻和耻辱。"

检察官不得违反已接受的法庭协议。如果检察官显示了与法官和其他法院工作人员熟悉的迹象,应被视为不当。

以下案例能够说明待讨论的问题,这些问题与该准则所涉及的规范相关。

一名检察官,也是一个地区法院法官的朋友,经常不敲门就进入法官的办公室,他也在法庭走廊里跟法官打招呼,数小时坐在法官的房间喝咖啡。这种日常行为是另一名与该法官在同一办公室的法官觉得尴尬的来源。

研讨会的第四个示例场景

"支持与反对论点"法

预计时间为90分钟(一堂学术课程的时间),一个大组。

活动描述

组织事项(15分钟):组织者准备一张海报,在写字板上写下讨论的话题。

所谓的良心条款,能为不起诉决定提供合理证明,或者只能证明检察官在遵照上级决定起诉的情况下有不同意见？

参与者会拿到一张关于这一问题的可能立场的清单(这张清单也许是一张海报,重要的是每位参与人员都能看得到)。

可能的立场：

++　　完全赞同；

+　　比较赞同；

=　　中立；

-　　比较反对；

--　　完全反对。

所有参与者拿到自粘标签,可以在上边写下他们关于论点的立场。

下一阶段以四个回合的活动方式展开。

第一回合

每位参与者在衣服上贴上标签,标签上有一个能够表示他意欲代表的立场的标志。然后,代表相同立场的参与者组成一对或小组(取决于整个团队的人数)。以这种方式组成的小组的任务是再次讨论最初的问题,丰富用来支持立场的论据(15 分钟)。

活动中可能被提出的附加问题：

作为在制定法及个人道德信念的边界上出现的职业伦理困境,良心条款也适用于律师吗？为什么？

第二回合

在结束时,参与人员必须更换小组(同伴)。根据活动设置的一般原则形成新的团队。参与人员组成新的小组,它的成员所代表的立场仅差一个等级,例如"+"和"="。在新的团队中,参与人员讨论代表他们论据的问题并提出他们的观点(15 分钟)。

第三回合

组织者发出信号示意小组交换组员(同伴)。新的小组由代表不同意见的组员构成。这个团队开始讨论。在这个阶段,重要的是参与人员应该通过使用这几轮活动中积累的论据,为他的立场进行巧妙地辩护。组织者必须让参与人员意识到应当使用合适的论据(15 分钟)。

第四回合

参与者再次回到第一轮的小组。现在各小组的任务是分享在第二轮和第三轮中出现的观点、印象以及想法。参与者也有机会提出新的论据以及对方提出的观点。在简短的讨论之后,参与者会在整个团队面前,展示他们在不同团队中的观点(15 分钟)。

七、与当事方的关系

关于受害方,检察官应遵循刑事诉讼程序不应加强受害方在案件中的不愉快经历的原则。受害人应能感受到自己是不断追求令自己满意的检察官的支持者。检察官对于受害人的生活状况和前途应表示同情和关心。对那些经济困难、残疾或无法独立处理案件的受害人的利益,应当给予适当照顾。

以下案例能够说明待讨论的问题,这些问题与该准则所涉及的规范相关。

检察官多次询问强奸案受害者相关受害过程细节,并且最终在询问中问了这样一个问题:"你不觉得犯罪嫌疑人并没有认为你在拒绝,这是不是个误会?"

检察官应机智且态度坚决地审问犯罪嫌疑人。在收集到的证据表明指控毫无根据时,检察官不应提起刑事诉讼或者施压以继续法律程序。在审前程序中,他应确保所有必要的证据都已列出,无论这样列出的结果对犯罪嫌疑人是否有利。检察官执法以及适用法律时不得过于严苛。

以下案例能够说明待讨论的问题,这些问题与该准则涉及的规范相关。

在讯问中,检察官不仅吸烟,还直呼犯罪嫌疑人的名字。在被多次提出以上行为不恰当的意见后,检察官直接说自己是老大,并习惯性地让犯罪嫌疑人待着别动。

检察官得到对犯罪嫌疑人不利的证据,且有理由认为此证据是通过非法手段获得的,应拒绝使用这样的证据。检察官在与当事人有私人冲突或者关系亲密时,应申请不参与该案。在公诉程序中,检察官也不应与当事人有任何财务依赖关系。检察官不得在履行职务期间寻求任何好处。

以下案例能够说明待讨论的问题,这些问题与该准则所涉及的规范相关。

检察官拥有一辆好车,但是他的车被撬且车上的光盘以及储物箱中的其他物品被盗,而且车身和一个车座也受损。几周后,一个实施类似犯罪行为的犯罪者在破坏停靠在检察官住址附近车辆时被捕。检察官在审讯犯罪嫌疑人时非常激动,并多次强调要让他自尝苦果。

检察官应避免与律师有明显很熟悉的关系。

他应避免显示出可能被外部因素影响其作出专业判决的能力。

以下案例能够说明待讨论的问题,这些问题与该准则所涉及的规范相关。

一名检察官和一名律师住在同一个街区,保持着友好的关系,并且他们的孩子在同一家幼儿园上学。受害人代理人了解这一事实后,以检察官与被告关系亲密为由,要求取消其继续参与这个案子的资格。

研讨会的第五个示例场景

"雪球"法

活动描述

参与者的数量并不重要,活动也可在标准人数范围内的研讨小组内展开。建议活动时长为 90 分钟,相当于一节学术课程的标准时间。

组织者提出一个待解决的问题:

一名检察官的儿子犯了过失行为,被认定为交通事故。该检察官与督办这一案件的同事存在冲突。在这种情况下,律师基于检察官与被告存在个人冲突这一理由,要求取消检察官参与该案件的资格。这样做正确吗?

参与者分别在纸上写下 5 条在自己看来最重要的论据,这些论据需能够证明给定的结论(时长 15 分钟)。

下列可能的方向可供参考:

——检察官有失公允的可能性非常大。

——我们只是人类;对同事的厌恶可能表明缺乏客观态度。

——取消资格不合情理,因为交通事故被定义为过失行为;而且,这种行为的最后资格认定一般由专家意见决定,而不是由进行诉讼的律师的信念和态度决定。

参与者两两结对,方式可能是随机的(例如,通过数 1 和 2)或者由破冰环节形成。由此结成小组的参与者从 10 种解决方案中选出 5 种。参与者需将其工作结果记录在纸上(时长 15 分钟)。

两两成对的参与者结成 4 人一组的队伍。这些队伍的任务就是要确定什么情况必须取消检察官参与的资格。通过这样的方式组成的队伍需共同就规定的问题制定出一个解决方案。很重要的一点就是,参与者必须通过协商讨论而达成共识。参与者需将其工作结果记录在一张新的纸上(时长 15 分钟)。

接下来,4 人一组的参与者结成 8 人一组的队伍。就像活动前几个步骤中的规则一样,每组的参与者共同制定出一个解决方案。参与者需将其工作结果记录在纸上(时长 15 分钟)。

参与者将最后 8 人一组的队伍制定出的方案进行展示,并对他们得出最终共同解决方案的过程进行阐述(时长 15 分钟)。

八、媒体露面的原则

在尊重其作为检察官的职权范围内的审前程序及除公开审理之外所知案件信息的保密性基础上,检察官应向公共媒体代表提供关于公开案件的可靠信息。检察官宜以实事求是、温和的态度告知媒体信息。

以下案例能够说明待讨论的问题,这些问题与该准则所涉及的规范相关。

案件事实

总检察长下属检察官惩戒办公室在 2002 年 8 月 28 日作出登记号为[……]的决议,审理查明地方检察官以如下方式犯……罪,严重且公然触犯法律规定:2000 年 7 月,在未取得上级书面许可的情况下,他将地区法院的未决法庭程序公布给 Gazeta Wyborcza 的记者;除此之外,他陈述的内容之后也被发布在了 2000 年 8 月 4 日名为"Dombas, the untouchable"的文章中,其中还有他对两个地区检察官的评价和指控,声明他们介入针对 Jacek D. 和其他犯罪嫌疑人的刑事诉讼,妨碍司法公正;不顾官员等级,该检察官也表达了对根据 APros 第 66 条第 1 款和第 47 条第 1 款规定的违纪行为作出的惩戒决定的反对。对此,惩戒办公室根据 APros 第 67 条第

1款规定,决定通过申斥来惩罚他。[1]

通常由检察官的办公室管理代表或者发言人作出检察官办公室的声明,这没有限制检察官可以在个案中与公共媒体代表直接接触的情况。每个检察官都有义务提醒公众、权力机关以及特定公民意识到尊重法律的重要性。

以下案例能够说明待讨论的问题,这些问题与该准则所涉及的规范相关。

一名检察官的女儿是某小学的小学生,他接触到了该小学的管理层,要求他有机会去学校开展以法律及与毒品和酒精有关的威胁为主题的一系列讲座。检察官提出,他提出这一请求的动机是根据伦理准则使其有义务采取这些行动。

如果一名检察官的名声被媒体无端抹黑,其上级应给予检察官全力支持,来弥补他受到的伤害。

以下案例能够说明待讨论的问题,这些问题与该准则所涉及的规范相关。

案件事实

检察官一直勤勉认真地工作。当他还是单身时,不酗酒,不激进,并一直坚持自力更生,因此他在居住地的声誉很好。而他唯一的爱好就是在舞会上跳舞,他参加了许多比赛,并将他所有的空闲时间都用来练舞。同时,他也处理了许多涉及人或案件主题多方面和复杂的法律程序等问题。因此,在这些情况下,他与媒体保持一定的联系。一天,他以保护审判的正义为由,拒绝将信息透露给最受大众欢迎的日报之一。第二天,该报纸刊登了名为"跳舞的检察官不配合"为题的嘲笑文章,其中说到,媒体得不到信息的原因是因为检察官把精力放在了练舞而非工作上,没有参与到刑事案件的解决中去,所以他才没有信息可以告诉媒体。

研讨会的第六个示例场景

"六项思考帽"法

建议时长为45分钟。组容量不固定。

---

[1] 2004年4月15日SN判决,SDI 21/04,未出版。

案件事实

上诉检察官办公室的一名惩戒官员于 2001 年 4 月 18 日提交了一个动议,要求对 D 地区检察官办公室的一名检察官提起惩戒调查,指控该检察官于 2000 年 7 月在未取得上级书面许可的情况下,将地区法院的未决法庭程序公布给 Gazeta Wyborcza 的记者;除此之外,他陈述的内容之后发布在了 2000 年 8 月 4 日名为"Dombas, the untouchable"的文章中,其中还有他对两个地方检察官的评价和指控,声明他们介入针对 Jacek D.和其他犯罪嫌疑人的刑事诉讼,妨碍司法公正,导致犯罪人逃避刑事责任,也就是之前提过的 A 地区法院的法庭程序、针对 Jacek D.的调查以及地区检察官办公室进行的其他调查,其中他违反了《检察机关内部管理规则》第 68、69 条的相关规定,同时影响了检察官办公室的尊严,也就是,构成了根据 Apros 第 66 条第 1 款中规定的违纪行为。[1]

组织者将全部参与者分成 6 个小组,并且给参与者分发 6 种不同颜色的纸片,其中有些纸片上面画有帽子。抽到纸片上画有帽子的人是讨论的参与者,其他人要为他们的"思考帽"准备论点。在较小的组(比如,6~10 人组)中,所有参与者都参与讨论。

组织者把将要讨论的问题写在写字板/海报上:这真的违反了关于媒体露面的职业伦理的规范吗?从检察官的角度看,哪种论点和威胁因素可以通过六顶思考帽这种方法分层次列出来?

活动描述

组织者介绍方法,分发六顶帽子。

白色帽子——分析法定情形,着重于对可能构成危害司法制度的犯罪行为的认定,在本案中可能由于媒体的出现而发生。

红色帽子——指出非暴力反抗的原则,因为有些时候一种道德行为同时也构成了违法行为。

黑色帽子——指出检察官行为所有可能产生的负面结果,从惩戒程序的角度来分析问题,从刑事审判的角度设想其黑暗的前景。

蓝色帽子——有所保留地处理任何事情,并确保讨论顺利进行下去。

绿色帽子——发挥创造性,为惩戒程序和刑事程序制定辩护策略。

---

[1] 2004 年 4 月 15 日 SN 判决,SDI 21/04,未出版。

黄色帽子——属于乐观主义者,呈现积极的态度,尝试通过建设性的方法解决问题;小组的任务是找到包含所有可能辩护手段的策略,并且评估它们的效果(时长 10 分钟)。

被选中的参与者要积极参与到讨论中去,和他们的小组一起为辩论做准备。他们收集论据,准备作展示。组织者需为该准备阶段设定一个时间限制(比如,20 分钟)。

准备阶段过后便开始进行讨论。每位参与者——也就是每顶"帽子"——必须遵守为其角色制定的规则。展示的时间是有限的(每位参与者 3 分钟)。

讨论结束后,由"蓝色帽子"对大家的论据及讨论过程进行总结(时长 10 分钟)。惩戒办公室最后可以展示真实生活中的裁决:总检察长办公室下属检察官惩戒办公室 2001 年 9 月 25 日登记号为 SD.I.[……]的决议,地区检察官办公室的检察官被判未有违反上述规定的行为。

九、行业协会准则

检察官应将自己为自己职业圈子作出的有益工作,特别是其在检察官协会中的活动视为职业荣誉。协会内检察官的责任是尊重协会条款,遵守协会管理部门制定的一致决议和决定,促进他的想法并为协会贡献自己的力量。

被选为协会管理成员的检察官有责任履行自己的义务,并以最勤勉的态度与其他人合作完成工作。检察官应坚定地支持他们的协会发起的行动,旨在保证检察机关有恰当的社会地位。

以下案例能够说明待讨论的问题,这些问题与该准则所涉及的规范相关。

一名地区检察官在深入履行其职业义务的同时,从不隐瞒他反对相关准则的事实,该准则规定下属检察官应遵循上司作出的官方指示,在他看来,该准则使滥用权力的渎职行为有机可乘,包括政治影响。尽管同事多次劝说他在对法律管制的体制特点表达不满时应更加克制,他仍没有改变主意。

研讨会的第七个示例场景

"头脑风暴"法

这一方法可应用于不同规模的小组之中,小组成员从几个人到20人以下,甚至若干人。必要活动时间约为30分钟。

活动描述

1. 介绍。组织者阐述头脑风暴的基本原则。然后,他给所有参与人员介绍即将讨论的问题。

基于上述案件事实,以下是需要思考的问题:在某一特定的行业中,关于对官方机构的行为和构成表达批评有什么限制吗?怎么界定对同事的正当批评与非法不忠的界限?

首先,对问题进行简要介绍,之后可能会选出一名登记员。为了确保绝对的匿名性及避免个人评估,人们分别在不同的纸上提出建议。登记员会根据问题的类型对纸张上的建议进行分类。

2. 观点搜集。这一环节持续5~15分钟。
3. 对产生的观点的评估及分析。
4. 实际应用选定的观点及解决方法。

组内所有参与者对选定的解决方案进行实际应用。例如,怎样制定一个可接受的批评的界定规则,以使检察官不会面临关于他违反职业伦理准则的指控。

检察官应当自愿遵循检察官职业伦理准则。

第四章　律师职业伦理与职业尊严法[①]
（律师伦理法）[②]

一、总　则

第一条

1. 律师的伦理准则源自与律师职业相适应的一般伦理标准。

2. 当律师的行为在公众眼中对他具有诋毁作用或者有损公众对律师职业的信任时，律师就违反了职业尊严。

3. 遵守伦理规范、秉持律师职业操守是任何律师的责任。

4. 律师在海外执业应遵守本法的伦理规范以及东道国的规范。

以下案例能够说明待讨论的问题，这些问题与本条所涉及的规范相关。

1号案件事实

2002年12月29日，律师协会下设的惩戒办公室裁决一名律师下列行为构成不当职业行为：其在1999年下半年至2000年6月30日之间的行为引起P地检察院对其提起预备诉讼，在此期间，他被临时拘留；预备起诉之后，他被指控有罪，最终被判企图与洗钱有关的诈骗未遂罪，根据《德国刑法典》第261条第1款第3项、第263条的规定，被判处2年9个

[①]　与本书其他章一样，本章中"律师"（advocate）用于指波兰语中"adwokat"定义的从事法律专业的人士，这是由于与引进的名称如"attorney, solicitor, barrister"产生了不可避免的混淆，因为这些词在不同的法律体系中有不同的职能和权限。

[②]　该法的统一格式是基于2005年11月19日由NRA通过的32/2005号决议案的第四部分，名称为《律师职业伦理与职业尊严法》（《律师伦理法》，CEA），1998年10月10日由国家律师协会通过（2/XVIII/1998号决议案），修正案为2005年11月19日国家律师协会的32/2005号决议案。

月的监禁。其非法行为也违背了诚实正直的职业伦理准则。另外,人们断言该律师做出此种行为不仅使自己在公众眼中名誉扫地,也使公众对律师业产生质疑,其行为已违反了《律师服务法案》①第 80 条、《律师伦理法》第 1 条第 2 款和第 10 条的规定。因此,根据 AAS 第 81 条第 1 款第 6 项之规定,该律师被逐出律师行业。②

2 号案件事实

2003 年 9 月 20 日,律师协会下设的惩戒办公室裁定其违反了 CEA 第 1 条第 3 款和第 9 条第 1 款第 1 项之规定而有罪。1993 年 3 月和 4 月间,该律师在 A 地帮助他人卖掉了 3 辆被盗车辆。受非法车辆所有人的委托,他使用从第三方非法敲诈来的车辆文件,制作了买卖双方的合同,包括各方的伪造签字,这些文件使这个团伙卖掉车辆并在机动车相关管理部门登记备案。尽管他从上述情况中知道车辆是非法获得的,仍从事此种行为。因此,2001 年 2 月 6 日,根据 AAS 第 81 条第 1 款第 6 项的规定,惩戒办公室认为其行为构成不当职业行为,并将其驱逐出律师行业。③

3 号案件事实

2005 年 1 月 22 日,律师协会下设的惩戒办公室裁决一名律师因下列违法行为而构成不当职业行为:2000 年 9 月,该律师同意代理其委托人 Danuta C.有关继承份额的案件,并接受正式授权作为案件申诉人。然而,在该案件中律师没有为其客户辩护,而且没能处理好与客户之间的财务问题,即她是从其客户处收了钱的。根据 AAS 第 82 条第 1 款的规定,该案例符合 CEA 第 1 条第 2 款、第 6 条和第 50 条关于违反律师纪律的规定。根据 AAS 第 81 条第 1 款、第 82 条第 1 款的规定,该被告律师被课以律师协会会员费标准 25 倍的罚款,同时她还要支付惩戒调查费。④

4 号案件事实

在假期中,一位实习律师决定挣点钱,于是她在海滨度假胜地的一个酒吧接受了做临时服务员的工作,她的工作是为客人上饮料,但需要

---

① 1982 年 5 月 26 日《律师服务法案》,统一文本为:2009 Dz.U 第 146 号,第 1188 条修正案,简称 AAS。
② 2004 年 4 月 1 日 SN 判决,SDI 13/04,未出版。
③ 2004 年 10 月 1 日 SN 判决,SDI 33/04,未出版。
④ 2005 年 8 月 30 日 SN 判决,SDI IP/05,未出版。

穿着十分暴露。在知道了这项工作的状况后,她接受了这份工作。当地区律师协会会长向她指出这份工作不妥时,该实习律师强调她还不是律师,另外服务员工作不是可耻的工作,不会影响律师职业的诚实正直。

研讨会的第一个示例场景

"雪球"法

活动描述

参与者的数量并不重要,活动也可在标准人数范围的研讨小组内展开。建议活动时长为 90 分钟,相当于一节学术课程的标准时间。

组织者提出待解决的问题:

律师拒绝提供法律援助会引发良心条款吗?讨论以下问题可能会有所帮助:如果委托人在这种情况下找不到愿意提供法律援助的人会怎样?律师拒绝提供法律援助会不会将委托人置于无法行使赋予所有公民的宪法性权利的境地?

参与者分别在纸上写下 3 条在自己看来最重要的论据,这些论据需能够证明给定的结论(时长 15 分钟)。

建议的论点:

——律师也只是普通人,有权利依据其良知行动;

——在必须违背良知的情况下,辩护就无关痛痒;

——律师承担着社会使命,他必须为需要法律援助的人的利益服务。

参与者两两结对。由此结成小组的参与者从 6 种解决方案中选出 3 种。参与者需将其工作结果记录在纸上(时长 15 分钟)。

两两成对的参与者结成 4 人一组的队伍。这些队伍的任务就是要确定在什么情况下必须取消检察官参与的资格。通过这样的方式组成的队伍需共同就规定的问题制订出一个解决方案。很重要的一点就是,参与者必须通过协商讨论而达成共识。参与者需将其工作结果记录在一张新的纸上(时长 15 分钟)。

接下来,4 人一组的参与者结成 8 人一组的队伍。就像活动前几个步骤中的规则一样,每组内的参与者共同制订出一个解决方案。参与者需将其工作结果记录在纸上(时长 15 分钟)。

参与者将最后 8 人一组的队伍制订出的方案进行展示,并对他们共同得出最终解决方案的过程进行阐述(时长15分钟)。

第二条 若本法没有规定,律师应遵照律师内部管理机构所通过的决议所规定的原则行事,在惩戒判决中按照律师业内所接受的共同规范进行。

以下案例能够说明待讨论的问题,这些问题与本条所涉及的规范相关。

1号案件事实

2005年11月27日,律师协会下设的惩戒办公室判决一个律师有违纪行为。2000年1月27日至2001年8月29日期间,该被告违反了勤勉尽责从事职业活动的原则,在代理Dariusz R.作为受害方案件时未能提交法庭审理要求的文件,而这些文件是他从客户那里收到的案件证据,这一疏忽会给Dariusz R.造成一个印象,认为该律师丢掉文件这一事实会导致其在该案件的不利判决。根据AAS第80条之规定,该行为构成违规行为,为此,根据AAS第80条第1款第1项之规定,该律师被训斥惩戒。①

2号案件事实

一个积极从事职业内部管理工作的律师,决定起草一部新的律师职业伦理法规。为了证明这一计划,他表达了自己的想法,认为现有的约束法规已经过时,而且不能反映律师违规责任有关问题的本质,因此也就没有成为在现实生活中有用的准则汇编。

研讨会的第二个示例场景

"支持与反对论点"法

这项活动可以在大组中开展,时间限制为一堂课程的时间,大约60~90分钟,具体时长由参与人数决定。

活动描述

1. 应当把案件事实的副本分发给参与者。

一位律师对另一位律师(地方律师协会会长)说:"我不知道谁教你如此无礼","在你允许他们成为律师之前,你怎么能给无辜的人增加这么多问题——这简直太丢脸了"。

---

① 2006年8月23日SN判决,SDI 12/06,未出版。

需要注意的是,在那时,由于相关成文法中关于候选人伦理和个人品质的限制性解读,被列入职业律师名单确实相当困难。①

组织者应准备一张海报,并将要讨论的问题写在写字板上。

在这种情况下,伦理和诚实的条件与忠诚原则对等吗?它会反映内部管理机构缺乏公众批评吗?

参与者会拿到一张关于这一问题的立场清单(这张清单也许是一张海报,重要的是每位参与人员应当看得懂上边的内容)。

可能的立场:

++ 完全赞同;
+ 比较赞同;
= 中立;
- 比较反对;
-- 完全反对。

所有参与者拿到自粘标签,可以在上面写下他们关于论点的立场。可能会提出一个辅助性问题:关于职业内部管理和同僚律师活动的可接受批评的限度是什么?

2. 下一阶段以四个回合的活动方式展开。必须记住的是,在活动的最后一个阶段,参与者需有机会表达自己的观点。他们可以说出他们觉得有趣、恰当的论点,他们是否愿意继续坚持原来的观点。

第三条 法律原则对未来的准律师(法律实习生)也有约束作用。

以下案例能够说明待讨论的问题,这些问题与本条所涉及的规范相关。

1 号案件事实

一个法律实习生在一个律师指导下实习,而该律师的办公室正好临近地区法院。在律师的客户中,除了经常申请法律援助的那些人,只是偶尔有人来寻求法律援助,例如为了在民事行为中获得诉状的样本、索赔表格或者申诉书。这样的客户通常来一两次索取有关法庭文件。对这些文

---

① Cf.also: the thesis included in the Warsaw SD Decision of 9 October 1935, No. 105/35, Pal. 1936, p.405; WW Resolution, NRA of 25 January 1936, Pal. 1936, p.201, the thesis of NRA Resolution of 11 May 1935, Pal. 1935, p.434, cited after: Z. Krzemiński, Etyka adwokacka. Teksty, orzecznictwo, komentarz [Advocates' Ethics: Texts, decisions, a commentary], Cracow 2006, Lex.

件,该实习生向这些客户收费后没有告知他的导师。导师获知事情真相后,实习生解释说正是自己做了这些工作,因而导师不必处理这些琐事。

2号案件事实

一个实习律师在互联网上发布广告,说他"像律师一样"提供快速优质的法律援助,还晒出了导师办公室的电话号码和地址。

第四条　律师在从事公众活动或者私人生活中要为违反职业伦理和损害职业尊严的行为负责。

以下案例能够说明待讨论的问题,这些问题与本条所涉及的规范相关。

1号案件事实

很多裁决是在对律师的惩戒过程中作出的。2004年1月16日提起控告的案件,包括根据 AAS 第80条规定的指控犯有与 CEA 第4条有关的下列行为:

1) 2003年3月,他在给 PZU(国家保险公司)的文件中包含了可能损害公众对 Janina H.信任的信息,而这种信任是她行使其作为赔偿清算人的职责所需要的。

2) 他也作为受害方威胁她说,他将去检察院、PZU 公司以及媒体举报她,说她有违规行为,除非她同意返还他的3 500波兰兹罗提。

第一个关于将律师从律师业除名的裁决是于2005年1月31日作出的。然而,2005年7月9日该裁决被取消,并且该案件被重新审理。律师协会下设的惩戒办公室于2006年9月20日判决被告人违规并暂停该律师执业4年。2007年9月29日,被告人提出异议要求惩戒办公室对其行为给予宽大的惩戒,经过审查后,最高律师协会高级惩戒办公室裁定维持原裁决。①

2号案件事实

2004年3月31日,律师协会下设惩戒办公室判决一个律师下列违法行为构成不当职业行为:从2002年1月到3月,尽管在一场赔偿诉讼案中他答应代理 M.J.、B.K.、G.Ł.、K.O.和 J.B.在 A 地起诉"E"保险公司,但他未

---

① 2007年12月20日 SN 判决,SDI 27/07,未出版。

能正确告知客户有关提起和终止诉讼事宜,未能答复客户的信件,让他们感到所有的案件文件已经提交,由于官方或技术原因,相关的听证会在稍后时间进行:在预审查后的 M.J.案件中进行。事实上,B.K.和 M.J.的索赔还没有提起上诉,而且在 K.O.和 G.ł.案件中,索赔已经提起上诉,但是文件中存在的程序缺陷没有得到修正。律师的这种行为被认为是违反了 CEA 第 4 条、第 8 条和第 49 条的规定,根据 AAS 第 81 条第 1 款第 4 项的规定,惩戒办公室责令被告停业 3 个月。另外,判定该律师在处理客户案件中没有赴约,构成未履行职责的不当行为。律师的行为违反了 CEA 第 4 条和第 8 条的规定,根据 AAS 第 81 条第 1 款第 3 项之规定,该律师被课以律师协会基准会员费 5 倍的罚款,总数为 775 波兰兹罗提。另外,根据 AAS 第 81 条第 3 款的规定,惩戒办公室责令取消该律师在此后 3 年内的导师资格。①

3 号案件事实

一个值得讨论的问题是,由于长期委托业务的减少,如果一个辩护律师让其秘书的薪酬根据律师事务所收入的增加或减少而定,这是否违法。

4 号案件事实

一个律师是 X 区法庭刑事庭庭长的亲密朋友,作为客人参加了法官的生日宴会。该事发生在下班后的法庭所在地。这件事被其他当事人认为是影响律师职业尊严的行为。②

5 号案件事实

一位律师在法庭走廊里第一次遇到证人,该证人在该律师代理的案件中作证,律师询问证人是否能够确定他所见到的,控告所依据的事实描述是否受到喝酒的影响。

研讨会的第三个示例场景

---

① 2005 年 3 月 9 日 SN 判决,SDI 4/05,未出版。
② Z. Krzemiński, after J. Ruff (Dyscyplina adwokatury [Discipline in advocates' services], Warsaw 1939, p.32)引述说:精选的论文是从律师公共活动纪律决议中筛选出来的,这些活动要受制于各种评判,并作为证据事实范例引用,包括:付钱对涉及职业地位的案件进行干预;与指认的罪犯私下接触;参与和起草非法合同;利用同僚缺席试图获得其职业位置,以便在贸易公司获得法律顾问的职位;从事调查活动;打开明知不是自己的信件;伪造证据产生不法成本。

"团队支持的辩论"法

该活动可由 20 多名参与者共同参加。活动时长约为 30 分钟。该活动不需要准备任何附加的材料。

活动描述

1. 组织者应为讨论准备一个话题。

在本案中,以下问题列出以供思考:

一位律师谨慎尽责地履行职业职责。但是,在闲暇时间,他酗酒、虐待妻子和孩子,在他办公室所在城镇的餐厅喝醉数次。最终,在他自己的离婚诉讼中,他表现得非常粗俗,对妻子冷嘲热讽,还撒谎。①

题目(可写在纸板上)展现给小组参与者,组织者可提供的观点:

——下班后,律师不同于法官,不必作为市民的楷模。也就是说他的家庭关系包括对妻子的态度不必受伦理准则的约束;

——律师为了自己的利益有权使用任何手段提高自己的社会地位;

——在私生活中,律师倘若特别严重地公然违犯伦理准则,要接受惩戒调查,但是就其本身而言,他也像其他公民一样有同样的机会保护自己,例如,也允许他在刑事诉讼中提供不真实的解释。

2. 组织者选取的人数应与和该话题有关的立场的数量相同。

3. 被选中的人将参与辩论。每个人都支持他自己的立场。

4. 团队中剩下的成员将会被分为更小的小组——分组的数量与辩论中主要发言人的数量一样多(因为有许多不同的立场)。每个小组都要选取一方辩论者对其进行支持。组内成员在听辩论者进行辩论的同时,可准备额外的论据或能够反驳对方观点的相关论点。

5. 辩论者坐在房间的中间位置,其余参与者以组为单位聚集在一起听辩论者进行辩论。

6. 第一阶段持续 10 分钟。每名辩论者都应发言并陈述与对方论点相关的观点和论据。

7. 当第一轮的活动结束后,每名辩论者都加入支持他的组进行讨论。讨论可持续 5~10 分钟。讨论结束后,每组均可选出一人作为主要发

---

① Z. Krzeminski 引用了这一观点:在惩戒程序中,法官应适用律师的原则,即使在处理自己的案件时也是如此,参见 SN Decision of 22 December 1962, Pal. 1963, No. 4, p. 74, after: Z. Krzemiński, Etyka adwokacka [Advocates' Ethics], *op. cit*。

言人。

8. 辩论第二轮开始,时间为 7~8 分钟。若辩论结束后还有话题没讨论完,则组织者可组织另一场辩论及另一轮讨论。

9. 如果立场已经明显接近,或话题的所有可能角度都被讨论完时,则这场讨论便可视为结束。

第五条 律师必须与其他律师合作遵守职业伦理,坚守职业尊严。律师有权警告违反准则的其他律师。

如果一名律师认为其他律师事务所的同行违背了职业行为准则,这名律师应该就此事提醒该同行注意。

以下案例能够说明待讨论的问题,这些问题与本条所涉及的规范相关。

案件事实

一名律师的办公室在法院所在地附近,从其办公室窗往外看,他经常看到一位律师同行自己或者由他未成年的儿子为其律所散发广告,广告内容是保证提供优质低费的法律服务。考虑到该律师同行做广告是因其母亲生病需要长期治疗,有沉重的家庭财务困难,因而该律师没有警告他,假装没有注意到他的行为。

研讨会的第四个示例场景

"头脑风暴"法

这一方法可应用于不同规模的小组之中。可能持续 30~40 分钟。

活动描述

1. 介绍。组织者阐述头脑风暴的基本原则。

话题:在法律职业中怎样才能有效地增强自我净化过程?当一个人存在这些问题时,如何在不被排斥的情况下达到这个目的?

2. 观点搜集。这一环节持续 5~15 分钟。

3. 对产生的观点的评估及分析。

4. 参与者按照提出解决方案的多少分成相同数量的小组。各小组分析这些解决方案并选出最好的。然后向整个组陈述各自的讨论结果,确定他们的选择结果。最后,整个组和组织者一起选出最好的解决方案。所有参加者都要应用选择的解决方案,例如,建立一个程序表解释一位律师同行违反了伦理准则时他应该怎么做。

第六条　律师的职业活动目的是保护委托人的利益。

以下案例能够说明待讨论的问题,这些问题与本条所涉及的规范相关。

1号案件事实

一名律师因以下问题被惩戒工作人员指控:

1)1996年8月,在A地他目睹了一起勒索赎金的犯罪,他把钱借给了受害人,以便他能把钱给犯罪分子。随后他同意提供刑事诉讼辩护控告上述暴力敲诈的犯罪分子。这就违反了AAS第80条关于1993年9月26日通过的CEA第6条、第8条、第21条、第22条、第43条和第49条的规定。

2)从1997年2月4日到1997年5月28日,他在B地区法院未决刑事诉讼中为被告辩护时玩忽职守,在主要庭审中3次未出庭而且未能说明缺席原因,未能提供他持有文件里衍生的一件证据,而该证据对辩护是至关重要的。这就违背了AAS第80条有关1993年9月26日通过的CEA第8条和第9条的规定。

3)1997年春,在C地被告T.W.和G.被解除羁押后,他威胁说如果他们不凑齐150 000波兰兹罗提并把这笔钱给他,他们会被再次羁押;1997年11月,他向W的妻子许诺,他将通过"暗箱操作"把他丈夫从监狱中释放,要求给他30 000波兰兹罗提的费用,而这时她正要与另一名律师签署文件,由其在本案中提供法律服务。这就违反了AAS第80条关于1993年9月26日通过的CEA第6条和第8条的规定。

2002年12月5日,该律师提出申请声称,对其所有的控告因时限过期失效,要求中止对他的惩戒程序。该律师辩称,地区检察官在其主张没有违法之后,已经两次决定中止针对其提起的相同的诉讼。在该案件中针对该律师的指控"与未决惩戒程序提出的指控一致"。2003年2月3日,该律师捏供了另一份文件,要求惩戒办公室判定律师协会承担其因惩戒程序而花费的全部费用。文件中列出的费用包括:律师辩护费、收入损失和交通费。当天在进行审理后,律师协会下设惩戒办公室根据AAS第

88 条第 4 项,决定中止惩戒程序,但拒绝了律师要求补偿相关费用的请求。①

2 号案件事实

在一起刑事案件中提供辩护的一名律师与其客户商定:开庭时他将不出庭,他解释说他已经从医生那里得到了医疗证明,他的健康状况很差且患有长期疾病。相应的,该被告人被告知,如果没有辩护或者更换辩护人,诉讼程序将不能如期进行。最终,这一做法导致法庭诉讼程序极大地延误。另外,关键证人出国,下一年才能回国。因此,律师的态度就值得考虑,他的行为是否考虑了当事人的利益,是否在法律规定的限度内。

研讨会的第五个示例场景

"观点地毯"法

该活动在 25~30 人组成的小组间展开。时间为 15~20 分钟。

活动描述

1. 需讨论的问题已经列在写字板/海报上。什么样的事项才能够称为 CEA 第 6 条中所定义的代表委托人的最大利益?

2. 组织者提出这一活动的主导原则。

3. 参与者写下建议性的解决方法——每一个都写在单独的一张纸上。每一位参与人员都会得到 2~5 张纸(取决于小组成员的数量)。组织者为任务限定时间(10 分钟)。

参与者可以受下列想法和概念启发:

——忠诚;

——真实;

——诚实;

——利用法律空子;

——追求当事人利益最大化的条件;

——有效的辩护;

——牺牲休闲时间与客户沟通(可用);

——把自己置之度外。

---

① 2004 年 9 月 3 日 SN 判决,SDI 29/04,未出版。

4. 参与者创造观点地毯的方法——组织者在选定的区域(地板或墙上)放置一张海报,参与者将写有他们自己的解决方案的纸条粘贴上去。参与者轮流进场,读出他们的观点,并把纸条粘贴在海报上。

5. 当所有的纸都被粘贴在海报上时,就开始进入产生解决方案的评估阶段。每位参与者得到一分(例如,通过自粘标签、贴纸的形式等)。接下来,所有参与者依次进场,在海报上选择他们认为的最佳解决方案。

6. 组织者统计选票,公布选定的解决方案。

7. 组织者可能发起有关于选择的讨论:参与者为何这样决定？在他们看来,为何选定的解决方案是最好的？

第七条 律师在履行其职业职责时享有充分的自由和独立性。

以下案例能够说明待讨论的问题,这些问题与本条所涉及的规范相关。

案件事实

一名律师决定接受委托为一当事人提供代理,他知道该当事人参与有组织的犯罪活动。开始的诉讼很简单,只涉及一般民事纠纷。然而,此后的诉讼是刑事性质的,而且需要很长的时间,结果也非常明显:该委托人的犯罪行为是毋庸置疑的。该律师决定提供法律代理,但是要求其律师费是平时律师费的4倍,而且告知委托人这钱要花在请法官吃饭上,以使让法官有所照顾。然而,在诉讼中他甚至没有试图引起法官的注意,如同他与一个朋友谈话所说,他把钱用在了家庭度假的开销上了。最终当事人犯抢劫罪被判处3年监禁,而律师将未能实现所要求的结果的原因解释成:法官"不好靠近",是"清廉的"。[①]

研讨会的第六个示例场景

"洋葱"法

活动没有时间限制,但有效的讨论只需45分钟。

---

① Z. Krzeminiski 解释律师必须在法律管辖的范围内行使其职能,而且不能屈从于客户的意愿,参见 WKD decision of 9 January 1964, WKD 157/64, Pal. 1966, No.2, p.85。他进一步解释道:"不加区别地顺从客户的意愿","在与客户的接触中不能保持诚实正直",并且"同时接受客户费用,在毫无希望胜诉的案件中给客户以有利胜诉的期望诱导客户",所有这些都影响律师的独立性。

这里是需要考虑的问题：

一名律师有一个发展很好的律所，他对其律师团队实施铁腕管理并要求他们勤奋工作，大多数案子要在他自己设定的期限内完成。具体工作由和他的律所有合作关系的独立律师完成，他只负责监督，涉及规定法律意见书的方向、方式和内容。他的行为是否违反了与之合作律所律师的独立原则？或者这只暴露了导师和实习生之间的关系？

活动描述

1. 将参与者分成人数相同的两组。
2. 一组成员坐在内圈，另一组成员坐在外圈。参与者两两相对。
3. 参与者面对面坐着——一个在外圈，一个在内圈，相互讨论问题。事先确定好活动的时间（比如，5 分钟）。

可能提出的进一步的问题：

——辩护律师有权确保其团队的素质；

——辩护律师独立地选择合作人和团队成员，有权规定其合作方式；

——辩护律师即使是在一个团体内执业，其在法律意见和表达此种意见的范畴内仍然是独立的。

4. 当设定活动时间结束时，坐在内圈的参与者按顺时针方向移动到下一个位置。每位参与者与新的搭档进行讨论；活动的时间与之前阶段的时间相同（5 分钟）。具体进行几轮讨论由组织者决定。在小组中，活动会一直持续到每个坐在外圈的人都有机会与坐在内圈的人交谈。
5. 组织者总结讨论的成果，并允许想与其他人分享讨论结果的人陈述他们的观点。

第八条　律师应遵照其善意和知识履行其职责，勤勉热心，问心无愧。同时有责任不断提高其职业素养和保持较高的专业服务水准。

以下案例能够说明待讨论的问题，这些问题与本条所涉及的规范相关。

1 号案件事实

2001 年 1 月 11 日，律师协会下设的惩戒办公室判定一位律师以下行为构成不当职业行为：

1) 在刑事案件中无正当理由未出庭参加庭审,根据 AAS 第 80 条关于 1998 年 10 月 10 日通过的 CEA 第 8 条和第 30 条第 1 款、第 2 款之规定,判定为违规行为,因此根据 AAS 第 81 条第 1 款第 4 项的规定,惩戒办公室对该律师作出惩戒,暂停其执业一年。

2) 1998 年 7 月至 1999 年 12 月,他多次未交会费达到 1 900 波兰兹罗提,根据 AAS 第 80 条关于 CEA 第 65 条的规定,此为违规行为。根据 AAS 第 81 条第 1 款第 2 项的规定,惩戒办公室对该律师予以训斥。

3) 从 1997 年 7 月,他未能上交 6 000 波兰兹罗提的罚款,该罚款是 1997 年 6 月 18 日律师协会下设惩戒办公室在[……]案件中作出的判决,说明其行为违反了 AAS 第 80 条有关 CEA 第 63 条的规定。根据 AAS 第 81 条第 1 款第 2 项的规定,惩戒办公室对该律师予以训斥。另外,根据 AAS 第 81 条第 3 款的规定,惩戒办公室决定该律师 5 年内不准担任导师。根据 AAS 第 81 条第 1 款的规定,因其违反上述第 2、3 项,被予以训斥。①

2 号案件事实

律所的一个委托人要求在欧洲法律框架内出具法律意见书。但因该律师缺少在欧洲办理法律案件的经验,草拟了一份错误的法律文书。尽管他做了很多努力去履行其职责,却仍然无法生成一份适当的法律文件,原因在于他对这个领域经验的贫乏和对欧洲法律立法原则的无知。②

3 号案件事实

一名律师接受了一个案件代理,即使他知道开庭那天他也要参加自己的离婚诉讼。因为他不想在自己的离婚法庭会议上露面,所以他接受了委托以避免出现在自己的离婚法庭上,并以此作为不能出庭的借口。该律师在解释缺席他的离婚案件审理时,甚至引用 1961 年 1 月 21 日 WKD 的判决,WKD 130/60(Pal. 1961, No.4 , p.97):"一旦不同的案件碰巧在同一天开庭,根据纪律处分条例,律师应该愈加勤勉,使客户的利益不受影响。"③

---

① 2004 年 3 月 2 日 SN 判决,SDI 4/04,未出版。
② cf. WKD Decision of 10 January 1959, WKD 107/58, Pal. 1959, No.6, p.114; cited after: Z. Krzemiński, Etyka adwokacka [*Advocates' Ethics*], *op. cit.*
③ *Ibidem.*

研讨会的第七个示例场景

"讨论66"法

活动的预计时长:30分钟。参与者人数:6人及以上;活动可能在较大群体中开展。

活动描述

1. 由组织者对参与者进行分组,每组6人。

2. 每组有6分钟的时间对组织者提出的话题进行讨论。

一位妇女在通过了职业律师考试并宣誓后,她的名字被载入了律师名册。她公布了与丈夫居住的家庭地址作为其办公场所。她支付律师协会的会员费用,但是她不去招揽客户。偶尔她也起草法律文书,但大多数是为亲朋好友无偿提供的。事实上,她专注于家庭生活而且正在抚养孩子,其成为职业律师只是为提高社会地位和威望,她并不准备在这个行业发展。然而,该妇女被指控,她的态度违犯了CEA第8条的要求,未能积极地提供职业服务和她对维持高水平的专业知识存在不作为。这个指控成立吗?

3. 讨论时间结束后,各小组要在所有人面前展示他们的工作成果。

第九条

1. 与律师职业不相容的活动包括:

a) 能影响到职业尊严;

b) 能够限制律师的独立性。

2. 与律师积极执业特别相冲突的活动包括:

a) 在他人公司里担任管理人员;

b) 在合伙企业中作为管理委员会成员或者代表人(不适用于提供法律援助的合伙人);

c) 在商业交易中做职业经理人;

d) 与从事其他商业活动的人共用一个办公室,当这种情况与律师职业伦理相违背时。

3. 在签订代理合同时,律师须要足够谨慎地检查该合同是否违反律师职业伦理和职业尊严。

以下案例能够说明待讨论的问题,这些问题与本条所涉及的规范相关。

1 号案件事实

2004 年 2 月 18 日,律师协会下设惩戒办公室裁定一个律师存在下列违纪行为:

1) 2001 年 8 月 15 日至 2001 年 9 月 13 日,他在 A 地被授权为 Jan T. 的公众代表,他未能在法律规定的 30 天期限内起草并向上诉法院提交与劳动和社会保障部第三厅 2001 年 6 月 12 日的决定有关的上诉。

2) 从 1996 年 3 月 24 日至 2002 年 10 月 21 日期间,他从事了与律师职业相冲突并影响职业尊严的活动;他还与从事其他行业的人共用一个办公场所执业,违反了 CEA 第 6 条、第 8 条和第 9 条对律师执业的规定。根据 AAS 第 81 条第 1 款第 3 项的规定,惩戒办公室以下列方式对被告人作出判决:对违反第一种行为给予罚金 2 000 波兰兹罗提,对第二种行为给予罚金 1 000 波兰兹罗提,总共罚款 2 500 波兰兹罗提。①

2 号案件事实

一名年轻的律师在刚刚完成律师职业考试后,决定将他居住的一个街区公寓标明为执业场所,他还打算在那里处理业务,可能还会会见客户。也是在这个公寓里,他的隔壁邻居从事卖淫活动。有时她接客时经常打扰其他住户,因为她的客人行为方式不当,经常会有下流行为,甚至在住户窗外撒尿。一天,律师的女性当事人受到邻居客户的打扰。对此,该妇女惊恐万状,决定取消该律师的法律服务。另外她还投诉称,在一个提供性服务的大楼里执业违反了律师职业伦理。

研讨会的第八个示例场景

"优先级金字塔"法

预计活动时长 45 分钟;参与者人数不限。

任务:

职业伦理准则中哪些原则是所有法律人士必须共同遵守的?能选择 3 条最重要的吗?

---

① 2005 年 2 月 23 日 SN 判决,SDI 69/04,未出版。

下列概念可能有用：

勤奋、能力、专业化、诚实正直、尊严、公正、忠实、尊重他人、客观、真实性、诚实、独立、快捷、不受影响、尊重职业等级、竞争性、保护、公共服务、应有的关注、善意、正直、负责、谨慎、职业保密、可靠性、效率高、应变力、中庸、辩论力、协调性、友好、自律。

活动描述

组织者将团队分成小组。每组应由2~6人构成。然后展示任务(5分钟)。

接着,上面引述的所有特征和由组织者写在写字板上的意见,作为辅助概念按序向所有人员说明。这个阶段小组讨论发现哪些特征是最重要的并且符合任务的要求。参加人员必须相互协商,努力相互说服对方,达不成一致时可以投票(20分钟)。

把选出来的特征写到纸上,大家开始讨论顺序,这些纸应该以金字塔形式出现——底部4个,二层3个,三层2个,顶部1个(5分钟)。

活动的结果提交到大家面前,每个小组的发言人简要评论反映他们小组工作的金字塔(15分钟;每个小组5分钟)。

二、职业表现

第十条 律师不得引证客户的建议,对其违反职业伦理或者影响职业尊严的行为进行合理化。

以下案例能够说明待讨论的问题,这些问题与本条所涉及的规范相关。

案件事实

一名律师同意代理一起困难而复杂的商业犯罪案件。当事人是一个苛刻而且难缠的人,他要求按照自己的方式来进行诉讼程序。他想在法庭上让证人丢人,并且表示对他提起指控的实际上是他担任公司CEO的合作伙伴的行为。在提出有关辩护理由后,他要求律师在进行最后陈述和评价证人作证的价值时,应该举报证人酗酒的事实,并且提出他有精神疾病。这个年轻律师决定不了该怎么办。他知道应该为了委托人利益的最大化,但同时也对委托人要求他去从事的行为有所怀疑。最后,他拒绝按照当事人的要求去办,并表示"律师不受其当事人要求的诉讼方法约束,律师应该根据其知识和意见进行辩护"①,不满的当事人向地区律师协会会长提起投诉,称该律师违反了职业伦理准则。

研讨会的第九个示例场景

起草起诉书的研讨会方法

参加人数量随意;时间:60 分钟;学生两人为一组。

组织者布置任务:基于陈述的事实,为被告和法庭提出策略如何处理未决案件。

案件事实

在一起离婚案件中,一对夫妇就孩子的监护权发生了争执。在声明中,妻子的代理人提出有必要对丈夫进行精神检查,因为他可能患有精神疾病,妻子对此表示确信且以婚姻破碎作为理由。作为精神疾病的证据,上诉人和其律师引证了被上诉人的性格特征,比如烦躁、嫉妒、脾气不好等。代上诉人起草文书的律师提交的声明中的措辞很情绪化,而且描述了妻子遭受的严重痛苦,同时把其丈夫描述为精神病人、疯子或精神紊乱的人。

给参与者案件事实的副本和两张纸。两人组中的一人要为被告拟定策略,另一人为法庭草拟判决书(15~20 分钟)。

然后两人中一人陈述他建议的解决方案(即代表被告草拟的对起诉要求的答复方案,以及说明律师违反了职业伦理的文件方案)。

第十一条　律师不能故意向法院提供虚假信息。

以下案例能够说明待讨论的问题,这些问题与本条所涉及的规范相关。

1 号案件事实

2005 年 3 月 31 日,律师协会下设的惩戒办公室判定一个律师因以下违规行为而构成职业不当:从 2004 年 3 月 24 日到 2004 年 8 月 5 日,在 A 地和 B 地,他在法庭诉讼中担任 Józef I.的代理人。尽管他明知道委托人已经终止了他的代理权,却向法庭提供假信息,滥用当事人对律师的信任,违犯了 CEA

---

① Cyt. za: Z. Krzemiński, Etyka adwokacka [*Advocates' Ethics*], *op. cit*; cf. *ibidem*, decision WW by NRA of 22 September 1935, Pal. 1935, p. 769.

第 11 条和第 51 条规定,根据 AAS 第 81 条第 1 款第 4 项的规定,惩戒办公室责令他停业 1 年。2005 年 11 月 26 日对他提出的异议进行审查后,国家律师协会高等惩戒办公室判定维持律师协会下设的惩戒办公室的原决定。①

2 号案件事实

因下列违法事实,J.B.和 M.Z.律师被提起惩戒调查:

I.J.B.律师

1)2005 年 2 月 15 日、16 日和 18 日在 A 地,他未能遵守在法庭上应表现克制和得体的规定,没有以被告 Janina C.公共辩护人的身份履行其职责,而且他故意妨碍将任命其作为公共辩护人和传唤其出庭的决定送达本人,违反了 CEA 第 27 条第 1 款、AAS 第 28 条第 2 款的规定。

2)2005 年 2 月 16 和 18 日在 A 地,在没有预先通知法庭他不能出庭的情况下擅自缺席,违反 CEA 第 30 条的规定。

3)2005 年 2 月 15 日在 A 地,在提交给地区法院的一份文件中,他故意引用假信息称,他已收到被告 Janina C.在上述开庭之后终止其代理的通知,这违反了 CEA 第 11 条的规定。

II.M.Z.律师

1)2005 年 2 月 15 日、16 日和 18 日在 A 地,他未能遵守在法庭上应表现克制和得体的规定,没有以被告人 Janina C.公共辩护人的身份履行其职责,而且他故意妨碍将任命其作为公共辩护人和传唤其出庭的决定送达本人,从而构成违反 CEA 第 27 条第 1 款和 AAS 第 28 条第 2 款的规定。

2)2005 年 16 日和 18 日在 A 地,他在没有预先通知他不能出庭的情况下擅自缺席,构成违反 CEA 第 30 条之规定。②

研讨会的第十个示例场景

"六项思考帽"法

建议时间 45 分钟,参加人数不限。

---

① 2006 年 3 月 30 日 SN 判决,SDI 2/06,未出版。
② 2008 年 1 月 11 日 SN 判决,SDI 1/08,未出版。

活动描述

组织者介绍方法并陈述要讨论的案件事实。

一名律师被指控犯有 CC 第 239 条第 1 款之罪状,即帮助一个罪犯实施有组织的犯罪。他虽没有拒绝给予举证,但是他提供的解释不连贯且支离破碎。在最后的陈述发言中,检察官引述律师不得给法庭提供虚假信息的原则,即在律师自己参与的案件中作出的惩戒决定对律师也有约束力。① 该律师在辩解中对该说法提出质疑,说在法庭上他是被告人的代理人,只是律师身份,但是在诉讼中他没有行使律师职能,因此他自由地行使被告人赋予他的所有权利。

组织者把帽子分成不同的颜色,每种颜色与认识问题的方法相对应,分析方法不同,最后辩论和发现不同解决方案的方法也不同:

白色帽子——进行法定形式分析。

红色帽子——指被告企图把自己从逆境中救出来的情况。

黑色帽子——指出行为所有可能的负面结果,从惩戒程序的角度来分析问题,从刑事审判的角度正视阴暗面。

蓝色帽子——有所保留地处理任何事情,并确保讨论顺利进行下去。

绿色帽子——发挥创造性,找出惩戒和刑事程序的防范策略。

黄色帽子——小组的任务是找到包含所有可能的防范手段策略,并且评估它们的效果(时长 10 分钟)。

抽到画有帽子的标签的人即成为讨论的参与者。其他人则需为各组的代表准备相关的论据——所谓"思考的帽子"。每小组(人数为 6～10 人)所有成员均参与讨论。

组织者将待讨论的问题记录在写字板或海报上。

直接参与讨论的队员与他们的小组一起准备辩论。他们收集论据,准备做展示。组织者需为该准备阶段设定一个时间限制(20 分钟)。

准备阶段过后便开始进行讨论。每位参与者——也就是每顶"帽子"——必须遵守为其角色制定的规则。展示受时间限制(每人 3 分钟)。

讨论结束后,由"蓝色帽子"对大家的论据及讨论过程进行总结。

---

① Cited after: Z. Krzemiński, Etyka adwokacka [*Advocates' Ethics*], *op. cit.*; cf. *ibidem*, Decision given by WKD in Cracow on 17 May 1975, KD 8/74, Pal. 1976, No. 1, p. 93.

第十二条 律师不得提供为实施犯罪提供便利的法律意见,或者为将来会犯罪的行为指明避免刑事处罚的方法。

以下案例能够说明待讨论的问题,这些问题与本条所涉及的规范相关。

案件事实

一名律师为一个商人提供法律服务,他注意到该商人许多会计文件的保存方式不当,有些根本不存在。对此,他与当事人进行了对话,说:"如果税务人员发现,你就完了,最保险的方法就是一把火烧掉。这就看你的了,但是我什么也没说。"

研讨会的第十一个示例场景

"洋葱"法

活动时限 45 分钟,讨论组至少 10 人。

要讨论的话题:

一名律师对证人进行"角色演练",以便为被告提供托词,指导证人应该怎么说话,让当事人可以避免承担刑事责任,违反本条引证的原则了吗?或者说律师的这种行为在法律或刑事审判中没有影响吗?

活动描述

参与者分成人数相等的两个小组。一个小组的成员坐在内圈,另一个小组的成员坐在外圈。两组成员相对而坐,内圈和外圈的人成对地讨论提出的问题。活动时间提前规定(5 分钟)。轮数由参加人人数而定。组织者对讨论进行总结,并且允许想把其结论与其他组分享的人讲话。

第十三条 在履行职业职责时,律师必须尊重事实和合法性原则。

以下案例能够说明待讨论的问题,这些问题与本条所涉及的规范相关。

"一名律师,不论是代表委托人,还是以其私人身份行事,必须要尊重事实,而且在向有关当局陈述文件内容时要表现出充分的克制和节制。"[1]

---

[1] Z. Krzemiński, Etyka adwokacka [*Advocates' Ethics*], op. cit. Cf. also: WKD decision given in Cracow on 17 May 1975, KD 8/74, Pal. 1976, No. 1, p. 93.

研讨会示例场景：参考第十三个示例场景

第十四条 即使文件不由其亲自签署，律师也应对由其起草的法庭文件的格式和内容负责。

以下案例能够说明待讨论的问题，这些问题与本条所涉及的规范相关。

案件事实

一名律师在分配其律所业务时，为实习律师创设了一个工作岗位，就是为普通的诉讼文件提供模板（付款声明、离婚申请等），同时收取一定费用。然而，实际上这些模板有很多瑕疵，如有关正确的管辖法庭及其地点的规定。律师解释说这些只是模板，他没有签字。另外，他表示这些都是实习律师准备的草稿，因此律师对其内容不负责任。

研讨会的第十二个示例场景

"广开言路"法

本活动预计时长：假定参赛者人数在 20～25 人，则活动将持续 60～75 分钟。

活动描述

组织者提出讨论话题。

一名律师签署了由助理起草的诉讼文件并将文件送达收件人。然而最后证明文件包含严重的主题错误。律师应该为文件内容负责吗？

第一轮参与者讨论开始。参与者依次提出自己的意见（可以把椅子摆成一圈，这样能够使所有参与者都彼此相对），发言限时 3 分钟。参与者必须参考他们指导者的意见以及他同伴所采取的立场，选择一个观点并给予一定的论据支持。每个人都可以对对方的意见进行评论。

指导者可以宣布新一轮的讨论开始，并在最后建议投票选出组内普遍赞同的意见。

第十五条 律师不应对当事人提供给他的事实的真假负责，但是他要限制产生极端或荒谬的情况。

研讨会的第十三个示例场景

起草起诉书的研讨会方法

参加人数量随意；时间：60分钟；学生独自进行。

案件事实

一个新的委托人向律师报告说她受到邻居的冒犯，她的邻居向她说一些一般被认为是冒犯人的下流话，这个人还向她的手机发送一些骚扰短信。她向律师引证了所有的这些下流话，并要求该律师在将要起草的起诉书中引用她手机上记录的这些话和短信。这些内容相当下流而且描述了性暗示行为，其目的是为了诋毁收信人。律师在本法的范围内应该怎么做才能代表受到伤害的当事人恰当地表达申诉？

给参与者案件事实的副本和两张纸。任务包括找出问题的答案，也可以自愿拟定私人起诉状，同时附有案件事实，将控告内容列表说明。（15~20分钟）

然后学生提交方案。

第十六条 在有必要引证极端情况时，律师发表言论时不应影响法庭、当局和法律行业的尊严。在交流过程中应采用适当的方式。这些交流中不得含有冒犯性措辞或者威胁进行刑事起诉或者惩戒。

以下案例能够说明待讨论的问题，这些问题与本条所涉及的规范相关。

案件事实

2006年9月13日，律师协会下设惩戒办公室裁决一位律师因下列违规行为而被判负有责任：2004年3月30日和2004年4月8日，在K和M地，她恐吓M.S.律师说要对其提出刑事诉讼，除非他接受她的当事人K.S.在该地区法院进行的离婚待决案件，这构成了违反CEA第16条规定的违规行为，为此根据AAS第81条第1款第3项和第82条第1款之规定，惩戒办公室裁决对她罚款1 000波兰兹罗提。①

---

① 2007年10月3日SN判决，SDI 23/07，未出版。

研讨会的第十四个示例场景

"头脑风暴"法

这一方法可应用于最多 30 个参与者的小组;时间限制为 60 分钟。需要的材料:案件事实和提前准备需要分析的问题、写字板、纸条和笔,《法律顾问伦理规范》的《律师职业伦理与职业尊严法》副本,CCivP 第 261 条。

案件事实

法律顾问办公室的一位当事人因债务人数月没有支付债务,且要求其付款也不可能,债权人的律师给债务人所在的法律顾问办公室发去了警告信,要求支付长期拖欠的应付款。在信里他列举了如果案件提交法庭,当事人要承担的费用以及可能根据法律要求更多的报酬。另外,他也提到他会让法律顾问作为预期民事诉讼的证人。

第一组:你们是法律顾问。你对当事人提出什么建议?需要特别注意的是什么?

第二组:你们是律师,如何证明自己的行为是合法的?

组织者陈述案件事实,为参与者发放一些任务描述复印件会比较有用(5 分钟)。

形成对各小组的问题:与案件事实描述的一致。

有 4 个小组,但是任务只有 2 个。首先,4 个小组分别单独讨论 15 分钟。然后,任务相同的小组结合在一起进一步讨论 10 分钟。参与者以临时安排的方式形成答案,内容由组织者写到纸板上,纸板被分成两部分:

律师行为不符合伦理要求,因为……/符合伦理要求,因为……

法律顾问行为不符合伦理要求,因为……/符合伦理要求,因为……

不能对答案进行批评,这点十分重要,如果讲话人发言时间太长,组织者要将其建议压缩到一句话,确保他正确地理解信息(30 分钟)。

建议可以自愿、自发、没有限制地提出,也可以预先充分考虑其他人的建议后再提出。

最后,组织者总结问题的可行性解决方案,说明对律师和法律顾问违规行为惩戒的相关法律规定(20 分钟)。

在专门讨论法律诊所适用的行动标准时,可以参阅本章研讨会的第三个示例场景。

第十七条　律师在履行其职责时享有言论自由，在发表意见时要保持克制和适度。

以下案例能够说明待讨论的问题，这些问题与本条所涉及的规范相关

1号案件事实

地方律师协会下设惩戒办公室作出声明，要求处罚一名律师：

1. 基于在2004年1月5日作出的起诉书提到的事实（进行惩戒调查后起草的）：

1）2002年8月29日在与Dariusz K.电话交谈后，该律师威胁Krzysztof L.对其提起刑事诉讼，这违反了CEA第17条的规定。

2）2002年8月9日，在其作为Katarzyna L.的代理人期间，他联系了对方当事人Krzysztof L.，却未联系其代理律师，这违反了CEA第32条的规定。

3）2002年6月30日在A地，在未被真正授权的情况下，她开始进行事实上的诉讼行为，旨在从未成年人的合法监护人所在地带走一个未成年人，这违反了CEA第51条第1款第2项的规定。

2.基于在2004年2月11日所作出的起诉书所提到的事实：

1）从2001年9月到12月27日，她未能提起与Janina T.有关案件的诉讼，尽管她已经从委托人处收到了代理佣金，却未能告知委托人其代理案件在法庭诉讼和地区法庭的审理进程，这违反了CEA第8条和第49条的规定。

2）2001年11月，她同意担任Lesław S.的公共辩护人，该人在一起CC第209条规定的刑事犯罪案件中被列为被告人，受害人是他的女儿Jessika S.，律师此前已为该案件提供代理，起诉Lesław S.违反儿童保护法，这违反了CEA第22条的规定。

3）从2001年1月到12月，尽管她同意为Jolanta K.关于保险索赔一案提供代理服务，却在11个月内未能提起诉讼，未能在A地对国家保险公司（PZU）的决定提起上诉，同时误导Jolanta K.为其提供有关案件进展的虚假信息，这违反了CEA第8条和第49条的规定。

4）2002年5月23日，尽管已经正式通知她开庭的时间和地点，她却未出庭，且未提供缺庭的解释，这违反了CEA第8条和第30条的规定。

5）从2000年4月到2001年3月，尽管同意为Adam R.有关人权保护

的案件提供代理服务,她却未能就此提起诉讼,一直为当事人提供案件进展的虚假信息,这违反了 CEA 第 8 节和第 49 条的规定。

根据 2004 年 3 月 12 日之判决令,惩戒办公室负责人结合惩戒程序对其合并检查。在惩戒案件的审理中,2004 年 4 月 2 日,该律师的辩护人提出动议,要求根据 2004 年 1 月 5 日起诉书第 1、2、3 点所列的行为(即对 Krzysztof L.产生伤害的纪律过失)和 2004 年 2 月 11 日起诉书中第 2 点所列的的行为(即对 Lesław S.和 Jessika S.引起伤害的纪律过失)对其进行暂停执业 6 个月惩罚;而对其在 2004 年 2 月 11 日起诉书中的第 1、2、3、4、5 点所列的过失给予训斥。同时进一步要求合并处罚,对其处以暂停 2 年执业并予以训斥。2004 年 4 月 6 日,律师协会下设的惩戒办公室判定律师对所有指控行为负有责任。2004 年 1 月 5 日起诉书中第 1、2、3 点所列均构成职业不当行为(判决书中第 1、2、3 点),对 2004 年 2 月 11 日起诉书中所列第 2 点(判决书中为第 5 点)处以停业 6 个月处罚;对 2004 年 2 月 11 日起诉书所列第 1、3、4、5 点(判决书中为第 4、6、7、8 点)处以训斥;最终,惩戒办公室进行了合并惩罚,暂停律师执业 2 年并予以训斥。①

2 号案件事实

一名律师为一起民事案件的上诉人提供代理服务,他在法庭上行为不当,对以应诉人资格替代者出庭的法律顾问助理持诋毁态度。他在法庭走廊中不理会法律顾问助理,不与其打招呼,并且在法庭陈述时讲了下面的意见:"法官大人,应诉人代理人经验的缺乏说明本案事实不存在争议,这是不言自明的。如果应诉人有专业人员代理,或可就此讨论,在目前情况下,我仅限于维持我的声明,谢谢!"

3 号案件事实

在对一起刑事案件判决的上诉中,一名律师称法庭的判决与逻辑推理原则相冲突。法官认为指控本身是对法庭的藐视。在回复中,律师宣称"任何针对法庭判决的上诉措施本质上都包括对法庭的批评意见,旨在证明法庭的判决是不公正的。然而,这样的批评方式尽管严苛,但仍应尊重基于证据事实和有约束力的法律的实质性批评和恶意中伤之间的区别,而在上诉人看来,恶意中伤甚至并不指向作出不公正判决的法院,而

---

① 2005 年 1 月 8 日 SN 判决,SDI 29/05,未出版。

是指向代表法院的法官。①

第十八条

1. 律师应避免公开表明他与当事人、当事人的亲友和其他诉讼参与人的个人关系。

2. 律师不得与法院、相关政府机构和调查机关雇用的人员有亲密或密切的关系。

以下案例能够说明待讨论的问题,这些问题与本条所涉及的规范相关。

案件事实

三个朋友在学习法律时共同租赁一套公寓。她们是密友。在结婚时,她们相互做伴娘而且相互成为孩子的教母。三个家庭经常一起度假,她们中两位的丈夫一起经营一家公司。其中一个朋友成为法官,另外两位成为律师。法官有时审理另外两位朋友担任当事人一方的代理人的案件。她相信她会秉持客观态度,她也没有理由在这些案件中回避。然而同时,另外一名律师要求对她的朋友律师进行惩戒调查,指控她们与法官显示出亲密的关系,事实是她们经常一起度假,在家庭圈内进行社交,律师和她们的家庭成员也经常到法官的住处拜访。

研讨会的第十五个示例情景

"观点地毯"法

该方法预计在几人或最多25~30人的小组中展开。时间为15~20分钟。

活动描述

1. 将需要讨论的问题写在写字板或海报上。什么行为模式能够成为CEA第18条规定的亲密关系?

2. 组织者说明这一活动的指导原则。

3. 参与者写下解决方案——每一项都单独列在一张纸上。每位参与者得到2~5张纸(取决于小组成员的数量)。组织者为任务设定时间限

---

① Tak orz. SN of 26 October 1963, R. Adw. 51/63, Pal. 1967, Nr 9, s. 90 i n. Por. Z. Krzemiński, Etyka adwokacka, *op. cit.*

制(10分钟)。

4. 参与者创造观点地毯的方法——组织者在既定的区域(地板或墙上)放置一张海报供参与者粘贴他们自己的纸张。参与者轮流进场,大声读出他们的观点,并将纸条贴在海报上。

参加者在讨论过程中可由下面想法提示:

——亲密关系;

——友好关系;

——一起消磨时间;

——相互亲近的人之间的友谊。

5. 当所有纸片都粘贴在海报上后,便开始进入提出解决方案的评估阶段。每位参与者得到一分(比如,自粘标签等)。所有参与者依次进场,在海报上选择(通过粘贴标签)他们认为的最佳解决方案。

6. 组织者统计票数,展示选定的解决方案。

7. 组织者可能会发起关于选择的一场讨论:为什么参与者会作出这样的选择? 为何在他们看来这是最佳的解决方案?

第十九条

1. 律师应尊重在其履行职责过程中所知所有信息的机密性,防止这些信息的泄露或不当使用。

2. 律师案卷里所有信息应被保存为机密。

3. 另外,所有从委托人及其他人处得到的信息、记录、文件都应被保存为机密,不论文件保存在哪里。

4. 律师应被要求其雇佣的所有合伙人、员工或其他人在提供法律服务过程中遵守职业机密。

5. 律师在履行职责过程中使用的计算机或其他电子方式储存信息时,有义务使用相关软件和其他方式,以防止储存信息遭到未经授权的泄露。

6. 通过电子设备或其他媒体传送机密信息要特别小心,且传送资料要预先告知委托人使用此类方式可能产生的风险。

7. 遵守职业秘密的要求不受时间限制。

8. 当证人是一名律师或法律顾问时,必须披露其在履职过程中获知的机密信息,但律师不得基于上述证人证词提交证据。

以下案例能够说明待讨论的问题,这些问题与本条所涉及的规范相关。

案件事实

一名律师被控告下列行为有罪:

1)1997年2月14日至1997年2月26日在A地,为了获取经济利益,她通过与Józef Ł.在1997年2月14日的一桩民事案件中与一家电力供应公司达成协议而提供虚假信息,导致其放弃16 500波兰兹罗提的资金,这违反了CEA第4条及CC第286条第1款的规定。

2)1997年2月10日和2000年5月15日在B和C地,她伪造1997年2月10日由Józef Ł.签署的授权文件,使其有权收取与一电力供应公司达成协议的民事诉讼的费用,但文件的内容与委托人意愿相冲突而且有损委托人利益,这违反了CEA第4条及CC第270条第2款的规定。

3)1995年10月18日在B地,她伪造由Józef Ł.签署的代理文件,使其有权在普通法院的民事诉讼中代理Józef Ł.并且将以此方式伪造的文件提交至省法院进行民事诉讼。

4)2001年5月14日在C地,她将Józef Ł.交付的文件转给地区检察官,从而泄露了机密信息,其中包括5份证明运送奶牛的原件和奶牛毁灭的证明,这违反了CEA第19条第2款的规定。

需要注意的是,该律师同时还是一桩刑事诉讼的被告:2004年11月18日,地区法院作出具有法律效力的最终判决,判处律师犯有两项罪:一项是违反CC第284条第2项的规定,另一项是违反CC第270条第1款的规定。①

研讨会的第十六个示例场景

"观点市场"法

该活动可以在组容量为30~40人的组内进行。参与者可以组成5~6人的小组。在较大的组内,结果更加复杂,尤其是对活动的第二阶段来说。任务时长为45~60分钟。建议在研讨会前将任务描述分发给参与者(即在之前的会议上),参与者应当熟悉与《法律顾问法案》第3条第3款及CCivP第261条的有关评论。

---

① 2007年12月20日SN判决,SDI 28/07,未出版。

案件事实

在一起商法案件诉讼中,法庭接受了一个法律顾问的证词,尽管该法律顾问声称,由于他有遵守在提供法律咨询过程中对获知的信息保密的义务,因而他不能提供证明。

活动描述

1. 参与者将被分成组容量为 5~6 人的小组。
2. 一组分析法律顾问的态度,另一组应当考虑法院的判决是否正确(20 分钟)。
3. 每一组参加者在设定的时间范围内(另外 20 分钟)准备他们讨论结果的纸板:提出处罚的建议,分析问题的肯定和否定方面,等等。
4. 各组展示他们的工作成果(每小组 5 分钟)。
5. 海报挂在讨论室内。
6. 在活动的第二阶段,所有参与者可以在海报上写上自己的解决方案。组织者必须仔细控制该阶段的时间(比如,15 分钟)。
7. 每组派出一个代表读出在该活动第二阶段添加的解决方案。

第二十条 在律师事务所或律师的家需要被搜查的情况下,律师必须要求律师协会的代表全程在场。

以下案例能够说明待讨论的问题,这些问题与本条所涉及的规范相关。

案件事实

搜查某律师事务所的警察移除了所有的计算机设备,其认为这是能够保全他们所要搜寻的文件的唯一方式。律师抗议说把文件存到警察拥有的可移动设备上就已经足够了。他争执说保全整个计算机设备可能导致他代理的其他案件信息的泄密,而且所有这些储存于计算机中的文件都没有密码保护。

第二十一条 律师可以不接受结果可能影响其本身或者其利益的案件,除非涉及他的亲戚或者同时涉及他和整个团体。

第二十二条
1. 如果存在下列情况,律师可以不接受案件代理或提供法律服务:

a) 在相同问题或是相关问题上曾为对方当事人提供法律援助；

b) 已凭借其公共职能参与到案件当中；

c) 对方当事人为律师前客户，即使涉及的是不同的问题；

d) 与其有亲密关系的律师，在相同或是相关问题上负责处理该案件，或者曾为对方当事人提供法律援助。

2. 在案件中作为证人的律师不能在案件中采取行动，无论是作为一方的代理人，还是作为辩护律师。

以下案例能够说明待讨论的问题，这些问题与以上两个法条所涉及的规范相关。

1号案件事实

Janina S.向地方律师协会下设的惩戒办公室呈交诉状，投诉某律师行为不当。她声称该律师违反职业伦理，同意为其前夫Henryk S.在共同财产分割的案件中提供代理服务，而此前该律师曾在不同的案件中为Janina S.代理过。地方律师协会下设的惩戒办公室查明，1988年该律师代表Janina S.提起针对解除转让农场权利的协议的上诉，同时查明该上诉包括一份公证书，证明财产的转让，并且在上诉文件中声明Janina S.的丈夫不在农场工作。1997年，Henryk S.提起上诉要求分割和前妻的共同财产，其中提到了农业机械和收获的作物。在这种情况下，Janina S.要求律师返还与此前案件有关的文件，但是后者拒绝交回文件，声称她现在代理Henryk S.财产处理案件。被告律师的确代理Henryk S.的共同财产分割案件。在该案件中，别的不说，法院也认为上诉人报出的农业机械和作物财产是前妻的单独财产。1998年2月17日，Janina S.向法庭提出申请，提出"被告律师没有资格参加共同财产处理案件的审理"。在她此前所指的关于驳回同意转让农场的文件中及之后的1999年11月5日，她向地区律师协会投诉。尽管Janina S.提起了上诉，被告律师已经参与了本案审理，为Henryk S.提供代理直到其终止了代理服务（到2001年2月27日）。同时，根据地方律师协会会长的决定（2000年1月10日作出），被告律师因违反CEA第22条的规定被处以警告，根据查明的事实，地方律师协会下设的惩戒办公室在2004年1月16日作出的决定中称，该律师毫无疑问构成不当职业行为，根据CEA第22条的规定，律师如果此前为同一案件的反方或与其有关的不同案件中为对方当事人提供过法律服务，则不能再提供代理服务。因此,惩戒办公室对其进行训斥。①

2 号案件事实

2005 年 5 月 20 日,地方律师协会下设的惩戒办公室判定一名律师因下列行为而负有责任。从 2000 年至少直到 2004 年 1 月 13 日对其提起控告之日,虽然该律师此前在一起民事案件中为 Andrzej B.提供过法律服务,案件涉及在 B 地镇政府发表行使优先购买权意愿声明的有效性,他仍参加此案对 Andrzej B.提起诉讼。本案涉及确定 1994 年 8 月 24 日的协议无效和 1996 年 9 月 25 日的财产转让无效,根据 CEA 第 22 条第 1 款第 a 项、AAS 第 81 条第 1 款第 1 项的规定,惩戒办公室对其进行警告处罚。②

3 号案件事实

一名律师参加一个联欢会时,一对分居的夫妻也在场,几杯酒之后,应妻子的要求,该律师开始教她如何撰写离婚诉状。同时,他也知道了该妻子的生活和其婚姻的细节。聚会后他把这些对话全部忘记了。几天后,该妇女的丈夫来到律师事务所要求律师在其离婚案件中提供代理。律师同意受理。第二天,男人的妻子来要求为其提供法律代理,指出律师不能为其丈夫代理,因为"她是第一个提出代理申请的"。

研讨会的第十七个示例场景

"广开言路"法

本活动预计时长:假定参赛者人数在 20~25 人,则活动将持续 60~75 分钟。

活动描述

组织者提出讨论话题。如果一名律师同时在民事和刑事案件中起诉同一个人合法吗?③

第一轮参与者讨论开始。参与者依次提出自己的意见(可以把椅子摆成一圈,这样能够使所有参与者都彼此相对),发言限时 3 分钟。参与

---

① 2005 年 3 月 9 日 SN 判决,SDI 67/04,未出版。
② 2006 年 3 月 30 日 SN 判决,SDI 1/06,未出版。
③ 比较:1935 年 3 月 13 日华沙作出的 SD 判决,D 25/35,Pal. 1936, p.961,转引自 Z. Krzeminski, Etyka adwokacka. Teksty [Advocates' Ethics:Texts], op.cit.

者必须参考他们指导者的意见以及他的同伴所采取的立场,选择一个观点并给予一定的论据支持。每个人都可以对对方的意见进行评论。

指导者可以宣布新一轮的讨论开始,并在最后建议投票选出组内普遍赞同的意见。

第二十三条 律师不得使用与职业尊严相冲突的方式为其服务做广告或招揽客户。

以下案例能够说明待讨论的问题,这些问题与本条所涉及的规范相关。

1号案件事实

一名律师经常雇人招揽客户。他的方法是散发名片,注上"法律服务——价格低,效率高"。名片由其非法雇佣的人散发,该律师指示他们在法庭各处转悠,为从法庭出来的人提供名片。当其他律师发现被提供这样的名片时,对他提起了惩戒投诉。

2号案件事实

一名律师在报纸上做广告,声称他的律师事务所是市场上最大的法律服务提供商。广告内容招致了许多批评。该律师解释称,他的广告与《欧盟律师行为准则》第2.6.1条一致,该条说:"一名律师有权告知公众其提供的服务,如果信息准确没有误导,同时遵守保密责任和第2.6.2条规定的核心职业价值观。律师个人通过报纸、电台、电视、电子商务交流或其他方式,只要他们遵守第2.6.1条的规定是允许的"。依此规定,讨论集中在波兰律师在何种程度上必须遵守欧盟的法律。违反规定的问题应该被考虑。

第二十三条 a

1. 一名律师有权提供其职业活动相关信息,只要这种信息内容及其形式:

a) 与本法原则一致;

b) 与法律法规相一致,特别是与保护委托人和反不正当竞争有关的规定;

c) 准确不误导;

d) 尊重职业机密性;

e) 不特别为当事律师捞取佣金,不违反本条第 2 款 b 项的规定。

2. 一名律师可以遵守本法规定的方式告知公众其提供的法律服务:

a) 在正式文件中列出相关信息;

b) 以投标者或竞争的方式或者直接对潜在客户报价,在这样的报价中,应该包含有关律师在报价评估中至关重要的职业活动的信息;

c) 在报纸上发公告,其中信息直接与有国家律师协会界定在本条第 3 款第 a)—i) 项的法律服务有关;

d) 包含相关的地址和电话号簿条目;

e) 潜在客户直接要求时可通过电子方式传输相关信息;

f) 添加相关互联网信息,在目录和搜索引擎中添加网址;

g) 在事务所所在地放置标志;

h) 印刷宣传散页和其他信息手册。

3. 信息可以包含:

a) 为事务所专门设计的商标或平面标识;

b) 事务所的名称、地址以及律师的姓名、电话号码、电邮地址和网址;

c) 律师作为合伙人的事务所合伙人名单,并注明哪些成员是高级合伙人,如果事务所任命有管理委员会,标明管理人员姓名以及其职责;

d) 与事务所有固定合作公司的列表;

e) 律师的学术头衔和学位;

f) 律师提供法律服务的类型和范围资料,标明擅长的法律领域和与外国律师事务所的合作;

g) 用外语进行法律服务的可能性资料;

h) 事务所成立日期和开始从业的日期;

i) 加入某一律师协会的信息;

j) 律师出版物列表;

k) 法律专业资格信息;

l) 律师形象照片;

m) 应客户要求或为潜在客户的专有报价——服务费及计算方式的说明;

n) 应客户要求或为潜在客户的专有报价——职业赔偿保险水平信息。

4. 任何有关律师费或其计算方式的信息必须以毫无歧义的方式提

供。必须清楚地说明这一费用是否包括所有的发生费用、税费和其他费用。

第二十三条 b

1. 律师不必为此前没有表示同意接受此服务的潜在客户提供服务。

2. 传输的信息尤其不能：

a) 对律师不能实现的结果创造不正当期待的可能性；

b) 包含提及与法官、检察官和其他官员的私人关系；

c) 包含可以辨别出对其他律师或法律专业团体成员的服务质量的直接比较或者批评；

d) 使用不恰当和无礼的方式；

e) 包含任何的评判。

3. 不允许以客观事实为掩护，在报纸或媒体广播中以收费的方式提供旨在推销律师、其事务所的信息。

4. 禁止与潜在客户联系以传递律师的活动信息，包括通过没有请求的造访、电话或通信联系那些没有向他请求法律服务的人。

5. 不允许将散发律师信息的任务委托给第三方。

6. 除了合理的印刷费，律师不可为发布信息支付任何报酬。

第二十三条 c

1. 由律师提供法律服务的有关文件应包括：

a) 律师的姓名，如果他在私人办公室提供法律服务，还应包括地址；

b) 如果律师在民事方面的、注册的、专业的或有限合伙的事务所提供法律服务，提供该事务所的名称和地址；

c) 如果没立分所，提供该律师事务所分所地址以及总部的地址。

2. 如果法律活动以民事方面的、注册的、专业的或有限的律所方式进行，其中律师是合伙人，要列出所有其他合伙人（合伙人有限的情况下，列出普通合伙人表），同时标明其中几个为律师；如果有人为管理人员，要列出其姓名和其职责。如果事务所名称能清楚地提供律师合伙人的情况的，不适用本规定。

3. 如果法律活动以民事方面的、注册的、专业的或有限的事务所方式提供法律服务，其中一个合伙人是外国律师。根据 2002 年 7 月 5 日法案就外国律师在波兰共和国内提供法律服务的规定，在地方律师协会保存外国律师档案，必须要提供下列信息：

a) 以他本国的文字语言表述的律师职称；

b) 说明他在国籍国家所属的职业律师协会，或者根据该国法律他有权执业的法庭文件；

c) 外国律师与律师资格一致的，可以永久执业的业务信息。

第二十三条 d 律师不得因将客户介绍给其他律师而接受其他律师或者其他当事人提供的任何利益，也不能因将客户介绍给自己而提供任何利益。本规定不排除律师把他的部分费用，或是以其他方式规定的款项支付给已故律师的继承人或退休律师，以换取已故或退休律师的业务。

以下案例能够说明待讨论的问题，这些问题与本条所涉及的规范相关。

1 号案件事实

一名律师有很多客户，他也为一个小律师事务所提供法律服务。该律师事务所提供包括"损失和辩护相关的"服务。律师事务所在报刊上广泛地以直接的方式做广告推销其服务，唯一的雇员是一个负责安排与客户见面的秘书和一名没有任何擅长领域、只是负责评估申请类型的律师。每当他觉得有必要提供律师服务时，他就让客户转到与他有合作关系的该律师的办公室。该律师收到预定的月度费用后，为该律师事务所的客户提供法律服务，如果法律服务被许可还要付给其一笔特殊费用。

2 号案件事实

一名善于交际的律师经常在其朋友圈子里开玩笑说"他是法官中最好的律师，是律师中最好的法官"，因为他曾作为法官工作很多年。在其事务所网站上有一个注解，说他"在地区法院工作了很多年"。然而，在与其委托人的交往中，他并不提及在法庭的影响和联系。他只强调他的素质和能力在律师行业中是独一无二的。

3 号案件事实

刚刚结束在职研究生培训考试的年轻律师，决定他们要根据客户问题的性质，互相帮助，重新指导他们的客户。他们也同意对客户收取 5% 的费用。

4 号案件事实

一个律师事务所经常在地方报纸上被提及，包括该事务所在哪些天免费提供法律服务的信息,即公益性活动或该律所为学生组织法律知识竞赛。由于这些文章,许多新客户选择该律师事务所提供法律服务。其他律师不同意这些宣传,并投诉其违反了职业伦理。

第二十四条 律师应在职业活动中相互支持和帮助,除非这些行为与委托人的利益相冲突。

以下案例能够说明待讨论的问题,这些问题与本条所涉及的规范相关。

案件事实

一名律师助理在公司法领域的博士论文通过了答辩。在通过律师培训考试后,他的导师提到他希望"这位有学位的同事能在业务上继续支持他,因为在律师和前导师关系方面应该特别遵守友好合作的原则,这可以从在惩戒决定中反映的行之有效的实践中看出"。该律师没有拒绝这个建议,实际上是因为担心可能会受到惩戒调查,因而在许多案件中他为前导师提供了免费的咨询。

第二十五条 担任导师的律师应努力培养其助理将来作为律师在专业技能和遵守法律职业伦理方面的职业能力。

以下案例能够说明待讨论的问题,这些问题与本条所涉及的规范相关。

案件事实

一名律师导师十分专制、严厉、挑剔,而且对秘书和一个前景广阔的女律师助理过分讲究原则,他将自己的行为解释为必须遵守工作纪律。

第二十六条 律师要确保避免发生违反国家律师协会规定和准则要求的职业责任。

三、律师与法院及其他官方机构的关系

第二十七条

1. 律师在其职业范围内与法庭、其他事务所和机构联系时必须保持克制得体。

2. 即使在法庭诉讼中面临其他参与人的不正当行为时,律师也应该表现出克制得体。

以下案例能够说明待讨论的问题,这些问题与本条所涉及的规范相关。

1 号案件事实

2001 年 12 月 15 日,律师协会下设的惩戒办公室判决一名律师违反纪律而负有责任。案情显示,他作为一桩终止合作关系案件的一方的代理人,没有处理好账目,没有支付应付的 2 049 波兰兹罗提款项,而该款项应在清偿中付给合作方。这就导致另一位律师收不到其报酬,因此公司的清偿也没有完成。该律师的行为违反 CEA 第 31 条的规定,根据 AAS 第 80 条和第 81 条第 1 款第 4 项的规定,惩戒办公室判决被告停止执业 3 年。

根据同样的规定,惩戒办公室判定该律师因另外的违规行为而被判处相同的惩罚。案情显示"在提交的其参与审理的法庭待决案件相关的文件中,他使用了影响其法律职业尊严的措辞"。为此,他违反了 CEA 第 27 条第 1 款与第 4 条的规定。

惩戒办公室也判定了对该律师的每一罪状,该律师被判处停止担任导师 3 年。根据 AAS 第 81 条第 3 款的规定合并判罚其停业 3 年 2 个月 5 天,禁止担任导师 3 年(根据 1998 年 7 月 23 日司法部决议第 39 条规定关于律师及其实习律师的纪律行为作出①),从 1998 年 10 月 10 日到 2001 年 12 月 15 日之间的临时停业期间,已经执行的惩罚计算在内。②

2 号案件事实

一名律师被控有下列不当职业行为:

1) 尽管她已于 2003 年 1 月 31 日、2003 年 4 月 1 日和 2003 年 7 月 21 日分别收到提醒函,她未能答复 2002 年 11 月 26 日地区律师协会发出的信函,违反了《律师服务法案》第 80 条与 1998 年 CEA 第 64 条的有关规定;

2) 2002 年 11 月 14 日在地区法庭审理中,她擅自离开法庭,为此她解

---

① Dz. U. No. 99,第 635 条。
② 2004 年 4 月 1 日 SN 判决,SDI 9/04,未出版。

释为由于不可能结案和作出判决,这违反了 AAS 第 80 条和 CEA 第 27 条第 1 款的规定。

2004 年 9 月 11 日,律师协会下设的惩戒办公室宣布后者不构成职业不当行为,判其对前者负有责任并对其进行警告的惩戒。①

研讨会的第十八个示例场景

"支持与反对论点"法

这项活动可以在大组中开展,时间限制为一堂学术课程的时间,大约 60~90 分钟,由参与者的人数决定。

活动描述

应当把案件事实的副本分发给参与者。

活动的议题为:"法庭判决宣布后,一名律师在法院办公室里进行大声评论,意见包括:不需要担心,判决肯定要撤销,并且他在执行判决的法官面前言语不当、不得体,影响了法律职业尊严。"②

参与者根据下面引用的观点发表意见,并提供证明上述理由存在错误的诉讼规定。

参与者会拿到一张关于这一问题的立场清单(这张清单也许是一张海报,重要的是每位参与人员应当看得懂上面的内容)。

可能的立场:

++ 完全赞同;
+ 比较赞同;
= 中立;
- 比较反对;
-- 完全反对。

所有参与者拿到自粘标签,可以在上边写下他们关于论点的立场。可能会提出一个辅助性问题:关于职业内部管理和同僚律师活动的可接受的批评的限度是什么?

下一阶段以四个回合的活动方式展开。必须记住的是,在活动的最

---

① 2006 年 5 月 24 日 SN 判决,SDI 5/06,未出版。
② Acc. To decision of WKD of 17 February 1962, WKD 2/62, Pal. 1962, No.9, p.83; Z. Krzemiński, Etyka adwokacka. Teksty [*Advocates' Ethics: Texts*], *op. cit.*

后一个阶段,参与者需有机会表达他们的观点。他们可以说出他们觉得有趣、恰当的论点,他们是否愿意继续坚持原来的观点。

第二十八条 律师应充分注意他的发言、表达的意见、提出的问题不会影响诉讼参与人的尊严。

以下案例能够说明待讨论的问题,这些问题与本条所涉及的规范相关。

案件事实

2002 年 10 月 11 日,律师协会下设的惩戒办公室判决一名律师因违纪行为而负有责任。案件显示,2001 年 11 月 16 日在 A 地,他在地区法庭上未能保持克制,影响了受害方 Andrzej W.的尊严。事件经过:该律师进入他没有代理任何一方正在审理案件的法庭中,对 Andrzej W.的身份提起诉讼,接着对 Andrzej W.说不得体的话,要求返还律师诉讼费,这些行为违反 CEA 第 27 条和第 28 条的规定,为此,惩戒办公室对被告进行警告,判决由他支付诉讼费 300 波兰兹罗提。2003 年 1 月 8 日,律师协会下设的惩戒办公室判决该律师存在不当执业行为,指控显示,1998 年 5 月 20 日在 A 地,在代理其委托人 Anna L.和对方当事人 Slawomir L.参与的案件中,没有通知为对方当事人 Slawomir L.提供代理的律师,违反 CEA 第 31 条的规定,为此惩戒办公室给予被告以训斥的惩罚。①

第二十九条 探视被羁押人员时,律师应保持职业权威和尊严。

以下案例能够说明待讨论的问题,这些问题与本条所涉及的规范相关。

一名律师在去探视监狱中的被告人过程中,他利用只有两人单独一起的机会,违反监狱规定私自将罪犯的信件传送给其妻子。

第三十条
1. 律师不能参加诉讼时应提前告知法庭或其他机关。
2. 律师必须对其缺席庭审进行解释。
3. 一旦代理终止,律师应立即将这一事实通知法庭或其他官方团体。

以下案例能够说明待讨论的问题,这些问题与本条所涉及的规范

---

① 2004 年 5 月 5 日 SN 判决,SDI 12/04,未出版。

相关。

案件事实

2005年11月4日,律师协会下设的惩戒办公室判决一名律师对下列行为负有责任:

1)2001年6月19日,他以Władysław G.的代理人身份向最高行政法院起草了上诉书,对2001年5月28日由省视察监督员作出的决定提起诉讼,但没有缴纳10波兰兹罗提的法院诉讼费,结果2001年8月17日最高行政法院驳回上诉,原决定生效。根据CEA第49条和AAS第80条的规定,该律师的行为被处以训斥的惩罚。

2)在2002年5月15日至2002年11月14日期间,在为A地DM住房协会提供代理服务期间,被授权向法庭执行官提出一项动议,要求对Grzegorz A.债务人进行强制执行,但他未能启动与代理业务有关的行动。此后,尽管其代理权被DM住房协会终止,他也没有结清有关14 640波兰兹罗提的账目,他收这笔款项是用于支付他的律师费用和诉讼费的。其行为违反CEA第49条和AAS第80条的规定,惩戒办公室判决将其逐出律师行业。

3)在2002年11月至2003年6月期间,他代理了Wanda K.声明获得Marian G.的继承权一案,在地区法院上诉中担任Wanda K.的代理人。尽管已经通知他定于2003年6月5日召开法庭会议的时间,他却给委托人提供了开庭审理的虚假时间,他自己也没有出庭,且没有采取任何与案件有关的措施,这违反了CEA第49条和AAS第80条的规定,为此惩戒办公室对其进行训斥。

4)在2003年1月31日为被告Thomas F.担任公共辩护人期间,他未能在地区法院中出庭,并且未能提供缺席解释。结果会议不得不推迟,这违反了CEA第30条第1款和第2款以及AAS第80条的纪律规定,被惩戒办公室处以训斥的惩罚。

5)在2003年5月5日为被告Bogusław P.担任公共辩护人期间,他未能在地区法院第一上诉刑事法庭中出庭,并且未能提供缺席解释。结果会议不得不推迟,违反了CEA第30条第1款和第2段以及AAS第80条的规定,被惩戒办公室处以训斥的惩罚。

6)在2003年5月5日至2003年6月14日期间,他被任命为

Stanisław B.私人检察官的公共代理人,在地区法院审理的一案件中,他未能尽职尽责更正 Stanisław B.在提交的私人起诉书中的错误,结果法庭判定起诉书无效,这违反了 CEA 第 49 条和 AAS 第 80 条的纪律规定,被惩戒办公室处以训斥的惩罚。

7)在 2003 年 2 月 8 日和 2003 年 11 月 28 日期间他未能在规定时间内就地区律师协会收到的针对其行为投诉的 11 份文件(在法庭判决的结论中列出)作出回应;2003 年 8 月 19 日,他未能出席地区律师协会会议,尽管他已亲自收到了传讯;他又没能就缺席上述会议作出解释,这违反了 CEA 第 64 条和 AAS 第 80 条的规定,被惩戒办公室逐出律师行业。

8)2002 年 6 月,他同意代理 Tomasz W.关于行政程序一案,并从委托人处收到 9 000 波兰兹罗提用于与案件有关的费用,但他未能提起法律诉讼,没有与委托人解决所有账目问题,另外,他没有退回此前收到的文件,这违反了 CEA 第 64 条和 AAS 第 80 条的规定,惩戒办公室将其逐出律师行业。另外,代替对特别犯罪的分别处罚,惩戒办公室判决被告合并处罚,驱逐出律师行业并支付诉讼费。①

研讨会的第十九个示例场景

"小组讨论"法

建议活动时长为 30~90 分钟,具体时间由参与者数量决定,没有明确限制。

案件事实

一名律师根据其当事人清楚的要求,与其同事联系,该同事为同一刑事案件中的被告人提供代理服务。他们同意轮流请病假以使案件第一次开庭时间推迟一段时间。对上述律师的行为进行评估。

活动描述

之前选定的参与者(本案中 4 人一组)分别独立为组织者选定的话题进行准备。其中两人讨论伦理相关的问题,另两人讨论法律问题。例如,他们可以考虑本案中的律师是否遵守了要以当事人的利益最大化为原则,或者按照 CC 第 239 条第 1 款的规定,律师的行为是否可被认定为

---

① 2006 年 8 月 23 日 SN 判决,SDI 11/06,未出版。

不合法。在讨论进行的几天前,每组成员应有机会收集相关材料,他们可以使用所有可用信息来源。参与者应准备展示不同的观点及问题的所有方面,这也就意味着,参与者应当在之前的会面时就拿到研究问题及任务描述。

活动开始,先由组织者对之前就设计好的问题进行介绍,将任务的副本分发给参与者。

组织者向专家介绍他们的任务。

专家们提出自己的观点。他们应当展示案子的所有方面,关于这个问题任何可能的视角,甚至是他们可能遇到的完全冲突的意见。活动时长应提前规定好(比如,10分钟)。

组织者邀请小组成员讨论这个问题,并通过指定特定参与者发言来引导讨论进行。应强调文明讨论的规则。讨论时长应提前规定好(比如,每位发言人3分钟)。

组织者要确保辩论者不偏离主题。如果有需要的话,组织者可以重新将讨论带回正确的轨道。

参与者对讨论过程中出现的主要思想进行总结,收集所有的结论,并将它们写在写字板或海报上。

总结时,组织者可以提出这样的建议,即多年来在相关文献中表明"律师要连同法庭一起维护法律秩序,即便为了当事人利益也不可采用可能导致损害诉讼程序完整性的超越诉讼的方法行事"①。必须进一步指出,"律师是对司法制度承担责任的一分子,必须永远牢记律师的任务不仅是以最有效的方式处理其接受案件的诉讼,还必须行使其确保公正司法为主要目的的公共职责"②。

四、与同事的关系

第三十一条

1. 在与同事关系方面,律师要遵守公正、忠诚和友好的原则。
2. **在与同一事务所的律师或有合作关系的同事关系方面,律师要以**

---

① 1966年10月28日SN判决,RAD 10/6, P1967,第9号,第88页。

② S. Janczewski, Godność zawodu adworkackiego[*Advocates' Professional Dignity*], Warsaw 1960, pp. 1-2。

绝对忠实的态度行事,避免影响忠诚的一切活动,即使合作关系终止也是如此。

3. 如果律师向在另一国的执业律师咨询一个案件,或者要求从这样的同事处获得建议,他应给外国同事支付费用并包括所有开销,即使委托人无力偿还债务。律师可以将他的责任限制在向外国律师暗示其将放弃对未来行为负责之前已发生的应付金额部分。律师可以就他们对于外国律师的职业责任方面有适当安排。

以下案例能够说明待讨论的问题,这些问题与本条所涉及的规范相关。

1号案件事实

2005年8月24日,律师协会下设的惩戒办公室判定一名律师下列行为违纪:在2002年春天到2004年12月期间,他对X.Y.律师表现出不忠诚、不友好的行为,两次催促和强迫其借给他30 000波兰兹罗提,同时向该同事保证不久就还钱,但这是毫无根据的,事实上他没有偿还债务,该行为违反了CEA第31条之规定。对此行为,惩戒办公室对其进行了纪律惩戒,判其暂停执业11个月。①

2号案件事实

在法庭上,一名律师对其同事、同事的委托人和法庭表现出不当行为:他在最后的发言中引用波兰文学中针对被告代理人的一句话,他说:"住嘴,先生!别丢人了。"法官没有反应过来,但是律师感受到了侮辱。

第三十二条 未经对方辩护人或其他法定代理人的同意,律师不得与对方当事人交流。

以下案例能够说明待讨论的问题,这些问题与本条所涉及的规范相关。

案件事实

一名律师总结说,当时真有机会与被告和解,但是被一个脾气不好且无能的同事(一个法律顾问)挡道了。在这种情况下,律师没通过作为中间人的代理人就决定与对方进行协商。协商十分成功,而且双方当事人都很满

---

① 2006年8月23日SN判决,SDI 13/06,未出版。

意。然而，法律顾问感到被这种行为冒犯了，并要求对律师进行惩戒。

第三十三条 律师和法律顾问参加的所有庭外和解内容都不应被披露。

以下案例能够说明待讨论的问题，这些问题与本条所涉及的规范相关。

案件事实

一名律师，也是讲授未来律师专业课程的讲师，他写了一本法律服务市场营销的小册子。书中描写了很多人事和办公室管理等方面的方法，而在方法部分，他引用了许多相关案件事实来说明最有效的谈判技巧。在书中，他甚至对其亲身执业实践中经手的真实案例进行了记述，但是他得到了相关参与者对引用材料的同意。

第三十四条 在提供法律代理服务之前，律师应确定当事人没有接受其他律师的法律服务。律师未经其他律师同意和知情不得在该案中提供法律代理服务。但代理案件的律师只能因为某些重要的原因才能拒绝代理。

如果与其他律师沟通而导致延误会对当事人利益产生严重损失，则接手该案件的律师应为其提供法律服务，并立即告知已就此案展开工作的律师，并且如果有任何重要的障碍，其应退出该案件。

以下案例能够说明待讨论的问题，这些问题与本条所涉及的规范相关。

案件事实

法官为当事人指定了一个公共辩护人，后来证明当事人自己已经咨询了律师。在这种情况下，该律师没有作出任何行动。根据 CEA 第 34 条的规定，他判断应该是由他的同事负责处理该案件。

第三十五条 接受案件当事人的委托而提供服务的律师，应将此事告知相关司法或检察机关，若相关机关已任命了公共辩护人，律师须立即告知该人要接管此案件。

比较：CEA 第 34 条评论。

第三十六条 律师之间可能发生的冲突只能通过相关律师协会

解决。

以下案例能够说明待讨论的问题,这些问题与本条所涉及的规范相关。

案件事实

具有职业合伙人关系的律师同事决定分开单干。但他们不能就财产分配达成一致意见。冲突十分激烈以致最后决定上法庭解决。

第三十七条 律师接受案件当事人的委托代理在起诉另一律师关于其执业问题时,只能在他将此事告知他所在的地区律师协会后才能接手。

以下案例能够说明待讨论的问题,这些问题与本条所涉及的规范相关。

案件事实

一名律师接受代理一个起诉其同事的案件,该案件是与另一案件有关的赔偿以及对另一律师执业渎职的诉讼。他通知了相关律师协会。然而没有收到代理此案的书面同意。他的对手称其必须要有书面认可。

第三十八条 若案件性质本身允许,律师之间的纠纷案件应寻求友好解决。

比较:参照上述第37条所涉及的案例。

第三十九条

1. 如果律师之间发生冲突,首先要探讨友好解决的可能性或者利用律师协会作为仲裁调解机构。

2. 如果在团体忠诚原则和当事人正当利益之间发生冲突,律师应以当事人的正当利益为先。

3. 如果律师面临与外国律师之间职业性质的冲突,他应寻求友好解决。一方律师不可在没有告知双方律师所属的相关律师协会的前提下,就这一冲突提起法律诉讼,以便使相关协会有机会协助解决。

以下案例能够说明待讨论的问题,这些问题与本条所涉及的规范相关。

案件事实

一名提供法律服务的律师,决定提供跨境法律服务。他要在柏林的法庭代表委托人。在完成所有的正式手续后，法庭接受了律师在诉讼中的代理业务，而且该案以该律师提供代理的一方胜诉。对方对判决提起上诉称，在他们看来，跨境代理是不可接受的。该律师告知国家律师协会和地区律师协会其与外国律师发生了冲突。

第四十条　职业团体精神要求律师：

a) 不能在规定时间到庭时，要提前告知该案其他律师，如果可能，告知自己将到庭的时间；

b) 要求法庭改变当日顺序优先审理案件的，要首先确定此前时间代理案件的律师同意此变化；

c) 准备提交由他代理案件的诉讼文书的，应当尽可能在诉讼开始时提交，要注意将副本以最短的时间送达对方；

d) 要求提交协议书副本的，须给对方当事人提交一份副本。

以下案例能够说明待讨论的问题，这些问题与本条所涉及的规范相关。

1 号案件事实

法庭通常有很多待决案件，有时审理延迟 1 个小时也可能发生。从另一城市赶来的一名律师要求优先审理他的案件，因为他要赶回家的最后一班火车，这使他不能待到审理结束的时间，否则他就得第二天回家，而由于家里有家务事使得他不可能等到第二天回家。在这种情况下，他问集中在法庭前面的律师，是否同意改变当天的日程。他们不同意，都说有许多别的事情。该律师大为恼火，激动地说别的律师违反了友好合作的职业伦理准则。

2 号案件事实

使用"观点地毯"方法时，参与者应该考虑司法判决中出现的问题："国家律师协会执行办公室认为要求优先审理案件的问题与律师协会规定出现的冲突有关。在 1957 年 8 月 5 日的法案中接受了一条原则，即当要求改变法庭当天的日程安排时，律师要首先就此意向与安排在前案件的律师沟通并获得同意。[①]

---

① Pal. 1958, No.1, p. 101.

第四十一条 当律师安排其同事代替他时,他要留给别人充足的时间准备诉讼,为别人提供所有必需的文件和记录。一旦他将其职责委托给一名实习律师,律师在这种情况下要特别关注此案。

以下案例能够说明待讨论的问题,这些问题与本条所涉及的规范相关。

案件事实

一名律师怀孕时没有申请医疗休假,她认为自己身体素质很好,遂继续履行其职责,但是她主要是在家工作,集中涉及起草法律意见的案件。同时,事务所的实习律师在法庭诉讼中提供服务。几个月后,该律师回归正常工作,这时她听到了实习律师在法庭上的一些不当行为。一位知名法官很尴尬地告知了她:该律师在法庭上对对方极具攻击性和冒犯性,语言粗鲁,而对法庭却过分谦恭。

第四十二条 律师同意代替不同城镇律师履行职能时,应确认接受该业务。

五、与委托人的关系

第四十三条 律师应在对法庭和其他官方机构保持充分尊重和礼貌的同时,毫不畏惧且体面地为委托人的利益辩护,而不必考虑这种行为可能对他以及其他人产生的后果。

以下案例能够说明待讨论的问题,这些问题与本条所涉及的规范相关。

案件事实

一名传统做派的律师是20世纪80年代政治案件的辩护人,他在一桩现代刑事案件最后的发言中说:"我相信拥有渊博的知识和令人尊敬的法官大人是不会屈服于司法部发布的、与适用于我们面前刑事案件的一些政策有关的明显不可接受的指导方针的压力,而且我相信依您自己的理智,您将正确地判定被告的举止。"

第四十四条 律师要努力实现最具成本效益的解决方案,要在符合委托人利益的情况下建议委托人寻求和解。

以下案例能够说明待讨论的问题,这些问题与本条所涉及的规范相关。

案件事实

Z. Krzemiński 建议律师在其全部职业活动中要做到首先不伤害委托人的利益。① 为委托人的利益辩护是律师的职责。然而,面临个人威胁时就要考虑自我保护和工作原则之间的关系。一名律师为一谋杀者提供法律帮助。判决的宣布使被告人大为恼火,以至于该罪犯威胁律师说,除非将他从上诉法院中救出来,不然他就杀了律师的妻子,因为他知道这一点也不难——他已经杀了一个人了。而重要的是在这件事之前,被告人曾声称他无罪,并且提供了令人信服的事件描述,将事件描述为不幸事件,该律师相信了,而且真心诚意地为其提供了辩护。

第四十五条 律师不应该同意代理未经授权的人交付的案件。

以下案例能够说明待讨论的问题,这些问题与本条所涉及的规范相关。

案件事实

一名毫无经验的年轻律师同意代理一案件,委托人当面签署了书面授权书,但在下次见面时却出示了她丈夫的授权书。该案件涉及起草出租属于该夫妇一套公寓的协议样本。几周之后,律师已提供了法律服务,妇女的丈夫来到律师事务所说他妻子有精神病,已经把他们居住的房子给租出去了。他还问是什么促使该律师接受了其妻子提供的其并不在场签署的授权文件。

第四十六条 律师不得为与当事人利益存在冲突的案件提供代理,即使当事人同意也不行。

如果在诉讼过程中发现存在利益冲突,律师必须要终止代理利益存在冲突的案件。

以下案例能够说明待讨论的问题,这些问题与本条所涉及的规范相关。

---

① Z. Krzemiński, Etyka adwokacka [*Advocates' Ethics*], op. cit.

案件事实

一对已婚夫妇也是普通合伙企业的合伙人,共同雇佣一名律师提供法律服务。当他们决定分手时,请了不同的律师在离婚案中作代理。但在有关合伙企业关系的事情上,他们双方都想让该律师继续提供法律帮助,因为这个律师了解内情。然而,该律师怀疑,在合伙双方存在利益冲突的情形下继续提供法律服务是否合法。

第四十七条　律师不得代理与他亲近的人的案件。

研讨会的第二十个示例场景

起草起诉书的研讨会方法

参加人数量随意;时间:60分钟;学生独自进行。

案件事实

一名律师有一个妹妹。妹妹对其父母表现出明目张胆的忘恩负义。为此,由于妹妹的忘恩行为,父母要求儿子帮助他们撤回赠与。尽管试图进行和解,但兄长也没和妹妹处好。她酗酒,将未成年的儿子遗弃给父母,甚至从家里偷东西。最近还从兄长家里偷拿了名贵的画作卖掉。在这种情形下,律师同意帮助父母。需要什么条件,他才不违反法律要求?

给学生提供案件事实的副本和两张纸,以便在上面写出法律意见。

第四十八条　律师不应代理与他有严重冲突的人的案件。

以下案例能够说明待讨论的问题,这些问题与本条所涉及的规范相关。

案件事实

一名律师在一个温暖的乡村度假休息,但是旅行社的服务质量十分差。他决定起诉该公司并劝说其他客户参与,向他们保证说,他很高兴免费为他们代理。

第四十九条　律师应监督诉讼程序并告知委托人案件进程和结论。

以下案例能够说明待讨论的问题,这些问题与本条所涉及的规范相关。

1号案件事实

2002年9月16日,律师协会下设惩戒办公室判定某被告律师以下行为违法：

1) 1999年到2001年11月,他同意代表Antoni J.参与地区法院——民事I庭关于对人、动物和车辆通行地役权案件的审理,从Antoni J.处获得800波兰兹罗提用于法律诉讼活动,向上述法庭提起诉讼后,由于他的疏忽,未支付诉讼费用,导致案件被退回,然后他又未与Antoni J.处理好财务和从当事人处收到的钱的账目问题。

2) 2001年3月上旬到2001年11月13日,他同意代理Bogdan在上诉地区法院——民事I庭Bogdan Ł.和Joanna G.-Ł.解除婚姻关系一案。为此他从Bogdan Ł.处收到400波兰兹罗提用于上诉费用和代理费,然后经过不当延误后,他向上述法庭提出了含有不准确事实信息的离婚上诉,如Bogdan Ł.的工作场所和收入,最后Bogdan Ł.终止了他的代理,而他未能与当事人就400波兰兹罗提费用的解决达成一致意见。

惩戒办公室还认定,律师存在其他职业不当行为:在2000年2月18日至2001年10月1日期间,尽管地区律师协会规定了到期日,他：

a) 未能就2000年2月15日Antoni J.的书面投诉提供书面解释,而根据地区律师协会要求,他应该作出解释,但他未解释他的缺席原因。

b) 未能就2001年5月24日Bogdan Ł.的书面投诉作出解释,而地区律师协会2001年5月28日的信要求其作出解释。

上述行为违反了CEA第63条和第64条及AAS第80条的规定,根据AAS第81条第1款第2项的规定,对每件违法行为惩戒办公室均对其进行训斥一次,合并处罚为对其予以训斥。惩戒办公室均把从2002年2月11日到2002年9月16日期间的临时停业算在暂停执业的处罚内。①

2号案件事实

2006年5月13日,律师协会下设的惩戒办公室均判定一名律师下列行为构成职业不当行为:2002年9月到10月期间,作为Jerzy F.离婚案件授权的公共代理人,他提出终止代理,未将此事告知Jerzy F.,也没有告知其案件进程,即违反了AAS第80条和CEA第49条的规定,他还被判对在2005年3月到9月期间的行为负有责任,他没有回复地区律师协会传唤他提交Jerzy F.投诉的书面解释的三封信函,为此惩戒办公室均判对其

---

① 2004年4月1日SN判决,SDI 14/04,未出版。

进行纪律训斥,合并处罚为对其予以训斥。①

第五十条

1. 律师应特别谨慎地处理与委托人有关的财务问题。

2. 律师必须告知委托人他的收费标准或计算方法(如,与工作时间相联系)。

3. 律师不得与委托人签订只能根据最终诉讼结果确定支付案件费用的协议。律师可以签订在案件结果有利的情况下支付附加费的协议。

以下案例能够说明待讨论的问题,这些问题与本条所涉及的规范相关。

1号案件事实

一个律师被控犯有下列罪:

1)1992年和1998年期间在A地,他为Ryszard S.提供代理,未能有效监督案件也未能通知委托人有关案件进程和结果,他还在委托人撤回其代理权后继续从事法律事务,违反了CEA第49条的规定;

2)同时同地,在没将其目的告诉委托人的情况下,他进行法律交易并承担义务,使得委托人财务亏空,违反了CEA第50条的规定。

2003年1月8日,律师协会惩戒办公室撤销了对被告律师上述第一项决定,但判处其对第二项负有责任,根据AAS第82条第1款的规定,法庭对其处以1 000波兰兹罗提的罚款。②

2号案件事实

2004年2月3日,律师协会下设的惩戒办公室判定一名律师因违反了CEA第49条和第50条的规定而负有责任:

1)尽管是Mirosław K.的公共代理人却未能勤勉地参与法庭诉讼,他保证对方当事人在法庭上不会承担代理费用,而他未提起为达成此结果的任何有效诉讼。

2)未能恰当地代理当事人Krzysztof S.的案件。在地区法院上诉中,尽管是当事人自己选的辩护人却两次庭审未出席;另外,他从Krzysztof S.处借款10 000波兰兹罗提,却未能处理好账务问题。

---

① 2007年10月3日SN判决,SDI 21/07,未出版。
② 2004年9月3日SN判决,SDI 20/04,未出版。

3) 他没能勤勉地代理 Jan Z.委托的案件,在提起索赔时无故延误却没有开展后续工作,尽管手中拥有相关文件,却没有解决其费用预付定金问题。

因此,根据 AAS 第 81 条第 1 款第 3 项和第 4 项的规定,惩戒办公室判处该律师:对上述第 1)条所列行为,罚款协会会员费用 7 倍,即以 146 波兰兹罗提为基准费用;对上述第 2)条所列行为,处以暂停执业 8 个月,罚款协会会员费用 10 倍;对上述第 3)条所列行为,处以暂停执业 4 个月。最终根据 AAS 第 84 条的规定,惩戒办公室合并判处被告律师暂停执业 9 个月,合并罚款协会会员费用 15 倍,基准费用为 146 波兰兹罗提;另外,根据 AAS 第 81 条第 3 款的规定,惩戒办公室责令该律师 3 年不得担任导师。[①]

第五十一条 委托人与其律师之间的关系应该以信任为基础。若情况表明委托人已对律师失去了信任,律师要终止代理服务。

研讨会的第二十一个示例场景

"小组讨论"法

建议活动时长为 30～90 分钟,具体时间由参与者数量决定,没有明确限制。

活动描述

之前选定的参与者(本案中 4 人一组)分别独立为组织者选定的话题进行准备。

在 Akzo Nobel 化工有限公司诉委员会的 C-550/07 号案件中,ECJ 判决称"在竞争法违法调查中,不赋予与内部律师通信的法律职业特权"[②]。本判决是否适用于波兰律师?为什么?或者为什么不?

活动开始,先由组织者对之前设计好的问题进行介绍,将问题描述分发给参与者。组织者介绍专家和他们的任务。

专家们提出自己的观点(每人 10 分钟)。要特别注意作为上述案件之一的内部律师的立场。

---

① 2005 年 6 月 16 日 SN 判决,SDI 13/05,未出版。
② Commission C Decision (2003) 1533 of 8 May 2003; ECJ Decision of 17 September 2007 in the case *Akzo Nobel Chemicals v. Commission*, cases T-125/03 and T-253/03, cf. also press release No. 62/07.

组织者邀请小组成员讨论这个问题,并通过指定特定参与者发言来引导讨论进行。应强调文明讨论的规则。讨论时长应提前规定好(比如,每位发言人3分钟)。

组织者要确保辩论者不偏离主题。如果需要,组织者可以重新将讨论带回正确的轨道。

参与者对讨论过程中出现的主要思想进行总结,收集所有的结论,并将其写在写字板或海报上。

第五十二条 律师决不可让他依附于委托人的情形发生,特别是律师不可从他所代理案件的委托人处借款。

第五十三条 应委托人要求,律师必须立即将从委托人处收到的所有文件,以及他作为代理人从法庭处和其他官方机构收到的所有该案件的文件,交给委托人。

以下案例能够说明待讨论的问题,这些问题与本条所涉及的规范相关。

案件事实

2003年4月15日,律师协会下设的惩戒办公室判定一名律师下列行为构成职业不当行为:至少在A地从2000年12月22日到审判之日期间,他没有将B地的律所合伙人要求的原始文件退还,这些文件详细描述了法庭判决,包括和解协议的摘录、强制执行条款、执行令和法庭判决书,违反了CEA第53条的规定,对此行为,根据AAS第82条的规定,惩戒办公室判处给予被告协会会费5倍的罚款。①

第五十四条 律师返还委托人的文件,不能以委托人应当结清应付先前费用及开销(即律师应该收到的费用)为条件。

以下案例能够说明待讨论的问题,这些问题与本条所涉及的规范相关。

案件事实

一名委托人没有支付律师办理案件的费用。尽管具体金额还未确定,委托人要求律师返还文件时,律师说当其付费后他将把文件还给当事人。

---

① 2004年10月1日SN判决,SDI 31/04,未出版。

第五十五条

1. 律师不得因委托人没有支付约定的费用而不参与诉讼,特别是律师不可为此原因而缺席出庭。但是,如果委托人不支付律师费用时,律师可以根据法律规定的方式和时间终止代理。

2. 如果适当地告知了委托人,但他却没有在规定的时间内支付所要求的费用,律师不必为他代理的案件支付发生的费用,即法庭费用和到另一城镇的交通费。

以下案例能够说明待讨论的问题,这些问题与本条所涉及的规范相关。

案件事实

一名律师拒绝支付从 Rzeszów 到 Poznań 法庭的交通费,称委托人没有保证支付他的住宿费和交通费。

第五十六条 对于撤回上诉请求,律师必须从他的委托人处获得同意,如果可能要以书面形式。

以下案例能够说明待讨论的问题,这些问题与本条所涉及的规范相关。

案件事实

2003 年 4 月 2 日,律师协会下设的惩戒办公室判定一名律师下列行为构成职业不当行为:1999 年 1 月,他被一地区法庭任命为 Jacek M.的代理人,起草诉讼书,但他没有提起任何诉讼,该行为属于违反了 CEA 第 49 条和第 56 条的规定,为此他被处以训斥的惩罚。①

第五十七条 如果律师判定,在无论是被选择还是被安排的由他代理的案件中使用上诉措施是毫无根据的,并且委托人不同意他的意见,他应毫不拖延地终止代理或者将问题通知相关部门。该条也适用于撤销原判或宪法申诉。

以下案例能够说明待讨论的问题,这些问题与本条所涉及的规范相关。

---

① 2005 年 8 月 30 日 SN 判决,SDI 20/05,未出版。

案件事实

一名律师面临两难选择。他坚定地认为提出撤销原判的主张会由于没有事实依据而被驳回。这与最高法院 7 名法官作出的决议一致①："法庭为一方指定的律师可以拒绝起草撤销原判请求,如果该请求是不可接受且明显毫无理由的。"然而,国家律师协会于 2000 年 5 月 20 日发表了不同的意见。律师不知道怎么从这个问题中脱身而不影响自己作为优秀、理智和能干律师的名誉,同时还不把自己置于违反律师伦理准则的控告中。

第五十八条 律师不得参加执法和执行行动,除非法律另有规定。本禁止规定不适用于法院诉讼和与不动产有关的执行活动。

以下案例能够说明待讨论的问题,这些问题与本条所涉及的规范相关。

案件事实

一名律师明知其不应参加执法和执行程序,仍决定要其法律实习生代替他去。该实习生同意了。该行动是有关协助对不动产的描述和销售。整个行动过程很平静。尽管如此,债务人给律师协会写信投诉,称其违反了律师伦理准则,该律师应受到纪律处罚。

六、自治机构内的行动:
对律师权力机构的态度

第五十九条 在律师权力机构内行使职能是两方面的:既有权力,也有义务。

第六十条 当选为自治机构成员的律师既要履行其职责,又要极认真地完成律师自治的基本任务。

以下案例能够说明待讨论的问题,这些问题与本条所涉及的规范相关。

---

① 2000 年 9 月 21 日 SN 判决(7),III CZP 14/00,OSN 2001,第 21 条。

案件事实

2002年9月16日,律师协会下设的惩戒办公室判定一名律师下列行为构成职业不当行为:

1)在1999年12月到2001年11月13日期间,他同意代理Antoni J.在地区法庭——民事I庭关于建立人、动物和车辆的地役权的案件,并从上述人处接受了800波兰兹罗提的费用。此后,在法庭提起相关动议后,由于他的疏忽没有付给法庭费用导致动议被退回。然后,他又没能解决好与Antoni J.的财务和从委托人处收到的钱款账目问题。

2)2001年3月上旬到2001年11月13日,他同意代理Bogdan Ł.在上诉地区法庭——民事I庭审理的Bogdan Ł.和Joanna G.-Ł.解除婚姻一案。为此他从Bogdan Ł.处收到400波兰兹罗提用于上诉费用和代理费,然后经过不当延误后,他向上述法庭提出了含有不准确事实信息的离婚上诉,如Bogdan Ł.的工作场所和收入,最后Bogdan Ł.终止了他的代理,而他未能与当事人就400波兰兹罗提的解决达成一致。

对每一种行为,惩戒办公室均对该律师处以训斥惩罚,决定合并处罚对其予以训斥;2002年2月11日到2002年9月16日期间的临时停业已经执行,被惩戒办公室计算在停业惩罚中。①

第六十一条　律师要尊重律师自治机构。

以下案例能够说明待讨论的问题,这些问题与本条所涉及的规范相关。

案件事实

2006年2月24日律师协会下设的惩戒办公室判定一名律师的行为构成职业不当行为:

1)2003年1月22日在K地,他对另一名律师(即地方律师协会会长)说:"我不知道是谁教的你这么粗鲁。"这些话显示了他不尊重自治机构,违反了CEA第61条的规定。为此,惩戒办公室判处给予该律师2 000波兰兹罗提的罚款。②

---

① 2004年4月1日SN判决,SDI 14/04,未出版。
② 2006年10月24日SN判决,SDI 21/06,未出版。

第六十二条 若律师自治机构的成员律师被临时停业,他应辞去其在自治机构中的职务。

以下案例能够说明待讨论的问题,这些问题与本条所涉及的规范相关。

案件事实

一地区律师协会的会长被发起了惩戒调查。该会长的一名委托人声称,该会长没有积极准备针对他的案件的法律意见书。会长的同事认为他应从律师协会辞去所兼职务。

第六十三条 律师要遵守律师自治机构的有效决议和决定。

第六十四条 律师被律师自治机构传唤时,要立即到场解释其未到庭的原因。律师要在规定时间内提供其所要求的解释。

第六十五条 未交会费是严重违反职业伦理准则的行为。

第六十六条 在所有关于律师职业有关的事务上,律师要全力与律师自治机构合作。

第六十七条 根据本法规定,律师自治机构既指律师专业组织机构和律师协会,还包括协会会长和惩戒工作人员。

七、最新规定

第六十八条 本《律师职业伦理与职业尊严法》(《律师伦理法》)于1998年10月10日由国家律师协会通过,自1998年12月1日在"Palestra"杂志上发布生效。同时,1993年9月26日律师协会通过的《律师职业伦理与职业尊严法》废除。

第六十九条 2005年11月19日国家律师协会第No.32/2005号决议,以2005年12月31日在"Palestra"杂志上发布的《律师职业伦理与职业尊严法》(《律师伦理法》)为统一文本,同日生效。

第五章 法律顾问职业伦理[①]

前　言

法律顾问作为一种公众信任的职业与它在专业表现中形成的伦理责任一起,构成了波兰民主国家宪法原则的保障之一。在波兰共和国,法律顾问发挥着特殊的作用。他们既为司法服务,也为委托其维护和捍卫自身自由和权利的委托人服务。法律顾问需要积极专业地从事本职工作,并且遵守职业伦理规范。法律顾问的专业职能使其承担许多义务:

客户;

法律顾问为其客户利益或代表客户在法院和其他权力机关进行辩护;

其他法律顾问及其公司自我管理制度;

对公众来说,法律顾问这一自由、独立的职业的存在,与其代表所确立的原则有关,是保护人权的重要手段。[②]

一、总　则

第一条 法律顾问必须遵守法律和行业规则,包括现行法典以及公司自我管理机构的决议。

案件事实应当主要以现行法典第 1 条所产生的规范为基础,并由惩

[①] 在本章中,如本书的其他部分一样,将"radca prawny"翻译为"法律顾问",以沿用欧盟委员会使用的术语,避免与诸如初级"律师""律师"或"大律师"等英文术语混淆,这些术语对应于不同法律文化中的不同权限,并标记波兰类别的"radca prawny"和"adwokat"(英文"advocate"贯穿整本书)。——英文版译者注

[②] 法律顾问全国委员会主席团 2010 年 12 月 28 日第 8/VIII/2010 号决议附录。

戒办公室作出相应裁决。

案件事实

2007年5月14日,地区法律顾问委员会下属的地区惩戒办公室裁定一名实习法律顾问犯有下列行为:2006年6月17日,他向在地区法律顾问委员会接受法律培训的其他法律学员发送了一份电子信息,其中包括与基金会管理委员会成员和为基金会提供法律服务的法律顾问 Stanisław K. 有关的不真实的和侮辱性的内容。依据2004年3月31日第七届波兰法律顾问全国委员会通过的法律第1条第1款、第3款和第10条第1款的规定,该行为被认定为一种不当职业行为。

对于以这种方式查明的罪行,惩戒办公室依照《法律顾问法案》第65条第1款第2项,对该实习法律顾问进行了谴责和警告。

Stanisław K. 以法律培训学员的身份成为本案受害者,同时他还是一名法律顾问,担任某基金会管理委员会成员,他对这项裁决提出了上诉。该实习法律顾问没有提出任何特别申诉,只是对"地区惩戒办公室的全部判决"提出上诉,并要求"无罪开释"。此外,该实习法律顾问要求,由于Stanisław K. 作伪证将在其他案件中受到刑事指控,并将面临其他多项刑事诉讼指控,在这些案件作出判决之前暂停对自己的惩戒。

考虑到上述两项上诉,高级惩戒办公室于2008年6月27日作出决定,改变了地区惩戒办公室的惩戒决定,并将该实习法律顾问逐出该法律培训项目。

以下案例能够说明待讨论的问题,这些问题与 CELA 第1条中所涉及的规范相关。

案件事实

一名法律顾问以尽职尽责的态度履行专业职责,谨慎处理客户事务。同时,法律顾问以尽职尽责、全心参与的态度履行作为诉讼代理人的职责,其行为举止在法庭上应该是无可挑剔的。该法律顾问参与公益活动,通过提供免费法律援助帮助穷人。然而,他作为法律顾问不尊重公司自我管理机构的权威,且对公司负责人充满敌意,导致关系紧张。在此背景下,在一次谈话中,他发表了一段评论,他觉得自我管理机构的决定本身就是错误的,并且这些决定没有反映出该行业公正选出的代表的声音,故此他认为自己没有义务遵守这些决定。按照他所说的"公民不服从"的规则,他表示拒绝接受,因为这些决定是他不能接受的规范。

第二条 本法典所载的职业伦理准则,旨在确保法律顾问适当履行在民主、合法的国家中被认为必不可少的职能。

补充材料:

2008年6月6日法律顾问全国委员会所作的关于法律顾问提交审核声明的义务的第31/Vii/2008号决议,内容如下:

法律顾问全国委员会指出,法律顾问应履行提交审查声明的法定义务,不履行这一义务是与专业宣誓内容相冲突的行为。根据职业宣誓,加强波兰共和国的法律秩序和依法履行专业职责,是法律顾问的基本职责。逃避法定义务是采取惩戒调查的正当理由。法律顾问全国委员会想提醒那些迄今未能按照成文法的上述要求提交有关审查声明的公司成员。

第三条 职业伦理准则对法律顾问、列入法律顾问名册的外国律师以及实习法律顾问都具有约束力。

支持相关决定的补充材料:

2010年11月6日第九届法律顾问全国委员会关于通过《欧洲律师行为准则》的第8/2010号决议:

Uchwała Nr 8 /2010
IX Krajowego Zjazdu Radców Prawnych
z dnia 6 listopada 2010 r.
w sprawie przyjęcia Kodeksu Etyki Prawników Europejskich

Działając na podstawie art. 57 ust. 7 ustawy z dnia 6 lipca 1982 r. o radcach prawnych(Dz. U. 2010 r. Nr 10, poz. 65, z 2009 r. Nr 216, poz. 1676 oraz z 2010 r. Nr 47, poz. 278 i Nr 200, poz. 1326) IX Krajowy Zjazd Radców Prawnych uchwala, co następuje:

§ 1.

Przyjmuje się do stosowania Kodeks Etyki Prawników Europejskich przyjęty przez Radę Adwokatur i Stowarzyszeń Prawniczych Europy (CCBE) w dniu 28 października 1988 r. wraz z jego późniejszymi zmianami.

§ 2.

Kodeks Etyki Prawników Europejskich, o którym mowa w § 1, jest wiążący dla polskich radców prawnych podczas ich działalności transgranicznej, to jest podczas:

(a) wszelkich kontaktów zawodowych radcy prawnego z prawnikami z innych Państw Członkowskich CCBE; oraz

(b) działalności zawodowej radcy prawnego na terenie innego Państwa Członkowskiego CCBE, niezależnie od tego czy radca prawny fizycznie się w nim znajduje.

> § 3.
> Tłumaczenie tekstu jednolitego Kodeksu Etyki Prawników Europejskich na język polski wraz z memorandum wyjaśniającym stanowi załącznik do niniejszej uchwały.
>
> § 4.
> Uchwała wchodzi w życie z dniem 1 stycznia 2011 r.

第四条

1. 若法律顾问不遵守职业伦理准则,则相关部门有合理理由对其采取惩戒。

2. 法律顾问或法律培训生不必对其姓名在法律顾问或受训人员(未来法律顾问)名册上登记之前所发生过的行为负纪律责任。

以下案例能够说明待讨论的问题,这些问题与《法律顾问伦理规范》第4条中所涉及的规范相关。

案件事实

若一名律师要求将其名字从法律顾问名册上除去,事实上,他可能是在公司里受到惩戒。一般来说,在这种情况下,该律师宁愿辞去顾问职务。该律师受到惩戒是由于其具有不当行为,包括在处理客户委托他支付有关诉讼费用的财务事项方面的不断拖延。该律师在要求将他的姓名列入法律顾问名册时,没有透露这些情况。当时,该律师的一位律师同事表示,他现在虽然是一名法律顾问,但名声不佳,实际上无法胜任任何律师事务所的法律顾问职位。该律师在辩护时指出,上述行为发生在他的名字被登记进法律顾问名册之前,其当时的性格和态度与评估无关,且与他的名字是否可以列入法律顾问名册也无关。

第五条 法律顾问在担任法律顾问执业期间被列为执业律师的,也只能使用专业名称——法律顾问。

以下案例能够说明待讨论的问题,这些问题与《法律顾问伦理规范》第5条中所涉及的规范相关。

案件事实

一名拥有法学博士学位的法律顾问,同时也从事律师执业,并根据具体情况决定使用不同的头衔。然而,有时为了增强一份法庭文件的专业性和说服力,他会在文件旁边加上他的学术头衔。但有一次,他犯了一个错误,他以法律顾问的身份打印了一份与案件有关的法律意见书,上面有他任职的律师事务所的抬头和印章。故此,对方指出这一事实,并且就此作出争辩,这种行为即使是疏忽大意也属于违纪行为,应当受到惩罚。

第六条
1. 法律顾问必须依法、诚实、认真、勤勉地履行其专业职责。
2. 法律顾问在履行其专业职责、从事公共活动和私人生活时,必须尊重法律职业的尊严。

以下案例能够说明待讨论的问题,这些问题与《法律顾问伦理规范》第 6 条中所涉及的规范相关。

案件事实

作为一名诚实公正的法律顾问,同时也是一名明智理性的律师,他多年来容忍他的妻子对他不忠的事实。然而,当妻子对他有更进一步无理的要求且明显表现出对其不尊重和寻求报复时,他为她收拾好衣服,把包拿到街上,打电话给她,要求她把东西拿走,再也不要回来了。他的妻子对于上述行为感到十分震惊,向地区法律顾问委员会主任通报了这起事件,认为她丈夫的行为违反了公共秩序,引起了不必要的好奇人群的聚集,并影响了她的声誉,尤其是他的行为违反法律顾问在私人生活方面也应当尊重其职业尊严的规定。

二、法律顾问职业的基本价值观

第七条 **法律顾问的独立性是公民权利和自由以及公正司法的保障,这意味着法律顾问必须不受任何影响,特别是由于他个人利益或外部压力、限制、煽动、直接或间接威胁或任何其他方式以及任何其他原因而产生的影响。**

以下案例能够说明待讨论的问题,这些问题与《法律顾问伦理规范》

第 7 条中所涉及的规范相关。

案件事实

一名法律顾问同意为一家按摩院提供法律服务。他还多次接受了在该按摩院工作的女性提供的按摩服务,其中一次服务以性交结束。在那一刻,他证实了自身的怀疑,按摩院实际上是一个提供性服务的机构。于是,他决定结束在按摩院的法律顾问工作。但是这家按摩院的老板威胁该法律顾问说,如果他拒绝继续提供法律服务,就会把他的不雅照片交给他的朋友并在网上发布。随后,按摩院的老板进一步指示该法律顾问,不能调查在按摩院工作女性的合同,但是显然这些合同都是违法的。

第八条 避免利益冲突是法律顾问对其客户的主要义务之一。

以下案例能够说明待讨论的问题,这些问题与《法律顾问伦理规范》第 8 条中所涉及的规范相关。

案件事实

一名为有限责任公司提供法律服务的法律顾问在参加与客户的谈判时,以其专业知识和认真态度给其他人留下了深刻的印象。故此,他现任客户的合作伙伴向该法律顾问提出了聘请他为其公司永久法律顾问的提议,且报酬翻倍。与此同时,该合作伙伴向他保证,他不会与他作为法律顾问时的客户发生冲突,也不要求该法律顾问终止目前的合同。

第九条 法律顾问对在从事专业活动中获取的信息进行专业保密,为客户信任法律顾问和提供适当的法律服务奠定了基础。遵守专业保密规定是个人自由和司法行政正常运作的基本保障。

以下案例能够说明待讨论的问题,这些问题与《法律顾问伦理规范》第 9 条中所涉及的规范相关。

案件事实

法律顾问在为刑事案件作证时,法院对律师的专业性以及律师与其委托人之间的私人关系等方面提出了质疑。法律顾问声称,虽然在该案中存在保密义务的豁免,但是这只适用于明确界定的情况。故此,他要求法院提出与本案有关的确切问题。

第十条 法律顾问提供的法律服务不得旨在为犯罪提供便利,不得助长所谓的洗钱活动,或使其能够在未来逃避与其行为相关的刑事责任。

以下案例能够说明待讨论的问题,这些问题与《法律顾问伦理规范》第 10 条中所涉及的规范相关。

案件事实

在一宗涉及交通违法的案件中,一名法律顾问建议其当事人不出席地区法院的会议,以便该案件可按罚单处理并中止审理。因此,该客户接受建议始终没有出席,最终达到了结案这一目的。

三、法律顾问的专业表现原则

(一)独立性

第十一条

1. 法律顾问在履行其专业职责时,必须确保其独立性。

2. 法律顾问在履行其专业职责时,必须始终受法律的约束。任何与案件客观评估事实无关的法律外的情况,以及任何人作出的任何指示或指导,都不得解除法律顾问认真和诚实履行其专业职责的法律义务。

3. 法律顾问不得屈服于外部影响,特别是因个人利益或外部压力而可能带来的影响。法律顾问应避免任何对其独立性可能产生影响的因素,并且不得为了满足客户、法院或第三方的期望而损害伦理准则。

研讨会的第一个示例场景

"支持与反对论点"法

活动描述

估计活动时间为 90 分钟,标准课程;不限参加人数。

组织事宜(15 分钟):将待审议的案件事实副本分发给参与者。

一名法律顾问在为一家有限责任公司提供法律服务时,发现该公司 CEO 的妻子名下有一所著名的私立小学。于是,该法律顾问想用少量的服务费换取儿子在这所学校就读。因此,他们就这个问题达成了一项非正式协议。三年后,当法律顾问想要重新谈判他的法律顾问费用时,他被告知,如果他要求更高的费用,他的儿子将不得不离开学校。

需要强调的是,与此案相关的一个论点是:法律顾问违反了职业伦理的准则,使其处于他对客户的依赖地位。

可能会提出以下引起讨论的想法:这可能是一项定期协议,不会违反独立性要求。专业交易中是否可接受此类互惠协议?

1. 参与者应收到一份可能的立场清单:

++   完全赞同;
+   比较赞同;
=   中立意见;
-     比较反对;
--   完全反对。

所有参与者都会收到自粘标签,并在标签上注明他们对于该案件的观点。

2. 活动的下一阶段分四轮进行。必须记住,在活动的最后阶段,参与者应该有机会表达他们的观点。他们应该能够说出他们觉得有趣和合适的论点,以及他们是否愿意坚持自己的原始观点。

(二)职业保密性

第十二条

1. 法律顾问职业的本质要求法律顾问对客户所有的信息进行保密。法律顾问必须尊重其在执业活动过程中所知悉的所有信息的机密性。

2. 第一款中提到的保密义务涵盖了法律顾问获得的所有信息,无论其形式或存储方式如何。

3. 保密义务不仅包括不披露客户信息的义务,还包括不为法律顾问或第三方的利益而使用这些信息的义务。

4. 法律顾问无论是在法庭上还是在有关案件的其他裁决机构面前,都必须尊重案件的机密性以及和解谈判的内容。

说明和讨论与职业保密问题有关的案件事实。

如果案件的事实是:

根据 2003 年 2 月 10 日的决定[①],委员会命令对 Akzo 诺贝尔化学品公司及其子公司 Akcros 化学品公司进行调查,以寻求可能的反垄断法的

---

① 参见法律顾问全国委员会于 2003 年 2 月 10 日所作的第 C(2003)559/4 号决定。

证据。调查由委员会官员在公平贸易局("OFT",英国竞争主管机构)的代表协助下,在英国 Akzo 诺贝尔化学品公司和 Akcros 化学品公司这两家公司的场地内进行。

委员会在审查获取的文件期间,就总经理和 Akzo 诺贝尔化学品公司竞争法协调员之间交换的两封电子邮件的副本发生了争议。这位协调员是荷兰律师协会的一名律师,也是 Akzo 诺贝尔化学品公司法律部门的成员。在分析了这些文件之后,委员会认为这些文件不属于法律顾问的法律专业特权的范围。①

研讨会的第二个示例场景

比较:本书第三部分第四章研讨会的第十四个示例场景的相关情况。

第十三条 法律顾问在履行其专业职责时,必须要求与自身存在合作关系或雇佣关系的人以其同样的方式尊重信息的保密性,并应明确规定这种要求。

研讨会的第三个示例场景

"洋葱"法

活动的时间跨度没有限制,但有效的讨论可以在 45 分钟的模块内完成。

活动描述

1. 参与者分成两组,每组人数相同。

2. 一个团队的成员坐在一个内圈里,另一个团队的成员坐在外圈里。参与者成双成对面对面坐着。组织者对案件进行陈述。

一名法律顾问雇用了一名清洁工在他的办公室工作,并且告诉这名清洁工,永远不可以翻看办公室里的文件,尤其不要看桌子上的任何文件。一天下班后,这名清洁工像往常一样来打扫房间,她的男朋友陪着她来到办公室,她的男朋友出于好奇看了一眼桌子上的一份文件。这份文件是一位著名演员的离婚案,于是这名男子用他的手机拍下了这份文件的照片。第二天,这位演员的妻子(也就是请愿者)提出的关于这名演员所有不忠的争论都在早间的报纸上发表。清洁工声称她不知道她男朋友

---

① 参见美国教育考试服务中心关于 Akzo Nobel Chemicals Ltd v. Commission 案的裁定。

的恶意行为。而清洁工的男朋友承认,他确实看了这份文件,但是他没有意识到文件是机密的,因为文件是放在桌子上的。这件事情需要考虑的问题是:该事件是否涉及该法律顾问违反职业伦理准则?

3. 参与者在预先设定的时间内,两人一组讨论建议的问题(5分钟)。在这里可能还会提出更进一步的问题,例如:

——法律顾问履行了他自身的职责,明确告诉了雇员相关的保密原则;

——由于法律顾问将文件放在了桌子上,这违反了法律顾问的保密义务。

4. 当上一环节预设的活动时间结束时,坐在内圈的参与者顺时针方向移动一个位置。每个参与者开始与一个新的伙伴进行讨论,活动的时间与前一阶段相同(5分钟)。讨论的回合数由组织者决定。在小组中,这个活动可能会一直持续下去,直到坐在外圈的每个人都有机会和坐在内圈的人交谈。

5. 小组组长总结讨论的结果,愿意与其他人分享其结论的参与者之间可以进行交谈。

第十四条 法律顾问应尽可能以最佳方式确保第九条和第十二条第一款所述的所有机密信息不被未经授权地披露。如果要使用一种不能保证保密信息传输安全的通信手段时,应当事先通知客户。

以下案例能够说明待讨论的问题,这些问题与《法律顾问伦理规范》第 14 条中所涉及的规范相关。

案件事实

在法律顾问的办公室里,信件通常是通过电子邮件发送的。每个客户都被告知,他将以这种方式接收消息。然而,事实证明,电子邮件并没有被编码,且有时没有密码就可以进入办公室的邮箱。一名客户对这种做法感到十分愤怒,尽管在他的具体案件中并没有发送任何信息,因此没有产生直接危险。但是他还是对法律顾问提出投诉,他认为法律顾问粗心大意。但是法律顾问认为,当事人没有受到任何伤害,因此没有理由提出投诉。

研讨会的第四个示例场景

"观点地毯"法

该活动预计为 25～30 人的团体,持续 15～20 分钟。

活动描述

1. 将要讨论的问题写在写字板或者海报上:什么样的方式可以保证信息的机密性?

2. 组织者提出活动的指导性原则。

3. 参与者将建议的解决方案记在一张纸上,每个参与者会收到 2～5 张纸(根据小组人数而定)。组长为任务设定时间限制(10 分钟)。

参与者也许会因以下想法和概念而被激发出灵感:

——电子邮件编码;

——强制要求所有办公室工作人员必须签署书面声明,承诺尊重信息机密性。

4. 参与者设定一个地毯式讨论方式——在一个选定的地方(地板、墙上),组长放置一张大纸,参与者将写着他们想法的纸条贴在上面。每个人依次走近海报,读出自己的想法并把纸条贴在海报上。

5. 当所有纸条都被贴在海报上时,生成解决方案的评估阶段就开始了。每名参与者都可得到一分(例如,自粘标签、贴纸等)。然后,所有的参与者依次走向海报,并将他们的一分(通过贴标签)给予他们认为的最佳解决方案。

6. 组织者统计所有选票并给出所选最佳解决方案。

7. 组织者可以发起关于最终选择的讨论:为什么参与者会这样决定?为什么他们认为选择的解决方案是最好的?

第十五条　保密义务不受时间限制,并在法律顾问提供法律服务的法律关系终止后继续履行。

以下案例能够说明待讨论的问题,这些问题与《法律顾问伦理规范》第 15 条中所涉及的规范相关。

案件事实

一名法律顾问一开始为从事电信行业的商人提供法律服务。当雇用关系终止时,他开始为该商人的个人客户提供法律服务,帮助个人客户处理与其前客户(该商人)之间的合同事宜。

研讨会的第五个示例场景

"讨论66"法

活动预计时间为30分钟,活动可分组进行。

活动描述

1. 组长将所有人分为6人一组。
2. 每组有6分钟时间讨论组长给出的讨论主题：
设想职业保密义务原则的目的是什么？

需要考虑以下因素：

——强化客户对律师的信心；
——鼓励客户诚实；
——强调律师在公共生活中扮演的特殊角色。

3. 当讨论结束后,所有团队都将自己组的工作成果展示给整个团队。

第十六条　法律顾问不得为任何可能违反职业保密义务的法律主体提供法律服务。

以下案例能够说明待讨论的问题,这些问题与《法律顾问伦理规范》第16条中所涉及的规范相关。

案件事实

一对夫妇具有民事合伙关系,他们建立了共同的公司。在协议离婚时,丈夫要求为该公司提供法律服务的律师在离婚案件中提供法律服务。于是,该法律顾问陷入两难境地:在他已经为这对夫妇提供法律服务并且了解他们的情况(包括涉及受职业保密义务保护的财务事项等信息)的情形下,他是否可以代表丈夫采取新的职业行动？

研讨会的第六个示例场景

起草索赔声明的工作方法

活动预计时间为30分钟。参与者数量不定,但参与者会被两两配对分组。每一对参与者都将收到一份附有任务的案件事实的副本。

案件事实

一名法律顾问接受了一项公共委员会的"既定任务"。事实上,该法律顾问将要在其另一名客户为请愿人的一个案件中代表被告。然而,该法律顾问所得到的信息表明该申诉是毫无根据的,但这是因为请愿人(即其前客户)将某些文件托付给他,该法律顾问才能获得这些信息。

在该案件中,参与者需要以法律顾问的身份起草一份文件,确定谁是收件人,并说明他们或者他不能接受本案件的理由。

每组成员有 20 分钟的时间来提出解决方案。在该活动期间,组织者应向参加者提供查阅有关法律文件的条件(例如,与案件相关的资料集、《民事诉讼法典》)。

第十七条 如果证人是一名法律顾问或辩护人,而其证言必须披露其在执业活动过程中获得的机密信息,则该案件的法律顾问不得将该证人的证词作为证据。

参照对第 12 条的描述。

第十八条 若在搜查期间必须要披露法律顾问的机密信息,则在此程序期间,法律顾问必须要求该法律顾问的法人团体代表在场。

(三)不兼容的职业:利益冲突

第十九条 法律顾问不得参与或以任何方式参与可能影响其职位尊严或损害公众对该职业信心的活动。

研讨会的第七个示例场景

"观点市场"法

活动可由 30~40 人组成小组进行。参与者被分成 5~6 人的小组。时间应在 45~60 分钟之间。

活动描述

1. 参与者被分成 5~6 人的小组。
2. 组织者提出要讨论的主题。
什么类型的活动将会影响法律顾问的职业尊严?请陈述你们自身的意见。
3. 在规定时间内,每个小组准备展示小组工作成果的海报(20 分钟)。

在这里可能会提出其他事项,例如:

——有偿性服务;

——高利益;

——经营当铺。

4. 团队展示各自的工作成果(每组 5 分钟)。

5. 海报将展示在房间内。

6. 在活动的第二阶段,所有参与者都可以在海报上添加他们的建议。组织者必须仔细确定这个阶段的时间长度(每人 5 分钟)。

7. 每个小组选出一名代表宣读在第二阶段中添加的解决方案(每组 5 分钟)。

第二十条

1. 若法律顾问所代理的不同案件中存在利益冲突,则该法律顾问不得为多个客户提供代理或以任何其他方式进行代理。若在案件进行过程中披露了利益冲突,则必须取消该法律顾问代理该案件的资格。

2. 上述禁令同样适用于后续案件代理。

参照对第 16 条的描述。

第二十一条 当出现下列情形时会产生利益冲突:

a) 当法律顾问在同一个案件或相关案件中为两个或两个以上的客户提供代理,而其责任存在冲突或存在可能发生冲突的重大风险;

b) 当法律顾问有义务在存疑的案件或另一个相关案件中为有利益冲突或存在可能发生冲突的风险时为客户利益采取相关行动和措施。

研讨会的第八个示例场景

"论点——你的和我的"法

活动时间:25 分钟的小组作业,5 分钟小组内成果展示,10 分钟的小组相互发表意见,15 分钟海报总结。总时长为 60 分钟。活动以小组进行,最多 20 人。

活动描述

1. 讨论在两组中进行(A 组和 B 组),两组分别代表正反观点。参与者由组长分为两个小组。每组可根据某个特定人的自身观点进行分组,或者若以这样的方式很难分组的话,则可以采用其他任意的方式,例如,通过数 1 和 2 的方式进行。

2. 讨论的主题会写在写字板或者海报上。在这种情况下,可能会出现以下困境:

一名法律顾问为一名商人提供法律服务,该商人的公司主要提供建筑服务。当商人其中一笔投资结束时,该法律顾问停止为商人提供法律服务。后来,该法律顾问成为某地区公务员办公室的工作人员。又过了一年,该法律顾问发现自己所在办公室所管理的许多建筑都存在建筑缺陷。于是,这名法律顾问对这家建筑公司进行投诉,发现这家建筑公司就是他以前的客户。

这名法律顾问是否违反第 21 条所界定的职业伦理准则?

3. 组织者要严格计划活动每个阶段的时间。

4. 参与者以小组的形式准备一张海报,并且要提出至少三个基本论点来支持自身的观点。

5. B 组向 A 组展示自己组的海报,海报上要列出 B 组提出的所有论点(海报展示阶段即"我的论点"阶段)。

6. A 组在不暴露自身立场和所支持的观点的情况下引用 B 组论点。最重要的是,A 组要对 B 组的论点采取开放的态度;A 组要对 B 组的观点逐一进行讨论,找到其积极方面,即使该论点被彻底否定。以这种方式进行讨论的主要目的是关注对手的论点,并鼓励参与者理解对方的观点。这样的方式会降低参与者在讨论过程中的个人情绪,因为理解对方的观点会缓解参与者在理解自身观点时的紧张情绪。这个过程被称为"你的论点"阶段。

7. 两组交换角色。A 组向 B 组展示海报。

8. B 组按照上述第 6 点所描述的方式讨论 A 组的论点。

9. 结束 A、B 两组的所有讨论环节以后,整个小组要尝试找到解决办法。每组的参与者在对手的海报中选出他们认为最好的三个论点。最终所提出的方案应反映所有论点,并且该方案应该包括尽可能多的优点。

10. 最终方案应该呈现在写字板或者海报上。

第二十二条

1. 在下列情况下,法律顾问不得在案件中采取行动或提供任何法律服务:

a) 在同一案件或者相同案件中，法律顾问已经向对方当事人提供法律服务的；

b) 作为公共服务机构或政府机构代表参与过案件的；

c) 除该法律顾问是案件当事人之外，与案件结果有个人或经济利益关系，或案件涉及其家庭成员、与其有亲密关系的人，或在索赔同时涉及其自身和委托人时；

d) 曾经维持或仍与其客户的对手或对案件不利结果感兴趣的相关人员保持密切关系；

e) 案件涉及的法律顾问或律师同时为同一主体的案件提供法律服务；

f) 在案件中作为证人作证或者作为鉴定人作证；

g) 其配偶或与其有亲密关系的第三人为对方提供法律服务；

h) 作为仲裁员、决定案件的当局成员或调解员参与案件或与所涉案件有关的案件。

2. 法律顾问有权不为新客户提供法律服务，若在法律顾问在为新客户提供法律服务的过程中可能违反之前客户的保密协议时，或如果法律顾问所掌握的前客户利益的机密信息可能给新客户带来不正当好处，特别是：

a) 在不披露之前客户的信息及利益的情况下，无法向其他客户提供长久且可信的法律服务时；

b) 当法律顾问在给一些客户提供代理服务时，法律顾问必须提出与他只代表其中一个客户提出的结论不同的结论；

c) 法律顾问所掌握的关于一个客户利益的信息，可使新客户得到任何形式的好处；

d) 法律顾问在经客户书面同意的情况下，在涉及客户相关争端中担任调解员或仲裁员时。

3. 第二款所界定的对专业表现的限制，并不适用于客户在法律顾问告知有关问题后同意其在有关事项上作出专业表现的范围。

4. 如果他的配偶、有亲密关系的人或以任何方式依赖他的人，以直接或间接方式参与作出判决或参与案件的决策过程，法律顾问有义务取消自己在案件中的资格，并避免在案件中采取行动。

5. 法律顾问有义务取消自己在案件中的资格，并避免在案件中采取行动,这一义务还适用于法律顾问在参与案件期间,与其合作的即使没有参与有关案件,只是在法律顾问的合伙、协会或办公室中共同提供法律服务的其他律师。

研讨会的第九个示例场景

"决策树"法

建议时长 90 分钟,人数为 30 人

活动描述

要解决问题的定义。

案件事实

1. 一名法律顾问先向一家 X 中心提供法律服务,该中心因破产而处于清算阶段。后续,他接受并向一家与 X 中心有债务纠纷的银行提供法律服务,尤其是就租用印刷机相关索赔事宜担任法律代理人。[①]

2. 上述问题写在写字板或海报上。如何认定该法律顾问的行为?

3. 关于这个问题有了以下简短的讨论。以下问题的答案可能有助于理解这个问题:是否可以对法律顾问采取法律措施?采取什么样的法律措施?谁可以发起这样的行为?

4. 一个组分成更小的小组(每组 2~6 人,取决于整个组的总体人数)。所有小组都会收到自己的工作表,组织者为他们解释整体工作规则。工作表的底部只填写前面详细说明的问题的名称。然后,全组给出三个(在他们看来)最好的解决方案。所有建议都写在这张表格中。在活动的下一阶段,参与者分析解决方案可能导致的后果(这些后果包括消极和积极的后果,或者包括支持和反对的论点)。

5. 每个组分别展示他们的工作成果。所有完成的工作表可以悬挂展示,以便每个人都能阅读。

6. 参与者讨论工作成果,并决定出一种最好的解决方案。最终,组长作总结发言,依据法律相关规定提出最终解决方案:地区惩戒办公室认定该法律顾问负有责任:他接受了本次代理并提供了法律服务,还在 X 中心欠银行债务的争议中担任银行的法定代理人。因此,在与印刷机租赁有

---

① 2007 年 8 月 9 日 SN 判决,SDI 15/07,未出版。

关的索赔中,该法律顾问违反了《法律顾问法案》第64条第1款第2项以及《法律顾问伦理规范》第13条第1款的规定。根据《法律顾问法案》第65条第1款第2项的规定,惩戒办公室给予该法律顾问以警告,并禁止他3年内担任导师。

(四)专业发展——继续学习

第二十三条
1. 法律顾问应通过不断学习来保证自身专业能力的提升。
2. 法律顾问有义务根据相关公司自我管理机构规定参加专业培训。

(五)提供的服务和招揽客户的信息

第二十四条
1. 法律顾问有权告知公众其专业服务及相关活动。
2. 宣传(通知)是指法律顾问的任何行为,不论采用何种形式、内容、技术或其他手段,均不构成与某一特定客户达成协议。

特别的宣传或通知可能涉及以下数据:
a) 姓和名(以照片形式)、专业简历、专业职称和学位、资格证书、专业经验和技能(包括其他专业经验和技能)、外语知识能力以及专业实践优先领域;
b) 法律顾问全国委员会的标识,有关以个人形式进行执业的信息,有关场地的信息、地址、联系信息(包括电子通信),服务收费的计算规则,与其他法律顾问、代诉人、外国律师及其公司保持合作的信息,与专利代理人、税务顾问、专家审计员、个人顾问、财务顾问、保险代理人、评估专家、翻译人员的合作,律师执业民事法律责任赔偿保险为其服务提供的担保水平;
c) 法律顾问的其他活动。

用于支持相关考虑的其他附加材料:

2008年1月25日法律顾问全国委员会关于法律顾问参与法律排名的第17/VII/2008号决议。

关于《法律顾问伦理规范》第25条(g项)的内容。法律顾问全国委员会声称:法律顾问的办公室或其所在的公司(以下称为"办公室"),可参加符合下列要求的排名：

1）排名的组织者公开有关信息：

a）组织排名；

b）参赛者必须满足的条件；

c）选手分类的标准。

2）所有符合公布标准的办公室均有资格参与排名。

3）参赛者必须满足的条件中所包含的定义必须清楚地表述出来，并且这些定义对于参赛者和其他任何人都不能产生误导。

4）与律师人数有关的排名可能只包括：

a）法律系毕业生及外籍律师；

b）与本处保持经常合作的律师，不包括偶尔合作或从本处以外提供的法律服务中获得较高收入的律师。

5）排名的组织者在尊重保密原则的前提下，有权对参赛者提供的数据进行独立核实。

6）参与排名的条件不得与《法律顾问伦理规范》所规定的专业表现原则相抵触。

第二十五条　禁止发布以下信息：

a）与法律或伦理相冲突的；

b）与事实相矛盾或者有误导性的；

c）与职业尊严相冲突，特别是利用信任或客户的不利地位、滥用客户的信任、对客户施加压力、欺骗客户、侵犯客户家庭领域；

d）通过提供不公平的承诺和保证，在很大程度上限制了客户的选择自由；

e）涉及法律顾问或其活动，并在其行为超出满足对信息的必要和实质性需要的限度时，其信息需要在媒体上公开披露时才能予以披露；

f）提及未经客户同意披露的有其姓名的登记册（名单）；

g）涉及参与法律排名，并包含有关该排名中的职位信息，除非这些排名是根据相关法律顾问公司自我管理机构决议中规定的原则进行的；

h）有关赞助，除非该赞助活动是根据有关法律顾问的公司自我管理机构通过的决议进行的。

研讨会的第十个示例场景

"广开言路"法

活动预计时间为 60~75 分钟,预计 20~25 人参加。

组织者提出相关主题。

由两名法律顾问管理的办公室,在一家全国性报纸列出的排名中位居第二。但是,这确是一个偶然事件,在此之后,办公室情况恶化。由于客户越来越少,几乎不能达到收支平衡。尽管如此,如果这个办公室依旧被宣传为在国家法律团队排名中名列前茅,这种做法是否公平?

我们将一些参与者组织起来开始讨论。参与者依次发表意见(把椅子围成一圈,让所有参与者面对面进行交流)。发表意见的最长时间是 3 分钟,参与者需参考组织者提出的问题给出相应的论点。每一个获准发言的人都可以对对方的发言进行评论。

参考样本:

——所提信息是正确的;

——虽然所有信息都是真实的,但是在没有更新的情况下,随着事实情况的不断变化,这些信息资料可能会令人误解。

随后,组织者可能会宣布开始另一轮的发表意见,并最终建议进行投票,以此总结出整个小组的普遍意见。

第二十六条

1. 招揽客户是指不论其形式、内容、技术及其他手段如何,任何与特定客户订立合约的直接建议行为(招揽佣金)。

2. 法律顾问,不论其专业实践的形式如何,不得以与法律、良好方式和职业尊严相冲突的方式招揽客户,特别是他不得违反本规范第 25 条所述的原则或使用任何付费中介代理。

研讨会的第十一个示例场景

"雪球"法

活动描述

参与者的数量不重要;活动可以标准规模的研讨会小组的形式进行。建议活动时间为 90 分钟,即一节学术课的标准时间。

1. 组织者提出要考虑的问题:

一位法律顾问的母亲经营着一家涉及债务交易市场的企业。她将自己公司的服务宣传为"市场上最有效的"。通过一些间接广告,她获得了许多客户。于是,她雇用自己的儿子作为法律顾问,为其公司提供需要的法律服务。实际上,所有的债务都是由她儿子的办公室负责催收。这种方式,即使是间接的,是否违反了《法律顾问伦理规范》第26条的规定?

2. 参与者在纸上写下他们认为最重要的5个论据,并且证明自己给出的解决方案是合理的(15分钟)。

3. 然后,参与者进行两两配对,从10个结果中选取5个,并且将最后结果以书面形式记录下来(15分钟)。

4. 每对选手被分成4人一组。并且这些小组要确定:什么样的行为模式和什么样的职业会与公平竞争原则相冲突。以这种方式创建的小组必须为该组所提出的问题制订一个通用的解决方案。重要的是,参与者应该通过协商达成一致意见,并且将最后结果以书面形式记录下来(15分钟)。

接下来,4个小组被分成8个小组,和之前的活动一样,他们需要共同制订解决方案,并且将最后结果以书面形式记录下来(15分钟)。

参与者展示8个小组制订的解决方案,并解释他们为找到最终的解决方案所遵循的推理过程(15分钟)。

(六)其他原则

第二十七条

1. 法律顾问在明知自己缺乏足够专业知识或经验的情况下,不得接受相关案件处理。但是,如果他能够找到一名具有相关知识和经验的法律顾问或辩护律师与他合作,他可以接受这一案件。

2. 在符合客户利益的前提下,法律顾问应告知客户试图达成友好解决的办法或指导调解,以便协助冲突各方在不启动法院诉讼或其他类似诉讼的情况下达成协议。如果作出了一切努力,案件仍在法院审理,他应引导当事各方寻求在符合其客户利益的情形下能够友好解决问题的办法。

3. 客户对待对方的消极态度不应影响法律顾问的立场。他对待对方的态度应符合一般职业伦理标准。他还应抵消冲突可能加剧的影响,并以一种机智和不带偏见的方式与对方接触,从而促使双方和解。

4. 法律顾问必须在根据法律服务的性质和风险确定的赔偿范围内,就律师的法律行为所引起的民事法律责任提供赔偿保险。

5. 在国外提供服务的法律顾问必须持有当地法律所要求的进行此类服务所需的保险。

6. 法律顾问因履行其专业职责而行使言论和写作自由,不得超过法律规定的限制和实质性需要。

7. 法律顾问在其专业工作中,不得以刑事或惩戒程序威胁他人。

以下案例能够说明待讨论的问题,这些问题与《法律顾问伦理规范》第 27 条中所涉及的规范相关。

1 号案件事实

在一起离婚案件中,一名法律顾问在其案件陈述中写道,本案当事人的丈夫是个疯子,并且显然患有奥赛罗综合征,与他生活在一起是一场为了避免冲突而不断进行的斗争。事实上,经过调查,当事人的丈夫不存在这个问题。上述情况只是选定策略的一部分。

2 号案件事实

在给客户的信函中,法律顾问要求退还他的费用,因为败诉的对方已经把钱转给了其客户。由于没有得到答复,他又写了一封信,表示当事人没有采取行动已经符合犯罪的定义,因此可以作为诉讼的正当理由。

3 号案件事实

一名法律顾问没有再起草另一份付款要求书,而是建议他的当事人提出申诉。因为他认为,如果在法庭上追讨欠款有任何拖延,即使这种情况几乎不可能发生,也会使当事人追讨欠款变得更加困难。而事实上,被申请人在对申诉的答复中表明,当其提交全部供词时已准备好付款。

研讨会的第十二个示例场景

"六项思考帽"法

活动时间建议为 45 分钟,人数不限。

活动描述

组织者介绍方法,并将"六项帽子"分为不同的颜色(10 分钟)。
一名正在发展其事业的法律顾问,接受了他职权范围内的所有案件。

他确信,在他刚刚开始职业生涯的情况下,他不能拒绝提供法律服务。然而,起草法律意见通常要比专门为特定类型客户提供服务会花费更多的时间,而且法律顾问的服务成本更高。其他法律顾问认为他的行为不诚实,与《法律顾问伦理规范》相冲突。

组织者将"帽子"分成6种不同的颜色,每一种颜色都对应着看待问题的不同方式和不同的分析方法,以及不同的论证和寻找替代解决方案的方法。

白色帽子——对法律现状进行分析。

红色帽子——这种情况是指被告试图在法律服务市场上保持其地位的情况。

黑色帽子——指出行动所有可能的消极后果,并从惩戒程序的角度分析问题,且设想出最坏的方案。

蓝色帽子——对任何事情都持保留态度,并确保讨论顺利进行。

绿色帽子——为惩戒程序制定防御策略。

黄色帽子——小组的任务是制定一项策略,包括所有可能的防御手段和评估其有效性(10分钟)。

拿到画有帽子图案的纸片的人要积极参与讨论。其他的参与者要为其代表的"思考帽"准备论点。在较小的小组(6~10人)中,所有参与者都可以参与讨论。

组织者把要讨论的问题写在写字板或海报上。

参与讨论的人与团队一起准备辩论,收集论据并准备陈述。组长应明确这个准备阶段的时间限制(20分钟)。

准备阶段过后,参与者进行讨论。每个参与者必须遵守所接受角色(每个"帽子")的原则。演讲的时间是有限的(每次3分钟)。

讨论应该以"蓝色帽子"结束,且该人需总结收集到的论点以及讨论的过程(10分钟)。

四、与客户的关系

第二十八条

1. **法律顾问与客户之间的关系要建立在信任的基础上。缺乏信任可能成为终止法律顾问代理的理由。**

2. 法律顾问不得接受处理事项，除非他得到客户或客户代表的指示，或有关部门已委托其处理此事。

3. 法律顾问在接受案件代理时，必须与客户或客户的代表就所提供的法律服务的范围和有关其薪酬的规则达成一致。

4. 应客户的要求，法律顾问必须告知客户其拥有的专业赔偿保险，以及可对其专业行为提出申诉的权利。

5. 法律顾问必须以客户能够尽快接收的方式告知客户其案件的进展情况和结论。

6. 如果可能,法律顾问在放弃对法院裁决提出上诉或就某一特定案件的最后决定提出宪法申诉的机会时,应以书面形式征得当事人同意。

7. 如果法律顾问在案件中担任公共律师,该法律顾问应向客户提供书面法律意见书,说明对法院判决提出上诉或对宪法提出申诉是缺乏根据的。如果法院院长已经为法律顾问指定了案件,则他应以法律规定的方式通知院务委员会和法院院长其职责。

8. 法律顾问在当事人的直接要求下,可以起草法律意见书,提出索赔或上诉,同时应告知客户任何此类行动都是徒劳的;然后,法律顾问有权要求提供一份说明其行动是在客户明确要求之后进行的书面声明。不过,如果法律顾问认为上诉明显违反有关法律规定,则不应提出上诉。如果法律顾问认为提出上诉或宪法申诉来推翻或改变法院裁决是没有根据的,而且客户不同意这种意见,法律顾问可以终止代理,同时要让客户有时间找到另一位可以处理案件并提出上诉的律师。

9. 法律顾问不得以当事人可以利用另一律师服务来保护其利益的方式退出其已经受理的案件。

10. 如果案件存在长期的障碍,则法律顾问必须提供可选择方案,以便不影响其受理的案件。

11. 法律顾问终止服务关系后,根据客户的要求,法律顾问必须将所有从客户处收到的文件及其作为客户的代表时从法院和其他当局收到的其他文件退还给客户,且退回这些文件时不得以客户支付到期费用为条件。

以下案例能够说明待讨论的问题,这些问题与《法律顾问伦理规范》第 28 条中所涉及的规范相关。

案件事实

法律顾问地区委员会的工作人员向法律顾问地区委员会附属的地区惩戒办公室提出申诉,要求对一名法律顾问采取惩戒调查,并指控说:

1)在 1999 年 12 月 3 日和 2000 年 1 月 3 日,她向其客户 Maria B.提供错误的法律意见,让其客户拒绝接收原公司的任何信件;

2)在 2000 年 2 月 2 日至 2000 年 9 月 26 日期间,她代表 Maria B.在一

起有关 Maria B.恢复工作的案件中,没有认真阅读法庭文件中所载的个人档案,违反了《法律顾问伦理规范》①第 4 条第 1 款的规定。

研讨会的第十三个示例场景

"小组讨论"法

活动时间为 90 分钟,参与者的数量没有要求。

活动描述

早些时候被选出的一组参与者(本例中为 4 人),自行准备由组织者给他们的题目。在计划讨论的前几天,选定的小组有机会收集相关材料,他们可以使用所有可用的信息渠道。参与者应该为不同意见和问题等各方面做好准备。这意味着在前一次会议期间,参与者应收到一份附有相关问题的任务说明。

案件事实

在 2006 年 3 月 8 日的裁决中,法律顾问全国委员会的高级惩戒办公室在审议了驱逐法律顾问的问题后,维持了附属于地区法律顾问委员会的地区惩戒办公室于 2004 年 10 月 6 日作出的裁决,根据该裁决,该惩戒办公室在提出指控的情况下认定该法律顾问下列行为构成职业不当行为:

1)她终止了由 Teresa C.和 Elzbieta S.授予的代理权,但是她并未就此提出任何合理的解释。故此,她违反了 1982 年 7 月 6 日生效的《法律顾问法案》第 22 条第 1 款以及《法律顾问伦理规范》第 4 条、第 5 条的规定,法院因此对她进行了警告。

2)她在对 2002 年 7 月 15 日由地区法院审理的 IC 180/01 案件裁决提出上诉时,她粗心大意地选择了为她提供协助的人,让其客户 Elzbieta S.被法院剥夺了进一步提出申诉的权利。故此,她违反了《法律顾问伦理规范》第 4 条第 1 款以及第 11 条第 2 款,《法律顾问法案》第 65 条第 1 款第 2 项的规定,法院对她处以 1 300 波兰兹罗提的罚款。

需要确定的情况:

a)如果律师退出案件的理由是正当的,而唯一的不足在于她没有提

---

① 2005 年 2 月 23 日 SN 判决,SDI 66/04,未出版。

供合理的解释,那么在这个案件中是否涉及违纪行为?

b)如上述案例中,由于律师粗心大意而雇用了一个新人意味着什么?

活动从组织者对之前选择的问题的接受开始,组织者应当将问题的相关描述分发给参与者(观众)。

组织者介绍专家以及任务。

专家发表观点。这些专家应该分析案件的所有内容以及对于各种问题的观点,即使在专家之间存在相互矛盾的意见。活动时间应提前确定(10分钟)。

组织者邀请参与者讨论问题并主持讨论,允许特定参与者发言。同时需要强调规范文明讨论的规则。讨论应该制定整体的时间框架(比如,每位发言者3分钟)。

组织者要确保讨论不要偏离主题。在必要的情况下,组织者可以把讨论重新引向正确的方向。

参与者总结讨论中出现的主要观点,收集所有结论并将其写在写字板或者海报上。

在这个案例中,组织者在结论中陈述了惩戒办公室的决定及其理由。

第二十九条

1. 法律顾问的报酬,包括其律师费和其他相关费用,在开始提供法律服务前,应提前告知客户计费原则。

2. 法律顾问费用水平应当适当考虑到所需工作量、提供服务的地点、所涉及的困难水平、案件或任务的复杂性、需要的特殊能力以及案件对所涉客户的重要性等因素。

3. 法律顾问无权与委托人订立按照案件的最终结果支付部分份额的协议。但是,一份获得有利结果而设定额外收费的协议是可以接受的。

4. 法律顾问有权要求预付按照第二款规定应付的费用。

5. 法律顾问必须支付客户在其所处理的案件中发生的所有费用和成本。如果法律顾问要求客户支付这些费用和成本,并告知客户不遵守请求可能产生的后果,则法律顾问不对可能产生的法律后果负责。

6. 法律顾问不得与未提供法律服务的人员分享费用。

7. 法律顾问不得因没有得到应有的报酬或部分报酬而在案件中不作为。但是,如果客户不支付法律顾问费用,则法律顾问可以此作为终止代理的理由。

研讨会的第十四个示例场景

"支持与反对论点"法

活动描述

活动为标准课,时间估计为 90 分钟;参与人数不限。

在研讨会开始之前,组织者应该准备一张海报或一块写字板,写下要讨论的问题。讨论案件的副本也应提前发给参与讨论的人员。

一名法律顾问处理一起很难处理的案件,该案件要求其了解欧洲法院的裁决,并应参考许多欧洲法律。该案取得了成功,于是许多有着类似法律问题的新当事人便找上门来。律师要求他们支付他在第一个案件中协助当事人所收取的相同费用。他认为,虽然他在处理这类案件时已经有了一些经验,但其他律师在处理此类案件时都必须花费同样的时间为案件做准备,就像他自己起草第一份意见时所做的那样。然而,其中一位客户认为这种做法是不符合职业伦理的,因为费用是与起草相关意见的时间有关的,而在本案中起草相关意见的时间比第一个案件要短得多。

意见:法律顾问有权要求当事人按要求支付费用。参与谈论人员应收到列有可能的立场清单(该清单可以作为海报使用,但重要的是该清单对参与讨论人员公开)。

可能的立场:

++ 完全赞同;
+ 比较赞同;
= 中立;
− 比较反对;
−− 完全反对。

所有参与讨论人员都会收到自粘标签,他们应选择一种立场并在标签上注明。

下一步活动分四个回合进行。需要注意的是,所有参与讨论人员都有机会在活动的最后阶段发表自己的观点。参与讨论人员可以说明哪种观点比较有趣,或者更为合适,抑或坚持自己的观点。

五、与法院及其他权力机关的关系

第三十条 在法庭或其他公共机关行事的法律顾问,必须适当注意他的举止不应影响法院、其他权力机关或诉讼参与人的权威。法律顾问尤其应对律师、财政部律师办公室顾问、专利代理人和专利顾问表示应有的尊重。

案件事实应当主要以现行法典第 30 条的规范为基础,并由惩戒法庭作出相应裁决。

2001 年 7 月 20 日,地区法律顾问委员会附属的地区惩戒办公室根据 1982 年 7 月 6 日生效的《法律顾问法案》第 4 条第 1 款的规定,裁定一名法律顾问对以下行为负有责任:

1)作为一名法律顾问,她承认代理了 Jan W.离婚案中与家庭法和监护权有关的事宜,当时她以律师身份在地区法院代理该案,尽管律师协会所属的惩戒办公室在 1995 年 9 月 15 日作出取消其律师资格的决定,但她并未报告自己不能以律师身份代理此案。

2)1999 年 10 月 19 日,在地区法院进行证人质询过程中,她作为法律顾问,在法律服务过程中使用 A 省辩护律师理事会之前颁发的证明文件,并作出她正在从 A 省调到 B 省担任辩护律师的虚假陈述。

3)作为一名法律顾问,她在 Romuald F.和 Wiesława R.一案中收取了 1010 波兰兹罗提,用来支付在法庭登记处上诉的费用。但她并没有支付代理费,反而挪用了这笔款项;此外,她还以律师身份代理这一案件,但是在 1995 年 9 月 15 日律师协会所属的惩戒办公室作出了取消其律师资格的决定。

4)作为一名法律顾问,她代理德国公民 Karl E.与家庭法和监护权有关的案件,案件的目的在于降低赡养费和确立联系孩子的规则;尽管作为法律顾问,她无权代理此类案件;此外,虽然她没有代理此案,她将案件交给另一位辩护律师代理,但是她向当事人收取了 1 000 马克的费用,并且挪用了这笔费用。

5)作为一名法律顾问,她使用了自己的律师印章,开具了她在 1999 年 4 月 7 日和 1999 年 5 月 1 日收取 Karl E.费用的收据,误导了该当事人,因为她无权担任辩护人。对上述第 1、2、3、4 点行为,根据《法律顾问法案》第 65 条第 1 款第 4 项的规定,惩戒办公室暂停其从事法律顾问的职业;对于第 5 点所述行为,惩戒办公室根据《法律顾问法案》第 65 条第 1 款第 3 项的规定,对其作出训斥并警告的处罚;最后惩戒办公室根据《法律顾问法案》第 65 条第 1 款第 4 项的规定合并处罚,取消其从事法律顾问的资格。①

研讨会的第十五个示例场景

"广开言路"法

活动预计时间 60~75 分钟,参加人数为 20~25 人。

活动描述

组织者提出了讨论的议题。

案件事实

2005 年 4 月 12 日,地区法律顾问委员会附属的地区惩戒办公室作出决定,对一名法律顾问进行了谴责,并对以下不当职业行为提出警告:2003 年 5 月 9 日,他在向地区法院提出的一项动议中要求恢复起草判决理由的时限。他提出动议的理由是,在 2003 年 4 月 30 日至 5 月 8 日期间,他在 A 地的教学医院就医。然而,并没有医院的单据或任何其他证据能够证实这一情况,这意味着其行为违反了《法律顾问伦理规范》②第 4 条第 1 款的规定。

法律顾问的行为符合其客户的最大利益,而客户的利益是他唯一的动机,我们应该如何回应这一论点?

参与讨论人员在第一轮会议中开始发表意见。参与讨论人员依次给出自己的建议(在实际活动中可以将座位排成圆形,使所有参与讨论人员都能够面对面交流)。发表意见的时间限制在 3 分钟之内。所有参与讨论人员都可以就发言者的发言内容发表意见。

意见示例

——法律顾问的立场是保护自己,而不是保护当事人;法律顾问而非当事人应为不当延误负有责任;

---

① 2004 年 9 月 3 日 SN 判决,SDI 16/04,未出版。
② 2006 年 9 月 27 日 SN 判决,SDI 19/06,未出版。

——法律顾问提供虚假信息的,应当考虑其是否应当承担刑事责任,以及是否应当承担相关纪律责任。

组织者可以组织参与讨论人员再发表一轮意见,最后建议大家投票,以找出组内人员普遍同意的意见。

第三十一条 法律顾问不得公开显示与司法官员、当事人以及与其受理案件有关的其他人员之间的私人关系。

研讨会的第十六个示例场景

"观点市场"法

该活动是为几个人的小组和 25～30 人的小组设计的。持续时间为 15～20 分钟。

活动描述

1. 将讨论问题写在写字板或海报上。

一名法律顾问的母亲是法官,父亲是辩护律师,兄弟是公证人,妻子是法庭书记员。虽然该法律顾问的办公室位于另一个地区,但他会常常去看望妻子,有时他在法庭诉讼中代替他的同事,在他妻子工作的法院提起诉讼。在这种情况下,他会在妻子的房间里喝咖啡、吃早餐。我们是否可以按照伦理准则评估这样的行为?对该法律顾问的行为我们有应对措施吗?如果有,我们应采取什么样的应对措施呢?

2. 组织者介绍活动的指导原则。

3. 参与者记录建议的解决方案——一张纸记录一个解决方案。每个参与者都会收到 2～5 张纸(根据小组人数分配)。组织者为任务限时(10分钟)。参与者也许会受到以下讨论的影响:

——不能认定这种行为非法影响某人的企图;

——这种行为意味着,在这一案件中,律师与那些法院工作者的关系,以及相关人员是律师的妻子这一事实,都无关紧要。

4. 参与者创造观点市场的方法——首先组织者在选定的区域(地板或墙上)放置一张海报,参与者将自己的纸条贴在上面。参与者轮流进场,读出自己的想法,并将纸条贴在海报上。

5. 把所有解决方案都贴在海报上之后,就可以进入评估现有方案的阶段了。每位参与者都可以通过某种方式(比如,自粘标签、贴纸等)得分。所有的参与者依次进场,在海报上找出他们认为最好的方案,并且(通过贴上标签)为方案加分。

6. 组织者计算分数,并公布大家选出的解决方案。

7. 组织者可以就选出的方案发起讨论:参与者为什么选择这一方案?为什么参与者认为这是最好的方案?

六、法律顾问之间的关系

第三十二条 法律顾问与公司其他自我管理成员的关系须遵守忠诚和友谊原则;特别是,在采取或有意采取导致诉讼延期或终止的行为时,法律顾问有义务通知在法庭诉讼程序中代理对方当事人的律师。

研讨会的第十七个示例场景

"雪球"法

活动描述

参与人数并不重要;这项活动可以在一个标准大小的研讨会小组进行。建议活动时间长度为 90 分钟,也就是一节标准课的时间。

组织者提出了如下问题:

一名法律顾问接受了一家互联网报纸的采访。他有一位同事因行贿获罪。在采访中,他批评其同事行贿的行为。他认为这种不当行为玷污了法律顾问这份职业的荣誉,并且向社会表示歉意。采访发表后,许多律师都很愤怒,并在互联网论坛上留言,表示法律顾问不应在公开场合批评同事。而该法律顾问的维护者则认为,公开批评职业上的不当行为是值得尊敬的。请大家发表看法。

参与讨论人员在纸上写下他们认为最重要的五个论点,来证明给出的解决方案并且进行配对(15 分钟)。参与讨论人员以这种方式组队,并且从 10 个解决方案中选出 5 个。各个小组将讨论结果记录在一张纸上(15 分钟)。

配对的参与讨论人员最终会被分为 4 人小组。参与讨论人员必须针对所述问题拟定出一个共同的解决办法。重要的是,参与讨论人员应通过讨论达成共识。之后将讨论成果记录在另一张纸上(15 分钟)。

接下来,4 人小组再重组成 8 人小组。他们共同拟定解决办法;在活动的前几个阶段,他们的讨论结果已经全部记录在纸上(15 分钟)。

参与讨论人员展示由 8 人小组拟定的解决方案,并解释在寻找最终的共同解决方案时的推理过程(15 分钟)。

第三十三条 法律顾问之间应在与其专业执业有关的事项上互相协助和提供意见,但当与其提供法律服务的客户的利益相抵触时除外。

第三十四条 法律顾问不得以另一名法律顾问的工作为目的,或竞争其当事人,但履行法律规定义务的除外。

研讨会的第十八个示例场景

"头脑风暴"法

这一活动不限人数。几个人或几十个人都可采用这种方法。开展活动所需的时间为 30 分钟。

活动描述

1. 介绍。组织者展示头脑风暴方法的基本原则。之后向参与讨论人员介绍需要讨论的问题。

需要分析的问题如下:一名有焦虑情绪的法律顾问观察其对手在法庭上的表现。这位代理人总是准备不足,姗姗来迟,表现出不称职的样子。在法庭走廊里,该法律顾问对对方当事人说:"你不要这位律师会更好。"由于这段对话,对方当事人终止了代理。因而对方的法律顾问认为,说他坏话的法律顾问需对此负责。对方的法律顾问相信,如果没有受到批评,他可能会向当事人提供进一步的法律服务。两名法律顾问发生争执,他们最终要求法律顾问地区委员会的负责人进行仲裁。此争议该如何解决?

一开始,在介绍任务时就可以任命一位登记员。为了保证绝对的匿名性,并且保证最初没有人能够分析评估,新的想法需写在单独的纸上分开呈交。登记员应当根据案件的内容和性质进行分组。

2. 收集观点。

参与者建议解决问题。会议时间为 5～15 分钟。如果建议的解决方案数量越来越少,会议可自行停止;若组织者认为对该案例收集的证据对活动或者对解决问题来说已经足够,也可叫停会议。

也许参与者会提出下列问题：

——质疑的存在理由问题；

——法律顾问对手的立场；

——当事人的态度：法律顾问的意见直接导致当事人终止代理，或只是在当事人已经在考虑终止代理关系时起到了促进作用。

3. 评估和分析参与者的观点。

在这一阶段，可采取各种方式选择拟定的解决办法。组织者与参与者一起将类似的解决方案分组。之后，参与者根据解决方案分组。小组分析解决方案并选出最佳方案。最后，所有参与者与组织者一起选出一个最佳解决方案。

4. 理念和解决方案的实际运用。所有参与者为选出的解决方案制订一个适用的计划。

第三十五条

1. 法律顾问在提供诉讼法律服务之前，应确定当事人没有接受其他法律顾问的专业服务；若出现此情形，则应在进行法律服务之前须征得其他法律顾问的同意。只有出于重要的原因才可能拒绝给予这种同意。

2. 若法律顾问在案件中取代另一名法律顾问，则应首先通知对方的法律顾问，并确定采取有关措施，妥善终止原法律关系。

3. 若出现需要法律服务的紧急情况，法律顾问应提供法律服务，并立即将有关情况通知现任代理人。

4. 在接受委托起草法律意见书之前，法律顾问应确定其他法律顾问尚未起草或提供法律意见。若出现此情形，应通知其他法律顾问接受当事人的指示。

研讨会的第十九个示例场景

"决策树"法

建议活动时间为60～90分钟。参与人数不限。对需要解决的问题下定义，并将问题写在与字板或海报上。

一位哭哭啼啼的女性来到法律顾问办公室寻求援助。她是一桩离婚案的原告，将在第二天在法庭接受询问；但是她已经两周联系不到自己的律师了。她很害怕丈夫不同意离婚，双方也无法就子女监护权问题达成协议。最终，法律顾问同意代理案件。次日，法律顾问在法庭上见到了当事人，但是陪同她的却是之前联系不到的律师。该律师解释说，当事人一直过于敏感，表现得歇斯底里，他只是去度假了两周，甚至提前回来以便出庭。这名律师十分气愤，认为该法律顾问接受代理案件的行为违反了职业伦理规范。如何妥善解决此次纠纷？

首先对问题进行简要讨论。不妨考虑以下几个问题：发生了什么？为什么会出现这种情况？是谁导致的？谁该负责？问题是否可以避免？如何避免？什么法律程序可以阻止法律顾问的行为？谁应提起诉讼？

参与者还可能提出下列问题：

——法律顾问是否认真并且努力确认了案件的事实？
——该女性的精神状态真的是歇斯底里吗？
——律师是否真的为了出庭缩短了自己的假期？
——律师是否合理谨慎地提供了法律援助？

将讨论组分为几个小组（2 至 6 人不等，视讨论组人数而定）。每个小组都有各自的工作表。

组织者向参与者解释如何填写工作表。首先，只在表格的底部写下详细的问题。然后，小组思考出三个最好的解决方案，并将提议写在工作表上。在活动的下一个阶段，参与者需要分析解决方案可能产生的后果（包括积极后果和消极后果，也包括支持观点和反对观点）。

之后每个小组对讨论结果进行展示。可以将填写完成的工作表挂起来，方便大家阅读。

最后参与者对结果进行讨论，决定出最佳解决方案并进行解释。

第三十六条

1. 法律顾问在接手其他法律顾问的案件或将其处理的案件移交给其他法律顾问时，如果情况表明，由任何一名法律顾问保留全部费用将会导致其他法律顾问在没有应有费用的情况下处理该案件，则其须与他的继任者或前任法律顾问结清所有账款。

2. 当前任法律顾问与当事人的法律关系终止后有权收取部分费用的，法律顾问须通知其客户或雇主有关费用应与前任法律顾问共享的事实，法律顾问可能不会再收取这部分费用。

研讨会的第二十个示例场景

"洋葱"法

这个活动的参与人数有限,但人数应为偶数。对于活动时间没有具体限制,但应在45分钟内进行高效讨论。讨论问题如下:

若当事人首先向律师事务所寻求援助,后得到公益机构提供的免费法律援助,我们该如何解决这个问题呢?双方是否有义务解决财务问题?

活动描述

1. 参与者分成两组,两组人数相同。
2. 将座位排成内外两圈。一组坐在内圈座位上,另一组坐在外圈座位上,两组参与讨论人员两两结组面对面坐下。
3. 坐在内外圈面对面组成小组的人对上述问题进行讨论。讨论时间为5分钟。
4. 讨论时间结束后,坐在内圈的参与讨论人员可以按顺时针方向移动一个座位,与新的搭档讨论问题;讨论时间仍然为5分钟。
5. 讨论时间再次结束后,坐在外圈的参与讨论人员按逆时针方向移动一个座位,与新的搭档讨论问题;讨论时间依然为5分钟。
6. 讨论的轮次由组织者决定。若人数不多,可以使坐在外圈的每一位参与讨论人员能够与每一位坐在内圈的参与讨论人员进行讨论。
7. 最后由组织者总结讨论结果,同时也可以让愿意分享讨论结果的参与讨论人员发言。

第三十七条 协调团队工作的法律顾问,不得侵犯在协调团队工作的其他法律顾问在专业实践方面的独立性。

研讨会的第二十一个示例场景

"决策树"法

活动时间建议为60~90分钟。参与讨论人数不限。

对需要解决的问题下定义,并将问题写在写字板或海报上。

一家大型律师事务所出版了电子简报。每次出版前都要先由一名执业时间最长的法律顾问进行审查。办公室的每一位律师每周都要上交一篇文章。有时,负责审查的法律顾问会检查和编辑文章,或者对文章的内容提出质疑。其中一名实习律师认为这种做法冒犯了自己,并声称侵犯了他的独立性。他要求负责编辑的法律顾问应尊重法律意见分歧。该法律顾问则回应道,除非这名实习律师遵守上述规则,否则只能开除他。

首先对问题进行简要讨论。不妨考虑以下几个问题:发生了什么?为什么会出现这种情况?是谁导致的?谁该负责?问题是否可以避免?如何避免?

将讨论组分为几个小组(2至6人不等,视讨论组人数而定)。每个小组都有各自的工作表。

组织者向参与者解释如何填写工作表。首先,只在表格的底部写下详细的问题。然后,小组思考出三个最好的解决方案,并将提议写在工作表上。在活动的下一个阶段,参与者需要分析解决方案可能产生的后果(包括积极后果和消极后果,也包括支持观点和反对观点)。

以下结果也需考虑在内:

——实习律师仍然留在事务所工作,并在以下两种情境下协调与法律顾问的关系:①法律顾问接受实习律师的独立性;②法律顾问态度强硬并坚持审查文章。

——实习律师被事务所辞退,考虑两种情境:①劳动法;②纪律处分。

参与者需要对谁是被告这一问题进行讨论:法律顾问和实习律师二选一。

之后每个小组对讨论结果进行展示。可以将填写完成的工作表挂起来,方便大家阅读。

最后参与者对结果进行讨论,选出最佳解决方案并进行解释。

第三十八条

1. 法律顾问在不影响第二款和第三款规定的情况下,不得在第三方面前对其他法律顾问的专业实践进行批评。

2. 若法律顾问被要求对其他法律顾问进行评价,则应听取该法律顾问的意见,在起草意见的过程中应当依靠文件、已知事实,并应保持客观和实事求是的态度。

3. 如果基于事实和需要,或来自个人官方任务、法定权限或公司自我管理机构的授权,有必要或有义务发表对其他法律顾问的负面意见,那么发表与其他法律顾问专业表现有关的负面意见是可以容许的。

参照研讨会的第二十四个示例场景。

第三十九条 如果法律顾问代理了针对其他法律顾问的案件,则应立即告知地区法律顾问委员会会长,并由会长作为中间人协助尝试达成友好解决的方案。

研讨会的第二十二个示例场景

"洋葱"法

该活动时间没有具体限制,但应在45分钟内进行高效讨论。

活动描述

1. 参与者被分成两组,两组人数相同。

2. 将座位排成内外两圈。一组坐在内圈座位上,另一组坐在外圈座位上,两组参与讨论人员两两结组面对面坐下。组织者展示案例。

3. 坐在内外圈面对面组成小组的参与讨论人员进行讨论。讨论时间为5分钟。

一名法律顾问为住房协会提供法律服务。该协会另一位法律顾问是该协会其中一个公寓的租户。他拖延支付房租的行为使邻居感到不安,认为其不尊重协会的内部规定。该协会主管部门在处理这类问题的同时,会向其他租户发出要求付款的通知。其他租户会坚定态度,要求为协会提供服务的法律顾问,对每一位迟缴租金的租户提起法律诉讼,没有例外。之后,那名法律顾问(租户)向他们的公司自我管理机构投诉说,这位同事的行为是不符合职业伦理的。

4. 讨论的轮次由组织者决定。在小组讨论中,可以使坐在外圈的每一位参与讨论人员,能够与每一位坐在内圈的参与讨论人员进行讨论。

5. 组织者总结讨论结果,并请愿意分享讨论成果的参与讨论人员发言。

当活动结束时,可请参与讨论人员对上述问题写下自己的意见(最多300字)。

第四十条 如果法律顾问之间或法律顾问与辩护律师之间存在专业性质的冲突,法律顾问应寻求在有关地区委员会理事长的协助或参与下达成友好解决办法。

参照研讨会的第二十二个示例场景。

第四十一条 如果法律顾问将其受理的事宜转交给其他法律顾问，则其须毫不拖延地交出所有文件，并将其掌握的所有与受理事宜有关的资料披露给其他法律顾问。

研讨会的第二十三个示例场景

"六项思考帽"法

建议活动时间为45分钟，参与讨论人数不限。

活动描述

组织者介绍此方法，并分发不同颜色的六项"帽子"（10分钟）。

案件事实

一名法律顾问对当事人履行职业职责，并勤勤恳恳地为当事人提供法律服务。有时他会派实习律师为该当事人服务，而实习律师也能及时准确地完成任务。实习律师考试合格后，成为一名法律顾问，他感谢与他合作的导师，并开设了自己的事务所。但之后当事人宣布，他更喜欢年轻法律顾问的服务，因为年轻法律顾问承诺为当事人提供同样的法律服务，但只收取该法律顾问收取费用的一半。该法律顾问十分受伤，并感到震惊。该法律顾问指责这位同行以不公平的方式招揽了当事人。这位年轻的法律顾问则回应道，他唯一做过的事情就是回答当事人自己提供法律服务的类型以及如何收取费用。请大家对此发表意见。

组织者分发6种不同颜色的"帽子"。每一种颜色对应不同的意见、不同的分析方式，以及不同的论证方式，以找到其他解决方案。

白色帽子——对法律情形进行分析。

红色帽子——是指被告试图在法律服务市场上保持地位的情形。

黑色帽子——指出了诉讼可能带来的所有消极后果，并从惩戒程序的角度分析了这个问题，设想了一个比较黑暗的场景。

蓝色帽子——对一切持有保守态度，并确保讨论能够顺利进行。

绿色帽子——为惩戒程序制定辩护策略。

黄色帽子——小组任务是制定出一种策略，能够包含所有的辩护手段，并且分析其有效性。

拿到画有上述颜色帽子的纸片的参与者应积极参与讨论。其他的参与讨论人员应为他们的"思考帽"准备论点。若讨论组人数为6～10人，人数较少，那么所有参与讨论人员都可以参加讨论。

组织者将要讨论的问题写到写字板或海报上。

直接参与到小组讨论的参与者应当为辩护做好准备。他们应收集论据，准备陈述。组织者应明确本次准备工作的时间（20分钟）。

准备完毕后，参与者进行讨论。每位参与讨论人员——每个"帽子"——都必须遵守使用原则，进入到他们接受的角色中去。每位参与讨论人员的陈述时间有限（每位3分钟）。

讨论应由"蓝色帽子"的参与者进行总结，总结收集的论据和讨论过程（10分钟）。

第四十二条 法律顾问在未通知对方当事人的法律代理人或法律顾问时，不得与对方当事人进行交流。

研讨会的第二十四个示例场景

"广开言路"法

预计活动时间为60～75分钟，参与者人数为20～25人。

主持人提出讨论的主题。

对方律师不正当地拖延诉讼程序，侵犯了其当事人的利益。他提出毫无证据的动议，上诉人很可能会承担不合理的高额费用，而最重要的是该律师未认真审查案件的核心问题。该法律顾问对对方律师的态度感到气愤，直接向上诉人提出和解建议，并将这位同行的不可靠行为告知相关地区律师协会。面对这些指控，该律师认为，法律顾问的行为是不符合伦理的，因为他会与当事人联系并阻止当事人与对方达成和解。但是双方达成和解，当事人终止了律师的代理。法律顾问是否有权这样行事？正确的行动是什么？

参与者在第一轮讨论中开始发表意见。参与者依次给出自己的建议（在实际活动中可以将座位排成圆形，使所有参与者都能够面对面交流）。发表意见的时间限制在3分钟之内。参与者必须参考组织者的问题，并指出相关论点。所有参与者都可以就发言者的发言内容发表意见。

第四十三条 法律顾问应对任何违反法律顾问伦理规范的法律顾问公司自我管理机构成员提出警告。

研讨会的第二十五个示例场景

"决策树"法

建议活动时间为 90 分钟,活动人数为 30 人。

活动描述

对要解决的问题下定义。在这种情况下,建议对所涉及的案件分析时,应指出惩戒行动的所有阶段。

案件事实

一名法律顾问在很多场合都表示他与一位商业法律部门的法官是好朋友,二者关系密切。法官没有否认二者的密友关系,而且经常邀请该法律顾问到其办公室喝咖啡,二者非常熟悉彼此。在一起案件中,一名年轻的法律顾问为对方当事人的代理人。年轻法律顾问要求这位法律顾问在法庭上回避,因为有传言说在其法官好友的帮助下,他能赢得任何一场诉讼。

将讨论问题写在写字板或海报上。如何对法律顾问的行为作出回应?是否有必要正式通知自我管理机构?是否可以根据法律顾问的"臭名昭著"对其提起诉讼?

将讨论组分为几个小组(2 至 6 人不等,视讨论组人数而定)。

每个小组都有各自的工作表。

组织者向参与者解释如何填写工作表。首先,只在表格的底部写下详细的问题。然后,小组思考出三个最好的解决方案,并将提议写在工作表上。在活动的下一个阶段,参与者需要分析解决方案可能产生的后果(包括积极后果和消极后果,也包括支持观点和反对观点)。

这时,应该考虑不通知的行为可能带来的后果(如证明亲密关系带来消极影响)以及通知双方律师可能产生的其他后果(比如排斥、缺乏证据,也有可能改善当前情况)。

之后每个小组对讨论结果进行展示。可以将填写完成的工作表挂起来,方便大家阅读。

最后参与者对结果进行讨论,决定最佳解决方案并进行解释。

第四十四条 法律顾问仅可向相关法律顾问自我管理机构提出与其他法律顾问的职业行为有关的申诉。

参见研讨会的第二十五个示例场景。

七、法律顾问与自我管理机构的关系

第四十五条
1. 法律顾问须对法律顾问自我管理机构表示尊重和忠诚。
2. 无论个人意见如何,法律顾问须遵守法律顾问自我管理机构的决议。
3. 法律顾问须按时缴付机构费用。

参照对第 1 条和第 2 条的描述。

第四十六条 法律顾问有义务在与其职能和任务有关的事项上,以及在与法律顾问的专业表现和本准则的遵守有关的事项上,与法律顾问的自我管理机构合作。

参照研讨会的第二十六个示例场景。

第四十七条
1. 由会长、副会长、惩戒办公室、惩戒人员召集法律顾问参加会议,法律顾问必须准时参加;若有严重阻碍,应当对其不到场作出解释。
2. 第一款规定的机关或人员召集的法律顾问,对法律顾问自我管理任务法定范围内或本准则范围内的事项提供解释,必须在规定时间作出解释。

研讨会的第二十六个示例场景

"论点——你的和我的"法

活动时间:小组讨论——25 分钟;每个小组展示讨论成果——5 分钟;反方发表意见——10 分钟;在海报上展示最后的共同结论——15 分钟。总用时共计 60 分钟。活动以讨论组进行,人数上限为 20 人。

尚待商榷的问题

一名法律顾问在接受纪律处分的过程中,在自我管理机构的传唤下,始终未能出庭。由于他的不当行为,诉讼始终无法进行。惩戒人员认为,该法律顾问的态度是不符合职业伦理的,应对法律顾问进行新的纪律处分并提起新的指控。该法律顾问表示,他有权以任何可行的方式为自己辩护,并且能够为每一次不出庭的行为提供医疗报告。请参与讨论的人员发表意见。

活动描述

1. 讨论在 A 和 B 两个小组之间进行,组织者将参与者分为 A 和 B 两组,两个小组持有相反意见。
2. 讨论主题写在写字板和海报上。
3. 组织者在写字板上记录各个阶段讨论所需的具体时间。
4. 参与者在小组内准备一张海报,并在海报上写明支持组内观点的三个基本论点。
5. B 组用海报向 A 组展示他们的论点(展示海报的阶段是"我的论点"阶段)。
6. A 组引用了 B 组的论点,但并不显示 A 组的立场及其支撑论点。重要的是,A 组应以开放的态度接受 B 组的论点;A 组参与讨论的人员应仅强调 B 组论点的积极方面(尽管 A 组可能完全不接受这样的论点),并且依次进行讨论。

可能存在各种论据,例如:
——医疗报告真实,使法律顾问免于因缺席行为的处罚;
——上述陈述(律师生病)都是真实的,但是该法律顾问的病情并没有严重到不能出庭;可是他不但没有出庭,反而利用特权,不提供对自己不利的证据;
——该法律顾问使用虚假文件。

7. 之后两个小组转换角色,A 组向 B 组展示海报。
8. 参照步骤 6 的方式,B 组讨论 A 组的论点。
9. 在分析了双方提出的论点后,两个小组设法找到解决方案。每个小组从对方的海报上选出认为最好的三个方案。讨论组建议的解决方案应当能够反映参与者选择的所有论据,并尽可能多地包含优势。
10. 商定的解决方案应写在写字板或海报上。

第四十八条

1. **在法律顾问自我管理机构发挥作用,既是法律顾问的法定权利,也是法律顾问的义务。**

2. 法律顾问须在法律顾问自我管理机构选举过程中积极地行使其投票权。

研讨会的第二十七个示例场景

"观点市场"法

活动参与人数为 30~40 人，每个讨论小组的人数为 5~6 人，活动时间为 45~60 分钟。

活动介绍

1. 将参与讨论人员分为几个 5~6 人的小组。

2. 组织者展示讨论主题。

一名年轻的法律顾问有一对刚刚出生的双胞胎子女，她连续三年未行使其在自我管理机构选举中的投票权。她面临着一项指控，即她在担任法律顾问期间因未能积极投票而违反了职业伦理准则。这位年轻的母亲辩护说，她没有正式停止其专业业务，因为她希望能够工作。然而，现实是她并没有很好地开展业务，也没有运营自己的事务所。请发表你们的意见。

3. 在为任务设定的时限内，每个小组需要准备好海报，来展示小组的讨论结果（20 分钟）。

建议思考以下问题：

——参加自我管理机构活动的义务，是否适用于其活跃的成员？

——选举权是特权还是义务？

4. 各个小组展示讨论结果（每次 5 分钟）。

5. 将海报挂起来。

6. 在活动的第二个阶段，所有参与者都要将自己的提议写在海报上。组织者必须明确这一阶段的时限（每人 5 分钟）。

7. 每个小组选出一名代表宣读活动第二个阶段参与者在海报上新增的解决方案（每人 5 分钟）。

第四十九条

1. 在行使自我管理职能时，法律顾问须尊重选举人的意愿，尊重法律顾问的专业利益以及自我管理机构指派的任务。

2. 具有自我管理职能的法律顾问须尽职尽责地履行与这种职能相关的职责。

3. 如果法律顾问要辞去委托其行使自我管理职能的职务时，须主动请辞。

研讨会的第二十八个示例场景

"观点地毯"法

参与活动人数控制在 25～30 人，活动时间控制在 15～20 分钟。

活动描述

1. 将讨论问题写在写字板或海报上。根据《法律顾问伦理规范》第 49 条的规定，什么行为是不符合职业伦理的？

2. 组织者介绍活动的指导原则。

3. 参与者将建议的解决方案记录下来——每张纸记录一个解决方案。每个参与讨论人员会收到 2～5 张纸（根据小组人数分配）。组织者设置时限为 10 分钟。也许以下几点想法能够帮助参与讨论人员进行思考：

1）追求个人利益而不是公共利益；

2）使用办公室电话打私人电话；

3）在客户面前提及自己在自我管理机构中的职务，以期使自己的事务所成为客户的首选。

4. 参与者创造观点地毯的方法——首先组织者在选好的地方（地板或墙上）放置一张海报，参与者将写有他们自己的解决方案的纸条贴在上面。参与者轮流进场，读出自己的想法，并将纸条贴在海报上。

5. 在所有解决方案都贴在海报上之后，就可以进入评估现有方案的阶段。每位参与者都可以通过某种方式（比如，自粘标签、贴纸等）得分。所有的参与者依次进场，在海报上选出他们认为最好的方案，并且（通过贴上标签）为方案加分。

6. 组织者统计票数，并公布大家选出的解决方案。

7. 组织者可以就选出的方案发起讨论：参与者为什么选择这一方案？为什么参与者认为这是最好的方案？

第五十条

1. 在法律顾问自我管理机构中具有官方职责的法律顾问：

a) 不得因私人事务、个人利益及其亲朋好友利益而使用自我管理机构赋予的职责；

b) 对自我管理机构中的法律顾问成员一视同仁；

c) 应在职责和能力范围内，向其他自我管理机构成员提供信息、协助和建议。

2. 受法律暂停执业惩戒的法律顾问，应当不履行自我管理职责，不履行这一职责意味着有义务正式辞职，并在有关选举中不成为候选人，直到惩戒被取消为止。

研讨会的第二十九个示例场景

"洋葱"法

这个活动的参与人数有限，但人数应为偶数。对于活动时间没有具体限制，但应在 45 分钟内进行高效讨论。讨论问题如下：

在《法律顾问伦理规范》中，第 49 条和第 50 条规定的禁止行为有什么关系？

活动描述

1. 参与者分成两组，两组人数相同。

2. 将座位排成内外两圈。一组坐在内圈座位上，另一组坐在外圈座位上，两组参与者两两结组面对面坐下。

3. 坐在内外圈面对面组成小组的人对上述问题进行讨论。讨论时间为 5 分钟。

4. 讨论时间结束后，坐在内圈的参与者可以按顺时针方向移动一个座位，与新的搭档讨论问题；讨论时间仍然为 5 分钟。

5. 讨论时间再次结束后，坐在外圈的参与者按逆时针方向移动一个座位，与新的搭档讨论问题；讨论时间依然为 5 分钟。

6. 讨论的轮次由组织者决定。若人数不多，可以使坐在外圈的每一位参与者能够与每一位坐在内圈的参与者进行讨论。

7. 最后由组织者总结讨论结果，同时也可以让愿意分享讨论结果的参与者发言。

第五十一条 法律顾问因其在公司自我管理中履行的职责而获得其他法律顾问个人事务信息的,除为了正确履行其自我管理职责外,不得出于任何其他原因使用该信息。

研讨会的第三十个示例场景

"问题解决"法

活动参与人数为 26~30 人,活动时间为 60 分钟至 90 分钟。

活动描述

组织者对讨论问题下定义,将讨论问题写在写字板或海报上。

可能会提出以下问题供讨论:一名法律顾问,同时也是一名惩戒办公室工作人员,他在审理一起案件时了解到,一名实习律师的私生活十分不检点,这名实习律师也因此受到惩戒。几年后,该法律顾问在好朋友家见到了这名实习律师,他现在已经成为正式的法律顾问,很有可能成为好朋友的女婿。该法律顾问的好友对这位准女婿过去实习期间的事情一无所知(他曾经赌博和嫖娼)。该法律顾问应该如何做?他应当保密吗?这个问题涉及他好朋友女儿的未来。

第一步

组织者向参与者提出问题:还需要哪些其他信息?参与者所提到的信息是否无关紧要,例如这位年轻的法律顾问是否有所改变?

第二步

组织者报告信息来源——资料会记录在写字板或海报上。是否可以接触到这些信息并不重要,例如与年轻法律顾问的对话,该法律顾问的当事人可能提供的评估信息等。

第三步

所有与此有关的问题都写在写字板或海报上。

第四步

所有问题指的是什么?之后,每个参与者将问题的内容以及问题的实质都写在纸上,比如,第 51 条所引用的原则只涉及商业交易,信息可以用于商业交易,也可以扩展到生活的各个领域。

第五步

寻找有关解决问题的思路。每一位参与者将解决方案的提议写在小纸片上,然后将这些纸片挂在桌子上(不要记录重复的建议)。这些新的想法是参与者们集思广益得来的。参与者必须遵守以下规则：

——不评价这些思路；

——不批判其他参与者的思路；

——不检查提案能否付诸实施；

——所有思路都是有价值的；

——思路越多越好。

第六步

拓宽思路。参与者对之前提出解决问题的方法进行检验，检验是否能以其他方式应用于问题的解决。参与者应回答以下问题：

1）给定的解决方案能否用于其他情况？

2）可以调整哪一部分？

3）能否将解决方案一般化，使其具有更广的应用？

4）能否将解决方案细化？

5）解决方案的应用会产生怎样的后果？

6）具体的解决方案之间能否关联起来？

第七步

对详细的解决方案进行评估。每位参与者都有一定分值（比如自粘标签），找到他认为最好的解决方案，将标签贴在该方案下为其加分。

第八步

在此阶段，参与者分为较小的讨论组，制定出一个策略，以应用他们选择的解决方案。参与者应确定程序的各个阶段和必要行动，思考可能出现的障碍，并找出消除这些障碍的方法。

第五十二条 履行导师职责的法律顾问应尽一切努力，为法律顾问实习人员今后的职业表现做好准备，向实习人员提供其知识和经验，塑造实习人员的职业伦理态度。

研讨会的第三十一个示例场景

"决策树"法

活动建议时间为 60～90 分钟，讨论人数不限。

对需要解决的问题下定义。

案件事实

一名法律顾问接受其女儿成为实习律师。然而，其女儿并不可靠，而且由于她的疏忽,造成了一个案件申请日期失效的事故。但她没有表达任何悔意,还希望其父亲把这个问题掩盖起来,父亲对她不符合职业伦理的评论她也视若无睹。

活动描述

1. 将讨论问题写在写字板或海报上。

2. 对问题进行简短讨论。

3. 该小组分为较小的讨论组(每组 2~6 人,视整个小组人数决定)。每个讨论组都会收到工作表。组织者向参与讨论人员解释如何填写工作表。首先只在表格的底部写下详细的问题,然后小组思考出三个最好的解决方案,并将提议写在工作表上。在活动的下一个阶段,参与讨论人员需要分析解决方案可能产生的结果(包括积极结果和消极结果,也包括支持的观点和反对的观点)。

在讨论过程中,关于本案必须指出的难点是:若将职业伦理准则置于优先地位,不顾及亲情,也不对亲人予以特殊照顾,我们该如何看待这种情况?这样做是否会削弱亲人之间的感情?即使在刑事实体法和刑事诉讼程序中,证人甚至罪犯都不必受此困扰,例如其亲属有权拒绝作证(《刑事诉讼法典》第 182 条)。

4. 之后每个小组对讨论结果进行展示。可以将填写完成的工作表挂起来,方便大家阅读。

5. 最后参与讨论人员对结果进行讨论,选择最佳解决方案并进行解释。

八、法律责任

第五十三条 在外国东道国提供法律服务的法律顾问,应遵守本规范所包括的原则。

参照对《法律顾问伦理规范》第 3 条的描述。

第五十四条 会长、法律顾问委员会和法律顾问,有权要求法律顾问全国委员会对《法律顾问伦理规范》中的原则进行解释。

参照本章中法律顾问全国委员会作出的裁决。

第六章 惩戒办公室对公证员作出惩戒示例

研讨会的第一个示例场景

"雪球"法

参与讨论人数不限,活动小组规模为标准研讨会人数即可。建议活动时间为90分钟,也就是一节标准学术课的时间。

案件事实

高级惩戒办公室维持公证员惩戒办公室的决定,裁定当事人有以下不当职业行为:

1)未在法定期限内将土地及按揭保留登记册的新公证书摘录呈递至相关法院,即违反第92条第4款的规定,因此对其罚款10 000波兰兹罗提。

2)未在法定期限内支付公证员对于已履行公证书收取的费用和税款,即违反:

a)1991年2月14日生效的《公证员法案》,财政部部长和司法部部长发布的关于征收继承税和捐赠税、税务登记簿登记和税务征收相关的公证活动程序等公证活动的《决议》第7条第1款第3项;

b)2000年12月5日财政部《关于民事和法律交易征税具体原则的条例》第4条第1款第5项;

c)2000年12月5日财政部《关于收费方式、印花税偿还方式和费用登记方式的条例》第13条第1款第3项;

d)2001年8月27日司法部《关于公证员申请在土地及按揭登记册登记收取法院费用的条例》第4条第2款;

因此,对其罚款10 000波兰兹罗提。

3)多次在公证处外开具公证书,即违反1991年2月14日生效的《公证员法案》第3条的规定,对其进行批评处分。

4)在一天内大量起草公证书,违反 1991 年 2 月 14 日生效的《公证员法案》第 80 条第 2 款的规定,惩戒办公室作出禁止其继续运营公证处的决定。

5)多次收取 1 波兰兹罗提的费用,即违反 1991 年 2 月 14 日生效的《公证员法案》第 5 条的规定,对其进行批评处分。

6)不适当地向公证员分配任务,即违反 1991 年 2 月 14 日生效的《公证员法案》第 21 条的规定,对其进行批评处分。①

任务:参与者需要对公证员在公证处外起草公证书以及多次收取 1 波兰兹罗提费用的原因进行分析。

活动描述

1. 参与者在纸上写下他们认为最重要的 3 个论点来支持他们特别的观点。此环节由个人单独进行。

建议思考下列问题:

——公证本就是经常和频繁重复的行为,但它不是指在半年后发生的重复,或者仅仅与同一个人有关的重复(比如为 X 公证了两次)。

——行为模式的重复表明对职业伦理原则的不尊重,这加重了其不当职业行为的严重性;

——为了将来招揽更多的客户,该公证员申请了极低的费用,这种行为使人怀疑他与同事或其他公证人有不诚实的行为。

2. 参与者互相配对。他们要在 10 个解决方案中选出 3 个。将讨论结果记录在一张黄纸上。

3. 配对的参与者再互相匹配成 4 人的讨论小组。

现在,各小组要确定以下问题:是否有事实可以证明上述行为存在合理性?

4. 针对上述问题,小组成员要共同讨论出解决方案。重要的是,参与者应通过讨论达成共识。之后将讨论成果记录在另一张纸上(15 分钟)。

接下来,4 人讨论组重组成 8 人讨论组。他们共同讨论出解决办法;在活动的前几个阶段,他们的讨论结果已经全部记录在海报上(15 分钟)。

5. 参与者展示由 8 人小组拟定的解决方案,并解释他们最终找到共

---

① 2004 年 9 月 1 日 SN 判决,SDI 37/04,未出版。

同解决方案的方法(15 分钟)。

研讨会的第二个示例场景

"六项思考帽"法

建议讨论时间为 45 分钟,参与人数不限。

案件事实

公证员协会下设的惩戒办公室结合公证员的专业表现,以及 A 地区自我管理上诉委员会判决其存在不当职业行为,判定该公证员违反了 1991 年 2 月 14 日生效的《公证员法案》第 19 条的规定,即第 50 条所界定的与 1991 年 2 月 14 日生效的《公证员法案》第 19 条第 1 款和第 2 款①有关的失职行为。

在上述案件事实背景下,应就如何惩处公证员的上述失职行为进行讨论。

活动描述

1. 组织者分发 6 种不同颜色的"帽子"。每一种颜色对应不同的意见、不同的分析方式以及不同的论证方式,以找到其他解决方案。

白色帽子:在本案中,白色帽子的关注点在法律方面——表明违反法律和伦理准则的迹象。

红色帽子:在本案中,红色帽子的关注点在非法律方面——找出违反法律的原因。

黑色帽子:黑色帽子的关注点是考虑纪律责任的性质,以及公证员可能会面临什么样的惩戒。

蓝色帽子:对一切持有保守态度,并确保讨论能够顺利进行。

绿色帽子:在本案中,绿色帽子的关注点负责提出与惩戒有关的替代解决方案,并且在不相容职能方面可以假设法律制度发生了变化等。

黄色帽子:考虑是否存在避免承担纪律责任的可能性。

2. 组织者将参与讨论人员分为 6 个小组,并且为参与讨论人员分发 6 种不同颜色的纸片,其中 6 张纸片上画有一顶帽子。拿到画有帽子的纸片的参与讨论人员应积极参与讨论。其余的参与讨论人员,为他们的"思

---

① 2006 年 9 月 27 日 SN 判决,SDI18/06,未出版。

考帽"准备论点。若讨论组人数为6～10人，人数较少，那么所有参与讨论人员都可以参加讨论。

3. 组织者将要讨论的问题写在写字板或海报上。

4. 直接参与到小组讨论的参与讨论人员应当为讨论做好准备。他们应收集论据，准备陈述。组织者应明确本次准备讨论的时限，比如10～15分钟。

5. 准备完毕后，参与讨论人员进行讨论。每位参与讨论人员——每顶"帽子"——都必须遵循原则，进入他们接受的角色中去。

6. 讨论应由拿到"蓝色帽子"纸片的参与讨论人员进行总结，总结论据和讨论过程。

研讨会的第三个示例场景

"广开言路"法

活动预计时间为60～75分钟，参与人数为20～50人。

案件事实

公证员协会下属的惩戒办公室判定一名公证员因作出以下行为而负有责任：在2004年和2005年，在其办事处所在地W以外的地方，他起草公证契约——以公证行为形式履行的合同，不管是由于他的行为本身的性质或其他特殊情况，在事务所外起草公证书是不正当的；其行为违反了1991年2月14日生效的《公证员法案》第3条，以及1997年12月12日国家公证员协会颁布的关于《公证员职业伦理规范》的《第19/97号法案》第26条第7款的规定，根据《公证员法案》第51条第1款第2项的规定，对该公证员进行批评处分。

活动描述

参与讨论人员在第一轮会议中开始发表意见。参与讨论人员依次给出自己的建议（在实际活动中可以将座位排成圆形，使所有参与讨论人员都能够面对面交流），发表意见的时间限制在3分钟之内。参与讨论人员必须参考惩戒办公室作出的裁决表明其相关论点。所有参与讨论人员都可以就发言者的发言内容发表意见。

示例如下：

——如果不仔细了解特定行为和每一方的状况（包括他们的个人状

况、家庭状况或物质状况),就不可能评估公证人的态度;

——公证人以个人身份行事时,不得考虑任何其他法律情况,任何违反此原则的行为都应受到惩罚。

组织者可以组织参与讨论人员再发表一轮意见,最后建议大家投票,以找出讨论组成员普遍同意的意见。

研讨会的第四个示例场景

"观点市场"法

活动参与人数为30~40人,参与者分为每组5~6人的小组,任务的时间范围为45~60分钟。

案件事实

公证员协会理事会在其决议中对一名公证员提出指控,声称该公证员未在规定的时限内移交收取的公证费,移交金额应为1 250 460波兰兹罗提,为此其产生渎职行为,即违反与司法部2001年8月27日法令第4条相关的《公证员法案》第7条第2款的规定,涉及公证人收取包含在公证书中的土地登记和抵押登记申请的诉讼费(Dz.U.第90号,第1011项)。附属于公证员协会的惩戒办公室,裁决认定该公证员的确存在职业不当行为,该职业不当行为具体表现为该公证员九次未能及时或以适当数额向法院账户移交所收取的费用,违反与司法部2001年8月27日法令第4条相关的《公证员法案》第7条第2款,涉及公证人收取包含在公证书中的土地登记和抵押登记申请的诉讼费(Dz.U.第90号,第1011项)。根据《公证员法案》第51条第1款第4项的规定,惩戒办公室对该公证员采取禁止其经营公证处的处罚。①

任务:参与者须根据所述个案的事实,评估对该公证员所施加的惩戒的不适程度。

活动描述

1. 参与者被分为每组5~6人的小组。
2. 每个团队中的参与者在设定的任务时限内准备海报,展示与他们提出的问题相关的工作成果(20分钟)。

---

① 2007年9月23日SN判决,SDI 18/07,未出版。

3. 团队展示他们的工作成果(每个 5 分钟)。

4. 将海报挂在房间里。

5. 在活动的第二个阶段,所有参与者都可以拿到海报,并在海报上添加他们的建议。组织者必须严格控制此阶段的时间(每人 5 分钟)。

6. 每个团队派出一名代表描述在活动的第二个阶段(每个 5 分钟)增加的解决方案。

研讨会的第五个示例场景

"支持与反对论点"法

预计时间为 90 分钟学术课程;一大组参与者。

案件事实

惩戒人员指控一名公证员有违纪行为,该公证员未经公开招标,即未遵守《公共采购法》的规定,未经公告就在 A 市与市政府进行谈判并签署了一项协议。该公证员承诺在起草公证合同、以公证行为形式取得授权、文件副本认证、起草公证契据副本或者摘录的范围内,为客户提供公证服务;在合同中,他还同意,法院费用可在公证执行之日起 7 日内支付;他违背其所作的宣誓,事实上参与了不正当竞争行为,违背了《公证员法案》第 2 条第 1 款、第 7 条第 2 款、第 17 条和第 80 条第 2 款,以及《公证员职业伦理规范》第 6 条、第 17 条和第 25 条的规定;其还违反了《公共采购法》第 4 条第 8 款的规定。①

附属于公证员协会的惩戒办公室,判决公证员犯有以下行为:在其起草的与 A 市政府的合同中,其允诺在公证执行之日起 7 日内支付与履行契约有关的诉讼费用,违反了《公证员法案》第 7 条第 2 款的规定,并按照第 51 条第 1 款的规定,予以其警告惩戒。②

与本案相关的论点:

违反职业伦理准则的职业不当行为远重于其所受的惩戒,该公证员应受到更严厉的惩戒。

---

① Act of 29 January 2004: Act on public procurement, consolidated text: Dz.U. of 2010, No. 113, item 759 with amendments.

② 2008 年 3 月 27 日 SN 判决, SDI 4/08, 未出版。

活动描述

1. 组织事项(15分钟)：应事先准备好写有问题的海报(或者应写在写字板上)。应当把案件事实的副本分发给参与者，为讨论提供依据。

2. 参与者会拿到一张关于这一问题的立场清单(这张清单也许是一张海报，重要的是每位参与人员应当看得懂上边的内容)。

可能的立场：

++ 完全赞同；

+   比较赞同；

=   中立；

–   比较反对；

– – 完全反对。

所有参与者都会收到自粘标签，他们会在这些标签上注明他们对所提出的观点的立场。

活动的下一个阶段分为四个回合：

第一回合

每个参与者在衣服上贴上一个标签，标签上的符号与他想表达的立场相对应。然后，参与者组成代表相同立场的对或组(取决于整个团队的数量)。以此方式安排的小组任务是重新讨论最初的问题，并丰富支持其立场的一组论据(15分钟)。

以下论点可用于激发灵感：

——足够的惩罚力度；某种程度上，公证员为客户的利益行事，其以此作为借口。

——这一提议明显为不诚信行为，公证员应该受到"先发制人"的警告性惩戒，以免其他人在未来从事类似的不诚实竞争行为。

第二回合

当时间结束时(比如，5分钟之后)，参与者必须交换组(对)。按照活动设定的一般性原则重组新的团队。参与者站在与其立场相差一度的位置，例如"+"和"="重新组队。在新团队中，参与者讨论问题，提出他们的观点，并站在与其观点相对的位置(15分钟)。

第三回合

组织者对团队再一次进行重组。新的团队由持相反立场的参与者组成。团队开始进行讨论。在这个阶段,参与者可以使用在前几轮中收集的论据,巧妙地捍卫自己的立场。组织者必须让参与者意识到他们应该使用适当的论证(15分钟)。

第四回合

参与者回到第一回合形成的小组。现在每个小组的任务是分享第二回合和第三回合中出现的观点、印象和想法。参与者还可以提出新论点和其反对者所提出的论点。经过简短的讨论,参与者可以在整个小组面前展示他们在不同小组内合作所完成的与工作相关的想法(15分钟)。

第七章 法律诊所服务标准

1. 法律诊所应尽职尽责地提供服务。

在课程安排日程范围内,法律诊所每周至少组织一次研讨会,讨论在法律诊所或其上级行政单位处理的所有待处理案件。

法律诊所不得令学生或其主管因参与过多的案件而负担过重,以致可能会降低所提供服务的质量。法律诊所的主任应限定一名学生可提供服务的最多案件数量。

法律诊所应对学生进行法律职业伦理教育。

一个需要考虑的关于公认标准的样本问题

案件事实

一名来自法律诊所的学生在法庭上行为不端(她穿着不得体——裙子太短、嚼口香糖、聊天,且对待陪同团队的主管的行为粗鲁,因此她被要求遵照法官的命令离开法庭)。督导学生团体的校内指导老师未针对其行为采取行动,且未要求她向法院和主管道歉,庭审结束后,她甚至在评估中获得了最高分。该学生未因其行为违反法律职业伦理或学生法律诊所的标准而遭受批评。

2. 法律诊所应对学生的活动进行教学督导。

法律诊所由具有独立学术研究人员身份的主任管理。主任应对法律诊所提供的无偿法律服务提供专业专家督导。

主任可以将与学生法律诊所活动相关的监督职责,委托给大学内的其他学者或博士生。

如上所述,主任和主任授权的人员可以在其法律诊所活动中接受其他人提供的服务,并规定这些服务仅作为组织内部和技术性的用途。

3. 学生法律诊所免费提供法律服务。

4. 法律诊所应保证服务具有严格保密性。研讨会期间,若非必要不得透露委托人姓名。

5. 法律诊所应妥善保存委托人委托的所有文件，法律诊所不得保留文件原始版本。所有案件的文件都保存在一个只能由法律诊所主任和主任授权的人员查阅的地方。

一个需要考虑的关于公认标准的样本问题

案件事实

两名学生分别为一名女性和一名男性，他们在为委托人撰写法律意见书时丢失了一份文件，其中披露了有关委托人的个人信息以及需要调查的案件详情。他们没有将此事告知上级主管。过了两天，那份文件被一个过路人发现，并被邮寄到了文件上面提到的地址。委托人认为受到冒犯，并要求学生道歉。

6. 法律诊所的办公室大小应与其活动的范围和性质相称。

法律诊所应有一间与其财政状况相适应的办公室，但须具备以下条件：

——委托人可在该办公室了解法律诊所内与其相关的案件进展信息；该办公室在工作日开放且不少于一个小时，如果不能实现，则至少在规定时间内开放一次，每周至少两次且不少于一个小时；法律诊所应将办公时间告知委托人。

——至少安排一人处理法律诊所的日常行政和秘书事宜。

一个需要考虑的公认标准的样本问题

案件事实

一名女学生虽然在与主管会面时彬彬有礼、衣着得体，但她对秘书人员却不礼貌、傲慢。尽管有这样的不当行为，主管从未斥责过她，她的不当行为对其实践活动的最终评估没有负面影响。

7. 在接受案件之前，法律诊所将向潜在委托人告知其无偿服务的指导原则，特别是以下事实：

——案件将由学生进行处理；

——任何学生或在法律诊所工作的其他人士，均不得拒绝就所进行的个案进行调查，或拒绝回答法院、检察院或其他获授权机构提出的问题；

——法律诊所不得受理已由律师或法律顾问为委托人提供代理的案件(……)

校内法律诊所处理的涉及适用上述标准的案件事实

案件事实

A 先生被一辆车撞了。根据地区法院的判决,该名汽车司机因意外造成机动车辆事故,导致 A 先生遭受了危及生命的伤害,被裁定罪名成立。A 先生的妻子代表他联系了一家法律诊所,并询问 A 能否按照民法规定索要汽车事故赔偿金。学生们起草了一份法律意见、案件陈述和相关文件。当他们打电话安排会议时,被告知此案已经由私人代表(辩护律师)进行处理;因此,起草的意见没有提交给委托人。[①]

——委托人应告知波兰法律诊所基金管理部门提供法律援助的方式;

——仅以书面形式提供法律援助;

——该法律诊所仅向因经济能力有限无力支付法律援助费用的人提供法律援助。

在接受案件之前,法律诊所以书面形式通知潜在委托人上述事实,然后接收委托人的书面证明,证明委托人已阅读此信息。

法律诊所将为委托人永久保留所有提交的文件(包括上述信息)。

法律诊所申请表包括波兰法律诊所基金会的当前地址、电子邮件地址和传真号码。

无论是在紧急情况还是案情极为简单的情况下,法律诊所都不能提供口头法律建议。

校内法律诊所处理的涉及适用上述标准的案件事实

1 号案件事实

与法律诊所的学生进行会面时,委托人要求学生就与案件无关的事情提供私人法律咨询。他们使用的论据是"不必告知他人,这只是一个小问题",并且提到了他们以前遇到的生活问题。学生们坚定并明确地解释,法律诊所规定他们不得提供口头建议。委托人十分失望,并决定放弃

[①] 该报告的生成基于"法律诊所——儿童权利诊所(罗兹大学)"中的"学生法律信息要点"的主要内容及素材。

接受学生提供的"法律援助服务"①。

2 号案件事实

一名委托人与一家电视公司的代表签署了一份协议,并从该代表那里得到信息,他为数字解码器支付的保证金将在协议结束后退还给他。在协议终止时,委托人在退还解码器的同时,尚未收到退还的保证金。当时,委托人应支付电视公司 50 波兰兹罗提作为未付的许可费,因而委托人要求将这两笔应付款项相互抵消,但是未获得相关许可。在法律诊所起草法律意见书期间,该委托人咨询了律师。在这种情况下,法律诊所主管认为只要提供最低限度的信息,说明该公司本来可以提出索赔的时间已经届满就足够了。所提供的资料没有说明该案件可能产生的后果。②

8. 法律诊所开展与委托人相关的资格审查程序,明确委托人的财力是否不足以使用付费法律服务;如果披露的信息表明委托人可以使用或已经开始使用律师或法律顾问的有偿法律服务,则法律诊所应立即拒绝代理。

在受理案件前,法律诊所应当收集委托人签署的陈述书,说明委托人经济能力有限从而不能支撑其使用有偿法律服务。

在对委托人陈述的可信度产生合理怀疑的情况下,法律诊所可要求委托人提供更多的信息和相关文件。如委托人拒绝提供更多其经济状况信息或证明,法律诊所应拒绝代理。

校内法律诊所处理的涉及适用上述标准的案件事实

案件事实

一对已婚夫妇(丈夫 X 先生)有三个子女,其中一个子女为需要一直照顾的残疾人。这对夫妇离婚了。因为母亲一方拒绝父亲一方与孩子取得联系、"法院驳回父亲请求"以及"给予母亲监护权"等缘由,父亲一方要求法律诊所起草一份诉状,以便他与法院监管的孩子取得联系。该男子出示的文件包括一份离婚判令的副本、一份子女抚养费决定的副本以及一份监护令的副本。据透露,男子当时请求法院判决其每年与孩子见

---

① 本事实部分根据 Jagiellonian 大学学生法律诊所 M. Pecyna 博士所提供的素材整理完成,并以此回应罗兹(Lodz)法律诊所于 2010—2011 年学术年度的调查问卷。

② 本报告是 A. Kuszewska-Kłab 在对"法律诊所——儿童权利诊所(罗兹大学)"中的"学生法律信息要点"的实际情况进行分析的基础上编写的。

面两次。无论在何种情况下,法院都给予了母亲完全的监护权,并终止 X 先生作为父亲的权利,因为他未尽父亲一职,未全额支付子女抚养费,并且也有酗酒问题。综合上述情况并咨询了 X 先生,得出的结论是,X 先生提出诉讼的目的为骚扰其前妻及子女。在此情况下,法律诊所拒绝提供起草所要求的法律意见的援助。①

在检查委托人的财务状况时,法律诊所会考虑他的资产价值和财务流动性。即使该委托人具备巨额资产价值,只要财务流动性受到影响,也向其提供公益法律援助。如果满足以下条件中的至少一个,则可被视为缺乏财务流动性:

——出售委托人资产将使委托人或与其关系密切的人陷入严重的生存困难(例如,资产是委托人所居住的公寓或完成工作业绩所需的物资);

——需要即时法律援助,委托人可以证明在时限内无法出售该资产,并且他没有其他资产可以转为现金。

校内法律诊所处理的涉及适用上述标准的案件事实

案件事实

A 女士将 4 万波兰兹罗提存入她弟弟的经纪账户,这笔钱是他们卖掉已故父母的公寓获得的。在股票市场交易中获得的利息由姐弟俩平分,赚的钱将在 3 个月后由弟弟账户自动转到姐姐账户。此外,弟弟授权委托人 A 女士管理他的账户。然而,A 女士的弟弟未履行其承诺,因此该女士要求法律诊所提供法律援助,强调她经济能力有限,无力支付律师或法律顾问的费用。在审查本案时,负责对案件提出意见的主管要求学生从 A 女士那里索取一份遗产继承令和遗产分割法令(或协议)的副本。在很长一段时间内,委托人 A 女士不愿意出示上述文件,但最后学生们告诉她,如果没有这些文件就不会起草法律意见,A 女士就把这些文件带到了法律诊所。通过文件得知,继承一半公寓的委托人 A 女士还继承了存款账户中的一半存款,这笔存款账户为 4 万波兰兹罗提。学生询问 A 女士是否还有存款账户里的钱。结果,A 女士把钱转到了她的活期账户,一半以上的钱还在她的手中。鉴于这些事实,法律诊所没有为其起草法律

---

① 本报告是 A. Kuszewska-Kłab 在对"法律诊所——儿童权利诊所(罗兹大学)"中的"学生法律信息要点"的实际情况进行分析的基础上编写的。

意见,因为当事人能够从律师或法律顾问那里得到法律服务。①

9. 法律诊所在法律规定的范围内,将委托人的信息记录在案,以确保将利益冲突的风险降到最低。

法律诊所记录了当前和以往的委托人。

在给予法律援助前,法律诊所应确保案件中不存在利益冲突。如发现有利益冲突,法律诊所应拒绝给予法律援助。如果法律诊所仍参与案件并代表另一方,法律诊所也应退出先前接受的案件。在特殊情况下,如果符合下列条件之一,法律诊所不得退出先前接受的案件:

——法律诊所没有从对方那里收到任何关于该案件的重要信息;

——对方是为了引发冲突而与法律诊所联系。

法律诊所不得介入委托人与以下主体之间可能发生利益冲突的案件:

——法律诊所所属的高等教育机构;

——法律诊所工作人员或是在法律诊所工作的学生;

——法律诊所所属的高等教育机构的法律部门的雇员。

校内法律诊所处理的涉及适用上述标准的案件事实

1 号案件事实

委托人是一所大学法律系的毕业生。他来到该大学的法律诊所,因为,正如他所声称的,他在学习期间获得了担任特定体育学科教练的资格。在这方面,他向校长提出要求,要按照教育部 2001 年 6 月 27 日颁布的规定向其颁发相关证书。教育部规定,大学校长必须签发相关证书。而校长拒绝签发所要求的文件,声称这种行为没有法律依据,并指出这是最后的决定。接受该案件的学生的主管,以利益冲突为由拒绝继续审理该案件。他表示,该法律诊所不能为当事人一方是该法律诊所所属大学的案件提供法律咨询。②

2 号案件事实

已婚夫妇(妻子 A 女士)按照无过错程序离婚,没有任何关于财产分

---

① 本报告是 A. Kuszewska-Kłab 在对"法律诊所——儿童权利诊所(罗兹大学)"中的"学生法律信息要点"的实际情况进行分析的基础上编写的。

② 同上注。

割的内容。与此同时,A 女士丧失了获得失业救济金的权利,目前没有收入来源。A 女士联系了法律诊所,询问她是否可以起诉她的前夫索要赡养费。由于利益冲突,法律诊所拒绝提供法律建议——A 女士的丈夫在 A 女士提出该要求之前一直是该法律诊所的委托人。学生为 A 女士的丈夫准备了离婚方面的法律意见,并起草了离婚诉状和有关离婚财产分割的相关法律意见。①

10. 法律诊所活动必须进行责任保险投保,其投保价值不得低于 10 000 欧元。

保险协议由学校作为被保险人签署。

被保险方包括:大学、学生和法律诊所工作人员。

在同意为委托人提供法律援助前,法律诊所应当收到委托人的书面声明,载明委托人同意不起诉法律诊所并要求损害赔偿,但委托人遭受故意损害的除外。

上述保证金额包括对每一项特定事件的赔偿责任。

11. 每年 7 月 31 日之前,法律诊所应向基金会通报其活动,包括:

——受理案件的数量和类型;

——相关学生及其督导人员数量的信息;

——其他成功案例和相关成就的信息。

12. 根据《基金会章程》第 26 条第 4 款所下定义,自 2003 年 11 月 1 日起,标准 1A、1C、7A-C、9A 视为暂时性条件。

由于证据事实中的选定要素包括在标准中未予考虑的事项,因此校内法律诊所无法根据上述标准解决案件的事实。

一个需要考虑的公认标准的样本问题

1 号案件事实

A 先生在意大利工作。他在波兰度假期间生病了,通过 ZUS 保险公司先后将病假证明发送给雇主和意大利的病假支付机构。A 先生向该机构提出申请,要求支付他在相关期间的病假费用。该机构通过 ZUS 保险公司通知 A 先生被拒绝支付疾病津贴。他联系了法律诊所,询问是否可

---

① 本报告是 A. Kuszewska-Kłab 在对"法律诊所——儿童权利诊所(罗兹大学)"中的"学生法律信息要点"的实际情况进行分析的基础上编写的。

以对这一决定提出上诉。经与委托人沟通,发现回答委托人的问题需要了解意大利法律。在这种情况下,法律诊所无法处理这个案件。①

2 号案件事实

P 先生联系了一家法律诊所,想弄清楚他如何才能对自己的交通罚单提出上诉。法律诊所受理了该案,并要求委托人带着罚单和其他相关文件参加下次会议。P 先生没有在接下来的会议上出示预期的文件,他说该案与交通罚单无关,因为他没有收到罚单。P 先生要求法律诊所的工作人员帮助他惩罚那些愚弄他的人,这些人偷走他的东西,还试图毁了他的生活,除其他事情外,他的邻居还给他接上电源,并在他身上测试电脑软件。他还讲述了其他不可能的情况。根据 P 先生提交的文件来看,其多年来一直接受精神治疗。经仔细分析事实后,法律诊所认为 P 先生的案件不具有法律性质,拒绝为其提供法律意见。②

3 号案件事实

Q 先生联系了一家法律诊所,因为他对一名辩护人的表现不满意,这名辩护人被指派为他在一起民事案件中的公设辩护人。Q 先生声称,辩护律师既没有征求他的意见,也没有考虑他的建议,而是采取足够的谨慎态度来确保审判的积极结果。Q 先生提出以下问题:律师在处理案件时应负什么样的责任?是否有纪律责任?当其要求更换律师时,地区律师协会是否会指派同一名律师处理案件?学生们起草了一份法律意见书,根据《律师职业伦理与职业尊严法》及律师的行为回答了 Q 先生的问题,但没有对辩护律师的行为进行任何评价。③

4 号案件事实

该事件发生在波兰一所校内法律诊所。④ 在一起民事案件中,一名律师对法律顾问提供的证词的形式提出了一项证据动议,该法律顾问为案件各方就他们后来签署的协议的后果提供了咨询。尽管有人反驳说,律

---

① 本报告是 A. Kuszewska-Kłab 在对"法律诊所——儿童权利诊所(罗兹大学)"中的"学生法律信息要点"的实际情况进行分析的基础上编写的。
② 同上注。
③ 同上注。
④ 本事实部分根据 Jagiellonian 大学学生法律诊所 M. Pecyna 博士所提供的素材整理完成,并以此回应罗兹(Lodz)法律诊所于 2010—2011 学术年度的调查问卷。

师的证词是非法的,而且提出这样的要求构成了对职业律师伦理的侵犯,但法庭还是接受了律师的证词作为证据。在这种背景下,出现了一个问题:诊所对律师行为的反应,以及报告违反职业伦理行为的潜在义务。[①] 另一件值得深入考虑的事情是法官的立场,特别是关于《民事诉讼法典》第261条的立场。

研讨会的第一个示例场景

SWOT 分析法

1) 专业水平:中级;参加人数:12～15人;时间跨度:30分钟。

此类方法使组织者将研讨会任务与法律诊所中执行的活动类型联系起来。主要任务是分析某个问题,在此过程中,学生准备回答委托人的问题,其中包括表明自己的伦理态度,以确定一个良好的行动策略。

2) 所需材料:一份早前准备的案件事实和分析问题的副本、一块黑板、几张纸和几支笔。

3) 在研讨会开始之前要准备的东西:

——供当事人使用的案件事实副本;

——《执行刑法典》第 150、151、153 条摘录;

——纸张和笔。

4) 一般说明:

此处成立四个小组,完成两个任务。最初四组分开进行工作,完成任务的时间为10分钟(经修改如下)。然后,从事相同任务的小组组合起来,他们可以在接下来的10分钟内一起收集论点。在这一阶段之后,两个小组都分别展示了他们的立场(每组5分钟)。

案件事实

K 先生和 D 先生将向拘留所报到,以便服刑。K 先生和 D 先生向法律诊所提出以下问题:根据他们的情况,是否可以起草一份请愿书,要求推迟对他们的监禁?审查申请书的学生问 K 先生和 D 先生是否有任何实质性和重要的理由要求延期服刑。对此,K 先生出示了他的医疗文件,其中包括他最近因胆囊炎而接受治疗的资料。K 先生问,他的医疗证明文

[①] 本事实部分根据 Jagiellonian 大学学生法律诊所 M. Pecyna 博士所提供的素材整理完成,并以此回应罗兹(Lodz)法律诊所于 2010—2011 学术年度的调查问卷。

件是否为请求暂缓执行对他的监禁判决提供了充分的依据。D 先生未能就其请愿提供正当的实质性理由,并要求法律诊所"为他提供一个理由"。就这些情况而言,法律诊所必须决定是否可能合法地起草一份关于可能推迟执行 K 先生和 D 先生监禁判决的正式请愿书。很明显,委托人联系法律诊所太晚了(仅在他们到拘留所报到的 4 天前联系),在委托人向拘留所报告的当天提出请愿是无效的,因为这并不能使委托人获得预期的延期批准。① 法律诊所应向学生指出以下情况:

1)显然,委托人联系法律诊所的时间太晚。

2)即使提交一份合理起草的诉状,也无法证明委托人未在指定的时间内向拘留所报到是正当的。

3)委托人向拘留所报到无法使他们的执行监禁判决的时间向后推迟,因此这一行动是无效的,而且委托人没有提供任何证据证明,批准暂时释放他们这一要求是合理的,特别是在他们尚未开始服刑的时候。

在这些案件的事实背景下,会出现什么样的伦理和法律问题?

活动描述

假设采用了特定的案例,场景可能如下所示:

1)组织者把参与者分成 4 组。

2)由于各组的参与人数不同,为了方便投票,他们把 A4 纸分成 4 份,然后用相同方式在纸上做标记:一边是优势和机会,另一边是劣势和威胁。

第一组和第二组从以下角度讨论问题:由于委托人联系法律诊所的时间太迟,法律诊所没有提供法律咨询。

第三组和第四组分析提供了法律咨询意见的情况。

参与者必须利用 SWOT 方法中建议的类别,根据所采用的方法、与委托人利益的关系以及学生法律诊所受理案件的标准,考虑可能出现的积极和消极方面,从而制订一项行动策略。他们应将委托人视为具体个人,因为目前存在两名潜在的请愿者,他们面临的法律情况不同,案件事实也不相同。完成这个任务大约需要 10 分钟,但是根据进度的不同,这个阶段可以延长到 20 分钟。

---

① 该报告是 A. Kuszewska-Kłab 在对法律诊所——儿童权利诊所(罗兹大学)中的"学生法律信息要点"的实际情况进行分析的基础上编写的。

下面给出样本分析方法:
第一组:不提供任何法律意见
——优势:法律意见不会使人产生申诉可能获得成功的幻想,尽管请愿书的理由很明显,但递交的时间太晚了;
——机会:作出延期裁决的可能性很大,有机会暂时释放在服刑期间的某个委托人;
——劣势:另一委托人失去获得延期或暂时释放的机会;
——威胁:在这两种情况下,不满意的委托人认为自己没错,并宣称其法律地位没有被予以重视,没有被给予延期服刑的机会,也没有让其决定是否愿意冒着不向拘留所报到而试图获得延期的风险;因为在发出逮捕令之前,法院仍有很小的机会先考虑推迟执行监禁判决的请求。

第二组:提供法律意见
——优势:委托人可以自己决定他们是否愿意面临逮捕令的风险,因为在等待可能推迟的决定时,他们没有向拘留所报到,但是法院在发出逮捕令之前仍有很小的机会先考虑推迟执行监禁判决的请求;
——机会:其中一名委托人在接受处罚期间有机会获得一个比临时释放更好的选择;
——劣势:该法律意见令人产生一种错觉,认为请愿可能会取得成功,尽管请愿书提交时间显然是太晚了,但由于正式的截止日期尚未过去,请愿仍有可能会被采纳;
——威胁:不满意的委托人声称,其法律处境被随意决定,其面临被警察逮捕和监禁的危险;他们希望作出对他们有利的决策。

解决问题的可行办法:提供一份中立性质的法律意见书,该意见书只会告知有关法律条文的内容和真实存在的威胁,并附有请愿书范本,供委托人自行填写。

这一阶段的活动结束时,从事相同任务的小组组建大的团队;他们一起努力就如何解决这个问题达成一致建议。这项任务不应超过10分钟。

根据建议起草法律意见,参与者应该通知K先生和D先生,法律诊所是学生获取信息的地点,如果委托人不能在更早的时候列出这些理由,法律诊所就不能为申请提供正当理由。

他们还应补充说,如果援引的理由不真实,这种行为就违反法律,构成赔偿责任的理由。同时,参与者应告知委托人,如果他们决定在向拘留所报到的当天提交请愿书,他们的诉状很可能由于时间限制而不被考虑。如果他们不去拘留所的话,那么根据《刑事诉讼法典》第 79 条第 2 款"如果罪犯虽被传唤,但未向指定监狱报到,法院应发出逮捕令"的规定,他们可能面临被强制带到拘留所的情况。

3) 当任务结束时,组织者收集所有的选票,并要求两组中的一名发言人展示分析结果(10 分钟)。

研讨会的第二个示例场景

"观点地毯"法

这项活动是为 25~30 人的团体设计的,时间为 15~20 分钟。

活动描述

1. 将需讨论的问题在写字板或海报上注明。

制定五项规则以规范学生提供法律意见的行为,这些规则可以是学生在校内法律诊所需要遵守的成文的伦理准则。

2. 组织者提出指导活动的规则。

3. 参与者将解决方案的建议分别写在纸上。每个参与者都会收到 2~5 张纸(这取决于每组的人数)。组织者定义活动时间长度(10 分钟)。

4. 参与者提出一系列想法——在一个指定的地方(地板上、墙上),组织者放置一张大纸,参与者把他们的想法写在上面。每个人走近这张纸,说出自己的想法,并记在这张纸上。

5. 当所有想法都写在纸上时,对提议进行一个阶段性评估。每名参与者都可拿到一票(比如,以自粘标签等形式)。所有参与者依次接近这张纸,并将他们的票(将自粘标签贴上)投给他们认为最好的解决方案。

6. 组织者计算票数并公布选出的解决方案。

7. 组织者可以就所选择的解决方案发起讨论。为什么参与者会这样决定?为什么他们认为这个解决方案是最好的?

研讨会的第三个示例场景

"头脑风暴"法

专业水平:初级(最多 30 人),时间为 60 分钟。

所需材料:提前准备的案件事实和分析问题的副本,写字板,纸和笔,法律顾问职业伦理准则和律师职业伦理准则的摘录(《律师职业伦理与职业尊严法》第6条、第14条、第19条第8款,《律师服务法案》第80条、第89条及以下条款)以及《民事诉讼法典》第261条。

1. 组织者陈述案件事实,有助于为参与者提供总结任务的副本(5分钟)。

某债务人作为某法律顾问办公室的客户,已经拖延偿还债务好几个月了,该办公室也未能成功向其寄送付款单。最终,债权人的辩护律师向法律顾问办公室申请提前索赔。法律顾问办公室约见了该债务人,要求他支付那笔延期付款。债权人警告称,债务人若不付款,债权人将向法院提出索赔,并列举了债务人一方在诉讼过程中可能承担的所有费用,表明将要求获得法律允许的最高赔偿。此外,债权人警告债务人,他将在民事诉讼中传唤法律顾问出庭作证。债务人在收到索赔要求后,要求对债权人的辩护律师启动惩戒程序。法律顾问仍有一些疑问,不想使问题恶化。在这一阶段,法律顾问希望通过谈判以达成一项协议。债务人却很固执,不妥协,经过几周无益的搜索,债务人仍然找不到能够接受代理的律师。最后,在财务流动资金不足的情况下,债务人联系了一所学生法律诊所,就辩护律师和法律顾问行为相关投诉的有效性征求法律意见。

任务:

A.思考与委托人打交道的策略:是否应该接这个案子?为什么?

B.可以通过要求参与者扮演律师和法律顾问的角色来修改这项任务。在此案中:

第一组:你是法律顾问。你打算向委托人建议什么行动方案?应该强调什么?

第二组:你是辩护人。你将如何证明你的立场?

2. 向各小组提出的问题:与案件的事实相同。

3. 参与者拟备临时答案,组织者会在写字板上注明答案,并在标题下分为两部分。

律师的行为是不符合职业伦理的,因为……/律师的行为是符合职业伦理的,因为……

法律顾问的行为是不符合职业伦理的,因为……/法律顾问的行为是符合职业伦理的,因为……

值得重视的是,不得对答案进行评估或批判。当参与者讲话时间过长,组织者用一句话总结讲话内容,确保他正确理解了信息(30分钟)。

4. 想法应该是由参与者自愿提出的,没有强加的限制;它们可能是其他参与者先前所提出论点的详细说明。

5. 组织者就问题的可能解决方案进行讨论,并说明对律师和法律顾问进行惩戒的相关法律规定(20分钟)。

根据法律顾问全国委员会于 2006 年 12 月 16 日结合《法律顾问法案》第 60 条第 1 款所设想的步骤,以及第 3 条第 3—5 款内容通过的决议得出的要点,可以传统讲座的形式对活动进行主题介绍①,该决议是在广泛讨论案件的背景下通过的。② 参照《民事诉讼法典》第 261 条第 2 款的规定,该法案特别注意专业保密问题,承认如果提供答复构成对基本职业保密义务的违反,专业人员可以拒绝回答问题。同时,有必要将律师和法律顾问专业行为守则所产生的接受专业保密的范围,与"商业行为守则"所载原则联系起来,试图从广泛的角度看待这一范围,即以类似上述准则起草人的方式看待这一范围。③ 另一件值得一提的事情是欧洲法院对 Akzo 诺贝尔化学品公司诉欧盟委员会案的 C-550/07 号判决,其主要主张是"在违反竞争法的情况下,与内部律师的沟通不被授予法律专业特权",例如对委托人及其律师具有约束力的专业保密要求。④

---

① 参见网站 www.kirp.pl,访问日期:2011 年 2 月 2 日。
② A. Gozdowski 关于该案件的主要相关评论可参见网站 www.prawnik.tm.pl。此外,关于本章所援引的案件事实背景有全面的讨论,该讨论是关于依据文中所分析的法条,支持推翻初审判决对法律顾问施以罚款惩罚措施的上诉理由的原因。
③ 同上注。
④ C 委员会 2003 年 5 月 8 日第 1533 号决议;欧洲法院对 Akzo 诺贝尔化学品公司诉欧盟委员会案的判决(案件号 T-125/03; T-253/03,另可参见第 62/07 号新闻稿)。

第八章 修订任务

用于复习应用所学习的知识及在写作时自由表达意见的能力的示例修订任务。

一、所谓的"快速射击"——考虑问题需要 5 分钟

—— 应提前准备与参加人数相当的充足的相关材料；
—— 应提前准备足量的答题纸——样本模板可在本节末尾找到。

问题清单

1. 在案件中,地区法院法官与从事犯罪活动的人保持社会关系,是否影响其司法职业的庄严性？换一种说法:当法官与从事犯罪活动的人具有社会关系而影响其司法职业的庄严性时,将法官调岗到另一职务这一方式是否足以称为惩戒？

2. 地区法院法官在三个案件中超过了起草判决的时限,而在 100 多宗个案中,又因未能及时或根本没有发出有关命令而造成程序上的不适当拖延,该法官是否违反职业伦理？

3. 总检察长办公室下设的检察官惩戒办公室裁定,一名地区检察官公然违反其专业职责,造成重大和涉嫌犯罪的不当拖延,并在需要其开展或监督的预审程序中表现出不作为,且未履行向主管提交其参加的法庭报告的义务。要求讨论者提出惩戒,并为他们的提议辩护。

4. 隶属法律顾问地区委员会的惩戒办公室对法律顾问的下列行为给予警告惩罚:在提交给地区法院的一份文件中,法律顾问援引自己在 A 区住院的经历,作为他要求恢复起草判决的时限的理由,尽管他的住院情况没有以医院的官方声明或其他任何方式记录在案。法律顾问职业伦理的哪些准则受到了侵害？

5. 地区法院指派一名律师作为罪犯的辩护人提出撤销原判的上诉,

但该律师未采取任何行动。说明对该律师进行相关惩戒的理由。

6. 公证员没有按照规定的期限转让其作为公证员时就公证契约所收取的费用和税款,这意味着其犯下了一系列违纪行为。指出该公证员的行为违反的规则。

7. 列举三种在公证专业行为范围内被定义为违反忠诚原则和公平竞争原则的行为示例。

8. 公证员提前签订与捐赠房地产有关的公证书。这种行为违反了哪些规则?

9. 公证员在起草法律文书时只收取象征性的少量费用,但在非正式情况下("柜台之下"),他将会接受全部金额。您如何评价公证员的行为?公证员的这种行为违反了哪些规则?

答题纸

(姓名)(日期)

1. 示例问题

答案:

2. 示例问题

答案:

3. 示例问题

答案:

二、较长的书面作业——根据组织者提供的材料进行准备,研究所需时间大约为30分钟①

第一部分

1. 一名辩护律师在与其当事人谈话时了解到该当事人财务状况,以及他与本案中被指控的其他被告的私人关系。辩护律师还在法庭走廊目睹了一个场景,在这一场景中,另一名被告威胁他的当事人说,如果决定作证说出真相并指控其同事,他可能会被指挥犯下殴打其妻子的罪行。按照当事人的要求,辩护律师同意作证并描述所发生的事情。他这样做是否正确,他是否能够而且应该接受这种承诺?

2. 一名辩护律师为一名商人及其朋友提供法律服务,该商人及其朋友根据《刑法典》第297条第1款的规定犯有欺诈罪。检察官决定就该商人的活动盘问该辩护律师。辩护律师出面作证。他这样做对吗?

3. 一名律师在刑事审判中担任当事人的辩护律师,他被传唤作为证人,就离婚案件中当事人私生活的情况作证。辩护律师没有出庭。在他因为这一行为受到惩罚后,他在提交给法庭的文件中声称,他不必出庭,因为法院绝对不会接受他提供的证据。他补充说,即使法院对这一情况不知情,他也没有资格对法官进行说教。请评价该辩护律师的行为。

4. 在刑事审判中,一名辩护律师拒绝回答法院的问题,而法院已经给予他免除职业保密责任的权利。最终,辩护律师以不记得事实和混淆他所谈论的问题为借口来搪塞他的陈述。从刑法和伦理学的角度对辩护律师的行为进行评价。

除与法律职业伦理相关的来源材料外,还可以举例说明其他材料:

最高法院裁定,受制于专业或官方保密条件的人无正当理由拒绝作

---

① Supplementary literature: T. Grzegorczyk, Komentarz do art. 177 KPK ("A Commentary to Art. 177 of CCP"); [In:] Kodeks postępowania karnego (*Code of Criminal Procedure*), Lex Temida, entries: criminal procedure, code of criminal procedure and L.K. Paprzycki, Komentarz do art. 177 kodeksu postępowania karnego ("A Commentary to Art. 177 of CCP") [In:] J. Grajewski, L.K. Paprzycki, M. Płachta, Kodeks postępowania karnego (*Code of Criminal Procedure*), Lex Temida, entries: criminal procedure, code of criminal procedure; Z. Sobolewski, Wartość nielegalnie uzyskanego dowodu w postępowaniu karnym ("The value of illegally acquired evidence in criminal proceedings"), Annales UMCS vol. XXIII, Lublin 1976, p. 50.

证,虽已免除此种责任,但依照《刑法典》第 239 条第 1 款的规定不应追究该人刑事责任,无根据拒绝作证不构成《刑法典》第 233 条第 1 款所指的隐瞒事实,正如 7 名法官在 2003 年 1 月 22 日通过的决议中所指出的,在《刑法典》第 233 条第 1 款中,无正当理由回避作证并不等于隐瞒真相。① 在另一项决定中,最高法院表示这种行为可能被归类为回避作证,而这种作证只能受到《刑事诉讼法典》第 31 章规定的惩罚命令的约束。②

5. 在诉讼暂停期间,一名辩护律师来到法官的房间,礼貌地询问随后的诉讼是否会准时开始。离开房间时,他对站在走廊里的委托人说了一句话:一切都解决了,我们要赢了,我刚去见了法官。请评价该辩护律师的态度。

6. 一名律师根据其当事人的直接请求,同意代表对方的律师的建议,即他们轮流请病假,以便推迟审判的开始。请评价该律师的态度。

7. 一名辩护律师同意在刑事案件中担任辩护律师之后,试图说服他的当事人作伪证。请评价该辩护律师的行为。

8. 一位辩护律师同意在某刑事案件中担任辩护律师之后,试图说服证人作伪证。请评价该辩护律师的行为。

9. 一位有着优秀的政治反对派相关记录背景的律师写了一本传记,内容涉及他所处理案件的许多情况的披露,这些信息是在当事人同意的情况下披露的,这些当事人主要是当时的反对派活动人士。但是,该律师必须面对来自刑法和职业伦理准则方面的严厉批评。为什么?

10. 一名辩护律师拒绝出席随后的法庭会议,他的当事人拒绝同意更换辩护律师,并在辩护律师缺席时进行诉讼。评价该辩护律师的行为。

11. 一位辩护律师同意将秘密信息泄露给囚犯,并使他能够与医生取得联系,这违反了监狱中应遵守的规则。根据辩护律师职业伦理评价他的行为。

涉及法律伦理的原始资料外的其他材料:

多年来,相关文献表明,律师与法院合作,必须维护法律秩序,即使是为了其委托人的利益,也不能以一种可能损害诉讼程序完整性的额外程序方式行事。③ 也有人说,律师作为负责司法工作的团队中的一员,他必

---

① 2003 年 1 月 22 日 SN 决议, I KZP 39/02, 未出版。
② 2003 年 4 月 1 日 SN 判决, IV KK 202/02, 未出版。
③ 1966 年 10 月 28 日 SN 判决, RAD 10/66, Pal. 1967, 第 9 号, 第 88 页。

须永远记住,律师的任务不仅是在他以最有效的方式接受的案件中履行他的职责,而且他还履行一项公共职能,其主要目的是确保适当地司法行政。① 因此才制定了《律师职业伦理与职业尊严法》。在该法案颁布之前,还通过了其他法案,为辩护律师执业规定了选定的标准。这就是为什么本准则也可以通过使用在颁布前通过的国家律师协会的条例加以解释。② 有关建议是根据 WKD 制定的,例如,禁止辩护律师与专业人士或非专业法官之间进行旨在要求对委托人采取更宽容态度的私人谈话。辩护律师必须对其在执业活动中知悉的所有信息保密,并确保其不被披露和不当使用。辩护律师档案中包含的所有材料均属专业机密。所有与案件有关的信息、笔记和文件,无论是从委托人还是其他人那里获得,也无论存储在何处,都必须是保密的。③ 辩护律师有义务以无畏和高尚的方式维护委托人的利益,保持对法院和其他机构应有的尊重和礼貌的态度,不采取这种态度可能会对辩护律师或其他人产生后果(《引证守则》第 1—43 条)。

第二部分

1. 一名法官下班后继续留在办公室里,在起草判决理由说明时使用办公室电话和法院的电子邮件联系他在德国的家人和朋友。请评价他的行为。

2. 一名法官的妻子开着一辆豪华轿车引发了一起交通事故。当时,法官坐在副驾驶座上。法官的妻子因车祸遭受心理创伤,由法官代为讲述事件的经过,并与其他相关者和警方进行协商。在一次谈话中,法官说:警官,你们认识我吧,这次就算我无责;事实上,没有人知道这次事故中谁应该负责,而且一旦到了法庭上,大家都会相信我说的话。请评价法官的行为。

3. 一名法官是一个善于交际和友好的人,他经常帮助邻居,为他们提供建议或起草诉讼请求,为此他会收到一些小礼物作为谢礼。然而,在一

---

① S. Janczewski, Godność zawodu adwokackiego [*Advocates' Professional Dignity*], Warsaw 1960, pp. 1-2.

② Cf. e.g. the Code of ethics and professional dignity for advocates adopted by NRA on 10 January 1970, Pal. 1970, No. 1-an appendix.

③ WKD Decision of 22 October 1960, WKD 104/60, Pal. 1961, No. 1, p. 101; Z. Czeszejko, Z. Krzemiński, Odpowiedzialność…, op. cit., p. 96.

次继承案件中获胜后,一位邻居送给法官一支金笔,法官接受了。请评价法官的行为。

4. 一名法官是工作时间不长的年轻人,她经常在法庭上发脾气,对当事人大喊大叫。在法官办公室,她哭诉道这种事不会再发生。有一天,她失去了耐心,在一桩民事案件中对一位原告说:"如果你太愚蠢,不能理解这一点,你就不配得到进一步的解释。"请评价法官的行为。

5. 一名法官在为法院裁决作口头辩护时,使用了如下表述:"只有心胸狭窄的人才会提出这种要求!还不清楚这位据称很专业的代理人收费提供了什么服务。"当时在场的辩护律师因为无法忍受法官的语气离开了法庭。请评价法官的行为。

6. 一名法官在受到多次非正式警告后,在法庭开会时仍然迟到,当事人不得不等待他们的案件被"传唤",甚至要等大约一个小时。当法院院长要求该法官对自己的行为作出解释时,法官说他的工作时间是灵活的,这就是他不遵守时间约定的原因。请评价法官的态度。

7. 在主要听证会上,检察官表现很消极。他既不提问,也不提交任何证据动议,只是在座位下发送短信。法官无视了检察官的行为,并对感到震惊的辩护律师说:"一直都是这样的情况,这没法改变。"请评价法官在这种情况下的行为。

除有关法律伦理的原始资料外的其他资料。

《刑事诉讼法典》第 19 条关于犯罪通知的规定应当明确。如有关文献所述①,采取先决并具有教育意义的措施,是为了防止出现助长犯罪行为的疏忽出现。E. Samborski 指出,这一制度,特别是在 20 世纪 80 年代的波兰司法史中臭名昭著,这也许是该制度现在未得以广泛运用的原因。② 尽管如此,作者建议通报犯罪案件的相关部门应以下列方式适用该规定:当法院执行通知时,应使用决定这一形式;如果通知是由出庭的检察官执行的,则也可以由个人执行。③ 当然,根据《刑事诉讼法典》第 19

---

① H. Kempisty, Metodyka pracy sedziego w sprawach karnych [Judicial Professional Methods in Criminal Cases], Warsaw 1986, pp. 362-364.
② E. Samborski, Zarys metodyki pracy sedziego w sprawach karnych [Judicial Professional Methods in Criminal Cases - An Outline], Warsaw 2005, p. 38.
③ E. Samborski, Zarys metodyki pracy sedziego w sprawach karnych [Judicial Professional Methods in Criminal Cases - An Outline], Warsaw 2005, p. 39.

条和第 20 条的规定,可在诉讼的任何阶段作出关于犯罪通知的相关决定。①

第三部分

1. 一名就职于市场上某有准垄断地位的家具公司的法律顾问,当他与该公司签订的雇佣合同终止,且被要求对与他工作有关的所有事项保密的情况下,他为公司的受害人提供法律服务。请从伦理的角度评价该法律顾问的行为。

2. 一名法律顾问,就在他将自己的职业从法官转变为法律顾问之后,接受代理他以前当法官时判决的一起庭外纠纷案件,请评价该法律顾问的行为。

3. 一名为一家洗车公司提供法律服务的法律顾问,决定以这样一种方式利用这家公司:每周洗车一次,作为他所提供的法律服务的常规报酬之外的额外费用。请评价该法律顾问的行为。

4. 一名法律顾问决定在他与委托人签订的合同中加入一个条款,根据该条款,他在案件中的行动以客户提前支付费用和客户连续支付所有发生的费用为条件,该法律顾问有权这么做吗?

5. 一名委托人没有对上诉活动支付登记费,他认为法律顾问收取了如此高额费用,他应该支付案件的所有费用。法律顾问要求该委托人支付费用,但没有成功。最终这笔费用没有支付。请评价该法律顾问的行为。

6. 委托人没有支付约定的费用。法律顾问决定扣押委托人的文件,直到对方结清账目。请评价该法律顾问的行为。

7. 一名法律顾问在辩护律师(和他的同事)的办公室提出了审前索赔,要求委托人支付费用,否则委托人将面临诉讼。在文件中,他列出了如果案件进入庭审程序委托人应承担的所有费用,并要求获得法律允许范围内的最高报酬。请评价该法律顾问的行为。

8. 一名年轻的法律顾问经常在计划好的法庭会议上迟到,每次他都会很有礼貌地在最后一分钟给法庭办公室打电话,要求法庭等他。他总是以他住的地方距离法院和办公室很远的理由来解释他迟到的原因。请

---

① E. Samborski, Zarys metodyki pracy sedziego w sprawach karnych [Judicial Professional Methods in Criminal Cases – An Outline], Warsaw 2005, p. 39.

评价该法律顾问的行为。

9. 一名法律顾问在和一位朋友闲聊时，得知另一名法律顾问处理一宗案件的方法，于是他说："我来搞定它，这样你就能赢，而且还能省一半的钱。来找我做这个案件吧。"请评价该法律顾问的行为。

10. 一名未来的法律顾问，即一名法律实习生，试图说服他所在事务所的客户成为他的私人客户，且只需支付事务所收取的法律服务费用的一半。请评价该实习生的行为。

11. 一名未来的法律顾问，即一位法律实习生，听说事务所的一位客户对他的基金会被推迟登记而产生了不满意见。他打电话联系该客户，提出让其支付一定的费用解决此事。该实习生的这项提议被客户拒绝了。请评价该实习生的行为。

12. 一名未来的法律顾问，即一名法律实习生，在同事面前和互联网论坛上公开批评法律顾问委员会的权威、公司培训的设计方式以及委员会的运作方式。该实习生的批评实际上毫无根据。请评价该实习生的行为。

13. 一名未来的法律顾问，即一名法律实习生，在海滨度假胜地喝醉了酒吵架扰乱了治安，被警察拦住了。请评价该实习生的行为。

三、以书面形式详细阐述的一项任务

案件事实

1994—2004 年，位于 Łódź 的区域法院 Łódź-Centre 接到一宗案件涉及 5 名犯罪嫌疑人：A、B、C、D 和 E。被告人之一是一名经营所谓的"社会机构"（即卖淫场所）的男子，其在 K 市的商业界享有名气。该案件的被告人被指控犯有多种罪行，包括《刑法典》第 280 条涉及的罪行（在另一宗案件中，上述男子因涉嫌参与违反《刑法典》第 258 条规定的犯罪团伙而被定罪）。由于被告人及其辩护律师因诸多疾病问题无法出庭，该案件因消灭时效而被迫中止诉讼。然而，与此同时，被告人在 Łódź 的地区法院就另一个案件举行的听证会上出席，在那里他没有提供任何治疗疾病的证据，也没有要求休庭。

总之，上述第一个案件持续了 9 年；主要进行了 42 场听证会，其中只有5场涉及在法庭程序中出示证据的行为。但是该案件中并未采用《刑事诉讼法典》第22条规定的中止诉讼制度。由于有人要求将档案带回检察官办公室以修正证据,以及由于被告人臭名昭著的缺席庭审行为和疾病,在向法院提出起诉书4年之后,检察院没有采取任何行动。由于案件中总是出现至少有一名被告人提交医疗声明,辩称其无法出庭的情况,因此该案无法提起法律诉讼,或者被告人不同意在辩护人缺席或由其他律师代替的情况下接受审判。应该指出的是,在这个特殊的案件中,至少有三名辩护人表示有必要对他们的当事人不出庭或拒绝答应更换辩护人进行惩罚。最后,选定的辩护人由于无法与被告人打交道,决定终止代理,因为他们无法获得当事人的同意。虽然他们没有出庭,却造成了诉讼程序的不当拖延,但他们不想造成这种拖延。总的来说,13%的法庭会议主要关于寻求物证,5%的法庭会议因为在司法行政制度方面发现了原因不明的障碍(罪犯不来)而未正常进行,82%的法庭会议因被告人或辩护律师缺席而休会。在2004年5月的主要审判中,决策小组对案件进行了5次修改之后,"病得很重"的被告人终于出现了,其目的在于提出动议,改变其构成犯罪的法律资格。检察官没有作出反对。在这种情况下,法院依照《刑事诉讼法典》第17条第1款第6项的规定,因消灭时效而中止诉讼。①

问题:

1. 辩护律师该如何对阻碍诉讼的委托人采取行动,以便他能够根据委托人的利益调和伦理要求,以及在未决案件中公平勤勉地采取行动?

2. 法官应如何根据职业伦理和法律,对阻碍诉讼程序的辩护律师采取行动?

3. 检察官应如何根据职业伦理和法律,对放任诉讼程序被操纵的法官采取行动?

正确答案的模板应包括以下内容:首先,学生应正确识别问题,即初步评价法律人的行为是否可以被定为犯罪,或者是否可归类为违纪行为;其次,期望学生应该能够参照有关法律规定对其意见进行详尽论证;最

---

① Cf.: Przestępczośćzorganizowana. Świadekkoronny. Terroryzm [*Organised Crime*; *The Crime Witness*; *Terrorism*], Cracow 2005, a volume edited by Prof. E. Pływaczewski; cf. an article within: M. Grzywaczewska (Wysoczyńska), A. Wesołowska, Przegląd definicji grupy i wiązku ("Definitions of a group and an association").

后，应该指出在评价所述犯罪行为后可能产生的法律和惩戒后果。

该文章长度应不超过三张 A4 手稿页，使用 MSWord 编辑，采用 Times New Roman 12 号字体，1.5 倍行距。应附上一份包含相关参考书目清单和相关法律规定摘录的附录。但是，建议缺乏经验的学生在开始分配任务之前，应以法规摘录的形式提供指导，这可能有助于在特定案例中形成意见。

学生法律诊所

本书解答了完善法律职业人员伦理规则的必要性。作者旨在为律师提供在其职业生涯特定阶段中有用的工具：

· 在法学院学习期间；

· 研究生培训期间；

· 全职专业法律实践期间。

以创新的方式提出特定法律职业的规范，它们通过职业不当行为的例子及设计，对以相关案例为重点的班级研讨活动的完整场景进行说明。

这一例证结合了对许多互动教学方法的介绍，这些方法可用于与法律研究相关的各种课程。

本书帮助人们了解法律职业行为的规范和准则，介绍法律职业之间的相似点和不同点，并更好地促进理解律师在社会中所扮演的角色。此外，从本书中还可快速方便地获取惩戒办公室的众多裁决。